国家语言文字工作委员会语言文字应用"十五"科研
规划项目"语言规划基本理论研究"的核心成果

应用语言学系列教材

总主编　陈章太　于根元

语言规划概论

主编　陈章太

编者　陈章太　冯学锋　郭龙生
　　　苏金智　周庆生

The Commercial Press

2015年·北京

应用语言学系列教材

策划　北京广播学院播音主持艺术学院
　　　商务印书馆汉语编辑室

编辑出版委员会
主任　陈章太　于根元
委员　曹先擢　戴庆厦　李如龙　李熙宗
　　　李晓华　王维新　俞士汶　袁　晖
　　　张　颂　张万起　赵金铭　周洪波
　　　庄文中

加强语言规划学科建设。

周有光
2015·1·21
时年110岁

总 序

应用语言学事实的存在源远流长,而作为一门独立的实验性学科其历史则较短。1870年波兰语言学家J.N.博杜恩·德·库尔德内提出"应用语言学"这一术语,经过近百年的酝酿、探索,到20世纪40—50年代,第二次世界大战后,由于社会、科技、文化、教育等的发展,对语言在各方面的应用提出了诸多课题,于是一门多学科结合的应用语言学才作为独立学科建立起来。60年代开始进入发展时期,其标志是1964年第一届国际应用语言学大会在法国召开和国际应用语言学协会的成立。弗里斯(C.Fries)、拉多(R.Lado)、弗格森(C.Ferguson)、里弗斯(W.Rivers)等对应用语言学的建立、发展做出了重要贡献。20世纪60年代以来,国外在语言信息处理和计算语言学,社会语言学,语言规划及语言教学理论、方法和手段等方面都比较先进。语言信息处理和计算语言学是随着语言学与计算机的紧密结合而迅速发展起来的,沃古瓦(B.Vauquois)、伍兹(W.Woods)、维诺格拉德(T.Winograd)、海斯(D.G.Hays)、巴希勒(Bar-Hillel)、马丁·凯依(Martin Kay)等贡献很大。社会语言学在欧、美一些国家先发展起来,拉波夫(W.Labov)、甘柏兹(J.J.Gumperz)、海姆斯(D.H.Hymes)、罗曼(S.Romaine)、特鲁吉尔(P.Trudgill)等人很有贡献,他们以其研究成果及方法论为支柱形成了各自的特色,在社会上影响较大。语言规划方面,美国、法国和俄罗斯也比较领先,豪根(E:Haugen)、威因里希(Ureil Weinrich)、费什曼(S.Fishman)、克洛斯(Kloss)等发挥了重要作用。从总体上看,国外应用语言学发展很快,但在理论上还比较薄弱,这有多方面原因:一个是学科形成到现在的时间还不太长,学科基础不够深厚,理论研究自然比较薄弱;另一个是应用语言学涵盖的内容繁多,不容易进行总的理论概括和总结。加强应用语言学各分支学科方法论的综合梳理与总结,加强应用语言学基本理论研究,将是应用语言学今后在理论建设方面的重要任务。中国应用语言学形成于20世纪80—90年代,其标志是1984年语言文字应用研究所的成立和1992年《语言文字应用》杂志创刊。1995年召开"首届全国语言文字应用学术研讨会",会上的学术成果丰富多彩,充分显示我国的应用语言学已经有了一定基础。我国应用语言学能在20世纪80—90年代成为独立学科,主要有两方面原因:一是社会发展的需要;二是受国外的影响。这时,我国实行改革开放,加快现代化建设步伐,强调新兴学科和交叉学科的建设,更加重视应用,强调科学研究与现代化建设紧密结合,而国外的应用语言学已经走过一段较长的路,并成为热门学科,我们引进了这门新兴、实用的学科及国外的先进成果。我国应用语言学自建立以来,已经有了长足的发展,相继成立了一批专门研究机构,创办了语言应用、语言教学和语言信息处理等专业刊物,筹备成立学术团体,建立了一批硕士点和博士点,并逐步建立了学科基地,在高等院校开设了专业课程,培养了一批专业人才,建立了专业队伍,取得了不少有价值的成果。进入新世纪,我国应用语言学在研究、解决语言应用的实际问题,正确引导我国语言生活,满足社会、文教、科技的需求等方面,应当做出更大的成绩,同时为世界应用语言学的发展作出贡献。

应用语言学是一门独立的交叉学科,分广义、狭义两种。狭义的应用语言学仅研究语言教学。中国一般取广义的,也有取狭义的。我们取广义的,包括语言应用的各个方面,范围是开放的,具体包括四大部分:一是语言教学,主要研究第二语言教学或外语教学;二是语言规划,主要研究语言地位问题和语言文字规范化、标准化;三是广义的社会语言学,研究语言同社会的关系和语言的社会应用;四是语言本体和本体语言学同现代科技的关系,例如语言信息处理和计算语言学。应用语言学是语言本体和本体语言学同相关学科发生关系的学科。作为交叉学科,它和本体语言学具有交融性。如,语法学谈语法结构属于本体研究,而谈语法运用就跨界了,谈语法规范基本上属于应用语言学了。应用语言学既注重语言应用规律和基础理论的研究,更着眼于语言的实际应用研究;既注重思辨性的探讨,更立足于自然观察、社会调查和科学实验。

正是由于应用语言学的理论比较薄弱,所以过去国内外有些人认为,应用语言学没有什么理论,它只是对语言学理论的运用。这种认识显然是不全面的,没有理论怎么能成为一门学科?事实上应用语言学有自己的理论,如交际理论、动态理论、中介理论和人文性理论,尽管这些理论还不够成熟,也还有待进一步完善。交际理论是居总纲位置的理论,是本体语言学和应用语言学结合的纽带。交际是一种活动,语言存在于交际活动之中。因此,语言是动态的,是不断发展变化的,动态性是语言的本质。其实人们早就看到了语言的动态性,问题是如何看待语言的动态和静态的关系及地位。由于结构主义语言学的影响,很长一个时期里,人们习惯于把静态看作是语言的本质特征,认为动态是对静态使用的表现。

语言的动态理论则认为,物体运动速度不同,速度相对比较慢的叫稳态,速度相对比较快的叫动态,动态是语言的主导方面。而所谓的静态只是为了研究、说明、解释的需要而提出的一种状态。中介理论一开始是从语言教学中来的,现在不仅语言教学讲中介,社会语言学也重视中介。还有人文性理论。这三者都是语言交际理论下位层次的理论,此外还有层次理论、潜显理论等。与理论相关联的是方法,应用语言学的方法有综合的,也有本学科常用的,总体上是兼容的。其实有些方法很难截然分开是属于本体语言学或其他学科还是应用语言学的,只是在研究中有时会有所侧重。另外,方法和方法论也有层次,在一个层次里是方法,在另一个层次里它可能又是方法论。应用语言学的交叉学科性质,决定它的方法主要是兼容、综合的。有传统语言学和其他学科的方法,如比较法,它从本体语言学中来,在应用语言学中也非常重要。应用语言学也有自己比较常用的方法,比如实验法和计量法,这些方法在传统语言学和有些学科中也使用。现在就我国来看,实验法在应用语言学中用得不够好。计量法在我国应用语言学中有的用得比较好,但总体上用得还比较少,而国外这方面用得很好。还有调查法,这在传统语言学和有些学科中也用,但应用语言学中用得更多一些。可以说,实验法、调查法和计量法是应用语言学的基本方法。应用语言学的方法论主要是实证论,特别强调所使用的方法要受到实践的检验。

我国应用语言学研究有自己的特色。我国应用语言学建立的背景是:那时语言教学需要加强,尤其是对外汉语教学和双语教学;语言文字工作决策要进一步科学化;语言研究要更好地为现代化建设服务;新兴的交叉学科要进一步发展。语言文字应用研究所就是随着这些条件的出现而建立和发展起来的,我国的应用语言学实际上也是随着这些条件的出现产生和发展的,并为这些条件的发展作出了贡献。我国的应用语言学十多年来与上面几个方面的需要和发展同命运,与我国的改革开放同命运,因而得到了迅速的发展。跟国外相比较,我们的应用语言学比较注意研究各分支学科的实际问题和总规律,而且认为应用语言学不只是理论的应用,本身也有理论。在理论方面,有从国外借鉴而有所发展的,有主要是我国提出的。在分支学科方面,尤其是语言规划、语言与社会文化、语言信息处理等,我们也有许多特点。我国应用语言学学科一建立,基本上就是取广义的,在研究中跟语言实际紧密结合,力求解决我国语言应用、语言教学和语言生活中的实际问题。我国的语言应用研究还跟本体语言研究密切结合。一个时期我国的本体语言学很受重视,现在研究应用语言学的学者有一批是从本体语言研究中来的,他们兼做本体和应用两方面的研究,这对应用语言学的发展十分有利。有比较好的本体语言研究做基础,这是我国自古以来就有的好传统,也是我国语言应用研究的一个特点和长处。

近些年来,我国的应用语言学得到了比较快的发展,这是令人鼓舞的。一门学科的发展,要具备两个相互推动的基本条件:一是社会发展的需要,这是外部条件;二是及时满足社会发展的需要,这是内部条件。从外部条件看,我国社会条件的改善,社会生活的发展,科学技术的现代化,改革开放的深化等等,对我国的应用语言学提出了许多要求,同时也为其发展创造了良好的条件。从内部条件看,重视、关心、参加语言应用研究,是我国自古以来语言研究的传统。同时,我们还有了一支良好的研究队伍。我国的应用语言学正遇到好时机,在今后时期内将会有较大的发展,理论和方法方面也会有所加强和完善。但就目前来看,我国的应用语言学在理论建设、方法研究、队伍建设及学科的整体规划方面,还存在不足,学科的发展有一定的局限性。理论建设的不足,跟我们的语言应用研究工作急于求成、追求立竿见影的效果有很大关系。语言应用是个庞大而复杂的系统工程,启动起来需要一定时间,而要停下来,由于惯性作用也需要时间,所以语言工作有时要适度超前,做好促进工作。对队伍建设的重视不够,也跟过去对语言应用的认识不足有关。在方法、方法论建设方面,现在做得不够好,研究不够深入,计量、实验等方法用得较少,还有为方法而方法的情况,采用的方法不能很好地说明问题。对应用语言学学科建设的总体规划不够完整、不够清晰、不够具体,这也是比较重要的问题。存在上述问题,既有历史的也有现实的原因。历史上,我国的语言学理论建设有较大局限,科学方法没有很好发展起来。现实中,与现代科技的结合比较薄弱。今后我们要在这些方面加倍努力。应用语言学是新兴的交叉学科,因此队伍建设要重视跨学科人才的培养,加强两栖人才、复合型人才的培养。作为现代应用语言学研究者,应该既懂语言学又懂现代科技及其他相关学科。学科建设,还要有学科带头人、学术领袖和高层次的学术群体。纵观我国学科发展情况,学科带头人或学术领袖起了很大作用。学术群体不一定是地域性的,可以跨地域、跨学科,既有共同点,又有个性,群体与群体之间是合作的、交融的。我们还要营造良好的学术空气,要提倡学术民主,在这方面我们和国外差距较大。应用语言学搞得好不好,要看我们对问题的解决程度,对学科发展的贡献和对社会发展的贡献,这是学科发展的立足点。

学科建设的一个重要方面是教材建设。在1998年第二届全国语言文字应用学术研讨会上,许嘉璐先生对应用语言学科今后的发展谈了三点意见:一是要加强理论建设,二是要使应用语言学进入大学课堂,三是研究人员要实行知识更新。会后,我们讨论了应用语言学进入大学课堂问题,想组织人员编写应用语言学系列教材。不久,北京广播学院播音主持艺术学院和商务印书馆汉语编辑室共同策划此事。1999年10月,在北京广播学院召开了第四次应用语言学学术研讨会,会议的主题之一就是应用语言学教材建设。陈章太在会上作了"关于编写应用语言学系列教材的几个问题"的报告。陈章太说:"应用语言学在国际、国内建立以后,其基础知识、基本理论与主要方法,以及新的研究成果,应当编入有关的教材当中;而在现代化建设进程中,应用语言学在解决社会、政治、经济、教育、文化、科技等对它提出的问题时,取得了明显的成绩,这也要通过教材把它总结、肯定下来,以便传授给众多的专业受业者,并促进本学科的不断发展。然而我国至今还没有成体系的应用语言学教材,更谈不上教材的多样与选择了,这不能不说是一种不小的损失和遗憾!摆在我们应用语言学者面前的一项紧迫任务,就是充分发挥集体的力量和有利的条件,尽快编写、出版一套具有中国特色的有较高水平的应用语言学教材。"(《语言文字应用》2000年第1期)这次研讨会之前,已经策划快一年了。会议结束的第二天,在商务印书馆召开了总主编、分册主编、策划人员等参加的工作会议。陈章太就编写应用语言学系列教材的缘起、特色、编写人员、具体要求和第一批书目等问题做了具体说明。计划第一批编写10本,都叫概论。总主编是我们两人。于根元主编《应用语言学概论》,俞士汶主编《计算语言学概论》,庄文中主编《中小学语言教学概论》,赵金铭主编《对外汉语教学概论》,陈章太主编《语言规划概论》,戴庆厦主编《社会语言学概论》,张颂主编《传播语言概论》,李如龙主编《文化语言学概论》,曹先擢主编《中国辞书学概论》,袁晖、李熙宗主编《汉语语体概论》。会议决定成立这套教材编委会,由总主编、分主编和有关人员组成。各分册编者请有实力的本学科学术带头人担任,组织编写人员时应注意老中青结合、教学人员与科研人员结合。每一分册的编写组拟出大纲,其框架和内容经过编委会详细讨论,最后由总主编和分主编审订。会议商定2002年陆续完成初稿,由分主编统稿,总主编审稿,最后由分主编定稿,2003年分期出版。期间又召开了几次编委会,主要讨论全书的内容、写法、体例及有关的编务,交流各书大纲和编写过程中的问题。编写、出版工作大体按计划进行。这套教材的体例总的来说是统一的,第一章是"绪论",最后一章是"回顾与展望"。一般每节后面配有思考和练习题,章后附有参考文献,书末附有术语表。各书有自己的内容,但有的内容是共有的,共有的内容在观点和写法上会有一些不一致的地方,可说是大同小异吧,这是很自然的事儿,可能有利于学术的发展。由于我们的水平和经验所限,这套教材的编写还有不尽如人意的地方,敬请读者朋友不吝赐教。两年后,我们将根据读者意见和学科发展及教学实际的需要,再进行认真的修订。

最后,我们要衷心感谢参加编写这套教材的全体同仁,正是由于他们的辛勤劳动,编写工作才得以顺利完成。我们还应该真诚感谢商务印书馆与北京广播学院播音主持艺术学院的领导和有关同志,正是由于他们的最大支持和认真督促,这套教材才能够如期与读者见面。

陈章太　于根元

2003 年 4 月

目 录

第一章 绪论 …………………………………………… 1
　第一节 语言规划的定义和学科性质 ……………… 2
　　一 定义 …………………………………………… 2
　　二 学科性质 ……………………………………… 6
　第二节 规划内容 …………………………………… 7
　　一 语言地位规划 ………………………………… 8
　　二 语言本体规划 ………………………………… 11
　　三 语言声望规划 ………………………………… 15
　第三节 规划目标 …………………………………… 16
　　一 语言文字的纯洁化 …………………………… 17
　　二 语言文字的复兴 ……………………………… 18
　　三 语言文字的改革 ……………………………… 20
　　四 语言文字的标准化 …………………………… 22
　　五 词汇的现代化 ………………………………… 23
　　六 语言的传播 …………………………………… 29
　第四节 语言规划研究回顾 ………………………… 31
　　一 国外早期的语言规划活动 …………………… 31
　　二 国外语言规划理论的形成与发展 …………… 32

三　中国的语言规划活动与研究特点 …………………… 40

第二章　语言规划的理论和方法 …………………… 43
第一节　概说 …………………… 43
第二节　基本理论 …………………… 48
　　一　语言的社会性 …………………… 48
　　二　语言的开放性 …………………… 50
　　三　语言的动态性 …………………… 51
　　四　语言的人文性 …………………… 52
　　五　语言的可塑性 …………………… 54
第三节　基本原则 …………………… 55
　　一　科学性原则 …………………… 55
　　二　政策性原则 …………………… 60
　　三　稳妥性原则 …………………… 65
　　四　经济性原则 …………………… 69
第四节　主要方法 …………………… 75
　　一　约定俗成与从俗从众 …………………… 75
　　二　行政干预与语言调控 …………………… 79
　　三　社团主事与公众参与 …………………… 82
　　四　学术规范与辞书指导 …………………… 84
　　五　宣传引导与媒体示范 …………………… 87
　　六　个人作用与名人影响 …………………… 89
第五节　主要步骤 …………………… 91
　　一　前人研究成果 …………………… 91
　　二　六个主要步骤 …………………… 92

  三　规划步骤例示 …………………………………… 93
 第六节　理念和实践的变化与发展 ………………… 94
  一　国内语言规划理念与实践的变化发展 ………… 94
  二　国外语言规划理念与实践的变化发展 ………… 99

第三章　语言规划与社会文化 …………………………… 104
 第一节　语言规划与政治 …………………………… 104
  一　语言规划的政治特性 …………………………… 105
  二　语言平等 ………………………………………… 105
  三　语言权 …………………………………………… 106
 第二节　语言规划与经济 …………………………… 116
  一　语言的经济价值 ………………………………… 117
  二　语言与经济发展 ………………………………… 118
  三　语言规划与经济效益 …………………………… 119
 第三节　语言规划与文化 …………………………… 121
  一　语言规划与文化心理 …………………………… 122
  二　语言规划与文化类型 …………………………… 124
  三　语言规划与文化建设 …………………………… 126
  四　文化和谐论与语言发展战略 …………………… 128
 第四节　语言规划与宗教 …………………………… 131
  一　宗教在语言发展中的作用 ……………………… 131
  二　传教活动与拼音文字的创制和使用 …………… 133
  三　宗教经典的翻译 ………………………………… 135
 第五节　语言规划与语言教育 ……………………… 137
  一　母语教育 ………………………………………… 138

二　双语教育 ……………………………………… 139
　　三　第二语言教学 …………………………………… 140
　第六节　语言规划与科学技术 ……………………………… 142

第四章　中国语言规划(上) …………………………………… 149
　第一节　汉语言文字规划小史 ……………………………… 149
　　一　传统语言规划 …………………………………… 149
　　二　当代语言规划 …………………………………… 161
　第二节　汉语言文字地位规划 ……………………………… 196
　　一　汉语言文字地位的确立 ………………………… 196
　　二　汉语言文字工作的方针任务 …………………… 198
　第三节　汉语言文字本体规划 ……………………………… 203
　　一　汉语言本体规划 ………………………………… 203
　　二　汉文字本体规划 ………………………………… 221
　第四节　小结 ………………………………………………… 253

第五章　中国语言规划(中) …………………………………… 257
　第一节　少数民族语言规划概况 …………………………… 257
　　一　政治、民族和语言背景 ………………………… 257
　　二　统一的多民族国家与统一的多语文政策 ……… 265
　　三　语言规划的指导思想和基本原则 ……………… 268
　　四　语言文字新政策 ………………………………… 276
　第二节　少数民族语言地位规划 …………………………… 278
　　一　政治、行政、司法领域使用少数民族语言 …… 278
　　二　教育领域中的双语教学 ………………………… 287
　　三　大众传媒及翻译领域使用少数民族语言 ……… 290

四　国际贸易催生跨境小语种热 …………………………… 294
第三节　少数民族语言本体规划 ………………………………… 296
　　一　创制、改进和改革文字 ……………………………………… 296
　　二　民族语文的规范化和标准化 ……………………………… 302
　　三　民族语文的信息化 …………………………………………… 308
　　四　抢救和保护少数民族濒危语言 …………………………… 315
第四节　小结 ………………………………………………………… 318

第六章　中国语言规划（下） ………………………………………… 323
第一节　概说 ………………………………………………………… 323
第二节　香港语言规划 …………………………………………… 324
　　一　人口及语言情况 ……………………………………………… 324
　　二　语言文字使用历史概貌 …………………………………… 325
　　三　当前语言文字使用总格局 ………………………………… 326
　　四　官方语言和语言政策 ……………………………………… 326
　　五　语言文字使用存在的问题 ………………………………… 328
第三节　澳门语言规划 …………………………………………… 331
　　一　人口及语言情况 ……………………………………………… 331
　　二　语言文字使用基本情况 …………………………………… 332
　　三　语文政策 ……………………………………………………… 335
　　四　语言文字使用存在的问题 ………………………………… 336
第四节　台湾语言规划 …………………………………………… 339
　　一　人口及语言情况 ……………………………………………… 339
　　二　语言文字使用历史概貌 …………………………………… 339
　　三　语言文字使用状况 …………………………………………… 340

  四　语文政策 …………………………………………… 342
 第五节　中国语言规划评价 ………………………………… 359
  一　历史回顾 …………………………………………… 359
  二　当代中国语言规划简要评述 ……………………… 360

第七章　国外语言规划 ………………………………………… 370
 第一节　规划维度 …………………………………………… 370
  一　地位规划 …………………………………………… 370
  二　本体规划 …………………………………………… 373
  三　声望规划和习得规划 ……………………………… 374
 第二节　规划过程 …………………………………………… 376
  一　选择 ………………………………………………… 376
  二　编典 ………………………………………………… 377
  三　实施 ………………………………………………… 378
  四　细化 ………………………………………………… 379
 第三节　规划类型 …………………………………………… 381
  一　规划已有分类 ……………………………………… 381
  二　规划的其他分类 …………………………………… 383
  三　规划的总分类 ……………………………………… 386
 第四节　规划流派 …………………………………………… 387
  一　弹性规范学派 ……………………………………… 387
  二　理性选择学派 ……………………………………… 388
  三　适应学派 …………………………………………… 390
  四　语言治理学派 ……………………………………… 390
 第五节　规划思想 …………………………………………… 391

  一　语言同化 ………………………………………… 392
  二　语言多元主义 …………………………………… 392
  三　国际化和本土化 ………………………………… 393
 第六节　小结 …………………………………………… 395
第八章　语言规划的发展与展望 ……………………………… 399
 第一节　概述 …………………………………………… 399
  一　国情、语情与语言规划 ………………………… 399
  二　国情、语情的变化与语言规划的发展 ………… 400
 第二节　规划的发展 …………………………………… 402
  一　中国语言规划的发展 …………………………… 402
  二　国外语言规划的发展 …………………………… 430
 第三节　规划的展望 …………………………………… 434
  一　中国语言规划的展望 …………………………… 434
  二　国外语言规划的展望 …………………………… 438
 第四节　小结 …………………………………………… 441
术语表 …………………………………………………………… 445
附录 ……………………………………………………………… 457
后记 ……………………………………………………………… 459

第一章 绪 论

在信息资源日益丰富,社会交际更加频繁的现代社会里,作为信息载体的人类语言,其重要性越来越突出了。语言不仅是人们日常生活和社会交往不可缺少的,也是人们接受教育,学习科学文化知识,了解古今中外社会文化历史所不可缺少的。语言文字的学习、使用与社会所有成员都密切相关。语言文字在现代社会生活中的重要作用大大促进了语言文字研究的发展。从传统语文学发展到各种各样的现代语言学流派及其五彩缤纷的分支学科,就是很好的证明。为了适应社会发展的需要,随着应用语言学研究的不断发展,尤其是社会语言学研究的全面迅速发展,语言规划作为一门密切关注语言文字在社会生活中的使用与发展的新学科也在不断走向成熟。语言规划是一门历史悠久,实践性很强的学科,但理论研究相对薄弱。本书旨在吸收国内外研究的最新成果,运用应用语言学,尤其是社会语言学的相关理论,结合我国语言规划的实际情况,比较系统地介绍和论述语言规划的基本理论和方法,阐明中国语言规划及国外语言规划的基本情况和一些重大的理论问题,使人们对语言规划这门学科有更深入的认识和了解,从而推动我国语言规划工作和语言规划理论的教学与研究。

第一节 语言规划的定义和学科性质

一 定 义

国内外不同学者提出了不同的定义。这个术语英文名称为 Language Planning,1957 年由威因里希(Uriel Weinrich)在美国哥伦比亚大学的一次讨论会(seminar)上首先提出,1959 年豪根(Einar Haugen)在一篇题为《现代挪威标准语的规划》的论文中正式使用。在这篇论文中,豪根给语言规划下的定义是"在非同质(nonhomogeneous)的语言社团里为指导写作者和讲话人而对正词法、语法和词典进行规范的活动"。人们把这种定义称为规范语言学的定义。随着社会语言学的出现,豪根的定义也发生了变化。根据豪根 1964 年在美国社会语言学会议上发表的题为"语言学与语言规划"论文中的定义,语言规划是对语言变化的评价和抉择。豪根把他原来的定义看成是语言规划的结果,是语言规划者实施决策的一个部分。他认为语言规划的核心是在使用的语言形式中对选定的形式进行正确的判断。豪根自称这个定义受到印度学者雷伊(P.S.Ray)的影响。雷伊在《语言标准化》一书中把规定语言学描述为在区别语言创新中寻求合理性的学科。豪根的新定义在学术界产生了广泛的影响。当然,这个定义由于过于简约,因此显得不够全面。

语言规划是有关机构、社会团体、学术部门等群体根据语言文字的特点和发展规律,对语言文字的形式和功能进行有目的、有计划的调整的一种有益的社会活动。从这个定义可以知道,语言规划具有很强的社会性、系统性、连贯性、理论性和实践性。语言文字时时刻刻都在发生变化,面对语言文字变化的复杂情况,如果脱离社会,不遵循语言文字发展的规律,没有正确的理论指导,语言规划将会是一种脱离实际的盲目的活动;如果语言规划的理论不能很好地指导人们认识语言变化的实质,指导语言规划的社会实践,语言规划的理论也很可能成了脱离实际的空洞的构想。

语言文字的形式和功能之所以需要调整,是因为它们常常处于变化和发展之中,有不适应社会需要的一面。如果它们是十全十美的,那就没有调整的必要。语言文字的形式和功能不适应社会生活的需要,语言交际就会出问题。有些语言规划的理论家认为,哪里语言交际存在问题,哪里就需要语言规划。换句话说,语言规划的任务之一是发现语言交际中语言形式和功能与社会生活不相适应的一面,并寻找解决语言交际中出现的各种障碍的办法。

语言规划首先是一种有目的、有计划对语言的形式和功能进行调整的活动。因此也可以说这是一种由政府、语言文字主管部门或语言文字专家有意识地组织人们对语言文字的形式和功能进行干预的活动。这种干预一般有三种,一种叫行政干预,另一种叫社会干预,还有一种叫专家干预。政府和语言文字主管部门发布各种语言文字的法律法规、规范标准,属于行政干预;社会团体或学术机构提倡、宣传并组织各种社会性语言规范活动,并通过大众传媒或其他形式对社会语言文字应用进行引导,属于社会干预;语言文字专家、文化名人或知名学者通过学术活动和其他活动,如学术会议、学术刊物、辞书编纂,确定语言文字使用规范等等,对社会语言使用进行指导,都属于专家干预。顺其自然,因势利导也是一种干预,我们称之为零干预。零干预不是不干预,"引导"是在"约定俗成"的基础上进行的,是一种无为而治的干预形式,它同样是一种有利于语言文字形式与功能发展的语言规划活动。

语言规划活动调整的范围既包括语言文字形式,也包括语言文字的功能。语言文字形式包括文字、语音、词汇、语法等方面,语言文字功能包括语言文字在社会生活中应该占有的地位,使用对象、使用场合等等。作为学科术语的"语言规划",其调整活动是包括了语言与文字的,因此,没有必要把语言形式和功能的调整干预活动叫语言规划,把文字形式和功能的调整干预叫文字规划。当然,也没有必要把语言规划叫"语言文字规划"。文字改革或书面文字系统的创制是语言规划的一项十分重要的内容。

语言规划要根据语言文字的特点和规律,对其不适应社会生活及其变化发展需要的形式和功能进行必要的调整。语言文字的重要特点之一是其系统性,它的发展规律的重要特点是连贯性,因此语言规划要充分注意系统性和连贯性。语言规划的系统性与连贯性要与政府和语言文字主管部门语言政策的系统性与连贯性联系起来。要避免顾此失彼和朝令夕改的现象。当然语言要受到许多社会因素的制约,某些违背语言文字发展规律的人为社会因素有时在语言文字的发展中起决定性作用也是不可避免的。语言规划无法改变这种现实,只能因势利导,化消极因素为积极因素。从这个意义上说,语言规划的连贯性和系统性是一种理想模式。语言规划不可能完全按照这种理想模式进行,但是语言规划应该也必须根据这种模式去考虑问题,进行必要的干预活动,从而取得社会文化效益和政治经济效益。要做到语言规划的连贯性,就既要确定语言规划的总体的长远目标,还应该确定短期的可操作性的目标,同时目标确定之后一般应该坚持到底,不应该随便改变。上个世纪初和50—60年代,汉字改革工作的目标是以拼音化为长远目标,而30—40年代,80年代以后没有把汉语拼音化作为长远目标,出现不连贯的迹象。这主要是因为我们在确定长远目标时对目标的可行性没有进行全面的论证。推广普通话(国语)其长远目标的连贯性非常明显。台湾最近一个时期出现了一些反复,推广国语的工作也出现不连贯的迹象。台湾出现这种不连贯现象一是政治因素的干扰,二是因为过去推行国语采用高压政策产生的副作用。要做到语言规划的系统性连贯性,不仅目标要明确,工作要连贯,还应该对每一个工作阶段或某项工作的任务和性质有清楚和足够的认识。例如在推广普通话工作中,既要考虑母语为汉语的语言群体的具体语言使用情况,也就是要考虑不同方言区的不同情况,还应该考虑母语为少数民族语言的语言群体的语言使用情况。海外华人的语言使用情况也是需要考虑的一个因素。

语言规划是一种有益的社会活动,这种活动既包括语言规划的实践活动,也包括对语言规划活动进行研究的活动,也就是语言规划理论的研究活动。用适合中国国情的通俗的话来说,就是既包括我们国家开展的语言文字工作,也包括对这些语言文字工作进行的科学研究活动。说这些活动是有益的活动包含两个意思:一是这种社会活动有益于语言形式和功能的完善和健康,促进语言文字的发展;二是有益于大多数言语社团成员,能给他们带来经济效益或社会效益。汉语言文字的规范化和标准化,不仅有利于汉语言文字本身的健康发展,提高社会交际效率,为信息传输部门直接带来经济效益,还可以大大提高汉语言文字在国际上的地位。

二 学科性质

语言规划是语言学及应用语言学的一门分支学科,它主要是为了解决语言文字的形式、功能与社会不相适应所出现的问题。结构语言学家认为,语言是第一性的,文字是其次的。语言规划专家豪根却认为,如果从语言规划的角度出发,文字应该是第一性的,语言是其次的。理由是,文字具有跨时空的交际功能。因此语言规划把学科研究的重点放在处理正式的语体,尤其是书面语方面的问题,而不是非正式的语体,例如口语方面的问题。语言规划研究除了与语言学有最为紧密的联系之外,它还与政治学、社会学、文化学、教育学、心理学、民族学、信息处理等学科有着密切的联系。研究语言规划的学者一般认为,它是社会语言学的一个重要组成部分,这是因为两者的语言观比较接近,它们都把语言看成是一种重要的经常发生变化的社会现象,是一种可以消失或再生的重要的社会资源。这种重要的社会现象或者社会资源是可以根据其特点进行规划或安排的。由于语言规划的实践性比较明显,人们往往运用社会语言学的相关理论来解决社会中出现的语言问题,或者将社会语言学的调查研究成果用在语言规划中。社会语言学的分支学科——语言社会学的研究对象,主要是语言规划。这种探索语言在社会生活各个层面的应用的研究,有的学者把它归入应用社会语言学的研究范围。费什曼认为应用社会语言学应该包括以下五方面的内容:(1)提供信息以便决定语言政策;(2)对语言政策做对照实验;(3)通过人际或群体间实现语言政策;(4)研究语言政策实施后如何补充修订;(5)研究语言政策实施后的反应。语言政策是语言规划的重要内容,但它只是语言规划的一部分。费什曼这里所说的五个方面,大概相当于语言规划中地位规划和声望规划的主要内容,作为应用社会语言学的语言规划内容比这些更丰富。语言规划也不仅仅是社会语言学理论的应用,语言规划研究本身已经具备了自己的理论框架,有明确的研究对象和自己的研究方法,它的研究不仅为社会语言学的研究提供了丰富的研究素材,同时也为社会语言学的研究提供许多理论依据或理论模式。因此从这个意义上可以说,语言规划是一门相对独立的学科"语言规划学",它也是社会语言学的一门分支学科。

思考和练习

1. 语言规划是怎样产生的?它的产生有什么重要意义?
2. 什么叫语言规划?语言规划有哪些重要特征?
3. 语言规划与社会语言学的关系怎样?它的学科性质是什么?

第二节 规划内容

语言规划的内容一般包括两个主要方面,这两个主要方面就是地位规划(status planning)和本体规划(corpus planning),有的书上把它概括为三个主要类型,除了地位规划和本体规划,还加上声望规划(prestige planning)。本书采用两种类型的做法,为了让读者对语言规划的内容有比较全面的了解,本节对声望规划也做简要的介绍。至于这两个层次下面的规划类型,例如"功能规划""外语教育规划""习得规划"等提法,本节不加讨论。

一 语言地位规划

语言地位规划是指对语言文字功能进行调整的规划活动。它是针对语言外部的一种规划活动,目的是确定语言文字在社会中的地位,以便使用语言文字的社会成员能够在合适的场合使用。对语言功能进行调整的规划活动主要包括:(1)语言政策的制定;(2)确定语言文字的地位;(3)语言立法。

语言政策的制定是语言地位规划最为重要的一项内容。语言规划通常是靠语言政策来体现。语言政策是一个国家总的方针政策的组成部分,是国家意志和大多数人民意愿的反映。具体地说,它指政府或其指定机构处理语言问题时所采取的方针和措施。确定语言文字的地位,最重要的工作是确定一个国家或地区的通用语言(官方语言、国语、正式语言)。在多种语言或语言变体并存的地方,往往是根据该地方的语言政策选择官方语言。有的选择一种语言或语言变体作为官方语言,有的则采用多种语言或语言变体作为官方语言。采用一种官方语言的如第二次世界大战以后,非洲有 40 多个国家独立,有的沿用宗主国的语言,如加纳采用英语作为官方语言,大部分国家则选择本国原有的语言作为官方语言,如肯尼亚和坦桑尼亚选择斯瓦希里语为官方语言。使用多种官方语言的如加拿大、比利时、芬兰、爱尔兰、卢森堡、新加坡、中国香港和澳门等国家和地区。加拿大以英语和法语为官方语言。比利时有三种官方语言:法语、德语、佛兰芒语(Flemish)。芬兰有两种官方语言:芬兰语和瑞典语。爱尔兰以爱尔兰语和英语为官方语言。卢森堡以卢森堡语、法语和德语为官方语言。新加坡有四种官方语言:马来语、华语、泰米尔语和英语。中国香港以中文和英文为官方语言,中国澳门以中文和葡萄牙文为官方语言。

确立和推广共同语是语言政策的最重要的组成部分。确立和推广共同语大致有两个目标,一是确立推广全国通用语言或官方语言,二是进一步把该语言推广成为国际上通用的语言。西欧14—16世纪的文艺复兴时期就开始重视语言文字的现代化。18世纪工业革命浪潮出现以后,确立国家的民族共同语并在全国范围里推广成为西欧工业化国家的一项重要的语言规划活动。法语在12—13世纪时,由于文学、教育、艺术、政治和经济等的繁荣,就已经成为欧洲的第二重要的通用语言。那时拉丁语仍然是许多欧洲国家的官方语言。但到了18世纪,整个欧洲都流行法语。英语随着工业革命和大英帝国的扩张,仅仅300年左右就发展成为流通最广的国际性语言。第一次世界大战后开始与法语平起平坐,第二次世界大战以后,英语逐渐取代法语的地位。日本在明治维新以后,只用20年的时间就普及了以东京话为标准的国语,做到了所有的学校都讲国语。日本当前的语言推广政策主要针对国外,重点放在三大群体:(1)外国人,尤其是那些把日语作为第二语言学习的学生或学者;(2)在国外居住的日本人及其后代;(3)在拉丁美洲,美国的夏威夷、加利福尼亚和加拿大的移民。联合国确定英语、法语、西班牙语、汉语、阿拉伯语、俄语为工作语言后,这六种语言就具有国际通用语言的地位。但是这些语言的使用情况还是各不相同的。当今的国际社会,在世界上推广自己国家的通用语已经成为一种重要的语言规划活动。世界上推广英语有五大基地:美国、英国、澳大利亚、加拿大和新西兰。推广英语是美国全球战略的重要组成部分。

语言立法是语言政策的最高体现,是把语言政策通过法律形式确定下来并以法律的形式加以实施。语言立法是一件涉及多学科、多领域的复杂工作。语言立法涉及的范围主要有:通过从法律程序确定语言文字的地位,协调各民族语言文字的地位,规定公民在语言文字使用方面的义务和权利,规定语言文字的使用范围,推广或保护某种语言文字,解决语言文字使用中出现的语言文字问题及其相关的社会问题、法律责任等等。语言的立法类型从形式上分主要有两种,一是以条文的形式出现,二是以专门法出现。世界各国宪法中涉及语言问题的国家有:德国、俄罗斯、意大利、奥地利、西班牙、葡萄牙、比利时、希腊、瑞典、芬兰、卢森堡、挪威、摩纳哥、列支敦士登、马耳他、爱尔兰、匈牙利、保加利亚、捷克斯洛伐克、罗马尼亚、阿尔巴尼亚、古巴、巴西、巴拿马、委内瑞拉、哥伦比亚、厄瓜多尔、危地马拉、洪都拉斯、尼加拉瓜、海地、牙买加、哥斯达黎加、印度、朝鲜、越南、缅甸、老挝、蒙古、菲律宾、马来西亚、伊朗、伊拉克、土耳其、科威特、阿富汗、巴基斯坦、约旦、阿拉伯联合酋长国、叙利亚、也门、黎巴嫩、塞浦路斯、斯里兰卡、尼泊尔、孟加拉、马尔代夫、卡塔尔、巴林、阿拉伯联合共和国、阿尔及利亚、利比亚、乌干达、赞比亚、肯尼亚、索马里、冈比亚、尼日利亚、卢旺达、乍得、纳米比亚、马达加斯加、毛里塔尼亚、贝宁、布隆迪、马拉维、科特迪瓦、塞内加尔、中非、尼日尔、加蓬、多哥、突尼斯、马里、摩洛哥、喀麦隆、萨摩亚、巴布亚新几内亚等国家。我国的语言立法涉及法律条文的如宪法中有关推广普通话和确定少数民族语言权利的条文,香港和澳门的基本法也都有和语言文字有关的相关法律条文。联合国的许多法规文件也有相关语言文字条款,如《联合国宪章》《世界人权宣言》等重要法规。专门法的如我国的《中华人民共和国国家通用语言文字法》,法国的《法兰西共和国法语使用法》,加拿大的《官方语言地位和使用法》,苏联的《俄罗斯苏维埃联邦社会主义共和国民族语言法》等。

二 语言本体规划

语言本体规划,指对语言文字形式本身进行调整的活动,目的是使语言文字形式规范化、标准化,以便社会成员正确使用,社会语言生活健康发展。对语言形式进行调整的规划活动如:(1)为语言的语音、词汇、语法等制定规范标准;(2)修改现有的语音、词汇、语法等规范标准;(3)为无文字的民族创制文字;(4)文字改革;(5)文字的规范化和标准化等。

语言的规范化和标准化是语言本体规划最重要的内容。制定语音、词汇、语法的规范和标准是语言规范化和标准化的重要工作。1955年在现代汉语规范问题学术会议上提出了普通话的规范标准:"以北京语音为标准音,以北方话为基础方言。"后来又加上"以典范的现代白话文著作为语法规范"。也就是说,普通话的语音是以北京语音系统为标准,词汇是以北方话为基础,语法是以典范的白话文著作(如毛泽东、老舍、鲁迅等的著作)为规范的。这个规范标准虽然不太具体,执行起来有些困难,但是总体上是全面恰当的。它大大推动了现代汉语的规范化和标准化。语言是在不断变化的,因此规范标准也需要不断修改完善。我国的普通话异读词审音工作,就进行了多次。1957年10月公布了《普通话异读词审音表初稿》,1959年7月公布了《普通话异读词审音表初稿(续)》,1962年12月公布了《普通话异读词审音表初稿》第三稿,1963年1月公布了《普通话异读词三次审音总表初稿》,1982年修订后于1985年12月以《普通话异读词审音表》的名称公布。经过几次修改,使一些读音分歧的词语读音有了明确的规范。这个审音表目前正在进行新的修订。词汇的规范要注意层次性的特点,科技术语和新词新语的规范是词汇规范化的重点,而科技术语的规范是重中之重。

文字的创制和改革,也是一件重要的语言本体规划工作。我国有55个少数民族,53个少数民族有自己的语言(回、满两个民族绝大部分人已经转用汉语文),1949年以前21个民族有自己的文字。1949年以后,政府帮助没有文字的民族创制了文字,新创制的文字有:壮文、苗文(4种)、布依文、傈僳文、哈尼文、侗文、佤文和纳西文等。白文、土文、羌文正在试行推广。我国除了长期进行汉字改革外,还帮助少数民族进行文字改革,这些文字有:维吾尔文、哈萨克文、傣文(两种)、锡伯文、彝文等。

汉字的改革主要做了两大方面的工作,一是汉语拼音化运动,二是简化汉字。汉字不是拼音文字,因此在同拼音文字的接触过程中,在一些文化人中产生了用拼音文字代替汉字的想法和做法。鸦片战争以后出现的方言罗马字,是汉字拼音化的最早形式,它不仅起到了宣传汉字可以走拉丁化拼音方向的作用,并在拉丁字母拼写汉语的技术上提供了有价值的经验。后来清朝末年出现的切音字、"五四"时期出现的国语罗马字、20世纪30年代出现的拉丁化新文字都是旨在用拼音文字代替方块汉字的大胆尝试。汉字的简化,古已有之。汉字经历了从甲骨文、金文到大篆、小篆,到隶书、楷书以及草书、行书等字形演变,虽然有时也有繁化现象,但总的趋势是简化。"五四"运动以后,与国语罗马字运动兴起的同时,简化字运动也同时产生并得到发展。钱玄同、胡适、刘半农等人都主张简化汉字。1935年8月,国民政府教育部公布"第一批简体字表"(324字)。1949年中华人民共和国成立以后,国家为了扫除数量众多的文盲,提高全民族文化水平,更加重视汉字简化。1950年,教育部社会教育司着手进行简化汉字工作,编制了《常用简体字登记表》并向专家征求意见,又初步选出500多个常用的简化字。1952年中国文字改革研究委员会成立以后,对汉字简化工作做了全面考虑,并开始研究和草拟简化汉字笔画和精简字数的方案。1954年底编成了《汉字简化方案草案》。1955年1月,草案公开发表,向社会征求意见。经过广泛征求意见和做了必要的修正补充以后,1956年1月28日,国务院全体会议第23次会议通过了《关于公布〈汉字简化方案〉的决议》,1月31日,《人民日报》发表了国务院的《决议》和《汉字简化方案》。《汉字简化方案》有三个表,共收515个简化字和54个简化偏旁,第一个表收230个简化字,第二个表收285个简化字,第三个表收54个简化偏旁。1977年12月20日,我国发表了《第二次汉字简化方案(草案)》。因为这次的汉字简化工作过于仓促,简化的字数过多,实行过急,社会各界反映不好,1986年6月24日,国务院又发出《批转国家语言文字工作委员会〈关于废止第二次汉字简化方案(草案)和纠正社会用字混乱现象的请示〉的通知》,决定废止《第二次汉字简化方案(草案)》。"二简"的废止说明了语言声望规划在语言规划工作中的重要性。

为了适应信息社会的要求,文字的规范化和标准化已经成为语言本体规划的一项重要内容。我国除了进行文字改革外,还重视汉字的规范化和标准化工作。主要做了汉字字数的精简、字形整理和笔顺规范等工作。1955年10月,全国文字改革会议期间,中国文字改革委员会向会议提出了《第一批异体字整理表草案》。

1955年12月22日文化部和文字改革委员会共同发布了《第一批异体字整理表》。该表共列异体字810组,每组最少2个字,最多6个字,合计1865字。经过整理共淘汰了异体字1055个。1986年10月国家语委重新发表了《简化字总表》,确认该表收入的11个类推简化字"晔、诓、雠"等为规范字,1988年3月25日,国家语委、新闻出版总署在《关于发布〈现代汉语通用字表〉的联合通知》中确认《印刷通用汉字字形表》收入的15个字"翦、邱、於、澹、骼、彷"等为规范字。这26个字不再作为异体字淘汰,因此第一批淘汰的异体字实际上是1027个。从1956年到1964年,经国务院批准,以常用汉字代替生僻难认的地名字共30多个。字形整理工作的重要成果是1964年12月文化部和文字改革委员会联合向出版印刷单位发出《印刷通用汉字字形表》,该表规定了6196个汉字的标准印刷体,使印刷用的铅字字形尽量接近手写楷体。为了满足出版印刷、信息处理和其他方面的需要,1988年3月5日国家语委和新闻出版总署联合发布《现代汉语通用字表》,该表共收字7000个。《中华人民共和国国家通用语言文字法》颁布以后,教育部和国家语委组织有关专家、学者,加紧研制《通用规范汉字表》,经反复论证,鉴定并公开征求意见后,报请国务院审批,国务院于2013年6月5日批准公布。笔顺的规范也是汉字规范化的一项重要工作。1988年公布的《现代汉语通用字表》确定了7000个汉字的笔顺规范,但由于字表中的规范笔顺是隐性的,在应用中因理解不同出现了不规范现象。因此国家语委和新闻出版总署于1997年4月7日又发布《现代汉语通用字笔顺规范》。使用汉字的其他国家或地区也重视汉字的规范化和标准化,例如日本就是一个例子。日语中使用了部分汉字,日本重视汉字的规范化和标准化工作。1946年,日本公布了《当用汉字表》,共1850个汉字,作为出版物中的规范汉字。1981年又公布《常用汉字表》,共1945个常用汉字,法令和公文用字必须遵守这个字表。

三 语言声望规划

语言规划一般理论是把语言规划的范围确定在地位规划和本体规划两方面。社会语言学的理论认为,语言规划是一项涉及多种社会因素的活动,语言规划两分法的缺陷在于忽视了语言规划中社会因素的存在和作用。在地位规划和本体规划后面,影响规划活动实施的社会文化因素、心理因素起着对地位规划和本体规划作价值判断的作用。这些价值判断直接与规划活动的声望相关,具有声望价值。从事与声望价值有关的语言规划活动就是语言的声望规划。语言规划范围的三分法充分注意到社会文化因素在规划活动中的重要作用,尤其是把语言规划活动的接受者对语言规划的评价纳入声望规划的一部分,更加体现了语言规划活动的现代化气息。三分法的重要意义是把语言规划的研究性活动纳入了语言规划的范畴。

语言声望规划是指在语言地位规划和本体规划活动中与社会文化和心理因素有关的规划活动。语言声望规划主要包括语言规划者的声望和语言规划接受者的声望两方面。语言规划者的声望包括:(1)语言规划者和语言规划机构本身所具有的权威性的声望;(2)语言规划者和语言规划机构所进行的语言地位规划和本体规划活动所产生的声望。语言规划接受者的声望包括:(1)语言规划工作者和语言规划机构在接受者心目中的声望;(2)语言规划工作者和语言规划机构所进行的语言地位规划和本体规划活动在规划接受者心目中的声望。

要做好语言声望规划工作,首先要保持语言规划机构的权威性。这种权威性除了保证规划工作本身的权威性外,还应该考虑到地位规划和本体规划工作中哪些工作由哪些部门或人员承担具有权威性的问题。法国语言地位规划的成功经验之一是法国政府高度重视语言规划工作,总统和总理都亲自担任法语高级委员会主席。在每年两次的例会中,其中一次总理必须参加。法国总统亲自参加每两年召开一次的法语国家与法语地区的国际讨论会。我国语言规划最繁荣的时期也是国家领导人对语言文字工作亲自领导、关心的时期。搞好语言声望规划的另一重要工作是要不断开展社会心理调查,要及时了解语言规划接受者对语言规划工作的感受,对他们的意见要认真研究,并对规划工作进行调整和改进。"二简"的废止,就是在重视广大人民群众的意见基础上决定的。

思考和练习

1. 什么是语言地位规划?怎样做好语言地位规划?
2. 什么是语言本体规划?怎样做好语言本体规划?
3. 为什么语言规划要注意社会心理的调查研究?
4. 语言规划的类型应该怎样划分才比较合理?

第三节 规划目标

语言规划是一项目的性很强的活动。它需要花费许多人力和物力,如果目标不明确或者不合适就会导致规划活动的失败或者是收效甚微,不能达到预期的目的。语言规划的目标,实际上就是语言规划的任务。目标可以分为近期目标和长期目标。长期目标是语言规划希望达到的最高境界。近期目标则是为了达到长期目标而规定的阶段性任务。两者应该相互联系紧密,具有系统性和连贯性。这里主要分析语言规划的长期目标。长期目标一般有以下六种:语言文字的纯洁化;语言文字的复兴;语言文字的改革;语言文字的标准化;词汇的现代化;语言的传播。

一 语言文字的纯洁化

语言文字纯洁化的含义是保持语言文字的一致性和规定语言文字的正确用法。可以分为外部目标和内部目标。外部目标主要是避免和消除外来语言的影响,内部目标指实施语言文字规范标准。专门的语言文字机构在语言纯洁化方面起到重要的作用。法国的法兰西学院是最有名的语言纯洁机构。它建立于1635年,至今已有300多年。300多年来,它在法语的词汇、语法和拼写法等的规范方面做了大量的工作。由于社会越开放,语言文字接触就越频繁,如果对外来语言成分的吸收不加以适当的限制或清除,长期大量借用外来语言成分,发展下去就会使自己的民族语言逐渐变成混合语,甚至最后走向消亡。因此,对外来语的影响进行必要的限制和清除,是有必要的。语言内部也在不断发生变异,也需要不断进行判别、选择和规范。但是要清楚地看到,语言文字的纯洁化是相对的,因为语言文字是在不断发展变化的,完全纯洁的语言文字是不存在的。语言变异是永恒的,它时时刻刻都在冲击着语言的规范和标准。语言纯洁化的提法有一定片面性,正受到语言实践的挑战,也受到学者们的质疑。

二 语言文字的复兴

语言文字的复兴指把正在消亡的语言文字恢复到以前的使用状态或重新使用死亡了的语言文字。语言文字的产生、发展和消亡都是与社会生活的变动息息相关的。我国少数民族历史上使用过、后来停止使用的文字有：突厥文、回鹘文、察合台文、于阗文、焉耆-龟兹文、粟特文、八思巴字、契丹大字、契丹小字、西夏文、女真文、东巴图画文字、沙巴图画文字、东巴象形文字、哥巴文、水文、满文等。我国有100多种少数民族语言，其中有近20种语言使用人口不足1000人。虽然这些语言有些仍然具有生命力，但有些则处在消亡的边缘。例如满语、畲语、阿侬语等就处在消亡的边缘。语言学家把处于消亡边缘的语言称为濒危语言。一般地说，完全消亡了的语言文字要复兴是有困难的。语言复兴目前正在进行的如爱尔兰的爱尔兰语，这种复兴的计划是通过把爱尔兰语作为第二语言学习来进行的。爱尔兰的大多数地区，日常生活已不再使用爱尔兰语，已经被英语所取代。近年来年轻人以重新使用爱尔兰语为荣。

希伯来语的复兴是唯一的语言复兴的成功例子。这主要发生在巴勒斯坦和以色列地区。罗马人和古犹太人之间的多次战争大大减少了这个地区的人口，尽管剩下的犹太人在拜占庭统治期间大批地改信基督教，但仍然有一些犹太人幸存下来，直到近代仍住在巴勒斯坦。由于不断有犹太人从其他国家回巴勒斯坦定居，其数量便不断增加。19世纪以前，移民是小规模的，且有些人因生活条件不好又移居出去。1850年至1880年30年之间，大约有2.5万犹太人到巴勒斯坦定居。1890年前后该地区人口总数为

53.2万人,其中犹太人4.3万人。这些犹太居民分为几个社区,每一个社区讲自己的语言。来自东欧的讲依地语,来自巴尔干各国和奥托曼帝国的讲拉地诺语和阿拉伯语,来自非洲和亚洲的讲一种社区的阿拉伯语变体。因此唯一能把所有犹太人联合起来的语言就是希伯来语。希伯来语大约在公元200年以后就只作为书面语言,不用于日常交际了。主要用于做祷告和研究圣书以及法律、科学、哲学和世俗文学等的写作。19世纪80年代,由于在犹太人之间缺乏通用语,因此便使用这种在口头早已不使用的语言进行交谈。于是一个把书面语扩展成为口头交际语言的希伯来语复兴运动就逐渐形成了。学校在这个运动中起到了重要的作用。许多移民点的学校用希伯来语授课。1898年起幼儿园里教希伯来语,1906年起中学用希伯来语授课。英国1918年占领巴勒斯坦,1922年取得了托管权。托管地政府宣布希伯来语、阿拉伯语、英语为官方语言。从此希伯来语在这个地区取得了官方语言的地位,标志着希伯来语复兴运动的成功。这一地区犹太人人口在不断增加。1919年约5.6万人,1948年约65万人。1948年成立以色列国后,犹太人到该地定居的不断增加。在短短三年半里,前来定居的约70万人。从1948年到1978年,到以色列定居的犹太人总数超过160万人。大量犹太人人口在这个地区的聚居,为复兴以后的希伯来语的进一步传播创造了有利的条件。

抢救濒危语言是语言复兴的一个重要工作内容。全球据不完全统计有6000多种语言,有的语言学家估计在21世纪会消失90%,有的估计会消失80%,较保守的估计也要消失70%。也就是说,21世纪将约有4700种语言消失。大量弱势语言的消失必然造成语言的单一化,从而导致文化的单一化,甚至导致人类思维模式的单一化。这无疑是我们不希望看到的。联合国教科文组织于2003年3月在巴黎召开濒危语言问题专家会议,会议的主题有四个:(1)研究联合国教科文组织在世界濒危语言问题上的作用(并与其他政府、非政府、学术机构相协调);(2)评价保护和推动濒危语言继续生存的实践活动和创造性等;(3)讨论保护濒危语言的机制以及开展国际合作的可能性;(4)制定联合国教科文组织2004—2005年度开展保护濒危语言工作的行动计划。尽管这样,由于世界经济一体化进程的加速,弱势语言的进一步弱化乃至消失已经呈现出明显的趋势。

三 语言文字的改革

语言方面的改革主要表现在书面语方面,如中国的文体革新。中国长期以来书面语言与口头语言脱节,"五四"以后逐渐以接近人民大众口语的白话文代替文言文,这项改革直到新中国成立后一个阶段才完成。文字的改革有拼写系统的改革和文字形体的改革,拼写系统的改革如英语的改革,文字形体的改革如汉字改革。英语拼写有许多不符合拼写规则的,这种不规范性是造成英语发音混淆的主要原因。中世纪的英语拼法很随便,不仅因为方言发音差别所引起,而且也因为在手写或排字印刷过程中没有规范可以遵循所造成。莎士比亚的姓有十几种写法:Sakspere, Shackespere, Shackspeare, Shackspere, Shakespear, Shakespeare, Shakspear, Shaksper, Shakespere, Shakspeyr, Shakyspere, Shaxberd, Shaxper, Shaxpere, Shaxspere。现在的标准拼法是第六种 Shakespeare。现代英语虽然标准化了,但仍然存在着读音和写法的矛盾,同样的音值有多种拼写法,例如/i/这个音位有20多种拼法:give,pretty,women,busy,sieve,breeches,build,exhibit,college,fortunate,carriage,lettuce,foreign,miniature,money,guinea,plaguy,Sunday,Denbigh(英国地名),Beaulieu,Saint John。英语的拼写改革大概经历了四个阶段,第一阶段是在莎士比亚时期,伊丽莎白女王的国务秘书,爱德华二世(Sir Thomas Smith)等提出过改革方案,但没有成功,原因主要有两个,一是方案中增添了许多新的发音符号,变化太大,二是新的发音字母表也没有完全根据发音规则拼写。第二阶段是19世纪中叶到20世纪初。早期的改革家有速记发明者Sir Isaac Pitman,著名英语学者Alexander Ellis等,他们编制了一个发音字母表,其中有十六个新增添的字母。字母表当时在各种刊物、识字课本、教科书中采用过。这两位改革家还组织了一个拥有4000名会员的语音学会。并在学会中推行字母表。但终因人们对新方案的不习惯最后不得不放弃。后来又重新搞了个以罗马字母组成的拼写法,试图用字母组合来表示各个音素,还是没有得到令人满意的结果。第三阶段是英语拼写法改革史上最大的一次,始于1906年。英国专门成立了拼写简化学会来从事这一改革工作。该学会提出了多种改革建议,编印了拼写改革材料,并进行散发宣传。1920年,学会出版了"简化拼写手册",后因第一次世界大战暂时中断。第一次世界大战以后,1.5万人请求英国教育大臣慎重考虑英语拼写法改革的迫切性。有人提出在原来的字母表里增加15—20个新字母来代表40多个不同的音素。这样做的结果,使原来比较严格按照语音规律组成的字母表产生了较大的变化,很难与罗马文字体系和日耳曼文字体系共存,因此,改革方案又行不通。拼写简化学会最后提出了一个新拼写法。新的拼写法用最合适的语音符号来代表47个音素，创造一套新的音标，并在此基础上拟定新的字母组合表。根据新拼写法，ae,ee,ie,oe,ue等五个元音字母组合的发音都有特别字母表示，如 wae = way,eeven = even,tiem = time,noe = no。新拼写法的字母组合可用来表示单元音，也可用来表示元音辅音结合的音节。由于新的拼写法改变了90%以上的词汇，因此无法让人们接受。第四阶段从20世纪70年代开始。1978年，国际英语拼写修正大会在美国费城举行，会后组织了英美拼写改革学会来做拼写改革工作。尽管许多拼写改革方案未为人们接受，但英语拼写法的改革却取得了这些成效，英语的读音与拼写逐渐趋于一致。

四 语言文字的标准化

语言文字的标准化有狭义和广义之分。语言规划理论所说的语言文字标准化一般指保证一种语言或方言（包括其文字形式）在某一地域成为通用语言，是我们一般所说的语言规范化的含义，属于广义的。狭义的语言文字标准化是指为某些语言文字的应用制定国际标准或国家标准并加以推行。广义的标准化如我国规定普通话为国家通用语言，规范汉字为国家通用文字。狭义的标准化的国际标准和国家标准是由标准化组织制定的，国际标准如"文献工作——中文罗马字母拼写法"，是由国际标准化组织 ISO/TC46 "文献工作"技术委员会制定的，它规定了普通话的罗马字拼写法原则。国家标准如我国国家技术监督局1992年2月1日批准，1992年11月1日发布实施的"中文书刊名称汉语拼音拼写法"。语言文字的标准化与书写工具的发展变化有着紧密的联系。电子计算机技术发展以后，为了适应信息处理的需要，汉语汉字在信息处理中需要一定的标准,在文字方面我们国家制定了国家标准GB/2312—80《信息交换用汉字编码字符集 基本集》,在语言方面制定了国家标准 GB/T13715—92《信息处理用现代汉语分词规范》。为了做好语言文字的标准化工作,教育部(国家语言文字工作委员会)于2003年开始筹划组建全国语言文字标准化委员会,并在委员会下设7个分技术委员会:汉字分技术委员会,汉语语音与拼音分技术委员会,汉语语汇分技术委员会,汉语语法与语篇分技术委员会,少数民族语言分技术委员会,少数民族文字分技术委员会,外语应用分技术委员会。这些分技术委员会在2004年前后相继成立。这些分会的成立将会大大推动我国的语言文字标准化工作,使我国的语言文字标准化工作跃上一个新台阶。

五　词汇的现代化

词汇的现代化有两层含义,第一层是说改革了的、复兴了的或规范化了的语言的词汇应该符合一定的规范并加以推广;第二层意思是说这些改革了的、复兴了的或规范化了的语言的词汇应该具有现代社会生活的气息,尤其是要能准确表达现代科学技术的新概念。一种语言能不能及时准确地吸收和传达新概念、新思想和现代化信息,不仅关系到该语言词汇的更新和发展,更重要的是关系到该语言所依赖的社会政治、经济、文化的繁荣与发展,尤其是科学技术的繁荣与发展。我国不仅普通话的词汇在不断增加现代化气息的词汇,少数民族语言和汉语方言的词汇也在不断吸收现代化的词汇。词汇现代化是一个不断发展的过程,因此词汇的规范化也是一个动态的过程。词典的编纂要反映词汇现代化和词汇规范化的内容和成果,但是不会有一本词典能永远不变地反映词汇的现代化进程和规范化的成果。

科技术语的规范化和标准化,是词汇现代化的重要内容。现代科学技术的发展,产生了大量的专门化的术语。同样的意思,在不同的地区、不同的语言中用不同的术语表述,甚至在同一个地区、同一种语言中也存在着不同的表述。这种现象不仅给人们的思想沟通带来障碍,还会给科学研究的发展带来不便。西方学者很早就研究术语问题。18世纪以后,科学技术迅速发展起来,新的概念大量出现,术语的命名和统一成了人们关注的课题。瑞典植物学家林耐(C.V.Line)首创"双名命名法",统一了植物名称,推动了植物学的研究。19世纪以后,一些国家建立了各个学科的科学技术协会,这些协会开展了术语研究工作。1867年国际植物学家大会提出了植物学术语命名的统一规则。此后,1889年国际动物学家大会提出了动物学术语统一规则,1892年国际化学家大会提出了化学术语命名的统一规则。20世纪初,出现了国际性组织协调术语规范工作。后逐渐形成现代术语学的四个学派:德国—奥地利学派、俄罗斯学派、捷克斯洛伐克学派、加拿大—魁北克学派。计算机技术的发展,为术语规范化提供了更好的条件,许多国家利用计算机技术建立了术语数据库。术语数据库为术语的规范化、标准化不仅提供了更加详尽的材料,同时也大大提高了工作的效率。我国长期以来重视术语的规范化工作。1909年成立的科学名词审定馆是我国第一个审定科学技术术语的统一机构。1950年成立了学术名词统一工作委员会。1985年成立了全国自然科学名词审定委员会,不久更名为全国科技名词审定委员会。此后还成立了全国术语标准化技术委员会(CSBTS/TC62)。这些机构,为推动我国术语规范化、标准化工作做出了积极贡献。下面我们着重从词汇现代化的范围、词汇现代化的方式、术语的科学性与通俗性、词汇现代化与文化建设、词汇现代化与辞书编纂等方面加以论述。

（一）词汇现代化的范围

词汇现代化所涉及的范围主要是现代社会的新事物、新概念，一般日常词汇不涉及现代化问题。例如汉语中有"再见"不用，偏要用 bye,bye bye 或"拜拜"，有"好""行""可以"等不用，偏要用"OK"，这也许是语言使用习惯问题，也许是某些社会心理在起作用，但与我们所说的词汇现代化没有关系。这种用法不仅不利于词汇现代化，甚至会给词汇现代化带来混乱。汉语词汇现代化主要在普通话层次进行。普通话词汇现代化关系到全国人民的语言生活，关系到汉语词汇系统的健康发展。词汇现代化不仅在国家通用语言范围内进行，少数民族语言、汉语方言也同时在经历词汇现代化进程。在闽南话里，老一代所说的"风车""飞船""龙翻身"，年轻一代正在用"汽车""飞机""地震"取代，普通话里出现的大量新词新语也会在闽南话中出现，例如"计算机""手机""卡拉 OK""VCD""DVD"等等。

（二）词汇现代化的方式

词汇现代化的方式主要有借用、创造新词和旧词新用三种。借用是指从文字形式到音义都全部是外来的，如"Office"这种办公软件系统，至今还没有相应的汉语词，是从英语借用来的。"Windows 95""Windows 98"中的 Windows，在大陆的普通话里，还没有相应的汉语词，仍然是借用英语词，台湾创造了一个新词，叫"视窗"。"书记""博士""教授"等词是旧词新用的例子。直接借用外来词是固有词汇系统暂时没有找到合适表达方式的一种表现。例如"Excel"有时也可以用"电子表格"来表达,但是它其实只是电子表格的一种,因为还有"Wps Office""Spanish"等电子表格,因此电子表格不能准确表达"Excel"的准确含义。PowerPoint汉语有时也说"幻灯片",但两者仍然有些区别。一是在制作方式和放映方式上PowerPoint都与传统意义上的幻灯片有区别,二是用电脑制作的幻灯片除了PowerPoint之外还有其他方式。研究词汇现代化的方式及其存在的问题,对词汇规范化有重要意义。

(三)术语的科学性与通俗性

术语的规范化是词汇现代化的重要的一环。术语的科学性与通俗性是一对矛盾,有的术语两者能够完美统一,而有些术语就碰到困难。学术要国际化,术语应该便于同国际社会对话。不管是自然科学还是社会科学,每一门学科都应该建立自己的术语系统。术语规范最重要的是内容,但形式也是其重要的方面。准确反映内容,体现其科学性。形式上符合语言表达习惯,便于人们使用,就需要通俗易懂,也就有了通俗性。通俗性要不损害科学性,并不容易。尤其是科技术语,语言形式如果表达不当,往往不能准确表现术语的概念,例如2002年发生的一种突发性新型肺炎,人们使用了十几种名称。较早的用法是"非典型肺炎",对应的英文是atypical pneumonia。世界卫生组织先后用的英文名称有两个,一个就是atypical pneumonia,另一个是severe acute respiratory syndrome,缩写为SARS。因此后者中文出现了许多不同的翻译法。对全称翻译的有"严重急性呼吸道综合征""严重急性呼吸综合征""重症急性呼吸综合征""重症急性呼吸道综合征",对缩写字母的翻译有"萨斯""沙斯""沙司""沙士""沙示"等。另外还有一些叫法如"原因不明肺炎""传染性非典型肺炎""急性病因不明肺炎"

"冠状病毒肺炎"等等。现在媒体通称"非典",而医学界专家则直接使用世界卫生组织使用的英文名称的首字母缩略语 SARS。长期以来没有规范的术语。医学专家钟南山在参加今年全国政协会上写了一份提案,要求"为政协报告中的非典更名",认为"非典"的用法不科学,容易引起混淆。这是术语科学性与通俗性矛盾达到不可调和的典型例子。像"非典"这样一种全民已经熟悉的词语,我们认为可以采取变通的办法,也就是两者共存分用。即把"非典"作为俗名或俗称,而把医学专家认为合适的名称定为正式的术语名称,也就是一般的所谓学名。作为术语,需要科学性,需要有一个准确表达其含义的词语来表达,钟南山院士的提案无疑是有道理的。但媒体和普通老百姓更愿意使用符合汉语表达习惯的俗称"非典",也应该是可以的。至于全国政协报告应该使用术语还是俗称,我们认为还是可以讨论的。

（四）词汇现代化与文化建设

词汇的现代化,是自身语言的词汇系统的现代化,而不是以吸收外来成分多少来衡量其现代化的程度。要消除一种误解,使用外来词越多,词汇现代化的程度就越高,语言文字的现代化气息就越浓厚。词汇现代化进程中要处理好语言现代化和文化西方化的关系。西方学者认为语文的现代化实质就是语文的西方化。语言文字既是文化的载体,也是文化的重要组成部分,如果根据这种逻辑推论,语言文字的现代化最后将导致文化的西化。因此我们应该考虑如何在语言文字的现代化进程中既适应社会现代化的需求,又使自己的民族文化不会完全被西方文化同化。语言现代化是信息社会的要求,是社会交际的需要;文化的西方化则是西方文化中心主义的表现,是文化沙文主义。词汇要现代化,但要防止词汇现代化导致文化的全面西方化。

要严格限制全部借用的普通外来词进入汉语书面语词汇系统，也就是说汉语已经有自己的合适的词汇表达，没有必要用外语词来替代。在一定场合下使用的日常口语里或为了描写人物的需要的某些文学作品中，适当的使用则另当别论。

因为暂时没有合适的相应的汉语词语而直接全部借用专业外来词，这种现象应该逐渐用汉语词替代。是术语的，应该根据术语的规范原则进行规范。词汇的现代化过程不应该使文字发生质的变化。该文字系统如需进行全面改革乃至彻底废弃则是另外需要解决的问题。专业外来词语不应该在面对普通群众的媒体中传播，没有对应汉语词的最好要加以说明和注释。这不仅是保持语言规范的需要，也是尊重自身文化，尊重受众的起码要求。

（五）词汇现代化与辞书编纂

词典的功能是多方面的，它有真实记录词汇历史演变、反映词汇共时变异的功能，更重要的是，词典编纂应该反映词汇现代化的内容。当然，不同的功能可以由不同性质的词典来完成。不管是哪类词典，它的最重要的功能是指导人们正确解读词汇所蕴含的含义，在语言实践中准确运用词汇。现当代类词典的作用是指导人们使用规范的语言形式，但也不应该反对词典适当收入一些有一定流通度的非标准变体的语言形式，例如某些方言词、社区词和古语词或外来词。词汇规范是每一部现当代词典都起码应该做到的事，因此可以说词汇规范是现当代词典的一个重要的功能。说是重要的功能，并不等于说是唯一的功能。规范是相对的，规范又是发展的，没有一部词典永远是规范的，可以永远正确指导人们的语言使用的。社会的现代化在发展，语文工具书也应该不断推陈出新才能适应词汇现代化的要求,才能充分发挥其指导人们语言实践的重要作用。词典如果没有不断更新,就不能适应词汇现代化和规范化的时代要求。原有词典的不断修订,新词典的不断编纂,才能不断给人们提供真正符合社会生活和语言规范的语文工具书。

对词汇进行规范是词典的重要功能,也就是说词典编纂者的最基本的职责之一是进行词汇的规范。除此之外,文字、语音、语法等也都应该是规范的。因此真正意义上的词典没有规范和不规范之分,只有规范工作做得好与不好之别。词典名称使用规范还是不使用规范都是一样的,使用规范两字的功能是区分不同的词典。判定一部词典优劣,除了看规范工作做得好与不好之外,还应该看其他许多方面,例如词条选得是否合适,意义解释是否精当,体例是否一致,总体上是否有自己的特色等等。而作为现当代汉语词典,是否反映词汇现代化内容同样应该作为判断词典优劣的一个重要标准。

六　语言的传播

语言传播的目标是扩大语言文字的社会功能,有些语言的最高目标是成为国际社会的通用语言,而把一种语言推广成为国家通用语言或民族通用语言则是一种语言规范化或标准化所追求的目标。为了完成语言推广的目标,往往需要制定阶段性目标。如我国为了达到全国普及普通话的目标,制定了跨世纪的推广普通话的目标和基本措施。1997 年 12 月全国语言文字工作会议提出的跨世纪目标是:2010 年以前,普通话在全国范围内初步普及,交际中的方言隔阂基本消除,受过中等或中等以上教育的公民具备普通话的应用能力,并在必要的场合自觉地使用普通话,与口语表达关系密切行业的工作人员的普通话水平达到相应的要求;21世纪中叶以前,普通话在全国范围内普及,交际中没有隔阂。20世纪90年代以后,我国推广普通话以实行"目标管理,量化评估"和"普通话水平测试"为基本措施,加大了行政干预力度,使语言推广走向制度化、规范化和科学化。

汉语的国际传播历史由来已久。在古代,汉语汉字就在周边国家开始传播。最晚从隋朝开始,中国历代都接收了外国留学生。上个世纪的后五十年,汉语的国际传播进入了一个新的阶段。无论是大陆还是台湾,都接受了大量的留学生和派出汉语教师到世界各地从事汉语教学。从1950年到1961年,大陆接受了60多个国家的3315名留学生;1962年到1965年,接受了3944名留学生;1972年到1977年,接受外国留学生2266名;1978年到1988年,接受130多个国家留学生13126名。近一个时期,国家在世界各地相继建立了孔子学院和孔子课堂。截至2013年年底,全球已建立440所孔子学院和646个孔子课堂,分布在120个国家(地区)。孔子学院设在115个国家(地区)共440所,其中,亚洲32国(地区)93所,非洲27国37所,欧洲37国149所,美洲16国144所,大洋洲3国17所。汉语在世界上热了起来,当然与英语相比,汉语无论是国际地位还是在国际上的使用场合都还不能与之相提并论,汉语的国际传播任重而道远。汉语的国际传播,不仅涉及汉语的地位规划和声望规划,也涉及本体规划。汉语国际传播是一项综合性的语言规划工程,它需要政府的教育部门、语言文字工作部门、外交部门、文化部门和各类学校教师的通力合作。怎样改进汉语国际传播的方式,提高汉语在国际上的地位,是汉语国际传播需要进一步研究的重要课题。

思考和练习

1. 语言规划有哪些目标？实现这些目标的主要途径有哪些？怎样实现？
2. 词汇现代化过程中有哪些问题需要解决？怎样解决？
3. 请论述汉语国际传播的重要意义和传播方式。
4. 应该怎样正确理解语言的纯洁化问题？

第四节 语言规划研究回顾

一 国外早期的语言规划活动

语言规划活动早就存在，国际学术界把语言规划作为一门学科来进行研究则是近五十年的事。早期的语言规划活动一般都集中在语言文字的规范化和标准化方面。20世纪前的语言规划有两种类型：一种叫"不成熟的理想主义"（the rashly ideal），另一种叫"完全的实用主义"（the starkly pragmatic）。理想型的语言规划主要是致力于建构国际通用语言，如世界语的创造与推广。实用型的语言规划主要致力于语言学术团体的活动，也就是通过学术团体的学术活动，进行语言文字规范化和标准化的工作。上世纪30年代，捷克斯洛伐克的布拉格语言学派对引起国家和民族发展的语言问题表示关切，他们认为，在建设国家的进程中，语言成为人们关心思考的目标，也是民族感情纠葛之所在。语言应该加以培育（cultivation）。布拉格学派这个培育的意思，如果翻译得神似，最好用我国语言学界所说的语文建设。按照他们的观点，进行语文建设时，语言发展过程伴随着社会系统干预的增加。"语言法""语言教学""语言完善"等词语被布拉格学派用来指语言发展过程中社会干预的不同类型。选择什么样的干预类型要根据解决问题需要的社会政治环境来决定。他们主张依靠集体的力量来处理语言问题。分散的力量和个人的力量是不够的。他们强调与语文教学工作者、法律工作者、哲学家、心理学家、精神分析学家、艺术发声人员、历史学家、文艺理论家、社会学家、地理学家、民族学家共同合作。与专门从事语文建设的工作机构的合作更为重要，因为作家、翻译家、演员、播音员、教师和行政技术部门的工作人员都有使用专门术语的实际经验。布拉格学派对后来的以语言标准化为中心的语言规划学派产生了重大影响。尤其是对内乌斯图普尼（Neustupný）的语言治理（language treatment）理论有直接的影响。

二 国外语言规划理论的形成与发展

语言规划一词1957年由威因里希（Uriel Weinrich）首创，其后豪根（Einar Haugen）和费什曼（Joshua A. Fishman）等人为这一学科的建立与发展做出了令人瞩目的贡献。豪根侧重于语言标准化理论的研究，论文集《语言生态学》是他的代表作。费什曼侧重于语言政策的探讨，研究多语社会中的语言问题及社会问题。他编辑出版了许多论文集，如《发展中国家的语言问题》《语言规划研究中的新进展》《书写系统创造和改革的新进展》等。他主编的《国际语言社会学杂志》，从1974年起已经出版了160多期，出了许多专刊，专门介绍了世界上一些国家的语言规划状况。国际上对语言规划学科建设较有影响的专著还有伊斯曼（Carol. M. Eastman）

的《语言规划导论》，鲁宾(J. Rubin)和颜诺(B. H. Jernudd)合编的《语言能规划吗?》等。国外语言规划理论研究存在的主要问题是理论框架主要由欧美学者提供，其他国家或地区的学者研究这一问题时虽然在理论上也有创建，但更多的是用欧美学者的理论框架来研究解释所碰到的问题。

在语言规划研究的历史上，国际上公认贡献最大的要数费什曼。他1958—1959年在美国宾夕法尼亚(Pennsylvania)大学工作，在回答美国人口普查的问卷时建议修改1960年人口普查的语言问题。从这个建议他意识到有关美国民族和宗教集团所使用的非英语状况的资料应该系统地收集。只要这些资料是可信的，就可以发现在美国存在的语言问题，并可以为保存语言资源向政府提出可行性建议。也正是这一经历，促使《美国的语言忠诚》(*Language Loyalty in the United States*)(1966年)一书的诞生。伊斯曼称它是第一部把语言规划放在社会语境中进行科学考察的学术性著作。此后费什曼与国内外学者一起长期从事社会语言学与语言规划的科学研究工作。在语言规划研究历史上，1972年由巴基斯坦的迪尔(Anwar. S. Dil)编辑出版的系列丛书(*Language Science and National Development*)中的三本语言规划方面的书也在国际语言规划研究中产生了重大影响：豪根的《语言生态学》(*The Ecology of Language*)；费什曼的《社会文化演变中的语言》(*Language in Sociocultural Change*)；兰伯特(Wallace Lambert)的《语言、心理和文化》(*Language, Psychology and Culture*)。上世纪70年代语言规划的研究成果已经令人瞩目，1974年出版的《当代语言学大趋势》(*Current Trends in Linguistics*)第12卷《语言学与相邻科学》就包含了语言规划的内容。该书把语言规划看作社会语言学的正在出现的一个分支学科,包含着社会学、教育和其他相关领域。

另外一些重要事件是学术杂志的创刊。1974年《国际语言社会学杂志》创刊。该杂志由费什曼主编,发表了大量语言规划的研究成果。1975年季刊《语言规划通讯》(*Language Planning Newsletter*)创刊,由美国夏威夷东西方文化中心和东西方文化学院出版,鲁宾主编。该通讯提供有关各种会议、组织机构、学术著作等方面的信息。1977年《语言问题与语言规划》杂志创刊,每年出版三次,由美国德克萨斯大学出版社出版。该杂志提供了大量语言规划方面的理论和实践方面的研究成果。

语言组织机构是语言规划研究的重要阵地。1979年由鲁宾编辑,夏威夷大学出版社出版的《语言规划组织机构指南》出版,书中介绍了50多个国家150多个语言规划组织机构,它们的人员情况、研究成果等都做了详细介绍。世界上有两个最大的语言规划研究机构,一个是国际应用语言学学会语言规划委员会(鲁宾任委员会主席),另一个是国际社会学学会社会语言学研究委员会。

上世纪60年代以前语言规划关注的主要是语言文字的规范化和标准化,60年代以后,除了关注规范化标准化以外,还开始关注少数民族语言问题。60年代一方面对语言标准化提出了不同的观点,另一方面认为语言规划的重点是解决多语问题。70年代语言规划的主流把语言规划看成是有意识地预测语言和语言使用中语言变化的一种方法。80年代一方面开始注意豪根1964年提出来的语言规划定义,重新重视对语言变化评价的理论价值,另一方面尽量把语言规划的研究与实际结合起来,重视个案研究,重视语言文字使用情况调查。90年代在重视语言调查和个案研究的基础上研究视野逐渐扩大,把语言规划同政治、经济、教育、文化等诸多学科结合起来,使语言规划的交叉学科性质更加突出。语言立法研究也取得了突出的成绩。

60年代语言规划关心的是语言地位(例如官方语言问题),语言类型(单一还是多种),语言态度,第二语言习得动机,双言制(diglossia),语言标准化概念,语言保留与转移。这些问题以前有些已经研究过,但这一时期是把它们放在发达国家和发展中国家的背景下与语言忠诚问题结合起来研究的。因此语言与民族的关系便成为这一时期的一个中心问题。费什曼的调查目的是要弄清语言在各种语言集团中是怎样成为"问题"和"资源"的。他认为研究民族感情的不同发展阶段就可以看到它同语言行为的关系。这一时期的研究表明语言的复杂性和社会的复杂性是类似的。因而出现了描述不同语言社团的概念,诸如语言内部的(endoglossic)、语言外部的(exoglossic)、同质的(homogeneous),异质的(Heterogeneous)等说法。兰伯特因从社会心理的角度研究多语现象而著名。他发明了一种测量语言态度的方法,叫"变语配对法"(the match-guise technique)。这种方法的具体运用过程是,先根据定向调查的目的,请一些双语熟练者用自己熟练的两种语言朗读同一篇语料,并同时进行录音。然后让被调查人听这些录音,要求他们凭听到的录音判断朗读人的各方面特征。当然这里有一点需要注意的是,录音是同一个人读的,但让被调查人听时要让他以为是不同的两个人朗读的。其结果可以分析出某些社会集团的成员,对另一个社会集团的成员由于语言问题所产生的偏见或带有倾向性的看法。这一成果对语言规划工作预测语言政策的发展方向很有好处。兰伯特提出的第二语言学习方面的"实用动机"(instrumental motivation)和"归附动机"(integrative motivation)这两个概念,不仅对第二语言的学习起到促进作用,对于把解决语言问题作为工作重点的语言规划派也产生了重大影响。60年代末期,克洛斯(H.Kloss)提出了语言地位规划和本体规划的概念,很快被学术界接受并广泛运用。

70年代初期一方面强调国家背景中的语言标准化问题,另一方面寻求解决多民族社团的语言问题。这个时期语言标准化的文章很多,术语使用上比较混乱。语言规划研究者关心的是多样性的统一方面,也就是怎样在多种语言中选取一种作为国家或地区的通用语。弗格森(Ferguson)认为,标准化的语言应该可以写出来,是规范了的,能吸收不同方言的特点并具有超方言的特点。在标准化的阶段上,出现了不同的看法。主要有三个代表性的观点:一是豪根1966年的标准化过程的四个阶段论:选择规范(norm selection),法典化(codification),完善功能(elaboration),推广实施(implementation);二是弗格森1968年的语言发展结果三个阶段论:文字化(graphization),标准化(standardization),现代化(modernization);三是1970年内乌斯图普尼(Neustupný)提出来的语言治理(language treatment)论。根据语言治理的观点,豪根的语言规划过程变成了:推广实施,法典化,完善功能,治理或培育,弗格森的语言发展模式变成了:法典化,培育,完善功能。费什曼比较分析了这三种观点,认为它们的共同目标是在多语背景中选择出共同语来使用。在比较豪根与弗格森标准化理论的联系时,我们可以这样来看,一个被选择和法典化了的规范必定是文字化了的,一个被选择的法典化了并被推广实施的规范也是标准化了的,一个被推广实施并完善了功能的法典化了的规范也就做到了现代化。不管是叫标准化,还是治理、培育、发展,70年代语言规划的主要动力是要在语言多样性中解决统一性问题。

多语现象的研究是70年代的另一个热点问题。语言行为的社会心理方面是许多学科共同关注的对象。1979年出版的费什曼的论文集《社会多语现象研究的新进展》(*Advanced in the Study of Societal Multilingualism*),这些文章表明人们当时研究兴趣之所在。语言保留和语言转移是多语现象研究最有特色的部分,这些有特色的研究使人们看到:(1)语言在接触背景下的使用习惯;(2)心理、社会和文化同语言使用习惯的联系;(3)促使语言保留和语言转移变化的意识行为。60年代语言规划研究关注语码的选择和标准化,70年代扩大了视野,把语言规划放在多语的社会背景中考察。内乌斯图普尼认为,用语言培育方法(或者说语言标准化的方法)在国家的语境下解决语言问题是合适的,但解决发展中国家的语言问题,最好用政策的手段。也就是说,在语言同质性强的地方,语言培育是语言规划最重要的工作,这种方法适用于工业化国家。在语言异质性强的地方,在政治经济比较不发达的言语社团里,最好通过政策的途径解决。因此,内乌斯图普尼认为在大多数多语地区,利用政策的手段解决语言问题是比较合适的。他把语言治理看成是一个连续体,政策手段处于这个连续体的一端,培育方法处于另一端。政策手段属于低层次的语言治理,而培育则属于比较严格的语言治理的方法。

70年代的语言规划研究被看成是实践性的学科,而80年代的语言规划研究被看成是有理论基础的学科。这种理论基础来自多语语境的个案研究、开展大规模的语言文字使用情况调查和理论的深化研究。加拿大在国际上组织了大规模的语言文字使用情况调查,该调查一直持续到90年代。1983年出版的伊斯曼(Carol M.Eastman)的《语言规划导论》(*Language planning：An Introduction*)全面系统地阐述了语言规划的重要理论问题。全书共七章,第一章"概论",第二章"语言规划的政治和社会方面",第三章"语言规划与相关领域",第四章"语言规划研究的历史",第五章"语言规划的理论",第六章"语言规划的方法",第七章"语言规划的应用"。该书不仅比较全面总结了语言规划研究的历史,对建立语言规划理论体系也做出了贡献,是一本比较实用的教科书,具有理论基础的语言规划成果不断付诸实施。60年代发现了语言问题,70年代考虑如何解决这些语言问题,80年代则开始出现对某些规划结果评价的需求,因此豪根60年代有关语言规划是对语言变化的评价的观点又重新受到人们的青睐。

90年代的各种专题研究不仅把语言规划研究的领域进一步拓宽,并且使语言规划研究的理论进一步深化。语言规划与政治,语言规划与经济,语言规划与教育,语言规划与民族等问题都进行了比较深入的探讨。语言立法在90年代成果较多。

随着语言规划理论研究的深入,国际语言规划理论学界出现了一个比较重要的学派"语言管理理论"学派。这个学派已经组织了两个国际学术研讨会,正在准备召开第三届国际研讨会。"语言管理"这一概念源于内乌斯图普尼(Neustupný)在语言规划中提出语言培育(language cultivation)这一概念。在实际语言规划过程中,"语言管理"经常用来指提供翻译服务或通过语言课程发展不同的语言技巧。21世纪以来社会语言学家用这一术语或多或少地来指一种语言政策和语言规划方面的理论方法。1986年加拿大魁北克的语言规划国际研讨会上,颜诺和内乌斯图普尼(Jernudd & Neustupný 1987)最早将"语言管理"①(language management)作为理论引入社会语言学与语言规划领域,认为语言管理的关键因素包括确定语言问题和解决语言问题,语言问题包括从语音层次到社会的各个层次,语言问题的修正需要将语言问题置于话语中,需要整合微观和宏观语言学的方法。他们认为使用语言管理这个术语,可以使语言规划专指70年代的解决语言问题的特定阶段,正如内克瓦皮尔(Nekvapil 2006)指出语言规划具有时代性,旨在解决上世纪六七十年代的语言问题,认为语言规划发展始于上个世纪60年代,是与赢得独立的发展中国家现代化相适应的过程。语言规划是专家采取有效的手段,并且是独立于意识形态之外的客观过程,是以上世纪60年代的社会和经济规划为模板而进行的。

随后,在语言规划研究领域,许多学者或多或少地提及语言管理。库珀(Cooper 1989)提出了多个语言规划的术语,其中包括语言管理;而且提出的语言修正理论涉及语言管理的重要特点。卡普兰和巴尔道夫(Kaplan and Baldauf 1997:27)将语言管理这一术语等同于法语 aménagement linguistique。斯波斯基(Spolsky 2004,2009)的语言政策分为相互联系又相互独立的三部分:语言实践、语言态度、语言管理。斯波斯基(2004)起初把直接干预语言的行为称作语言管理,认为与语言规划、语言工程(engineering)、语言处理(treatment)相比,更偏好于使用语言管理这个术语,但没有明确地给出偏好的原因和区分这几个术语。后来斯波斯基

---

① 本文将 language management 和 Language Management Theory 翻译为"语言管理"和"语言管理理论"。台湾学者林蒔慧(2005)将其翻译为"语言处理"和"语言处理理论";周庆生(2005)的译文是"语言治理"和"语言治理理论"。

(Spolsky 2009:4)将语言管理明确定义为,由在某领域具有或声称具有权威的个人或团体,针对该领域的参与者,采取的修正语言行为或语言态度的行动,且这种行动是显性的和可观察的。颜诺和内乌斯图普尼不满足于仅仅界定语言术语,也不像斯波斯基仅将语言管理视作语言政策的一个具体操作层面,而是将语言管理发展为一套完整的理论。

三 中国的语言规划活动与研究特点

中国的语言规划活动古已有之。从秦始皇统一文字到"五四"时期的白话文运动,语言规划丰富的实践活动为今天的理论研究提供了大量的理论来源。作为社会语言学分支学科所进行的语言规划研究当然只是近几十年的事。我国语言规划理论研究主要集中在语言文字的规范化和标准化的研究上,包括国外语言规划理论的引进和评介,文字改革理论研究,现代汉语规范化理论研究;语文政策研究、语言规划史的研究等。与国外的研究相比,我们的研究重视从我国的国情和语情出发,比较注重结合汉语的实际,但理论创新和语言战略研究比较薄弱,亟待加强。

上世纪80年代后,中国语言规划研究开始走向新阶段。其特点主要有四。首先是语言规划研究不再局限于语言文字本身,而是同政治、经济、教育、文化、法律、社会心理、信息科学等方面结合起来。社会语言学的理论为这些研究提供了理论基础。人们开始认识到语言规范与变异之间的辩证关系。对语言的纯洁化问题也有了比较全面的认识。其次是研究方法由定性发展为定性与定量相结合。计算机技术的发展为这一工作提供了有利的条件。1980年到1990年10年间,中国境内进行了字频测定、词频测定等工作,并在此基础上制定了常用字表和通用字表。这些工作大大增强了语言本体规划的科学性。第三个特点是重视语言文字使用情况的调查研究。上世纪末和本世纪初所进行的全国性语言文字使用情况调查,是我国有史以来一次最为全面的语言文字使用情况调查,这次调查运用科学的抽样方法在全国范围内开展了比较深入的调查,其调查数据,为当前的语言规划工作提供参考。2005年起,国家语言文字工作委员会每年以《中国语言生活绿皮书》的形式发布《中国语言生活状况报告》,这一系列报告比较全面真实地反映了我国语言生活的方方面面,为国家语言政策的制定和语言规划理论研究提供了重要参考。第四个特点是语言规划正在由经验型向理论、科学型转变。国外语言规划理论的引进,中国语言规划历史的认真总结和当前语言规划理论问题的深入研究,都将为建构中国语言规划的理论体系打下牢固的基础。

思考和练习

1. 语言规划是怎样形成和发展起来的?
2. 简述国际语言规划理论研究的发展史。
3. 中国20世纪80年代以后语言规划研究有哪些特点?呈现出怎样的发展趋势?

主要参考文献

陈章太《语言规划研究》,商务印书馆,2007。
戴昭铭《规范语言学探索》,上海三联书店,1999。
道布《中国的语言政策与语言规划》,《民族语文》1998年第6期。
冯志伟《应用语言学综论》,广东教育出版社,1999。
胡乔木《胡乔木谈语言文字》,人民出版社,1999。

李宇明《中国语言规划论》,商务印书馆,2010。

苏金智《语言规划的连贯性与系统性》,《学术研究》(广州)2002年第2期。

王建华《21世纪语言文字应用规范论析》,浙江教育出版社,2000。

许嘉璐《语言文字学及其应用研究》,广东教育出版社,1999。

中国语言文字使用情况调查办公室编《中国语言文字使用情况调查资料》,语文出版社,2006。

周庆生《国外语言政策与语言规划进程》,语文出版社,2001。

周有光《新时代的新语文》,生活·读书·新知三联书店,1999。

Carol M. Eastman,*Language Planning: an Introduction*,Chandler & Sharp Publisher,INC. San Francisco,1983.

Cooper,R. L. *Language Planning and Social Change*,Cambridge University Press,1989.

Jernuud,B. H. & Neustupný,J. V. Language Planning: for whome? In Laforge (ed.) Proceedings of the International Colloquium on Language Planning,QuéBec: Les Presses de L' Université Laval, 69 - 84, 1987.

Kaplan,R. B. & Baldauf,R. B. *Language Planning from Practice to Theory*. Clevedon: Multilingual Matters,1997.

Nekvapil,J. From Language Planning to Language Management. Sociolinguistica 20,92 - 104,2006.

Spolsky,B. *Language Policy*. Cambridge: Cambridge University Press,2004.

Spolsky,B. *Language Management*. Cambridge: Cambridge University Press,2009.

推荐参考文献

陈原《语言与人——应用社会语言学若干探索》,上海教育出版社,1994。

〔英〕苏·赖特著,陈新仁译《语言政策与语言规划——从民族主义到全球化》,商务印书馆,2012。

苏培成《当代中国的语言改革和语文规范》,商务印书馆,2010。

王均主编《当代中国的文字改革》,当代中国出版社,1995。

周玉忠、王辉主编《语言规划与语言政策:理论与国别研究》,中国社会科学出版社,2004。

第二章 语言规划的理论和方法

第一节 概说

语言规划是一项庞杂的系统工程,它在制定与实施的过程中,不仅要依据语言及语言生活的实际情况,还要考虑与其关系密切的相关因素,如社会生活的,政治经济的,文化教育的,科学技术的,民族宗教的,以及观念心理的,等等。语言规划必须遵循语言及语言生活发展变化的客观规律,体现国家的意志,符合社会发展的需要,符合人民大众的意愿,符合各相关因素的实际,使语言具有完善的交际功能,能够承载所有必要的信息,充分发挥传播媒介的作用,并引导语言生活健康发展。因此,具体制定和实施语言规划,应当依据正确的理论并遵循科学的原则,采取恰当的方法才能获得成功,收到实效。

语言规划的理论影响着语言规划的诸多方面,乃至整个规划工作的能否成功。语言规划理论分一般理论和基本理论,这里只讨论语言规划的基本理论。关于语言规划的理论,国内外学界专门论述的不多,有的将语言规划理论作为语言规划原则来论述。我们认为,二者既有联系又有区别,语言规划理论具体指语言规划中所表现的语言观,它是语言规划的理论基础,在语言规划中发挥深层次作用;语言规划原则是在语言规划理论指导下确定的,是指导语言规划的具体准则,语言规划时必须认真遵循、贯彻。制定、实施语言规划基本理论具体包括社会性、开放性、动态性、人文性和可塑性。

关于语言规划的原则,过去论述语言规划或语言规范化的一些论著中有所涉及。从看到的一些文献,国外有些论著已有所涉及,如豪根(E. Haugen)提出语言规划的效率性、适合性和可接受性(1984),瑞典学者陶里(Tauli)提出语言规划的原则是清晰性、经济性和审美性等(1989),但未见对此有专门详细的论述。国内有些论著也有所论述,较早明确提出这个概念的,是于根元的《制定语言计划的若干原则》一文(1992)。他在该文中提出,制定语言计划要遵循科学、适用、稳妥、动态的原则,并对这些原则做了简要的说明。许嘉璐在《语言文字学及其应用研究》一书(1999)中指出:语言规划应遵循科学性、前瞻性、可行性原则。施春宏在《关于语言规范化原则的确立》一文(2000)中,提出语言规划的原则是多层次的:第一层级是总原则,即现实同一性原则;第二层级是一般原则,即动态性原则,系统性原则,层次性原则,人文性原则。第三层级是具体原则,下面还可以有更具体的原则,以及下位具体原则。陈章太在《论语言规划的基本原则》一文(2005)中,提出语言规划的四项基本原则:科学性原则、政策性原则、稳妥性原则和经济性原则。基本原则下面包括若干一般原则,即科学性下面包括求实性原则、动态性原则、人文性原则、系统性原则和可行性原则;政策性下面包括:政治性原则、群众性原则和理论性原则;稳妥性下面包括:传承性原则、俗成性原则、宽容性原则和渐进性原则;经济性下面包括:简便性原则、适用性原则和效益性原则。还提到

"民族性原则"和"国际性原则"。郭龙生的《中国当代语言规划的理论与实践》一书(2008),在综述各家有关论述之后,提出语言规划方法论原则是"实事求是原则""与时俱进原则""辩证统一原则""积极稳妥原则",并具体论述了这四项原则。陈昌来主编的《应用语言学导论》(2010)第五章,在"论述语言规划的原则"时,提出:科学性原则,下面包括的内容是:求实性、动态性、人文性、系统性、可行性;政策性原则,下面包括的内容是:政治性、群众性、理论性;稳妥性原则,下面包括的内容是:传承性、宽容性、渐进性;经济性原则,下面包括的内容是:简便性、适用性、效益性。邹韶华在《试论语法规范的依据问题》一文(1996)中,概括前人关于语法规范依据的两个原则,即以逻辑事理为主的理性原则和以流行程度为主的习性原则。也有一些学者提出硬性原则、柔性原则和得体性原则等[1]。还有学者从控制论、信息论和系统论方面具体论述语言规划的系统性问题[2]。从这些主张来看,学术界对语言规划原则的认识存在较大的分歧,需要做进一步研究与讨论。

我们认为,语言规划是一项整体性系统工程,制定和实施语言规划,只能确定若干最重要的基本原则,以便统率和指导语言规划的全过程,使语言规划更加科学、有效;如果确定的原则过多、过细、过泛,那就不成其为原则,而且制定和实施语言规划时,贯彻、遵循这些原则也相当困难,几乎无所适从,从而收不到预期的效果。确定语言规划的基本原则,应当根据语言及语言使用的性质、特点,从语言与社会、政治、经济、文化及语言使用者的关系,以及

---

[1] 参见《首届全国语言文字应用学术研讨会纪要》,载《世纪之交的中国应用语言学研究》,华语教学出版社,1999。

[2] 参见王雨田《控制论、信息论、系统科学与哲学》,中国人民大学出版社,1986。

社会生活等的实际需要出发,并体现正确的语言观。从这些因素考虑,我们认为语言规划的基本原则可以确定为如下四项:即科学性原则,政策性原则,稳妥性原则和经济性原则。其中科学性原则是最基本的原则,一切语言规划,包括语言地位规划、语言本体规划、语言习得规划和语言声望规划等,乃至很小很具体的语言问题的规范,如某些读音的审定,某些词语的规范,某些语法格式的规范等,都必须首先坚持这一原则。

社会是千差万别的,社会语言生活是丰富多样的,它们又是不断发展变化的;各个国家有各自的国情,各个民族有各自的族情,各个语言社区也有各自的情况,因此各个国家、各个民族、各个语言社区的语言规划都有所不同。而语言规划又不单纯是语言问题,它涉及社会政治、经济、文化、教育、科技等其他诸多因素,这就使得语言规划必须采用多种多样的方法,如行政的、法制的、社会的、经济的、文化的、教育的、媒体的、学术的,乃至个人的,等等,才能取得成效。由于各个国家的国情不同,语言规划不同,各个国家所采取的语言规划方法也有所不同,有的是由政府主持,主要采用行政方法,制定语言规划并自上而下地实施语言规划;有的是社会名家和知名人士倡导并参与制定语言规划,在社会实施,由下而上推动,取得政府支持;有的是社会团体和广大群众积极参与并大力推动语言规划的制定与实施,这完全是一种社会行为。如法国、俄罗斯、加拿大、比利时、土耳其、以色列、新加坡、越南、秘鲁、墨西哥、肯尼亚、坦桑尼亚等国现行的语言规划,主要采取自上而下的行政干预方法;阿拉伯地区有些国家的现行语言规划,主要采取以宗教和社会团体为主导,并得到政府一定支持的由下至上的方法;而美国、英国、德国、日本、印度、菲律宾、澳大利亚、巴西、南非等国的现行语言规划,则采取政府行为与社会行为相协调的上下结合的方法。还有其他的一些方法。从当代中国的语言规划来看,同时观照国外的有些语言规划,语言规划的方法主要有六种:约定俗成与从俗从众,行政干预与语言调控,社团主事与公众参与,学术规范与辞书指导,宣传引导与媒体示范,个人作用与名人影响。这些方法有社会的、行政的、学术的、媒体的、名人的,其中有的是从上至下的,有的是自下而上的,也有的是上下结合的,各种方法常常是同时综合使用,只不过有的偏重用于语言地位规划,有的偏重用于语言本体规划。关于语言规划的步骤,国外一般认为,可以分为"选择""编典""实施"和"细化"四大步骤[①]。豪根也曾提出标准的选择、标准的健全、标准的实施和标准的扩建四个步骤的基本模式,其他语言学家对此有所修正和补充。我们参照一般的分法和豪根的模式,并结合当代中国语言规划实践,认为语言规划的步骤可以分为:前期准备、选择标准、加强规范、组织实施、完善功能和评价检验六个步骤,各个步骤不一定截然分开,有时是交叉的。

思考和练习

1. 语言规划的基本理论和基本原则对制定、实施语言规划有什么意义?
2. 语言规划理论与语言规划原则的关系怎样?
3. 确定语言规划基本原则应当考虑哪些主要因素?
4. 语言规划为什么需要采用多种方法?
5. 语言规划方法除六种主要方法,还有哪些方法?

---

① 参见本书第七章第二节。

第二节 基本理论

从当代中国语言规划和国外某些语言规划来看,语言规划的基本理论具体包括语言的社会性、开放性、动态性、人文性和可塑性。

一 语言的社会性

语言是一种重要的社会现象,它与社会有密不可分的关系。对语言的社会性可以从两方面来理解。一可以从语言形式和功能的变化与社会变动的关系来理解。语言的社会功能是人类社会独有的最重要的交际工具,语言形式是为了适应社会生活的需要而产生的,语言的发展变化是在社会的变动中发生的,同时也在不断发展和完善其社会功能。社会生活、政治生活、经济生活的变化和不同社会群体的形成、变化,对语言的形式和功能必然产生制约作用,如不同社会阶级和阶层,不同的民族,不同的性别,不同的年龄,不同的职业,不同的经济文化背景,不同的社会心理状态等,都会造成语言使用的差别。语言使用的差别,又会不断推动语言形式和语言功能的调整,促进语言文字的发展和变化。造成这些差别的形式、原因和过程,是语言规划应当关注、考虑的社会现象。二可以从语言文字的民族特性来理解。语言的形成与民族的形成有密切的联系,语言是民族的重要标志,但不一定是唯一的标志。语言接触和语言融合的结果所造成的民族与语言不一定完全对应,也就是说一个民族不一定要与自己的语言相联系,有的民族使用其他民族的语言,如我国的满族、回族、土家族绝大多数人已经不再使用曾经使用过的本民族语言而使用汉语;有的民族既使用本民族语言,又兼用其他民族语言,这在中国是比较多的,如不少民族兼用汉语,阿昌、德昂、拉祜、哈尼等民族兼用傣语、汉语,锡伯族大部分人兼用汉语、维吾尔语、哈萨克语①。这些转用或兼用其他民族语言的民族不会因此失去自己的民族身份。尽管如此,不同的民族在语言使用上仍然会有自己的一些特点,如上述一些民族转用、兼用汉语、傣语或其他民族语言时,一定会出现一些与汉族、傣族或其他民族不同的特点,反映出民族性特点,也表现出语言的社会性。这些民族的语言转用或兼用往往受社会变化的影响和制约,是社会变化所造成的。

语言的社会性还表现出语言意识形态的特征,即语言既反映一定政治观念形态和社会文化形态,它的存在与变化发展,又受社会、政治、文化等的影响与制约,学界称这种现象为"语言意识形态"。可以说,自语言产生并用于社会之后,这种现象就一直存在着,只是人们过去对此现象关注较少或视而不察,近些年国外学者对此关注研究较多。

社会是复杂多变的,制定、实施语言规划要充分体现语言的社会性,具体应当重视以下几点:1.要从社会生活和语言生活的实际情况和实际需要出发,不可以主观行事。2.要充分考虑社会政治、文化的变化和语言及语言生活的变化,因势利导,积极稳妥地做促进工作。3.要适应社会的复杂性,具有一定的灵活性和宽容度,制定、推行语言规范标准要切实可行,有的可以分别要求。4.语言规划以指导性为主,指令性为辅。

---

① 参见戴庆厦主编《社会语言学概论》第六章第二节,商务印书馆,2004。

二 语言的开放性

语言是社会的,社会是开放的大系统,语言也是一个开放系统。语言在社会使用,要求它不断保持开放性,不断吸收有用的外来成分丰富充实自己;如果一种语言走向封闭,这种语言就会逐渐失去活力,最终走向濒危乃至死亡。语言的开放性程度是与使用该语言的社会的开放发展同步的;社会的开放必然促进语言系统的开放,语言的开放性直接反映社会的开放度。例如现代汉语中,五四运动时期、新中国成立初期和实行改革开放以后的新时期,都是社会比较开放、思想比较活跃的时期,也是现代汉语开放性程度较高,语言变化发展较大,语言活力较强的时期。

语言的开放性程度在语言文字的不同子系统中是不平衡的。一般来说,语言系统的开放性程度要高一些,文字系统相对稳定一些,英语、法语等西方语言拼写的不规则性就是这种特点的反映。就语言系统而言,词汇系统是最活跃、开放程度最高的,尤其是新词语和某些常用词部分更为活跃和开放,如我国近20年来,每年产生新词语大约在1000个左右,如果加上新出现的科技术语,数量更多。其次是语音,由于受社会生活、社会心理变化等的影响,语音系统的某些要素也会发生变化,如当代汉语声韵调系统中的某些语音变化,卷舌声母 zh、ch、sh、r 舌位的前移,部分 w 起头的韵母如 uei、uan、uen、uang、ueng,有变读为前加 v 声母的现象,上声调值的先降后升不到位,还有轻声、变调规律的变化及部分字音的变读等。与词汇系统和语音系统相比,语法系统相对稳定。语法系统规定符号的结构方式,其要素受到系统和结构的制约,它的开放度自然较低。由于不同语言的语言结构不同,不同语言中语法系统的开放程度也存在差异。形态比较丰富的语言,语法系统的开放性相对小些,缺乏形态变化或形态变化不丰富的语言,语法系统的开放性就相对大些。

语言的开放性不是无限度的,换句话说,并不是语言系统的开放性程度越高,该语言系统的生命力就越强。这是因为语言系统的开放性会影响语言系统的稳定性和准确性,甚至会改变语言系统的性质。语言要保持相对的纯洁,就需要相对的稳定,不可总是处于变动之中;语言要适应社会发展的需要,就要使语言系统保持开放的状态,持续保持语言的开放性,这是语言规划应当充分重视的。

三 语言的动态性

语言的社会性和开放性决定了语言具有动态性,也就是语言是一种不断发展变化的系统。为了适应社会生活和语言生活的需要,语言新质不断产生,语言旧质逐渐消亡,这是语言演变、进化的规律。以称谓词系统为例,只要社会关系发生变化,称谓词语必然产生变化。如现代汉语中"老板"一词部分取代了"老爷",这是劳资关系发生了变化。如今社会上,有些机关、企事业单位的职工称本单位的领导人为"老板",大学的研究生也有称自己的导师为"老板"的,这反映了当今某些上下级关系、师生关系发生了微妙的变化。"老师"一词的泛化也反映了社会关系的变化。语言动态性特点既是语言变异的原因,也是语言变异的结果。因为语言系统是动态、可变的,才能发生语言变异现象;也因为语言系统中不断发生文字、语音、词汇、语法等的变异,才使语言系统永远处于动态之中。从普通话语法角度观察,香港的书面语向普通话的语法规则提出了挑战:副词可以修饰名词或名词性词组,如"非常男女""很专业"等;形容词可以带宾语,如"清楚问题所在""活跃香港政坛"等;不及物动词可以带宾语,如"瘫痪交通""屈服中国"等;名词做动词用,如"津贴巨资""外出午餐"等;超常搭配,如"制造职位""制造就业率"等;"有"后面可加动词构成"有字句",如"他有出庭应讯""有采用保安技术"等;不用比较词的比较句,如"推销一部贵两千元的款式"等;普通话不能使用的词语重叠式,如"齐齐现身新闻界""晚晚通宵看球赛""分分钟想念你"等。在构词方式、造句方式、词类、词性、成分搭配等方面,香港书面语都有突破普通话语法规范的地方,对此很难判定它"不规范"。有些句法特点有在内地扩散的趋势,如副词修饰名词"很专业"之类,内地的不少报刊和电视节目中时常出现;"问题多多"也经常可以听到看到。我们不要把香港书面语的语法特点同普通话语法特点对立起来。香港书面语是标准汉语的一种书面形式的变体,它的语法特点有的可能被普通话所吸收,有的会被香港人自己所淘汰,其结果是香港书面语语法逐渐向普通话语法靠近。我们要用动态和发展的观点来看待和处理历史形成的地方语言变体同普通话之间的关系,为全国各地乃至全球华人的语言交际和信息交流着想。语言的动态性决定了语言变异与语言规范是一对永恒的矛盾,语言的变化发展总是从变异到规范,又从规范到变异,如此循环往复以至无穷。

四 语言的人文性

语言存在于社会,用作社会交际工具,而社会是由人群组成的,所以语言具有很强的人文性,蕴含着浓厚的文化、心理、观念、伦理、习俗等人文因素,同时语言还是文化、信息的载体,所以语言在社会中使用，与社会、文化密不可分，必然带有较强的人文性。当然，人文性不是语言的本质属性，而是语言在社会交际中附有的重要特性。一般说来，语言的人文性主要表现在以下几个方面：(1)语言所反映的文化性质、文化价值和文化功能；(2)语言应用中折射出的各种文化现象，如政治形态、经济形态、思想观念、道德修养、风俗习惯、宗教信仰、人际关系，等等；(3)语言交际中所反映的语言使用者的思维、情感、态度及其他文化背景等；(4)语言交际中所反映的各种社会群体的文化背景及文化特点。

从语言规划角度看，社会中的语言问题往往不是单纯的语言问题，而是语言的社会应用问题，是语言关系问题，语言文明问题，语用文化、心理问题，需要结合人文因素加以解决，才能收取良好的效果。例如选择并推行标准语、共同语或法定语言，协调各民族语言关系，创制和改革文字，制定、实行各项语言文字规范标准等，不仅要解决语言文字本身的问题，还要考虑有关的社会、文化、观念、心理等人文因素。又如，对外来词和新词语的规范，也要考虑人文因素。外来词规范，无论是采用音译、意译或音译加原字母等，都要尽量选择、确定适合本国、本民族语言、文化、观念、心理等的译法，如普通话中的艾滋病、安乐死、地球村、黑客、激光、派对、可口可乐、随身听、托福、维生素、伟哥、因特网、AA 制、卡拉 OK 等，这些外来词的译法就比较符合中华民族的文化、心理等特点，是比较好的规范形式。对新词语的规范也应如此，如近 20 多年来产生的大批新词语，是我国实行改革开放的新时期社会生活、经济生活、文化生活的反映，对其规范应当表现这个新时期的人文特点，体现其时代色彩的人文性。语言规划是一项社会性、群众性很强的重要事业，制定、实施语言规划，要充分体现以人为本的精神，尊重人民群众的意愿,充分体现人文性,更好地满足人们交际的需要,让人们容易接受,乐于实行,才能获得成功。

五 语言的可塑性

这是指语言及语言生活形成以后,并不是不可改变的,而是可以通过干预和调节,使语言及语言生活朝着有利于国家、民族、社会及语言使用者的方向健康、有序地发展。换句话说,语言是可以规划的,语言的形式和功能是可以调节的。语言的可塑性从内容方面看,表现在语言形式的调节和语言功能的调节;从形式上看,表现在语言的自我调节和人工调节。语言形式调节是语言本体规划的重要内容,语言功能调节是语言地位规划的重要内容。语言自我调节是零干预,语言人工调节是人为干预,两者相辅相成,使语言在变化中保持相对稳定的状态,从而保证语言社会功能的正常发挥。语言自我调节可以在语言系统内部发生,也可以因为语言外部的社会因素影响引起,如语言接触过程很容易引起语言系统进行自我调节。汉语发展过程中,语音系统演变是一个漫长的过程,这个过程主要是通过语言自我调节功能完成的。如北方话声调的简化,入声的消失或简化,鼻音韵尾 m 的消失等,都是在语言系统内部自我调节完成的。借词是语言接触的产物,一种事物或概念往往存在多种语言形式,其通用形式的形成,除了语言系统内部的自我调节外,有时还需要进行适当的人工调节。标准语的选择,规范标准的制定和推行,规范性辞书对规范工作的引导等,都是必要的人工调节。在多语国家和多语社区中,通过语言规划,选择一种或几种语言、方言作为标准语、共同语或法定语言,并为所选语言制定各项规范标准,在该国或语言社区中推行,还从立法、政策、行政、文教、科技、传媒、出版、学术等方面,采取各种有效措施,增强这些语言的活力和声望,扩大这些语言的使用,从而逐渐改变该国家或该语言社区的语言状况。如最近半个世纪来,我国在规范、推广普通话方面所做的一切,以及收到的良好效果就是这样。又如以色列建国后果断复兴希伯来语,从而改变了以色列的语言生活,复兴了以色列国家和犹太民族,也是这种情况。

思考和练习

1. 语言规划的基本理论有哪些?
2. 什么是语言的社会性?
3. 什么是语言的开放性?
4. 什么是语言的动态性?
5. 什么是语言的人文性?
6. 什么是语言的可塑性?

第三节　基本原则

一　科学性原则

语言规划的科学性原则,是指制定和实施语言规划,要符合语言的发展规律和语言生活的特点,以及与之相关因素的实际,符合社会和群众的需要,使语言具有完善的交际功能,并正确有效地引导语言生活的健康发展。语言规划的科学性原则,具体包括求实性、系统性、可行性和灵活性。

（一）求实性

这是指制定、实施语言规划,要从语言及其使用的性质、特点出发,从社会生活的实际需要出发,并且符合本国、本民族或本语言社区的实际情况。具有求实性的语言规划,一定是成功、有效的语言规划,当代世界上许多国家的语言规划及其实施,都属于这一类,如加拿大、德国、比利时、瑞典、日本、新加坡、澳大利亚、坦桑尼亚、墨西哥等的语言规划及其实施,都具有或基本具有求实性,所以实施效果是好的或比较好的。

我国制定、实施语言规划更重视求实性,其特点是统一性与多样性、指令性与指导性相结合。根据我国历史悠久,地域广阔,语言方言纷繁复杂,语言生活丰富多变,而社会进步和现代化建设又要求社会语言生活统一、多样的实际,国家确定由历史形成的普通话和规范汉字为全国通用的语言文字,并在全国范围内推广普通话,推行规范汉字;同时又规定各民族语言一律平等,各民族都有使用和发展自己语言的自由,民族自治地区的主体民族语言文字,民族聚居区的少数民族语言文字与普通话、规范汉字同为该地区的法定语言文字。例如内蒙古自治区,蒙古语文与普通话、规范汉字都是当地的法定语言文字;新疆维吾尔自治区,维吾尔语文、哈萨克语文与普通话、规范汉字都是当地的法定语言文字;西藏自治区,藏语文与普通话、规范汉字都是当地的法定语言文字;广西壮族自治区,壮语文与普通话、规范汉字都是当地的法定语言文字;吉林省延边朝鲜族自治州,朝鲜语文与普通话、规范汉字都是当地的法定语言文字。在推行和规范少数民族语文方面,坚持从实际出发分类指导的原则。在实施语言规划时,既有指令性的规定与要求,又有指导性的引导与示范,坚持实事求是的做法。这都表现出求实性，所以实施结果很好。现在人们的语言观念和社会语言生活发生深刻的变化，人们普遍认同、喜欢并自觉使用普通话，普通话和规范汉字已成为教学、传播、公务和公共交际的用语用字，在全国各地的城市乡村，普通话正在逐渐普及，民族语文也有很大的发展，民族地区的双语教育和双语生活逐渐普及。

凡是违背求实性的语言规划，必然是失败的语言规划，实施起来困难重重，曲折不断，无法取得预期的效果。如我国"文化大革命"期间，匆促制定并公布实行的《第二次汉字简化方案（草案）》，以及新疆维吾尔自治区以拉丁字母形式的新维吾尔文和新哈萨克文取代阿拉伯字母形式的老维吾尔文和老哈萨克文，因为都是违背求实性，所以在社会上实施很困难。第二次汉字简化方案只好在1986年由国务院批准废止，新维吾尔文和新哈萨克文也只好在1982年停止推行，恢复使用老维吾尔文和老哈萨克文。又如澳大利亚和南非过去曾经实施的语言同化的语言规划，因为无视语言平等及语言生活的多样化，不符合社会生活的实际需要，违背了求实性，所以在社会上无法继续实施下去，最终被迫改变语言规划。

（二）系统性

这是指制定、实施语言规划，要系统考虑与语言及其使用相关的因素，充分体现语言规划的连续性，所制定的规划具有一定的系统性。语言规划的系统性，是由语言及其使用的系统性、连续性和社会语言的相关性，以及语言规划的性质（语言规划是一项系统工程）所决定的。首先，制定、实施语言规划，要系统考虑与之相关的因素，如社会、政治、经济、文化等的相关性。比如各个国家在确定、推广标准语或官方语言，创制或改革文字时，一般不仅考虑语言文字本身的问题，还要考虑社会的交际需要，考虑政治、经济、文化等因素。即使一些从殖民地独立出来的国家,继续选择原宗主国语言为本国官方语言,也是系统考虑多方面因素的结果。又如,我国进行汉字简化、处理简化字和繁体字的关系,以及处理普通话、国语与华语的关系,都要综合考虑中国大陆、港澳台地区,以及海外华人社区,还有使用汉字国家的因素,把这些相关因素放在一个系统中加以综合考虑和处理,才能取得全面的收效,并避免出现牵一发而动全身的失误。第二,制定、实施语言规划,要体现历史连续性和发展持续性。语言发展是渐变而不是突变的,语言使用一般呈现历史的连续性,而对语言及语言生活的变化又可做一定的预测,这就决定语言规划要具有历史连续性和发展持续性。比如我国选择、推广官话、国语、普通话,以及汉字简化、推行汉语拼音、现代汉语规范化等,都具有很强的历史连续性。以色列建国以后,确定早已脱离口语的希伯来语重新作为官方语言,借以团结犹太民族,强化犹太民族文化和复兴以色列国家,这是语言规划坚持发展持续性的典范。第三,制定的规划要有一定的系统性和严整性。大的如全国性语言规划,地方性语言规划,区域性语言规划,行业性语言规划,不同民族的语言规划等;小的如语言系统的语音、词汇、语法的规范标准及使用规定,还有如语音子系统中音素、音位及某些读音的确定,词汇子系统中基本词汇、一般词汇、专业词汇,以及古语词、方言词、外来词、新词语、缩略语等的规范,语法子系统中词法、句法及某些新语法格式的规范等。语言各要素的规范,要尽量考虑该要素的系统性、严整性,在相对匀质系统中选择、确定规范标准。在语言规划中,常有违背系统性的做法,出现系统错位的现象,这势必影响语言规划的声望与实施。

（三）可行性

这是指语言规划及其实施可操作性较强,有效性较高,特别是对它的实施,要有各种实际可行的具体规定和办法,便利语言规划主持者和接受者的运作与操作。如我国1997年确定的推广普通话的短期目标是,到2010年在全国范围内初步普及普通话;中期目标是,到21世纪中叶前在全国普及普通话。这两个目标比较实际,经过努力是可以实现的,还有可能提前实现。为实现这两个目标,国家和语言规划主管部门及有关部门,做出重要规定,采取一系列措施,提出许多具体方法,如对教学、传播、公务和公共活动等要求使用普通话,提出应达到的普通话水平等级的要求,并举办各种类型的普通话研究班、培训班,对有关人员进行普通话培训,制定普通话水平等级标准,进行普通话水平测试,举办推广普通话宣传周,开展各种形式的普通话竞赛,等等,这些规定和做法都有较大的可操作性和有效性,体现语言规划的可行性。这方面也有所不足,还需加强和改进,有些规定和做法还不够具体,如对国家机关工作人员和公务活动使用普通话的要求还不够具体、有力,依法推广普通话的做法也不够具体、有效。

（四）灵活性

这是指对待语言规范不可绝对化,制定和实施语言规划不可太满,要留有余地,要根据时空和其他相关因素的变化而有所变化。语言存在于社会,它随社会的变化发展而变化发展;语言是人类社会的重要交际工具,使用语言的人是变化的,交际形式与内容也是多样的,交际中的语言都呈不同的时空分布,显现语言的无穷的社会功能。语言的社会变化和交际活动,必然促使语言价值及对语言价值认识的变化。这些变化中的重要因素,决定语言规划必须具有一定的灵活性,在不同时期有不同目标和规定,对不同环境和不同群体有不同的要求,而且要有一定的回旋余地,并有一定的预见性;确定的目标,制定的标准,规定的要求,采取的措施,可以视社会需要和语言生活的变化加以调整、修改和完善。一般国家的语言规划都具有一定的灵活性,我国也是如此。1986年我国制定新时期语言文字方针任务时,根据国家在全国范围内普及普通话的总目标,以及当时实行改革开放和加速现代化建设等的需要,把推广和普及普通话作为首要任务,并提出当时推普的短期目标,也就是到20世纪末,普通话要成为教学语言、宣传语言、工作语言和交际语言,到那时就要基本普及普通话。从实施的时间、条件看,这个短期目标高了一些。所以语言规划的主管部门国家语言文字工作委员会在1997年召开的全国语言文字工作会议上,改为到2010年在全国范围内初步普及普通话。对不同行业、不同群体的普通话水平,提出不同的要求。这都比较实际,体现语言规划的灵活性,所以是可行、有效的。

二 政策性原则

语言规划的政策性原则,是指制定、实施语言规划,要贯彻、体现语言政策的重要规定和主要精神。语言政策是国家和政府关于语言地位、语言作用、语言权利、语际关系、语言发展、语言文字使用与规范等的重要规定和措施,是政府对语言问题的态度的具体体现。语言规划与语言政策有极为密切的关系,语言规划是语言政策的体现与扩大化、具体化,语言规划的基本理论又是制定语言政策的理论依据,使语言政策具有坚实的理论基础。制定语言规划,应当坚持政策性原则,总结语言政策的成功经验,吸收、贯彻语言政策的主要内容和重要规定,这样才能保证语言规划的正确与可行。如我国当代的语言规划,就是在总结近百年,尤其是近50年来我国实行的语言政策的成功经验的基础上制定的,并具体体现现行语言政策的精神和规定,因而它是适用、有效的。语言规划的政策性原则,具体包括政治性、群众性和理论性。

(一)政治性

这是指制定和实施语言规划时,要很好考虑和妥善处理语言及其使用中的政治因素,体现一定政治的特点,正确处理与政治关系密切的语言问题,如语言与民族的问题。众所周知,语言是民族的重要特征,语言感情表现民族感情,妥善处理语言问题,协调好语际关系,对于增强民族团结,维护国家统一,保持社会稳定有极为重要的作用;处理不好语言问题,常常会伤害语言感情,激化语言矛盾,甚至引发语言冲突与民族争斗,这样的教训在世界上过去和现在都时有发生,而我国在这个问题上处理得当,效果很好,堪称典范。政策是政治的延伸,语言政策有很强的政治性,语言规划自然也有较强的政治性(当然也有较强的学术性);任何国家的语言规划,都是该国政治的一定体现,是该国政治意志的一定体现。语言规划如果离开政治性,或是过分强化政治性,都不可取,都难以顺利实施。例如18—19世纪,西方少数殖民主义国家占领世界各大洲许多国家,将殖民主义的强权、专制政治推行到这些殖民地国家,在语言政策上实行语言歧视与语言同化,强制推行殖民主义宗主国语言,歧视、压制这些国家的民族语言。他们实施的语言规划带有很强的政治性,只不过这种政治性属于强权、专制、落后的性质,不符合被统治国家人民的意愿,也不符合社会进步的需要和国际社会语言生活发展的潮流,因此难以长时间实行,最终不得不加以改变,实施带有比较民主、开明的政治性的语言规划,如英国、澳大利亚、南非等国的语言规划。现在的美国,利用它的政治、经济、科技等的优势以及各地区对英语的需求,在全球推行英语,欲使英语成为唯一的世界语言,这种语言规划体现了当今美国的政治观念。随着时代的不断进步,国际社会的逐渐变化,以及多元文化的强大影响,美国的对外语言规划难以实现。又如第二次世界大战后,一些新独立的国家,改变原宗主国语言的官方语言地位,选择、确定本国家的民族语言为官方语言,这样的语言规划,体现了独立国家的民族政治,也有较强的政治性。

(二)群众性

这是指制定、实施语言规划,要充分考虑政策所依赖的群众因素,尊重人民的意愿,满足群众的需要,并依靠群众去贯彻、执行。语言是社会交际工具,社会是由掌握语言使用语言的人组成的,语言及其使用本身就具有群众性,因此制定、实施语言规划,要坚持群众性,才能获得成功,并收到事半功倍的效果。一些国家在某个时期实行的某种语言规划,因为违背群众性,所以碰到许多困难,甚至造成负面影响。如沙俄时期和苏联斯大林时代实施的语言规划,印度在英国殖民主义统治时期及独立后实施的语言规划,都因缺乏或违背群众性而遭受诸多困难,造成严重后果。沙皇俄国时期推行大俄罗斯沙文主义,确定俄语为国语,对其他各民族及其语言实施压迫与限制,强制各民族学习、使用俄语,歧视、摧残其他各民族的文化与语言,禁止用其他民族语言教学、演出和出版文学艺术作品。20世纪30年代末以后的苏联,以斯大林为首的国家领导集团,实行的民族政策和语言政策也带有沙文主义色彩,实施的语言规划带有较强的封建专制政治性,许多方面与十月革命前相似,在各加盟共和国和各民族地区强制推行俄语,压制其他民族语言。这两个时期实施的语言规划,都违背群众性,所以受到各民族群众的反对和抵制。印度在英国殖民主义统治时期,大力推行英语,使英语成为印度全国的行政语言和教育语言,实际具有印度官方语言的地位,长期主导印度的语言生活,受到印度各民族群众的反对与抗争。而对属"达罗毗荼"诸语言及波斯阿拉伯字母的南方,和属"印度雅利安"诸语言及天成体字母的北方,殖民主义者实行分而治之的政策,造成印度南北两方长期以来因语言问题而不断发生冲突。印度独立以后,印地语为法定唯一的联邦官方语言,英语仍为全国行政和教育语言,是"辅助的"联邦官方语言,但没有法定地位;除印地语外,还有其他13种法定语言,其中梵文和乌尔都语和印地语一样,没有限定使用范围,11种语言限定流通地区。因为印度的语言多达800余种,法定语言也不少,尽管印地语和乌尔都语使用范围稍大,但都没有超过总人口的30%,在全国范围内未能形成绝对优势,也就是普遍缺乏群众基础,语言生活中离心现象比较严重。因此,印度的语言规划也自然缺乏群众性,这就造成印度社会不断发生语言矛盾和语言冲突。这些教训值得认真总结与汲取!

(三)理论性

这是指制定、实施语言规划,要有与政策有关的一定理论依据。制定政策除主要依据国情、需要、群众意愿和统治者意志,还要在一定的理论指导下进行。与政策有关的理论,主要是政治理论和哲学理论,也有操作性理论如系统论等,这些理论也是语言规划所应遵循的。在我们国家,半个世纪以来指导政策的政治理论是毛泽东思想、邓小平理论、"三个代表"重要思想、科学发展观等,主要哲学理论是实事求是和辩证唯物主义。这些理论对于制定语言规划都有重要的意义,半个世纪以来我国的语言规划,在一定程度上体现了这些理论特点。例如20世纪50年代我国制定的语言规划,总特点是语言平等,统一多样,也就是在语言地位、权利方面,规定各民族语言一律平等,各民族都有使用和发展自己语言的自由;在语言生活方面,规定普通话是全国通用的语言,国家推广普通话,各民族语言是民族地区的通用语言。并且确定推广普通话、文字改革和汉语规范化为当时语言文字工作的主要任务。还提出整理简化汉字、制定推行汉语拼音方案和创制改革少数民族文字等任务。为完成这些任务,确定了开展工作的方针和步骤,采取了一系列重要措施,使语言规划的实施得以顺利进行。这个时期的语言规划,体现了毛泽东思想关于发展、建设社会主义新中国的理论,也体现辩证唯物主义的理论,是语言规划坚持理论性的结果。从20世纪80年代中期开始实施的新时期语言规划,将加强现代汉语规范化和大力推广普通话作为语言文字工作的首要任务,并且规定要扩大汉语拼音的使用范围,加强语言信息处理,加强语言文字的规范化标准化。在具体实施方面,采取了更加科学、务实、具体、有效的措施和做法。这个时期的语言规划,体现了邓小平理论中关于改革开放、加强现代化建设的理论和辩证唯物主义理论。西方国家的一些语言规划的理论性,也与他们国家的政策理论基础有关,主要体现实用主义和实证主义的理论性,如英国、法国、德国、加拿大、比利时等的语言规划都是如此。美国语言规划的理论性,体现的是美国政治观念和实用主义理论。其他许多国家的语言规划,大多也体现实用主义的理论性。

三 稳妥性原则

语言规划的稳妥性原则,是指制定、实施语言规划,要考虑历史的延续性,社会的约定俗成,并有一定的宽容度,目标与要求要实际、适当,采取的方法、步骤要稳妥,借以确保规划的顺利制定与实施。综观国内外语言规划,凡是符合稳妥性原则的,实施都比较顺利,效果也较显著;凡是违反稳妥性原则的,要么失败,要么实施困难,效果不好。语言规划的稳妥性原则,具体包括传承性、宽容性和渐进性。

(一) 传承性

这是指制定、实施语言规划,要考虑语言的历史继承性和语言使用的延续性,遵循语言发展的规律,使规划更加稳妥,效果更加显著。传承性还体现在政府或专家对语言文字使用进行干预的连贯性,使社会语言生活稳定、有序地承前发展,而不致出现断裂、缺失,造成语言应用混乱等现象。比如我国语言规划中确定普通话和规范汉字是国家通用语言文字,并在全国范围内推广普通话推行规范汉字,就是传承延续过去官话、国语和汉字的历史地位和社会作用,使社会语言生活稳定、有序地向前发展。1986年全国语言文字工作会议主题报告《新时期的语言文字工作》指出:"在今后相当长的时期,汉字作为国家的法定文字还要继续发挥它的作用。……汉字的前途到底如何,我国能不能实现汉语拼音文字,什么时候实现,怎样实现,那是将来的事情,不属于当前文字改革的任务。"这段话具体体现了我国新时期语言规划的传承性和稳定性。又如1956年1月28日国务院正式公布的《汉字简化方案》,共收简化字515个,简化偏旁54个。后经整理、补充,于1964年

5月发表《简化字总表》,共收简化字2236个,笔画平均减少近一半。这批简化字大部分是传承于秦汉以后,尤其是宋元以来的简体字和俗体字,具有历史的延续性,所以比较成熟、稳定,推行效果很好。1949年新中国成立后,各少数民族文字多数沿用过去本民族使用的文字,如蒙古文、锡伯文、傣文仍用叙利亚字母,维吾尔文、哈萨克文、柯尔克孜文仍用阿拉伯字母,藏文仍用古印度字母,俄罗斯文仍用斯拉夫字母,朝鲜文仍用方块型拼音字母,所以文字使用没有发生什么问题。只是在"文化大革命"前后,由于受当时各种因素的影响,新疆维吾尔自治区在1965年开始推行以拉丁字母为基础的维吾尔新文字方案,1979年全面推行新维吾尔文,并停止使用以阿拉伯字母为基础的维吾尔老文字,1982年又不得不恢复使用老维吾尔文,新维吾尔文作为拼音符号予以保留,并在必要场合使用。新疆1965年开始推行以俄文字母为基础的哈萨克新文字,停止使用老哈萨克文,1982年又恢复使用以阿拉伯字母为基础的老哈萨克文,新哈萨克文作为音标加以保留。新疆在较短时间内发生的新老维吾尔文和新老哈萨克文的这种变化,违背了语言规划的传承性和稳定性,因而造成了文字使用的混乱,损害了语言规划的声望。

(二)宽容性

这是指制定、实施语言规划,要根据语言及语言使用的特点,坚持实事求是的态度,规划要有一定的弹性,对变化中或看不准的语言现象不要急于进行规范,继续进行监测与观察,规划中的指导性内容要占一定的比重,使语言规划得以顺利实施。这是因为语言是有层次的,是不断发生变异、变化的,语言使用不单纯是语言问题,而是与各种因素有关,语言生活是丰富复杂的,所以语言规划要体现宽容性。比如语言地位规划中,推行标准语和官方语言时,对不同群体、不同对象、不同场合要有不同的要求,许多国家的语言规划大多是这么做的。我国确定普通话为国家通用语言,并在全国范围内推广普通话,要求教师、播音员、节目主持人、公务员的普通话水平,要达到一定等级标准,而对其他行业、部门的人员及社会一般人只是提倡说普通话;对学校教学、电台电视台播音、国家机关公务活动就要求使用普通话,其他场合提倡使用普通话。在语言本体规划中,对语言结构系统中相对稳定的核心部分,如基本音系、基础词汇和基本语法规则,还有文字等的规范要从严,应有多一些指令性内容,而对比较活跃的外围部分,如某些音素和个别读音、一般词汇(特别是新词新语)和某些一般语法格式的规范要从宽,可有多一些指导性内容。我国在普通话教学与测试中,语音方面要求声母、韵母和声调的发音要准确,词汇、语法方面,要求基础词汇和语法使用、判断要正确,而对个别读音的缺陷和一般词汇、语法判断的某些失误,则持一定的宽容态度。在制定、实行语言文字规范标准方面,所定语音标准、文字标准比较多也比较严谨,要求比较严格,指令性内容较多;词汇、语法标准较少,主要是术语规范标准,要求一般比较灵活,指导性内容较多。这些做法都体现出我国语言规划具有一定的宽容性,有利于语言的健康发展和语言生活的丰富、多样。

(三)渐进性

这是指制定、实施语言规划时,要认真考虑语言变化、发展的循序渐进和语言生活的延续发展的重要特点,顺乎自然,因势利导,逐步、稳妥地推进工作。这里所说的"自然",是指语言及语言生活逐渐变化的规律,"势"是指沿着这个规律向前发展的趋势,这就是说,语言规划要遵循并利用语言及语言生活的变化规律和发展趋势,充分发挥自身的能动作用,逐渐、稳步地做好促进工作。纵观国内外语言规划的历史,无论是选择、推行标准语、官方语言,或是创制、改革文字,还是处理语言关系,解决社会语言问题,规范语言文字等,一般都是遵循这条规律办事,工作都比较谨慎,所以大都收到预期的效果。即使有些国家和民族的标准语、官方语言的改变,或是文字形式的变化,表面上看来是在短期内发生的,实际上也是经过较长时期的酝酿和充分准备的,在条件成熟或比较成熟的时候才实施的,而不是贸然行事、突然改变的。如18—19世纪一些殖民主义者在殖民地国家实行语言同化政策与语言规划,用宗主国语言取代当地民族语言为官方语言,都是做了较多的准备工作,并且采取逐渐过渡的办法,哪怕是在较短时间内强制过渡,而不是采取断然的措施,突然宣布殖民地国家立即停止使用当地语言,马上改用殖民主义者的语言,使当地语言生活发生突变,那是办不到行不通的。又如土耳其、越南、朝鲜等的文字改革也是如此。在土耳其,土耳其族是主体民族,其人口占全国总人口的86.8%,自公元10世纪接受伊斯兰教后,开始采用阿拉伯字母书写本族的语言。由于土耳其语与阿拉伯语的差异较大,用阿拉伯文拼写土耳其语有所不便,所以土耳其人不断要求并探讨改革文字。土耳其战争后,1924年2月召开的土耳其大国民议会上再次讨论文字改革问题,1928年8月,土耳其政府召开文字改革专题会议,做出放弃阿拉伯字母文字、采用以拉丁字母为基础的土耳其新文字的决定,并采取各种措施,大力推行新文字。土耳其的文字改革表面上看是在较短的时间内完成的,实际上其酝酿、准备的时间却是相当长的,而且各种条件已经成熟或比较成熟,只是在战争结束后,利用新政权的权威和凯末尔总统的影响,果断进行文字改革。我国的汉字改革和《汉语拼音方案》的制定,以及某些少数民族文字的创制与改革,也都是经过几代人的努力和较长时间的酝酿、准备,才顺利进行的。渐进性是稳妥性原则的重要内容,是语言规划的重要特点之一,应当始终坚持。

四 经济性原则

语言规划的经济性原则,是指制定、实施语言规划要符合合理、简便、好用的要求,具有较好的社会效益和经济效益。语言地位规划越是科学、合理,对社会稳定与进步越有重要意义;语言本体规划越是简便、精细、好用,越容易受到社会各界的欢迎与接受,对政治经济、文化教育、科学技术等的发展有较大作用,因此经济性原则值得语言规划主持者充分重视,并在语言规划中很好体现。语言规划的经济性原则,具体包括简便性、适用性和效益性。

(一)简便性

这是指制定、实施语言规划,要尽量达到科学合理、简明易行,便于贯彻执行。作为社会重要交际工具,语言必须既能承载所有必要的信息及其隐义,又便于人们交流思想、表达感情,充分、便捷地满足人们的交际需要。语言规划要依据这一特点,充分体现简便性,以便人们接受、执行,收到最佳的效果。选择、确定标准语、官方语言,应当选择使用面最广,语言活力最强,社会影响最大,其基础方言稳固,规范程度相对较高,在语言生活中威望最高的语言,并对其进行必要的再规范,使其社会功能更加完善,更便于人们使用。许多国家进行语言规划,在这方面都是这么做的,都是综合考虑上述条件,选择、确定他们的标准语或官方语言;一般都是选择、确定人口较多,历史比较悠久,政治经济、文化教育水平较高,其语言规划程度相对较高,在社会生活中发挥主导作用的主体民族的语言为标准语或官方语言,如俄罗斯民族的俄语,法兰西民族的法语,土耳其人的土耳其语,英格兰人的英语,印度斯坦人的印地语,马来人的马来西亚语等。纵观当今世界各国的标准语或官方语言,凡是符合或基本符合上述条件的,其活力就较强,社会声望就较高,推广也比较顺利;凡是不符合或不大符合上述条件的,其活力就较弱,影响就较小,推广也较困难。我国选择、确定普通话为汉民族共同语的标准语和国家通用的法定语言,是基于这些考虑的:(1)普通话形成的历史悠久,其基础方言北方话应用广泛、地位稳固,社会影响最大;(2)普通话有完善的规范形式,其规范化程度较高,文学语言及其文献丰富、发达,语言活力最强,语言声望最高;(3)普通话的社会交际功能完备,在全国使用的人口最多,实际上已是汉语各方言区和各民族共同交际的通用语。普通话作为标准语和国家通用语言的条件是齐备、优越的,所以在人口如此众多,语言、方言如此纷繁复杂,文化教育还不够发达的我国,推广起来才能如此顺利,并取得如此显著的成绩。

(二)适用性

这是指制定、实施语言规划,要适合社会各界和语言规划接受者的需要与要求,便于大范围实施,便利社会更多人使用,便于语言规划者运作与操作,实施效果又便于检验。制定的语言规范标准要合乎语言生活实际,指令性的目标与规定要切实、具体,指导性的意见要简要、易行,对不同场合、不同群体等有不同要求,使规划达到稳妥、适用、有效。许多国家的语言规划都具有适用性,所以社会语言生活稳定、有序、丰富。如加拿大,确定英语与法语同为官方语言,分别适用于操英语与操法语的居民使用,也适用其他居民使用,法律、法规、通知、文件都同时使用英语与法语,谨慎处理语言关系和语言问题,虽然有时也发生一些语言矛盾,但社会语言生活总体是和谐、有序的。菲律宾是个多岛之国,本岛有 70 多种语言,全国共有语言 100 多种,常因语言矛盾发生社会冲突。由于历史的原因,较长时期以来英语成为菲律宾各民族之间的交际媒介语,以及作为立法、行政、教育、商贸和国际交往的语言,而以他加禄语为基础的皮利皮诺语(pilipino)或称菲律宾语,是使用人口最多的民族共同语和国家通用语言。1973 年菲律宾宪法规定英语和皮利皮诺语都是官方语言,政府推行双语制,实行双语教育,以适应菲律宾国家、社会的需要,同时符合社会语言生活的实际,体现了语言规划的适用性。我国确定普通话和规范汉字为国家通用语言文字,在全国范围内大力推行,并规定"积极而稳妥"的推普工作总方针,以及"大力推行,积极普及,逐步提高"的推普工作具体方针,对不同行业、不同群体的普通话使用及应达到的水平有不同的要求,在普通话教学和测试中,做出的规定、要求大多比较实际、具体,采取的措施与做法比较可行、有效,可操作性较强,又便于检查、验证,适合于大范围实施。这一系列的规定、做法,充分体现我国语言规划的适用性特点,所以实施过程比较稳妥、顺利,实际效果比较显著,得到社会的广泛支持与接受,也受到国际社会的赞誉。

(三)效益性

这是指制定、实施语言规划,要使语言更加规范、好用,充分发挥社会交际功能,获取良好的效果与声望,并增强其社会效益和经济效益。语言规划的效益性与语言活力和语言价值有密切的关系,语言活力越强,语言价值越高,其效益性越大,反之就越小。语言是人类最重要的交际工具,凡工具都有好用不好用之别,好的工具能够提高工作效率,取得好的效果,促进生产力发展,不好的工具就缺乏这种性能和效果,古人说的"工欲善其事,必先利其器",俗话说的"磨刀不误砍柴工"就是这个道理。语言规划就是要选择、确定最好的交际工具,并对它进行必要的加工、规范,使其更加好用、有效。语言不仅是交际工具,还是一种特殊的社会资源,它具有市场价值。语言在社会中使用,自然产生直接或间接、有形或无形的社会效益和经济效益,规范、优美、好用的语言,语言活力旺盛的语言,所产生的社会效益和经济效益就大而明显,反之就小而隐现。语言规划就是要激活语言活力,使语言资源充分发挥作用,增强其社会效益和经济效益。世界各国的语言规划,无论其内容的详略,水平的高低,大多将选择、推行标准语和官方语言以及语言文字规范化、标准化作为重要内容,这是因为这些语言规划的内容关系到国家、民族、社会和个人的利益,关系到政治经济、文化教育、科学技术以及社会生活、经济生活和文化生活等的发展。

在我国,现阶段的语言规划,其效益性主要表现在以下几方面:

1.大力推广和加速普及普通话,进一步发挥普通话在国家语言生活中的主导作用,在增强国家统一和民族团结,促进社会文明、进步,加强现代化建设和发展经济,以及增进国际交流等方面的特殊作用,提高普通话的社会效益和经济效益。为达此目的,国家采取了许多措施,收到明显的效果。如加强语言立法,在《宪法》中规定"国家推广全国通用的普通话",制定并发布《中华人民共和国国家通用语言文字法》,确定普通话为国家通用语言的法律地位,并规定其使用范围;制定正确有效的推普工作方针,确定普及普通话的短期目标和中期目标;规定某些行业的某些人员的普通话水平要达到一定的等级;制定并完善与普通话有关的各项规范标准,加强普通话规范;制定普通话水平等级标准,开展并加强普通话培训与测试;采用各种办法,大力加强推广普通话的宣传鼓动;举办全国或地方的各种类型的普通话竞赛及其他普通话活动;编写出版规范性词典、普通话教材和读物;在少数民族地区实行普通话与民族语言的双语教育,加强对外汉语教学与测试。上述这些规划内容,促使人们的语言观念和语言生活发生深刻、重大的变化,普通话得到迅速发展,全国大中小城市的居民有70%以上的人会说普通话,可以说城市已经基本普及普通话了,乡村居民包括南方方言区和少数民族地区的乡村居民,越来越多的人也会说普通话,普通话在社会语言生活中已占绝对主导地位,在国家改革开放、现代化建设、市场经济发展、对外交流合作等各方面,发挥巨大的作用。只就普通话对我国改革开放和统一市场形成与发展的作用来说,其社会效益和经济效益是无法估计的。

2. 执行语言平等政策,保障少数民族的语言权利,在《宪法》和《国家通用语言文字法》《民族区域自治法》等有关法律中规定"各民族都有使用和发展自己语言文字的自由",采取各种措施保护和激活少数民族语言活力,制定各项语言文字规范标准,加强少数民族语言文字规范,在民族地区实行普通话和少数民族语言双语教育,使用少数民族语言办公、播音,用少数民族文字发布文件、出版图书报纸杂志,使用少数民族语言文字举行各种宗教活动,使少数民族语言在民族自治地区成为行政语言、司法语言、教学语言、媒体语言、宗教语言和社会公用语言。这些语言规划内容,保证语言关系的和谐和民族的团结,维护民族地区的社会稳定与进步,促进民族地区的经济、文化发展,充分体现了语言规划的效益性。

3. 制定、推行各项语言文字规范标准,加强语言文字规范化、标准化,使语言文字更加规范、好用,使用效果更好,在社会生活、经济生活、文化生活和科技生活中发挥更大的作用。这方面除了对普通话进行必要的规范外,比较重要的是制定汉字各项规范标准,加强现代汉字规范化,进一步推行《汉语拼音方案》,加强术语标准化等。在汉字规范方面,如废止《第二次汉字简化方案(草案)》,重新发表《简化字总表》,制定《现代汉语常用字表》《现代汉语通用字表》《现代汉语通用字笔顺规范》《通用规范汉字表》,发布地名、商标、出版物、公共场所等用字的规定,发表各种字频统计成果,对汉字字形、字音、字量、字序进行规范,这都便于教学、出版、公务、词典编纂、中文信息处理,以及社会交际使用,发挥很好的社会效益和经济效益。在推行《汉语拼音方案》方面,《国家通用语言文字法》规定:"国家通用语言文字以《汉语拼音方案》作为拼写和注音工具。《汉语拼音方案》是中国人名、地名和中文文献罗马字母拼写法的统一规范,并用于汉字不便或不能使用的领域。初等教育应当进行汉语拼音教学。"政府及其职能部门采取许多措施,做了大量工作,继续推行汉语拼音,并扩大其使用范围,使汉语拼音在扫盲识字、语文教学、对外汉语教学、学习普通话、各种排序、情报资料检索、中文信息处理、少数民族文字创制与改革、国际交流合作等方面,发挥了积极、有效的作用,取得了很好的社会效益和经济效益。在术语标准化方面,全国科学技术名词审定委员会及有关组织、单位,对科技术语经常进行调查、监测与研究,并由全国科学技术名词审定委员会审定、公布科技名词审定成果,作为科技术语规范的标准,便利科技应用,对科技生活健康发展和提高科技水平有积极作用,其社会效益和经济效益是明显的。

4.加强语言信息处理研制与管理,成立语言信息处理管理机构,组织、协调语言信息处理统一研究,制定语言信息处理用各项标准,如《信息交换用汉字编码字符集 基本集》,信息交换用汉字编码字符集第二、第四辅助集和第一、第三、第五辅助集,《GB13000·1字符集汉字笔顺规范》《GB13000·1字符集汉字字序(笔画序)规范》《GB13000·1字符集汉字部件规范》《GB13000.1字符集汉字部首归部规范》《通用键盘汉字字形输入系统规则》、少数民族文字编码字符集,汉字内部码的规范化标准化,以及 15×16、24×24、32×32、156×156 等汉字点阵字模集及数据集等,加强了语言在计算机应用的规范化标准化,获得了很大的效益。

思考和练习

1. 语言规划的基本原则有哪些?
2. 什么是语言规划的科学性原则?
3. 什么是语言规划的政策性原则?
4. 什么是语言规划的稳妥性原则?
5. 什么是语言规划的经济性原则?

第四节 主要方法

一 约定俗成与从俗从众

语言存在于社会之中,为适应社会交际的需要,并充分发挥语言的交际作用,语言自身具有一种自我调节的功能,这种功能常常表现在社会对语言使用的约定俗成上,我们称这种语言使用的约定俗成为语言的自律性,属于语言应用的社会行为,也是社会对语言规范的一种方法;从俗从众是行政行为或学术行为,是语言规划的重要方法。"约定俗成"出自《荀子·正名》的一段名言:"名无固宜,约之以命,约定俗成谓之宜,异于约则谓之不宜。名无固实,约之以命实,约定俗成谓之实名。"大意是:名称与它所表示的事物是否合适没有必然的联系,名称是由人取的,约定俗成就是合适的,违反约定俗成就是不合适的。"约定"就是社会共同遵循的规则,即社会使用语言的通约性(李建国《汉语规范史略》39页,语文出版社,2000)。"俗成"就是社会大众形成的习惯,即大众使用语言的习惯性。这是语言规范化中的一种社会行为。语言规划应当很好利用这种社会行为,适当采用从俗从众的方法,从社会使用语言的流行度去观察语言应用,遵循社会多数人的语言意愿与语言习惯,去确定语言地位及制定语言规范标准,引导语言及语言生活沿着有利于国家、社会并规范、健康的轨道发展。如选择、确定标准语、共同语或官方语言,一般应当选择历史悠久,使用人口较多,基础方言稳固,语言规范程度较高,语言活力最强的语言作为标准语、共同语或官方语言。我国的普通话具备这些基本条件,所以国家选择确定它为全国通用的共同语和官方语言,并采取许多方法、措施大力推广普通话,收到相当大的成效,普通话还成为联合国的工作语言之一,在国内国际交际中发挥重要作用。英语、法语、俄语、西班牙语、阿拉伯语也具有这些条件,因此成为许多国家的官方语言,并同为联合国的工作语言。德语、日语、印地语、孟加拉语、乌尔都语、斯瓦希里语、马来语等,也都具备这些基本条件,也成为一些国家的官方语言。制定语言规范标准,要充分考虑从俗从众,将社会使用语言的普遍性和流行度作为重要依据。如汉语"荨麻疹"的"荨",过去一般读为 qián,1963 年普通话审音委员会公布的《普通话异读词三次审音总表初稿》"荨麻"注音 qiánmá,1978 年、1980 年、1983 年版《现代汉语词典》"荨麻疹"注音 qiánmázhěn,1980 年版《新华字典》"荨"注音 qián,俗读 xún。可社会上越来越多的人读 xúnmázhěn,连医护人员也大多这么读,所以 1985 年由普通话审音委员会修订,经国家语委、国家教委、广播电视部审核的《普通话异读词审音表》"荨"注音文读 qián(～麻),白读 xún(～麻疹),1996 年和 2002 年版的《现代汉语词典》"荨麻疹"也注音为 xúnmázhěn,1990 年及以后各版的《新华字典》"荨麻疹"也都注音 xúnmázhěn。又如广西的市名"百色",过去多读 bósè,1957 年普通话审音委员会公布的《本国地名审音初稿》"百色"注音 bósè,1978 年和 1980 年版《现代汉语词典》"百色"注音 bósè,1983 年及以后各版《现代汉语词典》未收"百色"条,1980 年版《新华字典》"百"注音(一)bǎi(二)bó(百色)。社会上对"百色"一般都读 bǎisè,电台、电视台大多也这么读,所以 1963 年普通话审音委员会公布的《普通话异读词三次审音总表初稿》,"百色"注音 bǎisè。"荨麻疹"读 xúnmázhěn,"百色"读 bǎisè,这是社会的约定俗成,审音时宜采用从俗从众的方法,所以后期的《审音表》及近期出版的有些词典的有关注音符合这一要求。还如普通话的轻声、儿化,近些年来明显减少,变调也逐渐简化;有些原来读轻声、儿化的词,现在社会上一般人多不读轻声、儿化了。过去"一七八不"的变调规律,现在多数人"七八"不读变调,所以普通话教学与测试中,对轻声、儿化的要求降低了,一般只要求具有区别词义、词性作用的那些词才读轻声、儿化;"一不"要求读变调,"七八"可不读变调,这也体现了俗成性。在词汇、语法规范方面,也要重视约定俗成,多采用从俗从众的方法,特别是对新词语和地名的规范。比如手提移动电话,开始直接从香港借用"大哥大"一词,后逐渐按普通话构词形式改用"手提",即手提式电话机,最后便约定俗成为"手机",《现代汉语词典》2002年增订本附的"新词新义"就收有"手机"一词,《新华新词语词典》(2003)也收有"手机"条,《现代汉语规范词典》(2004)更直接将"手机"收作正条。"手机"一词是社会使用语言约定俗成的结果,辞书使这个词成为规范形式,是从俗从众的做法。又如新近出现的新词新义"布波""萌""囧""亲……""赞""给力""点赞""土豪""失联""Hold住""白富美""正能量""接地气""零容忍"等,现在还处于社会约定俗成阶段,如果这些词语的流行度较大,约定俗成的程度较高,普通话词语就应当收入,使其成为规范词语。还如有些汉语地名的用字、读音虽然比较生僻,或是使用异体字、异读音,但这些地名是当地长期约定俗成的,反映一定的人文景观现象,为保护中华民族地名文化遗产,并保持地名稳定,便利社会称说、使用,在地名规范化标准化中,对这些地名一般不宜改动其用字、读音,可在约定俗成基础上使其保留使用合理的生僻字、异体字、繁体字与异读音。当然,从俗从众不可绝对化,要用得正确、适当,不可用得太滥。有些汉字的读音,社会上读错音的人不少,如"校对"jiàoduì 错读为 xiàoduì,"涪陵"fúlíng(地名)错读为 péilíng,"千里迢迢"的"迢"tiáo 错读为 zhāo,"参差"cēncī 错读为 cānchā,这些情况就不能从俗从众,必须加以规范。

二 行政干预与语言调控

行政干预属政府行为,是政府管理社会语言生活和解决社会语言问题的重要方法,它主要表现在制定语言政策和采取行政措施,保障语言规划的顺利进行,妥善解决社会语言问题,维护社会语言生活正常化。许多国家都利用行政手段干预社会语言生活,指导并保证该国语言规划的顺利制定与实施,保证语言规划目标的实现,保证语言文字规范标准的贯彻、实行。例如法国政府的法语高级理事会、法语总委员会、法语咨询委员会及法兰西学院,日本政府的文部省及国语审议会,坦桑尼亚政府的教育部与社会发展、文化、青年和体育部以及国家斯瓦希里语委员会,德国政府的有关部门和歌德学院,西班牙政府的教育文化部和西班牙学院等,都为各自国家行政干预社会语言事务发挥重要作用。法国的语言规划,主要采用行政干预和语言调控的方法,宪法和有关的法律《法语使用法》等规定法语为法兰西共和国的官方语言,《法语使用法》等具体规定法语的规范及使用,法语的规范标准由政府主持制定、发布与推行,重要的学术会议由政府组织、召开,语言调控主要由政府负责。国家为领导、协调语言规划工作,成立了上述多个强有力的专门机构,保障法国语言规划的顺利进行。俄罗斯、乌克兰、土耳其、以色列、比利时、加拿大、越南、新加坡、新西兰、秘鲁、肯尼亚、南非等国的语言规划,主要也采用行政干预与语言调控的方法,所以收到较大的实效。还如我国在20世纪50—60年代,国家确定实行文字改革、推广普通话和加强现代汉语规范化的语言文字工作三大任务,政府(包括国务院及有关部委、地方政府)发布了许多有关的指示、文件,做出许多重要决定、规定,提出许多具体要求,采取许多有效措施,推动、促进三大任务的落实与实现。比较重要的,如1956年2月6日国务院发布《关于推广普通话的指示》,1956年1月28日国务院通过并发表《关于公布汉字简化方案的决议》,1957年11月1日国务院通过并发表《关于公布汉语拼音方案草案的决议》。80年代为适应国家实行改革开放与加强现代化建设的需要,国家制定了新时期语言文字工作方针任务,规定做好现代汉语规范工作和大力推广、积极普及普通话为首要任务,并确定研究、整理现行汉字,进一步推行《汉语拼音方案》,研究汉语汉字信息处理问题,加强语言文字的基础研究与应用研究,做好社会调查与社会咨询、服务工作等其他任务。国务院及各有关部委、地方政府及时发布指示、规定,推动新时期语言文字工作方针、任务的落实与实行。这都是行政干预的做法,取得了很好的效果。行政干预的内容与措施,大多属指令性的,带有一定的强制性。新加坡实行多语制,确定马来文、华文、泰米尔文和英文同为新加坡官方语文,在华文规范中采用简化汉字和汉语拼音为规范标准。以色列建国后,政府复兴希伯来语,要求各地犹太移民学习、使用希伯来语,实现一个民族、一种语言的格局。这都带有较强的指令性,也是行政干预的典型做法。坦桑尼亚在1961年12月独立以后,次年10月政府即确定并宣布跨国语言斯瓦希里语为该国的国语,实行富有成效的国语政策,规定斯瓦希里语作为全国教学、传媒、行政用语及族际交际用语,使斯瓦希里语成为全国通用的语言,并为斯瓦希里语及其使用制定各项规范标准与使用规定,在各领域推行。

  语言调控,是指为保证贯彻、实行语言规划任务、目标及具体的语言规范标准所采取的具体措施与做法,也是语言规划的方法,主要是行政行为,也有社会行为,也就是所采取的措施、做法主要是指令性的,也有指导性的,主要侧重于维持语言应用标准的相对稳定。如我国20世纪80年代中期,经国务院批准废止《第二次汉字简化方案(草案)》,重新发表经过调整的《简化字总表》,同时规定对汉字简化持谨慎态度,要使汉字形体保持相对稳定的这些做法,就是语言调控的方法。《中华人民共和国宪法》和《中华人民共和国民族区域自治法》等法律中规定:各民族都有使用和发展自己的语言文字的自由;民族自治地方的自治机关在执行职务的时候,依照本民族自治地方自治条例的规定,使用当地通用的一种或者几种语言文字;各民族公民都有用本民族语言文字进行诉讼的权利。同时规定:国家推广全国通用的普通话。语言规划内容中具体落实了这些规定,从民族、自治机关、公民三个层面确定了民族语言文字的法律地位,充分保障各民族语言权利,协调好各民族语言关系,为各民族地区的进步、发展及民族语文的繁荣创造了重要的条件,这也是语言规划中的语言调控方法。香港、澳门回归祖国以后,港、澳特别行政区政府在语言文字方面规定的两文三语政策,即香港的英文、中文与英语、普通话、粤语,澳门的葡萄牙文、中文与葡萄牙语、普通话、粤语,改变了回归前香港政府规定的英文、中文、英语、粤语,澳门政府规定的葡萄牙文、中文与葡萄牙语、粤语的语言政策,使香港、澳门两地的语文使用更加合理、有效,这都是语言调控的做法。欧洲共同体原来规定英语、法语、德语、意大利语、西班牙语、葡萄牙语、丹麦语、荷兰语、希腊语等多种语言为官方语言,因为使用语言太多,花费大量人力财力,欧共体经费预算的五分之一要用在语言翻译上,为了减轻经费负担,减少人力物力,欧共体只好默认英语在共同体中充当共同语的角色,并公开提倡学习一种或多种外语,以此消除共同体内的语言障碍,这也是语言调控的做法①。

三 社团主事与公众参与

社团主事是指某些语言规划工作或活动主要由社会团体倡议并主持,或政府授权并依靠社会团体具体组织制定、实施某些语言规划活动的工作方式、方法,基本上属社会行为,有时带有半官方性质。公众参与指在社团的组织之下,社会各界群众,主要是知识分子和热心语言规划活动的群众,广泛参加语言规划活动,促进语言规划发展的语言规划方式,完全属于社会行为。语言规划从本质上说,是一种有目标、有组织、有计划的社会性语文建设,它最终要落实于社会,在社会中实施,并受到社会实践的检验,因此,社团主事与公众参与这种方式方法,便成为语言规划的重要方法之一。社团主事的语言规划内容,较多属于语言本体规划方面;也就是说,这种方法多用于语言本体规划。例如在我国,科学技术语的规范化标准化,主要由科技界社会团体主事,现阶段由中国标准化研究院所属的"全国术语标准化委员会"和中国科学院所属的"全国自然科学名词审订委员会"主事。前者同国际标准化组织"ISO"联系密切,偏重对我国工业农业技术方面的名词术语的审定与规范,审定工作注重系统性和理论性;后者偏重对基础科学和医学名词术语的具体审定与规范。两个团体对科技术语审定的过程中,一般都要广泛听取科技界各方面专家和科技人员的意见,审定成果又要在科技界推行。在对科技术语进行审定和推行的过程中,科

---

① 参见冯志伟《应用语言学综论》,广东教育出版社,1999。

技界的公众广泛参与,使我国的科技术语审定、规范工作得以顺利进行,并取得良好的效果。普通话读音规范,主要由"普通话审音委员会"主事,教师、播音员、演员、辞书编纂者等贯彻执行。又如19世纪后期至20世纪初期我国的罗马字运动,主要由各种有关社团主事。方言教会罗马字的制定与推行,由各地教会团体主事,广大教会成员和信众积极支持、参与,所以在一些方言区取得一定成绩。国语罗马字运动由国语统一筹备会等团体主事,社会一批有识之士和知识分子具体参与,在社会推行取得较大成绩。拉丁化新文字运动,具体由拉丁化委员会和各地拉丁化新文字协会主事,广大爱国者、革命者和工农大众参与,先在苏联远东地区推行,后在国内推行,受到广大群众的欢迎与支持,很快形成群众性的拉丁化运动高潮。还如,在德国提高德语的地位和加强德语规范化标准化过程中,由一批知识分子于1617年在德国成立的社团"丰饶社",在一个时期内发挥重要的作用。该社团的宗旨是使德语标准化、规范化,发展成为一种统一的文学语言。他们团结该社团的成员和社会一批群众,抵制外来词进入德语,对不能不吸收的外来词一律德语化,这在当时德语还没有一个统一的规范标准的情况下,确实取得了成效。在美国,推动唯英语运动,不是由政府主持,而是依靠"英语第一协会"和"美国英语协会"等社团主事,协会成员及社会上一大批赞成在美国只能有一种语言——英语的人广泛参与,所以该运动取得一定的成绩。在澳大利亚,推行澳大利亚标准英语、保护土著语言和加强其他语言教学的政策,由社会团体"国家语言政策专业语言联合会"主持研究,并于1983年发表《澳大利亚的语言政策》调查研究报告,在此基础上形成官方的《国家语言政策》,确保澳大利亚标准英语的支配地位,同时保护土著语言和其他语言的稳定发展,提供其他语言的服务工作,以及提供学习第二语言的机会,在这个过程中,社会团体"国家语言政策专业语言联合会"起到相当重要的作用,社会团体"澳大利亚语言学会"及其会员也发挥了积极作用,使澳大利亚的语言规划获得成功。在土耳其,1932年成立的社会团体"土耳其语言研究协会"和1936年正式定名的"土耳其语言协会",在凯末尔总统的领导下,具体主事土耳其的语言文字改革,社会公众积极配合、广泛参与,所以取得极大的成功,深受国际社会和学界的好评与赞扬。在坦桑尼亚,社会团体"斯瓦希里文学协会"拥有上千名会员,在各省设有分会,活动遍及全国,在社会上享有很高的声望,它参与坦桑尼亚的语言规划,并主事某些语言规划工作,对坦桑尼亚斯瓦希里语的词汇丰富化和语言规范化贡献很大。社团主事与公众参与是社会的自觉行动,也是语言规划的有效方法,两者紧密配合,社会效果尤为显著。

四 学术规范与辞书指导

学术规范是指经过认真、严谨的学术研究,科学、合理地制定各项语言文字规范标准,并发表施行,供社会遵照使用。辞书指导指依据语言文字规范标准编纂各种规范性、权威性的辞书,指导群众贯彻、执行这些规范标准,正确使用语言文字,促使语言及语言生活规范、健康地发展。例如1955年10月中国科学院在北京召开的"现代汉语规范问题学术会议",经过认真讨论、研究以后,确定把汉民族共同语称为普通话,意即普遍通行的话,并为普通话确定学术性的规范标准:以北京语音为标准音,以北方话为基础方言。后来又加上"以典范的现代白话文著作为语法规范",使规范标准更加全面、完整。会议建议组成普通话审音委员会,确定普通话常用词汇的读音,编纂《普通话常用词正音词汇》;建议中国科学院拟订《现代汉语词典》编纂计划,拟订其他种类的词典计划要点。还有其他的建议。语言研究所承担《现代汉语词典》的编纂和《新华字典》的修订任务,经编写人员的多年努力,编纂成规范性的《现代汉语词典》,至今发行5000多万册,影响了上亿人对现代汉语的使用。《新华字典》修订依据发布的语言文字规范标准,至今发行5亿多册,对社会语文使用影响更大。这两部辞书在贯彻我国语言文字规范标准,加强现代汉语规范化,指导社会正确使用语言文字方面,发挥了极为重要的作用,所以被国内外公认为权威性的现代汉语辞书。2004年2月13日美联社在一篇题为《〈新华字典〉为推行简体字功不可没》的电讯稿中,称赞《新华字典》"对几代学生和很多成年人具有无可估量的价值"。当然,这些字典词典需要适时更新与很好修订,才能适应社会的需要。又如美国韦伯斯特(Noah Webster)编写的《英语大词典》,对确立美国英语的地位起到巨大作用。德国的《杜登》(Duden)词典、《杜登德语大词典》成为德语的权威性规范。英国的《牛津英语词典》及其各版修订本和俄罗斯科学院的《俄语大词典》,发行量也很大,对贯彻、推行英语、俄语的规范标准,指导人们学习、使用英语、俄语做出重大贡献,充分体现了辞书指导的重要作用。教材对人们使用语言文字的影响也很大,尤其是中小学语文教材和供人们学习语文用的一般教材,对语言文字使用影响更大。这是因为教材的编写一般要依据各项语言规范标准,语言比较规范,学习者要遵照语文教材来学习、使用语言文字,同时教材的发行量比一般图书的发行量大得多。比如美国韦伯斯特编写的《美国拼音课本》,发行量超过1亿册,对社会学习、使用英语影响巨大。我国在20世纪50年代研制的《暂拟汉语教学语法体系》,和依据该体系编写的中学语文教材《汉语》,对促进现代汉语语法规范发挥了重要作用。20世纪50年代以来制定、推行的一系列重要的语言文字规范标准,如《第一批异体字整理表》(1955)、《简化字总表》(1964)、《印刷通用汉字字形表》(1965)、《现代汉语常用字表》(1988)、《现代汉语通用字表》(1988)、《通用规范汉字表》(2013)、《普通话异读词审音表初稿》(1957)、《本国地名审音表初稿》(1957)、《普通话异读词审音表初稿(续)》(1959)、《普通话异读词三次审音总表初稿》(1963)、《普通话异读词审音表》(1985)、《汉语拼音方案》(1958)、《汉语拼音正词法基本规则》(1996,2012年修订)、《普通话水平测试等级标准》(1997)、《标点符号用法》(1951,1990、1995、2011年修订)、《关于出版物上数字用法的试行规定》(1987,1995年修订,改名为《出版物上数字用法的规定》,2011年又修订)等,还有信息处理用各项语言文字规范标准,如GB1988—80《信息处理交换用的七位编码字符集》、《八位编码字符集》,GB2312—80《信息交换用汉字编码字符集 基本集》及第一、第二、第三、第四、第五辅助集、《信息处理用现代汉语分词规范》,少数民族文字编码字符集,如《信息处理交换用蒙古文七位编码和八位编码图形字符集》《信息处理交换用维吾尔文编码图形字符集》《信息处理交换用朝鲜文编码字符集》,少数民族拼音文字方案,其他各种少数民族语言文字规范标准,各种地名规范标准,科技术语规范标准等。这些规范标准都具有学术规范性质,是语言规划中学术规范方法具体应用的体现。

五　宣传引导与媒体示范

宣传引导与媒体示范是行政行为和社会行为相结合的语言规划方法。语言规划关系到社会方方面面和子孙后代,意义重大而深远,可社会上除有些领导者与有识之士外,一般人对它并不太了解,也不太重视,这就需要借助各种媒体,进行广泛宣传,让社会各界和广大群众了解语言规划的意义及具体的目标、内容和规定,动员社会大众参与,引导他们接受规划并自觉贯彻、执行,还要通过语言传播的重要载体——现代媒体对语言文字的使用,对社会大众起示范作用。例如20世纪50—60年代,我国各种媒体在宣传当时的语言规划时,对文字改革、推广普通话和现代汉语规范化的方针、任务、要求、做法等,发表了大量报道、专文和评论,让社会各界较多地了解并接受,收到很好的效果。《人民日报》1951年6月6日发表题为《正确地使用祖国的语言,为语言的纯洁和健康而斗争!》的重要社论,并开始连载吕叔湘、朱德熙合写的《语法修辞讲话》,对促进我国语言的规范化和引导人们正确使用语言起到很大的作用,影响了两代人的语文水平,至今仍有重要的意义。当时的中央人民广播电台和各地广播电台的播音,成为人们学习普通话口语的典范,《人民日报》《光明日报》《文汇报》《大公报》《工人日报》《中国青年报》《解放军报》《红旗》杂志等重要报刊的语言,成为人们学习、使用普通话书面语的范例,其示范作用是无法估量的。到了80—90年代,我国现代媒体更加发达,新闻出版、广播电视、电脑网络等,积极宣传国家根据改革开放和现代化建设需要制定的新时期语言文字工作方针任务,以及语言规划的目标、规定、做法,引导社会大众积极参与实施语言规划。同时媒体本身遵循各项语言规范标准,切实加强语言修养,如广播电视系统规定播音员、节目主持人应当参加普通话水平测试,并达到规定的等级水平,合格者持证上岗;播音时读错音、屏幕上写错字按规定扣发奖金。新闻出版系统规定,报刊、出版物应当遵循语言规范标准,注意语言规范性、典范性,编校质量要达到规定的水平,不合格者应当检查、受罚。我国现代媒体对社会大众学习、使用语言的影响越来越大,一些国家的电台电视台的汉语、华语播音,以我国中央人民广播电台和中央电视台的播音为准。又如我国"五四"时期,由陈独秀主编的《新青年》杂志,对宣传、推动白话文运动以及其他语文改革和语文革新运动发挥的重要作用。还如英国BBC的播音,通常被作为英语发音的标准;日本NHK的播音,通常被作为日语的标准音;美国的ABC和"美国之音"的播音,通常被作为美国英语的发音标准。越南、朝鲜等文字改革,法国、德国、俄罗斯的语言规范化,以色列希伯来语的复兴,之所以取得很大的成功,是与这些国家的各种媒体的宣传、示范作用分不开的。特别是土耳其在推动文字改革和语言规范化中,充分发挥各种媒体的宣传示范作用,发表大量关于土耳其文字改革和语言规范化方面的新闻报道和专文,让这些内容家喻户晓深入人心,宣传的力度很大,收到了显著的实效,保证了土耳其文字改革和语言规范化顺利进行。当然,媒体对语言规划的宣传还需要加强,对语言文字的使用,有时也有错误、不当或不合规范的地方。我国的重要媒体也不例外,读错音、写错字,用词不当,语言不够规范等时有发生,但这种情况不多,并不影响媒体对语言规划宣传和对语言文字使用的巨大作用,只是说明媒体在语言规范化方面还有待加强和改进。其实社会上许多人都在自觉地学习媒体的语言,或是不自觉地接受媒体语言的影响,媒体语言的社会示范作用是巨大的。

六 个人作用与名人影响

在语言规划方法中,除政府行为、行政行为、社会行为、学术行为等方法,还有一种个人作用和名人影响的方法,即由政治家、社会活动家、文化名人和著名学者等倡导并参与语言规划,号召、动员社会大众参与语言规划活动,并以他们的语言行为和语言使用广泛影响社会语言生活。例如土耳其的文字改革,经过较长时间的酝酿和社会有识之士的积极探索,在土耳其解放战争结束并建国后,凯末尔总统利用他的权威和个人魅力,多次发表关于文字问题的重要讲话,积极提倡和大力推动土耳其的文字改革,并成立"土耳其语言学会",在这方面做了大量工作,最终于1928年11月3日举行的第三届议会上,正式通过《新土耳其文字法》,以拉丁化新文字替代阿拉伯字母文字,彻底完成土耳其的文字改革。文字改革顺利完成以后,凯末尔又领导开展轰轰烈烈的土耳其语言纯洁运动,用土耳其民族词语和语法形式替代阿拉伯语和波斯语的外来语词和语法规则,尽管在具体做法上有些失误,但这场语言纯洁运动还是成功的。凯末尔对土耳其的语文改革功不可没!又如波兰医生柴门霍夫于1887年创造世界语,为人造语言的广泛推广、使用和国际语言交流做出重要贡献。美国著名学者韦伯斯特编写《美国拼音课本》和《英语大词典》《英语语法原理》等重要作品,发行量巨大,对美国英语的地位确定和美国社会语言生活产生了广泛的影响。德国的弋特谢德、阿德隆和格林兄弟等对德语规范化的作用与贡献是很大的,路德(Luther)对德国文学语言的词汇、语法和文体的创造、规范与发展,也发挥了重大的作用。再如意大利传教士利玛窦,1605年在北京出版《西字奇迹》,创造了第一个有系统的汉语拼音方案,法国传教士金尼阁早期在杭州出版《西儒耳目资》,最早用音素字母为汉字注音,这个拼音方案是据利玛窦拼音方案修改而成的,所以人们称这两个方案为"利金方案"。后来英国使馆的威妥玛在1867年出版《语言自迩集》,这是一部北京音官话课本,开始时作为英国使馆人员学习汉语的注音工具,后来逐渐扩大用途,成为拼写中国地名和事物名称的通用标准,中国对外出版物、邮政等的汉语译音都用它。利玛窦、金尼阁、威妥玛在汉字改革前奏中起到重要作用。我国的卢戆章、王照、劳乃宣、吴汝纶、章炳麟、朱文熊、蔡锡勇等人,在清末的切音字运动中发挥主导作用。卢戆章在1892年发表中国人自己创制的拉丁字母的拼音文字方案《一目了然初阶》(中国切音新字厦腔),揭开了切音字运动的序幕,他还创制《中国切音新字》《中国字母北京切音教科书》和包括北京、福州、泉州、漳州、厦门、广东6种切音字方案的《中国新字北京切音合订》,以及《国语字母》等,对开创、推动切音字运动做出重要贡献。清末的切音字运动为后来的文字改革打下了一定基础,积累了宝贵经验。陈独秀、瞿秋白、鲁迅、胡适、蔡元培、吴稚晖、张一麟、钱玄同、赵元任、黎锦熙、陈鹤琴、陈望道等在20世纪上半期我国的白话文运动、大众语运动、国语运动、注音字母运动和拉丁化运动中的作用,毛泽东、周恩来、陈毅、吴玉章、郭沫若、胡乔木、胡愈之、叶圣陶、丁西林、罗常培、王力、吕叔湘、叶籁士、倪海曙、周有光等在20世纪下半期对推动、促进文字改革、推广普通话和现代汉语规范化的作用,都表现出领袖和知名人士个人在语言规划活动中的重要作用。语言规划者应当充分重视社会名人在语言规划中的作用,扩大他们对社会语言生活的影响,积极实施语言规划。

思考和练习

1. 语言规划有哪些主要方法？
2. 什么是约定俗成与从俗从众？
3. 什么是行政干预与语言调控？
4. 什么是社团主事与公众参与？
5. 什么是学术规范与辞书指导？
6. 什么是宣传引导与媒体示范？
7. 什么是个人作用与名人影响？

第五节　主要步骤

一　前人研究成果

语言规划的步骤，国内外有些学者把它称为语言规划的过程。我们认为，语言规划的步骤同语言规划的过程既有关系又有所差别，它是指语言规划过程中一个环节一个环节的具体任务、内容和措施。美国语言学家、语言规划专家豪根把语言规划分为四个步骤：(1)标准的选择，具体是选择特定的语言，并规定其地位和作用。(2)标准的健全，具体是在语音、词汇、语法等方面建立规范标准，并巩固和完善这些基本标准。(3)标准的实施，具体是接收并实施已经选定的语言规范标准，在政府机构、各类部门以及相关领域逐步推广这些标准。(4)标准的扩建，具体是必要时对这些语言规范标准进行修订，并加以扩充，如引入新的科技术语等。后来豪

根接受内乌斯图普尼(Neustupný)提出的合理意见(1970),修改了他提出的上述四个步骤的内容,如下表:

	形式(政策规划)	功能(培育)
社会程序 (地位规划)	1. 选择 a. 找出问题 b. 标准分配	3. 实施 a. 改正 b. 评价
语言自身 (语型规划)	2. 健全 a. 书写定型 b. 语法规范化 c. 词汇规范化	4. 扩建 a. 术语现代化 b. 风格进步

鲁宾(Rubin)又在豪根模式的基础上,增加了一个"评价"步骤。(详见徐大明等著《当代社会语言学》第七章第四节,中国社会科学出版社,1997)豪根的这个模式概括了语言规划的基本步骤。

二 六个主要步骤

根据豪根所提语言规划步骤的基本模式,再观照中国当代语言规划的实践,我们认为语言规划的主要步骤有如下六个:(1)前期准备。具体是进行社会语言生活监测,分析社会语言生活的变化发展,充分了解、掌握语言舆情,调查社会对语言及语言使用的需求,评估语言生活状况,为制定语言规划做好前期准备。(2)选择标准。具体是研究决策,选择规范,即选择标准语、共同语或法定语言,确定语言地位与语言关系。(3)加强规范。具体是制定语言的语音、词汇、语法、文字等各项规范标准,编写与之相配套的规范性、权威性的发音手册、语法教材、字典词典、拼写指南、语文课本、语文读物,以及语文法规等。(4)组织实施。具体是实施语言规划,推广使用语言规范及其各项标准,调动行政部门、社会团体、学术单位、教学机构、传播媒体、文学艺术和社会名人积极参与实施、推广。(5)完善功能。具体是完善语言社会功能,扩大标准语的使用范围。(6)评价检验。具体是评价、总结语言规划实施情况,检验语言规划的社会效果。

三 规划步骤例示

以当代中国的语言规划为例,根据社会变化、发展的需要,和我国语言、方言、文字复杂不利社会交际的情况,在充分做好调查研究的基础上,经学术单位、社会团体等认真研究和政府决策,选择确定普通话作为民族标准语、全民共同语和法定语言,确定民族自治地区的主体民族语言为该地区的通用语言地位,规范汉字作为社会通用文字,汉语拼音作为拼音工具,并组织研究、制定普通话、规范汉字、少数民族语言文字各项规范标准,和与之相配套的工具书、出版物,再动员社会各界和公众广泛参与,大力推广普通话和规范汉字,推行汉语拼音,并不断完善其社会功能,扩大其使用范围,增强少数民族语言活力,保障少数民族语言在各方面的使用,最后分阶段对这一语言工程进行总结、评估与检验。一些语言规划比较成功的国家,如法国、德国、加拿大、澳大利亚、新加坡、坦桑尼亚等,也都是按照这些步骤来实施语言规划的,所以都收到较大的社会实效。

语言规划步骤是语言规划过程的具体内容和措施,它关系到语言规划制定与实施的能否成功、能否取得良好效果,所以国际语言规划界对此十分重视,1969年在美国夏威夷东西方研究中心召开"语言规划过程"国际会议,加强语言规划的国际研究。1969—1972年,国际语言规划界又实施"语言规划过程的国际研究项目",对以色列、印度、印度尼西亚和瑞典的语言规划进行重点调查研究,获得很好的成果。

思考和练习

1. 语言规划有哪些步骤?
2. 中国语言规划的步骤是怎样体现的?

第六节 理念和实践的变化与发展

随着现代化、信息化和国际化的变化发展,近些年来,特别是进入21世纪以后,国内外的语言规划理念和实践也有较大的变化与发展。关于这方面的情况,本书各章都有所涉及和论述,本节只集中概述其要者。

一 国内语言规划理念与实践的变化发展

中国实行改革开放以后,国家的政治经济、文化科技等各领域,以及社会形态、思想观念等都发生了急剧而深刻的变化和发展,这种剧变近十几年来更为显著,这就促使我国语言规划理念、实践的变化与发展,主要表现在以下几方面。

(一)强化语言国情,讲求语言规划实效

当代中国语言规划的成功经验之一,是重视联系实际、讲求规划实效。近十多年来,中国在制定、实施语言规划时,认真吸收以往的重要经验,更加重视并强调依据语言国情,提高语言规划实效,这就是要充分认识中国语言国情特点,即:语言多、文种多、方言多;语言接触密切,语言影响较大,语言、方言变异纷繁;社会语言生活丰富、鲜活,总体上健康、和谐,语言应用比较混乱,语言问题时有产生。近期,制定、实施语言规划,充分考虑并依据上述语言国情,强化语言国情理念,从而提高了语言规划实效,这具体体现在国家语言政策、法规及各职能部门的有关规章、文件、规划、活动中,还有学术团体、名人、学者的相关言论、活动、论著,以及相关工作会议、学术会议文件中。对这一理念的有关阐述,最重要的如《中华人民共和国国家通用语言文字法》(2000)及其"说明"、《国家民委关于做好少数民族语言文字管理工作的意见》(2010)、《中华人民共和国民族区域自治法》(2001修正)、《国务院实施〈中华人民共和国民族区域自治法〉若干规定》(2005)、《国家中长期语言文字事业改革和发展规划纲要(2012—2020年)》(以下简称《规划纲要》)、《少数民族事业"十一五"规划》(2007)、时任国务委员刘延东代表中共中央和国务院在"纪念《国家通用语言文字法》颁布10周年座谈会"上所做的重要讲话[①]、《中国语言生活状况报告》等。体现语言国情理念的语言规划实践取得明显实效,主要表现在推广普通话和推行规范汉字成就卓著,截至2012年,全国能用普通话进行交际的比例,已从2000年的53.06%增长至70%以上,全国使用简化汉字的人比2000年的95.25%有所增多,语言现代化、规范化、信息化大大加强,语言文字规范标准建设成果丰硕,已发表的国家级语言规范标准近百项;社会语言生活监测研究不断加强,弱势语言和弱势群体语言受到保护,汉语国际传播发展较快,国民语言能力逐渐提升,国家语言实力明显增强。

---

① 参见《语言文字政策研究》杂志2011年1卷1期(上海)及国家语委编发《语言文字工作简报》(2011)。

(二) 创新语言规划理念，丰富发展语言规划理论、实践

为适应新时期国家发展、社会进步的需要，近些年的中国语言规划，在理念方面有不少创新与发展，主要是"语言和谐论""语言权利论""语言法制论""语言战略论""语言安全论""语言保护论""语言意识论""语言生活论""语言资源论""语言文化论""语言服务论""语言能力论""语言产业论""语言生态论"和"语言多样论"等。这些新的语言规划理念，在《规划纲要》《中国语言生活状况报告》和国家部门的文件及学者们的有关论著中，得到了体现。如《规划纲要》第一章提出：尊重语言文字发展规律，大力推广和规范使用国家通用语言文字，科学保护各民族语言文字，加强语言文字基础建设和管理服务，增强国家语言实力，提高国民语言能力，构建和谐语言生活，服务教育现代化，服务社会主义文化强国建设，推进语言文字事业全面发展。健全完善语言文字法律制度规范，增加法制意识，提高依法行政能力。尊重各民族使用和发展自己的语言文字的自由，树立各民族语言文字都是国家宝贵文化资源的观念，有针对性采取符合实际的保护措施，科学规划各种语言文字的定位和功能，妥善处理语言生活中的新情况新问题，推进语言文字事业全面、协调、可持续发展。第二章提出：增强全社会的语言资源观念和语言保护意识。加强语言资源开发利用，充分挖掘、合理利用语言资源的文化价值和经济价值，探索方言使用和保护的科学途径。促进语言文字规范化标准化信息化建设。加强语言文字法制化建设。开展语言国情调查，建立定期语言普查制度，建立中国语言数据库，绘制多媒体语言地图，发布中国语言国情报告。建立国家语言应急服务和援助机制。促进制定外语语种学习和使用规划。加快国家通用手语和盲文规范化标准化信息化建

设。构建语言文字应用能力测评体系。加强少数民族濒危语言抢救和保护。加强与港澳台地区及海外合作交流,提升中文国际地位,扩大、深化与世界各国和地区的语言文化交流与合作。《中国语言生活状况报告》(以下简称《报告》)中不少文章内容涉及这些新理念。

(三)制定语言发展战略,增强国家语言实力

近些年,中国语言规划主持者和参与者、政府和学界,十分重视语言事业的发展和问题,连续召开、举办相关的工作会议和学术会议,成立专门研究机构,组建专业队伍,设立多项大型研究课题,加紧研究、制定语言发展战略。主要内容包括如下这些方面:

1.大力推广和规范使用国家通用语言文字,科学保护各民族语言文字,保持语言生态平衡,坚持国家语言生活的主体性与多样性,促进语言及语言生活和谐健康发展,为国家、社会持续发展大局服务。

2.密切关注语言关系变化发展,有效协调各种语言关系。主要是国家通用语言文字与少数民族语言文字的关系、普通话与汉语方言的关系、母语与外国语言的关系、民族语言与民族语言的关系、虚拟空间语言与现实自然语言的关系等。

3.重视国家语言安全,增强国家语言实力,提高国民语言能力。语言是一种工具和载体,也是一种武器,是没有硝烟的武器,对国家、社会的安全与发展有极重要的作用。近些年,我国十分重视语言与国家安全、发展问题,主要是提高对语言安全问题的认识,并采取有力措施,增强国家通用语言文字和民族语言的功能、活力,增加外语语种,提高母语、外语水平,培养高水平、强能力的母语、外语人才,加强边界语言研究,提升语言在突发事件中的应

对能力和援助能力。提高残疾人群体和其他弱势群体的语言应用能力等,使语言在国家安全、发展中发挥重要作用。

4. 加强语言法制化建设,完善语言法律法规体系,依法管理社会语言应用和语言文字工作,促进语言及语言生活健康有序发展。

5. 开展语言国情调查,进行社会语言生活监测与跟踪研究;加强语言现代化标准化信息化,制定、贯彻各项语言规范标准,增强语言功能与活力。

6. 借势各种有利条件,推进汉语国际传播,扩大汉语对外交流,增强中华语言文化的国际影响力。

(四) 构建和谐语言生活

这是近期中国语言规划者在国家全面建设和谐社会的背景下提出的语言规划新理念。2006年11月,国家语委主任赵沁平,在国家语委"十一五"科研工作会议上发表题为《加强语言文字应用研究 构建和谐的语言生活》的讲话,提出"构建和谐的语言生活是语言文字工作的目标"①。李宇明在《中国语言生活状况报告(2005)》序《构建健康和谐的语言生活》和《报告(2006)》中的《构建和谐的语言生活》两文中,对"构建和谐语言生活"问题都做了论述。我们认为"和谐语言生活"包括以下具体内容和评估指标:语言地位确定恰当,语言功能正常发挥,语言权利得到保障,弱势语言受到保护,语言规范循序渐进;语言交际顺利畅通,语言问题处理得当,语言关系协调发展,语言生活丰富健康,语言及其应用能够满足国家、民族、社会发展的需求等。

---

① 参见李宇明《构建和谐的语言生活》,载《中国语言生活状况报告(2006)》(上编),商务印书馆,2007。

构建和谐语言生活,应当采取科学辩证、积极谨慎、因势利导、稳步渐进的方针;对待语言关系和语言问题,既重视语言意识形态,又重视语言心理情感,充分考虑其复杂因素,正确把握语言与政治观念、社会历史、文化心理、民族宗教等的关系,妥善化解语言矛盾和语言冲突。

(五)完善语言规划工作机制

19世纪末至20世纪上半期,中国的语言规划没有形成统一的工作机制,语言规划工作由政府部门、社会团体、有识之士分别进行,所以进展缓慢,收效不大。新中国成立后,在文字改革、推广普通话、制定推行汉语拼音、汉语规范化、少数民族语言文字调查规范改革中,逐渐建立了一套语言规划管理体制和工作机制。经过多年工作实践创新和不断改进、修正,现在这套工作机制更加健全和完善,具体是:政府主导,职能机构统筹,相关部门协作,新闻媒体配合,学术团体、企事业单位和专家名人、国民个体参与,社会支持,分工协作,齐抓共管,协调有效[①]。

二 国外语言规划理念与实践的变化发展

近二三十年来,国际社会及观念形态发生了重大而深刻的变化,国外语言规划为了适应这种变化,其理念实践也发生了较大的变化,提出、发展了不少新理念,进行了许多新实践。如国际社会普遍关注的"语言保护""语言权利""语言意识""语言保持""语言认同""语言复兴""语言意识形态""语言管理""语言传播""语言和谐""语言生态平衡""语言多样性""语文现代化""语言信息化"等,

---

① 参见《规划纲要》第四章。

就是国外语言规划理念、实践创新、发展的主要点。下文简述几个热点问题。

(一) 强调语言权利

这是国际社会和语言规划界最为关注和强调的重点。联合国教科文组织、各国政府、相关社团、学术组织召开会议、发表宣言、发出文件,强烈呼吁,要求有力保障人的语言权利,明确指出语言权是人权的重要内容,应当受到法律和政府的保护,受到社会的尊重。国际社会和学术界强调并致力的语言权,主要包括坚持语言平等,禁止语言歧视,保障选择、学习、使用、发展语言的自由,重视、复兴母语,增强母语情感,保护弱势语言和弱势群体语言,增强其语言功能与活力,抢救濒危语言、延缓语言消亡等。

(二) 提倡语言多样化

上世纪前数十年,国际社会和许多国家,在语言规划方面普遍流行"语言纯洁化"的理念与实践,就是十分强调语言的规范化和语言使用的正确性,如法国、加拿大、澳大利亚、苏联等国。具体是大力推行单一主体语言,如法语、英语、俄语等,对其他语言有所歧视和诸多限制,在语言使用上要求遵守规则、正确无误,社会语言生活实行单一语言制。实际上语言及语言生活是变化发展的,经常处于变化变异状态,规范是相对的,"语言纯洁化"无法实现。所以法国、澳大利亚、俄罗斯等国,经历长期实践,其语言规划理念和实践也逐渐发生了变化,从"语言纯洁化"逐渐向"语言多样性"发展,语言生活从一体化向双语、多语发展,语言学习、使用自由,社会通用语言多种并存,官方语言一般不止一种,社会语言生活呈现丰富鲜活的多样性特点。可以说,"语言多样化"是当今国际语言规划中的主旋律,是国外语言规划理念实践的创新,我们应当密切关注这种趋势的发展。

（三）重视语言意识形态

语言及语言生活与政治观念、社会文化等有极为密切的关系，这是一般人所能认识的，所以自古以来，当权者或语言规划主持者，在制定实行语言政策、语言规划时，都很重视这一重要因素。社会语言使用，也会受社会思潮的影响，因此，学者们对这一问题进行了较多的研究与论述。近年来，国外学界将这种现象称为"语言意识形态"，主要指语言使用和语言规划与政治思想形态、社会文化形态的关系，这是语言规划理论的创新与发展。分析研究语言意识形态，在国外已成为学界研究的新热点。中国已经引入并借鉴这一理论新成果，联系本国语言国情，研究语言意识形态问题，期盼取得新进展。

（四）构建语言管理理论①

"语言管理理论"是国外语言规划学界在深入研究、科学总结语言规划实践中提出的一套关于语言规划的理论、方法体系。对其内涵，学界的认识有所差别，但有基本共识，其意为关于制定实施语言政策和语言规划、确定解决语言问题的理论方法体系。"语言管理理论"的构建，是对语言规划理论创新发展的贡献，值得我们认真研究与借鉴。

思考和练习

1. 近些年，国内语言规划理念与实践有哪些主要变化、发展？
2. 近些年，国外语言规划理念与实践有哪些主要变化、发展？

---

① 详见本书第一章第四节二。

主要参考文献

陈昌来主编《应用语言学导论》,商务印书馆,2010。
陈章太《语言规划研究》,商务印书馆,2007。
戴庆厦等《中国少数民族语言文字应用研究》,云南民族出版社,2000。
戴昭铭《规范语言学探索》,上海三联书店,1998。
冯志伟《应用语言学综论》,广东教育出版社,1999。
高天如《中国现代语言计划的理论与实践》,复旦大学出版社,1993。
郭龙生《中国当代语言规划的理论与实践》,广东教育出版社,2008。
国家语言文字工作委员会政策法规室编《国家语言文字政策法规汇编》,语文出版社,1986。
凌远征《新语文建设史话》,河南大学出版社,1995。
全国文字改革会议秘书处编《全国文字改革会议文件汇编》,1955。
全国语言文字工作会议秘书处编《新时期的语言文字工作》,语文出版社,1987。
现代汉语规范问题学术会议秘书处编《现代汉语规范问题学术会议文件汇编》,科学出版社,1956。
许嘉璐《语言文字学及其应用研究》,广东教育出版社,1999。
于根元主编《应用语言学概论》,商务印书馆,2003。
于根元主编《中国现代应用语言学史纲》,中国经济出版社,2005。
语文出版社编《语言文字规范手册》,语文出版社,1997。
周庆生主编《国家、民族与语言——语言政策国别研究》,语文出版社,2003。
周庆生主编《国外语言政策与语言规划进程》,语文出版社,2001。
周有光《汉字改革概论》,文字改革出版社,1979。
周有光《新语文的建设》,语文出版社,1992。

推荐参考文献

〔以〕博纳德·斯波斯基著,张治国译《语言政策——社会语言学中的重要论题》,商务印书馆,2011。
郭熙《中国社会语言学》(第3版),商务印书馆,2013。

黄长著《各国语言手册》,重庆出版社,2000。
徐大明等《当代社会语言学》,中国社会科学出版社,1997。
于根元等《语言哲学对话》,语文出版社,1999。
于根元《语言应用论集》,北京广播学院出版社,1999。
周玉忠、王辉主编《语言规划与语言政策:理论与区别研究》,中国社会科学出版社,2004。
祝畹瑾《社会语言学概论》,湖南教育出版社,1997。

第三章 语言规划与社会文化

语言是在社会中产生发展起来的,为做好语言规划工作,自然要充分考虑与之有着密切联系的社会文化因素。从某种角度上说,语言规划是政治学、经济学、文化学、社会学、教育学、民族学、科学技术等学科的一个不可或缺的部分。判断语言规划是否成功,就要看它是否促进了社会、政治、经济、文化和科学技术等的发展。本章将从语言规划与政治、语言规划与经济、语言规划与文化、语言规划与宗教、语言规划与语言教育、语言规划与科学技术等方面论述它与社会文化的关系。语言规划与语言认同,语言规划与民族关系也是重要的方面,因本书对语言与民族问题有专章论述,这里就不再赘述。

第一节 语言规划与政治

语言规划活动既然离不开政府的干预,那么这种活动自然带有明显的政治性,也可以说它是国家政治生活的一个重要组成部分。随着社会政治观念的发展,人们已经把平等和权利等政治内容引入语言规划活动。下面我们从语言规划的政治特性、语言平等和语言权三个方面进行论述。

一　语言规划的政治特性

语言规划是一种有组织的调整语言文字形式和功能的活动,组织、主导这一活动的往往是政府机构,因此由政府组织的语言规划活动实际上是一种政府行为。既然是政府行为,政治色彩就很明显。语言政策是一个国家政治决策,尤其是教育政策的重要组成部分,语言立法不仅是政治决策的重要组成部分,同时还涉及千家万户的政治生活。语言的地位规划,涉及国家的稳定、民族的团结、社会政治文化、经济的兴衰,其政治特色最为明显。官方语言的选择与推广,尤其是独立后殖民地人民的官方语言的选择,不仅与民主政治的发展有关,也与社会文化和经济的发展有着千丝万缕的关系。有些人也能利用语言的政治特性做文章,例如台湾岛内在"台独"势力执政期间语言政策发生了比较大的变化,这同一些人在政治上闹独立是遥相呼应的。

二　语言平等

据不完全统计,全世界有6000多种语言。由于这些语言的使用人口千差万别,其社会功能也很不一样,因此这些语言的声望也不一样。这样就造成了语言使用的不平等现象。许多少数群体使用的语言,不仅与国际通用语言无缘,与国家的官方语言或正式语言无缘,甚至不能成为区域性通行语言。即使是联合国的工作语言,也存在着事实上的不平等。联合国的文件大量是英语的,英语在世界上已经占有独尊的地位。国际交流中语言不平等现象19世纪末期人们早已觉察到了。为了解决国际交流中语言不平等的问题,促进世界各国人民之间的了解和友谊,波兰眼科医生柴门霍夫于1887年在印欧语的基础上创造出一种国际人工语言——世界语。世界语由于是人造的,又由于是在印欧语的基础上造出来的,所以对于母语不是印欧语的人,学习和使用起来不那么方便,因此世界语虽然推行100多年了,但使用人数还不是很多。但由于人们对国际通用语言的需求和对语言平等的渴望,许多国际文化人士仍然热心这项追求人类平等的文化事业。世界语国际会议已经开了将近90届。第89届国际世界语大会已于2004年7月24—31日在北京举行。此次会议的主题是"国际关系中的语言平等"。

新中国政府一贯重视语言平等,这主要是由于政府重视民族平等。中国的一系列法律,如《中华人民共和国宪法》《中华人民共和国民族区域自治法》《中华人民共和国国家通用语言文字法》等法律文件,都对中国公民的民族平等和语言平等做了明确的规定,并且采取了一系列的措施来保证民族平等和语言平等政策的实施。

三 语言权

"语言权"和"语言权利"是有关联又有所区别的两个概念。"语言权"常被认为是人权的重要组成部分,是专指概念,"语言权利"是一般概念;在语言使用中,两个词常常混用,"语言权"常称为"语言权利"。英语统称为Language rights。近期有些学者和语言政策制定者、语言立法者把语言权看作人权的一个重要组成部分并对其进行研究,已经引起国际社会的重视。国际上已经开过多次有关语言权的专题学术讨论会,香港理工大学1996年也曾经举办过一次有关语言权的国际学术讨论会。语言与法律国际学会

(International Academy of Linguistic Law)在世界各国举办了12届法律与语言国际会议,语言权经常是讨论会的一个热点问题。我国于2002年在北京召开了首届语言与法律学术研讨会,中国语言权的问题,也开始受到学术界的关注。2004年第九届法律与语言国际会议在北京召开,语言权问题仍然是会议讨论的重点。这为国际社会进一步了解中国的语言权保护的进展提供了良好的机会。

(一)什么是语言权

由于语言权的概念来自于处理族群关系与国际关系中因语言问题而产生的不和谐现象,对它的含义有不同的理解。加拿大国家双语和双元文化委员会给语言权下的定义是:"语言权不只是指公民可用他们自己的语言和别人沟通。语言权是英语人或法语人依法律所定或习惯所有,可用其母语与官方接触。它是法律有明确保障使用一种特殊语言的权利,其范围包括公共事务、国会和立法程序、日常与政府的接触、司法程序和公立学校制度。它也可包括某些私人活动。"[1]

根据"语言教师国际协会"(Fédération Interationale des Professeurs des Langues Vivantes)草拟的"基本语言权普遍章程"(A universal Charter of basic human language rights),语言权主要包括以下九项内容:(1)所有人都有学习自己母语的权利;(2)所有人都有学习国家规定作为正式教育语言的官方语言(至少一种)的权利;(3)为消除文盲或克服语言残障任何人都有权得到特殊援助;

---

[1] *Commissioner of Official Language*, Annual Report 1992(Ottawa: Minister of Supply and Survices,1993)P48.

(4)所有人都有学习自己选择的语言的权利;(5)所有人都有用任何语言自由表达的权利;(6)所有年青人都有被教本人或家庭成员最容易理解的语言的权利;(7)所有人都有被教所在国官方语言(至少一种)的权利;(8)为了提高社会、文化、教育和知识水平,促进不同国家间和不同文化间的相互理解,所有人都有被教至少一种外国语言的权利;(9)使用语言的权利,说、读、写一种语言,学习、教授或接触某种语言的权利不可受到有意压制或禁止。可以说,以上九项内容已经相当全面地概括了社会中每一个人在语言使用方面的基本权利。在语言方面,它包括母语、官方语言、外语、聋哑语言及其他语言;在权利方面,既有个人自身拥有的权利,也有社会和政府必须给予的权利。

我们认为,语言权指人们所具有的学习和使用语言文字的权利,是人权的组成部分。保护公民的语言权对于保障人权具有重要意义。一般而言,语言权可以分为个体语言权(individual linguistic human rights)和群体语言权(group linguistic human rights, collective linguistic human rights)。语言权的早期历史主要关注少数群体的语言权,近阶段语言权的研究范围已经逐渐从少数人群扩大到一般人群,也就是由群体语言权的研究发展到个体语言权的研究。语言权主要应该包括语言的学习权、使用权和传播权。语言的学习权是受教育权的一个重要组成部分;语言使用权和传播权涉及话语权、言论自由权、文化权和生存权、发展权等内容。在语言接触越来越频繁的今天,人们不仅有接受母语和所在国官方语言的教育权,还有接受外来语的教育权。在信息全球化的时代,能否适应环境正确使用语言不仅关系到人们是否具有足够的生存能力,是否真正能做到自由表达自己的思想,是否享有现代人所具有的丰富的文化生活,还关系到人们是否能够全面地发展自己的聪明才智,成为真正意义上的现代人。因此,学习和使用在社会交际中运用最广泛的语言,便成为人们最基本的语言权。负责任的政府,应该充分保证广大人民群众学习和使用官方语言或国家通用语言的权利,只有这样,才有可能使人们获悉各种必要的社会文化信息,才有可能保证人民拥有当家做主的权利,才有可能真正保证人民广泛享受各种人权。当然,对于少数语言群体,还应该充分尊重他们从小学会的母语,因为这对于尊重他们的语言习惯和语言权利,保留和发展少数群体语言,保留和发展该语言所负载的文化具有重要的意义。保护公民的语言权对于保障人权,加强人权理论建设具有重要意义。

(二)学习使用国家通用语言文字的权利
　　　　是我国公民最基本的语言权

中国的语言复杂,方言众多,在漫长的封建社会里,广大的人民大众无法充分享受语言的学习权、使用权和传播权。尤其是在书面语言与口头语言长期脱离的时代,书面语言的学习、使用和传播成为少数人的特权。而口头语言长期以来也没有形成一种全国通用的语言。20世纪初,许多有识之士为了提高中国广大人民群众的教育文化水平而发起了国语统一运动,此后才逐渐形成全国通用的语言普通话。新中国成立以后,政府把推广普通话作为一项重要的工作来抓。1982年《中华人民共和国宪法》把"国家推广全国通用的普通话"写进宪法第十九条。2000年10月31日第九届全国人民代表大会常务委员会第18次会议通过,2001年1月1日起实施的《中华人民共和国国家通用语言文字法》明确确定普通话为国家通用语言,规范汉字为国家通用文字。第四条规定:"公民有学习和使用国家通用语言文字的权利。国家为公民学习和使用国家通用语言文字提供条件。"如今,普通话已经成为我们国家各类各级学校的教学语言,各种媒体的主要传播语言。广大人民群众可以通过普通话学习文化科学知识,了解国际大事和国家大事,参与各种社会活动,进行各种社会文化交流,因此,他们不仅充分享受了语言权,还同时广泛享受到其他有关的各种权利。学习使用国家通用语言文字的权利是我国公民的最基本也是最重要的语言权,也是最基本的人权。没有这一基本的语言权,其他许多人权就很难有充分的保证。对于地处偏僻,经济不发达地区的群体,国家保证他们的这一基本语言权更为重要。从这个意义上说,国家通用语言文字法的颁布和实施意义重大,它不仅为保证公民充分享受语言权奠定了法律基础,而且必将为我国的人权建设做出贡献。

(三) 我国法律充分保证少数民族的语言权

少数群体语言权的保护,是联合国长期关注的问题。我国政府长期以来重视少数民族的语言权保护,我国宪法为了保护少数民族的语言权第四条第四款规定:

"各民族都有使用和发展自己的语言文字的自由,都有保持或者改革自己的风俗习惯的自由。"

第一百三十四条规定:

"各民族公民都有使用本民族语言文字进行诉讼的权利。人民法院和人民检察院对于不通晓当地通用的语言文字的诉讼参与人,应当为他们翻译。

在少数民族聚居或者多民族共同居住的地区,应当用当地通用的语言进行审理;起诉书、判决书、布告和其他文书应当根据实际需要使用当地通用的一种或者几种文字。"

《中华人民共和国教育法》第十二条规定：

"汉语言文字为学校及其他教育机构的基本教学语言文字。少数民族学生为主的学校及其他教育机构，可以使用本民族或者当地通用的语言文字进行教学。"

少数民族语言文字在各级政府、立法机关和法院中都广泛地使用。全国人民代表大会使用的少数民族语言文字有：蒙古语文、藏语文、维吾尔语文、哈萨克语文、彝语文、朝鲜语文和壮语文。中央人民广播电台除普通话播音外，每天还使用蒙古语、藏语、维吾尔语、哈萨克语和朝鲜语等5种少数民族语言播音2个小时。各民族地区还有专门使用少数民族语言播音的广播电台，农村有线广播也有使用少数民族语言播音的。少数民族地区的电视台有普通话节目，也有少数民族语言的节目，内蒙古、西藏、青海、新疆、延边等地有不少电视台使用双语。新中国成立后，政府帮助没有文字的少数民族创制新文字，并支持他们推广新文字。为壮族、布依族、苗族、彝族、纳西族、黎族、傈僳族、哈尼族、佤族、侗族等10个民族创制了14种新文字，其中苗族就有4种新文字方案，哈尼族有2种方案。并且出版了大量的少数民族文字的图书、杂志、报纸。就报纸而言，以日报形式出版的报纸就有：蒙古文、藏文、维吾尔文、哈萨克文、朝鲜文和四川规范彝文；以周报或周报形式出版的报纸有：蒙古文、藏文、维吾尔文、哈萨克文、朝鲜文、西双版纳傣文、德宏傣文、柯尔克孜文、锡伯文、壮文、景颇文、载瓦文、傈僳文、苗文；以月报、季报或不定期形式出版的报纸有：蒙古文、哈萨克文、拉祜文、傈僳文、纳西文、土文等。蒙古文、藏文、维吾尔文、哈萨克文、柯尔克孜文、朝鲜文、彝文和壮文等少数民族语文已经实现信息化。

我国政府长期重视少数民族语言权的保护,这可以以保护藏语文的情况为例。政府在西藏推广国家通用语言文字的同时,尤其重视藏语文的学习、使用和发展。过去只有占人口极少数的僧侣农奴主及其子女能够学习和使用藏语文,95%的老百姓是文盲。一般老百姓不仅没有学习使用国家通用语言文字的语言权,自己母语的语言权也没有得到保证。在中央政府和西藏地方政府的高度重视和有效保护下,藏语文得到了广泛的学习、使用和发展。西藏自治区政府根据国家法律先后于1987年和1988年颁布实施了《西藏自治区学习、使用和发展藏语文的若干规定》《西藏自治区学习、使用和发展藏语文的若干规定的实施细则》,这为藏语文的学习、使用和发展提供了可靠的法律保障。自治区政府1988年还成立了西藏自治区藏语文工作指导委员会,加强了编译机构和编译队伍的建设。1989年起,西藏大学连续招收初中藏语授课师资班,到2000年8月止,已培养1438名初中藏语文授课老师和313名从事藏语文翻译、研究工作的专门人才。西藏人民广播电台每天广播41小时,藏语播出时间20.5小时。西藏电视台每日播出藏语节目12小时,正式出版发行的藏文报纸杂志20多种。藏语文不仅在教育、政府各部门、新闻出版、科技、信息行业和文化系统等领域得到广泛的学习和使用,其规范化、标准化工作也取得了重大的进展。信息交换用藏文编码字符集、键盘和字形等标准,1996年底成为我国少数民族文字的第一个标准,1997年成为国际标准。藏语文的发展繁荣不仅使广大藏族群众的语言权得到很好的保护,同时还为保护历史悠久的光辉灿烂的藏族文化、促进藏文化的发展做出了重大的贡献。

《2012年中国人权事业的进展》白皮书显示,目前我国建立了5个少数民族文化生态保护实验区,18个少数民族语言项目入选联合国"人类非物质文化遗产代表作名录"和"急需保护的非物质文化遗产名录"。到2012年5月,民族自治地方有广播电台73座,节目441套,民族语节目105个;电视台90座,节目489套,民族语节目100个。中央人民广播电台和地方广播电台每天用21种少数民族语言播音。全国共有1万多所学校使用21个民族的29种文字开展双语教学,在校生达600多万人。2011年编译出版的民族语言教材达3665种,总印数达4703万册。

在少数民族地区,我国普遍实行双语教育制度,少数民族不仅有学习使用国家通用语言文字的权利,也有学习和使用本民族语言文字的权利,丰富多样的语言生活将使少数民族享受祖国大家庭更多的文化资源和当家做主的权利。

(四)我国法律重视保护方言区的语言权

母语的学习、使用和传播是语言权的一个最为重要的部分。可以说,语言权概念产生和发展的历史主要是围绕着这个问题产生的。如上所述,我国少数民族的母语的语言权问题在法律上是有保障的。我国广大人口从小学会的是汉语方言。作为母语的方言,在社会生活中有其特殊的作用。我们国家在推广通用语言的同时,也尊重人们在一定的场合使用从小就学会的方言的习惯。中国国际广播电台有闽南话、潮州话、客家话、广东话等4种方言的播音。全国各地广播电台在国内广播中使用的汉语方言有:闽南话、潮州话、客家话、广东话、福州话、雷州话、白话、柳州话、海南话、儋州话等汉语方言。《中华人民共和国国家通用语言文字法》在方言的使用方面充分考虑到这个问题,其中第十六条专门对方言使用做出规定。国务院副总理刘延东在"纪念《国家通用语言文字法》颁布10周年纪念"座谈会上发表重要讲话指出:"方言也有其社会价值和文化价值,它为方言区人们服务,传承中华文化和地方文化,丰富、发展了普通话。……方言是客观存在的,有其自身的产生发展规律和使用价值,并将在一定领域和特定地区内长期存在。"这说明我国法律和政策是重视保护方言区人们的语言权的。我国政府重视方言的调查研究工作,新中国成立后不久就在全国进行过语言普查,这项工作的一大部分是方言普查。方言的调查研究为方言区群众学习普通话起到了很好的作用。方言与地域文化也有着紧密的联系,保护方言对于保护地域文化,尤其是地方文艺(例如地方剧种)是有重要意义的。

(五)我国政府重视保护盲聋哑人的语言权

语言权中的语言应该包括符号语言(主要是指供聋哑人使用的符号语言)。美国的许多大学已经开始把符号语言作为聋哑文化进行研究,并作为外语必修课。许多州通过法律规定,符号语言作为高中生的外语必修课。1988年,欧盟注意到成员国中50万聋哑人的第一语言不是该国的主体语言,而是该国的符号语言,于是承认12个成员国的符号语言为合法语言。符号语言已经逐渐成为国际场合广泛使用的重要语言。聋哑人是社会中的弱势群体,他们的语言权应该得到应有的保护。新中国十分重视盲聋哑教育,为盲人创制了盲字,为聋哑人创制了汉语手指字母方案。我国1952年秋就开始推行新盲字,1954—1959年间,进行了聋哑语教学法改革。1958年汉语拼音方案公布以后,聋哑学校使用汉语拼音作为正音工具,当时的中国聋哑人福利会设立了聋哑人手语改革委员会,一方面整理手势语,另一方面拟定汉语手指字母草案,从1959年起试行。1963年底,汉语手指字母方案由内务部、教育部和中国文字改革委员会公布推行。盲文和聋哑语教育在各种盲人学校和聋哑学校中取得了很大的成绩。为改进、完善原有盲文、手语的缺陷,方便盲人、聋人群体的交际,2012年我国成立专门课题组,加紧研究、制订国家通用盲文和国家通用手语,研制工作进展顺利。不少电视台为聋哑人开设用手语录制的电视节目。随着我国社会文化经济的发展,我国盲聋哑人的语言权将会得到更有效的保障。

(六)我国语言权的立法与实施工作将会不断得到发展和完善

当然,在我国法律日益完善的时代,语言权与立法方面的问题还有待进一步完善。在少数民族地区,我们充分注意到少数民族群体的少数民族语言权的保护和立法工作,但对国家通用语言文字和其他语言的语言权还有待进一步完善。在教育中,尤其是在义务教育阶段怎样保证公民享受必要的语言学习权应该引起高度重视。如何保证不同方言区的公民同样享有学习好国家通用语言文字的权利,如何保证经济不发达地区的公民同样享有学好必要的外语知识的权利,这些语言权问题,都是需要认真研究并加以解决的。怎样保证聋哑人的语言权,比如他们的学习权和使用权等,也应该通过立法的途径加以解决。语言权的立法与全面实施是需要一定的社会经济文化基础和比较雄厚的物质条件的。随着我国改革开放力度的加强,经济实力的不断提高,我国语言权的立法与实施工作一定可以不断取得进步。

思考和练习

1. 试论述语言规划的政治特性。
2. 请论述当前我国语言权状况。

第二节 语言规划与经济

考虑语言的经济特点,是语言规划工作必不可少的一环。随着信息和经济全球化步伐的加快,信息和经济在社会中越来越显示出重要性。作为信息载体的语言,其经济作用也越来越明显。语言不仅在出版行业中产生经济效益,也在电子产品行业、音像产品行业中产生经济效益。语言在贸易中(尤其是在对外贸易中),在科学技术和文化交流中,在旅游业中,在语言教育等活动中都直接与经济活动相关,特别是标准语、通用语与市场经济的关系更为密切。翻译是一个直接与语言劳务联系在一起的职业。根据《光明日报》2003年7月9日一篇题为《翻译市场亟待规范》的文章披露,我国到2003年7月为止已经有以专业翻译注册的各类翻译企业3000多家。据估计,以咨询公司、打印社名义注册而实际上承揽翻译业务的单位有数万家。随着信息全球化的进程,翻译逐渐发展成为全世界最热门的产业之一。2012年底,中国翻译协会正式对外发布《中国语言服务业发展报告2012》,《报告》显示,随着对外开放水平的提高和国际化程度的加深,我国语言翻译行业得到了迅猛发展,截至2011年12月31日,我国语言服务业专职从业人员达119万,其中译员占53.8%,约为64万人。市场规模达1576亿元,与2010年相比增长了26%。《报告》还根据我国现在所处的国际环境和翻译行业自身的发展趋势预测，我国翻译产业将在2011—2015年期间以年均15%的速度增长。到2015年，翻译机构的年产值将超过2600亿元，专职从业人员将达200万，企业数量有望突破6万。未来几年内，我国的翻译市场需求巨大，下面我们从语言的经济价值、语言与经济发展和语言规划与经济效益等角度进行论述。

一　语言的经济价值

语言的经济价值主要是由该语言的社会文化功能和使用该语言所产生的经济效益所决定的。语言功能这里主要指该语言在社会中所能发挥的作用。一般说，使用人口越多的语言，它在社会中发挥的功能就越大，经济价值自然也越高。反之，使用的人口不多，它在社会中发挥的功能就较小，经济价值自然也就较小。从这个意义上说，通用范围广的语言经济价值比通用范围窄的高。使用人口只是社会功能的一个重要的部分，但不是唯一的部分。决定语言经济价值的社会文化功能还由该语言所承载的现代化信息价值决定。英语使用人口比汉语少，但国际上许多重要场合现代化信息的传递都由英语来完成，英语所承载的现代化信息价值，尤其是重要科技信息的价值比世界上任何一种语言都要丰富，因此它的经济价值当然也比汉语高。不过，这种状况不是固定不变的，是随着使用该语言的国家或地区的经济实力和科技水平而变化的。

决定语言的经济价值除了语言的现代化信息价值外，语言的文化价值和语言的产业价值也是两个重要因素。语言的现代化信息价值是决定一种语言使用人口消长的最重要的因素，语言的文化价值则是语言保护的重要依据。处于消亡边缘的语言,政府应该不惜代价,如同保护文物或者保护物种那样去抢救它们,因为这些即将消失的语言具有很高的传统文化或地域文化价值。中国改革开放以来,各种形式的语言产业发展起来。不同的语言于是显示出不同的产业价值。

二 语言与经济发展

语言是一种资源,它的使用与一个国家或地区的经济发展有一定的联系。当今世界特别注意发展问题的研究,研究的内容主要是关注国家或地区的社会政治、经济教育和文化等方面的发展。我国国务院还专门设立了一个发展研究机构,叫国务院发展研究中心。该中心研究的问题主要是与国计民生关系重大的带有全局性的经济等重要问题,可惜的是语言与经济发展的关系还没有列入这个发展研究中心的研究范围。语言既然有经济价值,它的使用自然与使用该语言的社会的经济发展有着密切的关系。一般说,哪个地区人们的语言文字使用水平比较高,人与人之间的沟通自然就比较顺畅,该地区的经济发展基础自然要相对比较好;反之,哪个地区的人们语言文字的使用水平比较低,人与人之间沟通的障碍自然就比较多,该地区的经济发展自然会直接或间接受到阻碍。当然经济的发展也有助于一个地区语言文字使用水平的提高,因为有关部门如果能够拿出一定的经费,无论是提高人们的语言文字能力和使用水平,还是创造好的语言文字使用环境,都是有物质保障的,因而是可以实现的。我国当前区域发展存在着地区差距,这种差距在相当长的时间里还将继续存在。城市与农村之间,沿海与内地之间,东部与西部之间都存在着差别。这些差别自然也包含着语言文字使用上的差别。发展经济相对落后地区的语言文字事业,对于推进该地区的政治、文化、经济等的发展无疑将会起到重要作用。在信息革命和数字化信息时代,知识经济成为经济发展的新动力,而以语言文字为媒介的互联网的发展与应用在经济发展中的作用也显得越来越重要,它对区域经济的发展有缩小区域发展差距的作用,但由于不同地区利用互联网的技术存在很大的差别,网络经济使区域的经济发展同时也面临更大的挑战。有些地区还可能会因此使差别进一步扩大。这些因素都是在制定相关语言政策或措施时应该加以认真考虑的。语言的经济价值会随着经济的发展变化而产生变化。英语国家的经济目前实力比较强大,因此英语的经济价值在世界各地也普遍比较高。随着世界经济格局的变化,中国加入世界贸易组织后,经济必然会有比较大的发展;随着中国经济的发展和社会的不断进步,汉语在国际上的传播途径也一定会越来越多,汉语的经济价值也一定会不断提高。

三 语言规划与经济效益

既然语言是有经济价值的,语言与经济发展有密切的联系,语言规划工作就应该考虑到经济效益问题。语言教育和语言学习都是一项需要资金投入的经济活动,语言规划工作者如果不考虑社会效益和经济效益,就很可能会造成各种浪费,尤其是人力资源的浪费。英语热就引起了人们这方面的思考。有一次大学生英语四、六级考试,全国共有 415 万考生参加。有一位全国政协委员、工程院院士因此对我国现行英语教育体制提出了质疑。他认为:"从目前的实际情况看,现行英语教育效果与其投入是不相称的,它对科技、社科人文等其他教育体系,尤其是人才的培养和选拔等众多方面的负面影响,已经凸显。"①如果我们细算经济账,英语教育在我国目前的投入肯定超过任何一种外语,甚至很可能超过母语教育的投入。当然,这种投入包括政府的投入和个人的投入。语言规划关注外语教育的经济效益可以从两方面入手,一是提高外语教育的效果,二是考虑各种外语语种人才的合理需求。语言文字的改革是一项牵涉千家万户和社会方方面面的语言规划活动。这是一项需要大量资金的社会活动。语言文字需要改革的原因往往与社会发展和经济发展有关,尤其是与语言文字的经济价值有关,但是人们进行一项语言文字的改革,很少去算一笔详细的经济账,把改革后与改革前的经济效益与改革过程中花费的资金进行一下比较,也就是进行经济学家所说的成本效益分析。如果有人这样做了,拿出论证结果,一定有助于提高人们对语言文字改革必要性和可行性的认识。如果经济效益明显,一定会得到社会的支持,改革的成功率就比较高;如果经济效益很差,社会对该项改革的兴趣自然就会减少,改革的成功率就比较低。

近几年来,语言规划与经济效益的研究吸引了语言学家和经济学家们的关注,一门研究语言与经济的新学科——语言经济学已经开始形成。语言经济学可以通过探讨经济变量和语言变量之间的关系,对语言政策的效果提供一定的评价依据。语言政策的制定和运用对经济活动的影响及其相互之间的关系,应该认真地进行研究。研究应该包括:1.在现有的经济环境下,应当如何选择语言政策并使之符合或促进经济的发展;2.在国际交流日益频繁

---

① 引自《英语不应成为人才标准》,《新民晚报》2004年3月11日第14版。

的大环境下,我们如何选择外语政策,使之服务于本国的经济发展;3.研究一个国家和民族或地区的各种方言与当地经济活动的相互关系及其演变规律,各种方言的产生、发展和演变,各种方言之间的相互融通、替代和消亡,各种语言的融合交流对各自经济活动的影响及其之间的关系。为推动语言经济学的学科建设和服务于国家的语言经济战略,在原来山东大学经济研究院的语言经济研究所(组建于2004年)基础上、整合学校相关院系力量,山东大学2011年12月26日成立了语言经济研究中心。该中心除研究语言与经济的一些基本理论外,研究的范围还包括汉语国际推广的经济学分析,汉字信息自动化,少数民族语言、双语教学及其绩效评估,语言产业对经济的贡献及其测度,国家语言经济战略等。该中心还举办了多次"中国语言经济学论坛",在我国学术界,尤其是语言规划研究领域产生了较大影响。

思考和练习

1. 语言的经济价值是什么?请举例说明。
2. 语言与经济发展存在着何种关系?请举例加以论述。
3. 语言规划怎样才能做到有经济效益?请从正反两个方面举例说明。

第三节 语言规划与文化

语言是人类在长期的社会实践中创造的文化产品。它反映了使用该语言的言语社团的特征,是民族或种族的标志之一。语言结构决定文化结构,语言决定世界观的说法虽然过分,但如果说,使用哪一种语言文字就一定会对该文化类型的形成产生重要的影响,反之,该语言文字所负载的文化类型也必然会对语言文字的使用产生制约作用,我们认为这种立论是可以成立的。汉语言文字对于中国文化的形成,英语对于使用英语的国家或地区文化的形成,当然是起了重大作用的。不论是中国人还是外国人,能熟练使用汉语汉字的,一定会受到中国文化的熏陶;不论是讲英语的国家或地区还是讲其他语言的国家或地区,只要是能熟练使用英语的人,一定会受到英国文化和其他英语国家文化的影响。语言不是个人现象,在使用语言文字过程中个人的偏好与选择是与文化心理和群体意识联系在一起的。下面我们从语言规划与文化心理、语言规划与文化类型、语言规划与文化建设、文化和谐论与语言发展战略四个方面对语言规划与文化的关系进行论述。

一 语言规划与文化心理

语言规划是对语言形式和功能进行调整的一种有组织的人为干预活动。这种干预活动一般是在一定的文化背景下进行的,因此也可以说,语言规划是一种带有明显群体意识的文化活动。语言政策是语言规划的重要组成部分,它集中体现了制定和实施语言政策的政治群体的语言观。语言形式和功能的评价是语言规划工作的一项重要内容。只有对语言形式和功能进行比较合乎实际的评价,规划工作才有可能建立在相对坚实的基础上,语言的形式和功能才有可能得到改进和完善。人们对某种语言形式和功能的调整和改善,是建立在这样的一种评价基础上的:该种语言的形式存在着某些不足,不能适应社会交际的需要,其社会功能不能得到充分的发挥。从这个意义上说,语言形式和功能的评价,与评价者本身的审美标准、价值取向、功利观等文化心态是紧密联系在一起的。因此可以说,评价虽然建立在一定的客观基础上,但同时也带有相当程度的主观性。不同时代、不同地域、不同人群对同一语言形式和该语言形式的社会功能必然会产生不同的评价。

语言规划是一种前瞻性很强的工作,它应该代表大多数人的长远利益,反映大多数人的愿望。从这个意义上说,语言规划不仅是一种带有明显群体意识的文化活动,还是一种积极性的文化建设。强制性的语言规划和殖民化的语言政策代表的是少数人的愿望和利益,它要建构的是一种脱离现实的或反现实的文化类型,但在一定的历史条件下,它也可以获得成功。

语文革新运动是语言规划活动中最有社会影响的一种,它集中反映了社会各阶层对语言形式与功能的评价。语文革新运动实质上是文化革新运动。我国"五四"时期的白话文运动,20世纪30年代的大众语论争,1949年以后的文字改革(指简化汉字、推广普通话、制定和推行汉语拼音方案)都是紧紧围绕着新文化建设进行的,都是20世纪我国文化建设的一个重要方面。从20世纪初到20世纪末,人们的文化观念经历了历史性的变化,语言观也发生了同样的变化。随着人们思想观念和文化观念的成熟,人们的语言观也随之逐渐走向成熟。20世纪语言规划的实践告诉我们,要搞好语言规划和文化建设,要更好地发挥语言文字的社会功能,繁荣发展中华民族的文化,有两个重要问题需要解决:一是要把中国的文化建设成为何种类型的文化,是西方型的文化还是东方型的文化,是传统型的文化还是现代型的文化,是封闭型的文化还是开放型的文化;二是要处理好不同文化之间交融时的关系,主要是要处理好主体文化和地域文化的关系,现代文化和传统文化的关系,中国文化和外国文化的关系。

二　语言规划与文化类型

语言规划活动必然受制于被规划的语言所属的语言社团的文化类型。调整和完善语言文字的形式和功能如果与该文化类型的功能相吻合,则容易得到社会的支持;反之则容易引起社会不满甚至抵制。文化类型对语言规划的这种制约作用是应该充分考虑的。文化功能的调整和完善是社会各界共同关注的问题,是政治家、思想家、社会学家、文化人类学家、文学家、语言学家等人文学者尤其关注的问题。文化类型的定位和转换都直接影响到语言规划,尤其是语言政策的制定与实施。

语言地位规划,是调整语言功能的一个重要工作。语言的地位规划和语言功能的调整受制于使用该语言的文化背景,甚至可以说,文化类型对一个国家的官方语言或共同语的选择以及地位起着决定性的作用。一般讲,多元文化的国家如果没有一种起支配作用的文化,那么共同语一般也是多种的;文化相对单一的国家其官方语言或共同语一般只有一种;殖民地文化的国家或地区其官方语言或共同语则往往带有浓厚的殖民地色彩。

语言形式的调整与完善,是语言本体规划的主要方面。制定有关的语言文字规范和标准,并利用一定的手段加以实施,是实现这一工作目标的重要途径。在制定和实施过程中,文化类型都起着重要的制约作用。在制定语言文字的规范和标准时,制定者头脑中首先要有比较明确的概念,什么是规范,什么是标准,并且对被规划对象要进行一番调查研究,判断哪些语言形式是符合规范和标准的,哪些语言形式是不符合语言规范和标准的,哪些语言形式是属于中间状态的,然后修正自己的规范和标准,最后付诸实施。由于这项工作是政府行为或群体行为,所以起制约作用的不是一般的个人文化心理现象,而是群体文化心理在起主要作用,或者说文化类型在起主要作用。

文化是在不断发展变化的,旧的成分需要扬弃,新的成分需要吸取,因此文化的类型不是固定不变的。我国20世纪初面临着文化的转型,因此在文化类型的定位上发生了激烈的论争。语言文字的改进自然成为这场论争的焦点之一。新文化运动对语言文字的使用提出了新的要求,语言文字的革新因此也成为新文化建设的一个重要组成部分。后来一个时期的文化建设继承了新文化运动的传统,因此语言文字的革新仍然持续进行。1949年以后,两岸的文化建设方向出现了一些差异,因此也导致了语言文字使用的差异,需要进行交流与协调。

文化的融合是语言融合的催化剂。世界多元文化格局的形成,必将为语言文字使用的多样化提供良好的环境。但是目前世界大多数语言文字的使用面临着不平等的挑战,由于信息化社会对语言文字使用的效率提出了更高的要求,因此语言的融合正在朝着单一化或者说单极化的方向发展,语言的"霸权主义"正支配着整个世界。一些弱小民族的语言正在面临着消亡,其结果是导致讲这种语言的文化最后逐渐走向消亡。

中国的文化建设必然朝着多元文化的方向发展。中华文明是多民族文化的结晶。21世纪的中国文化,不仅要进一步继承传统文化中优秀的部分,还要进一步把各民族、各地区创造出来的优秀文化融合进来,同时还应该进一步吸收外国文化中有益的成分,从而形成具有中国自己民族特色的文化。因此可以说,21世纪的中国文化不可能是西方型的文化,也不会是简单的纯粹的东方型文化,应该是一种吸收多种文化精华的具有中国自己民族特色的开放型文化。中国21世纪的语言规划应该适应文化建设的需要,进一步调整、改善语言的形式和功能,让普通话充分发挥全国通用语言的作用,让世界上更多的人学会它,成为国际上通用的重要语言之一。

三 语言规划与文化建设

要搞好语言规划和文化建设,必须处理好以下三个重要关系:现代文化与传统文化的关系;主体文化与地域文化的关系;本国文化与他国文化的关系。

(一)现代文化与传统文化的关系

现代文化与传统文化的关系,是本世纪以来人们争论最多的一个领域。我们认为,现代文化是从传统文化发展而来的,两者有着紧密的联系,我们不赞成把这两种文化完全割裂开来,或者是把它们完全对立起来。处理好这两者的关系,才能做好语言规划工作,避免一刀切。文言文和白话文,繁体字和简化字,都属于一个语言文字体系,都是中国文化的重要组成部分。20世纪以前这些语言文字形式都早已存在,只不过是它们在社会中的使用范围和社会功能发生变化罢了。现代社会主张写文章口语化,并不等于在任何场合不可以写文言文。推行简化字,绝不意味着消灭繁体字。有人担心,推行简化字,就意味着要消灭繁体字,消灭中国悠久的传统文化。我们认为这种担心是没有必要的,也是没有根据的。繁体字在海外,仍然被广泛地使用,在内地,也将在相当长的一段时间里在一些领域一些场合继续使用,发挥它的独特的社会文化功能,起着简化字无法起到的作用。当然,贬低简化字,过分强调繁体字的作用也是不恰当的。简化字是20世纪中国新文化建设的产物,它对于普及教育,提高广大汉字学习者的学习效率,起到了重要的作用。简化字的法定地位是不可动摇的。许多简化字历史上早就有了,学习和使用简化字并不影响人们继承和发扬优秀的传统文化。对此,国家语言法律和语言政策已有明确规定,也为语言规划实践所证明。

(二)主体文化与地域文化的关系

主体文化与地域文化的关系,是一种相辅相成、相互转化的关系。普通话与方言的关系,从某种意义上说是主体文化与地域文化的关系。现在的有些地域文化,在历史上曾经是主体文化;现在的主体文化,在历史上曾经是地域文化。过去曾经是古汉语标准语的成分,现在保留在方言里,成了方言;现在标准语的不少成分,过去却是方言。这两方面的例子多得不可胜举。从这个意义上说,这两者是共存共荣的关系。当然,它们之间的关系还有上下、主次之分。想通过限制、消灭地域文化来达到加强主体文化的办法是行不通,也是不可能的。因此,担心推广普通话会消灭方言,会消灭地方文化也是没有根据没有必要的。台湾就是明显的例子,国民党当政时期在推广国语时,曾经采取了强制措施压抑方言,其结果是在民众中产生了一定逆反心理,以致20世纪90年代以后台湾方言的使用有反弹的趋势。

(三)本国文化与他国文化的关系

本国文化与他国文化,是一种平等和相互学习、借鉴的关系。首先应该承认文化是没有优劣之分的,世界上不同的文化都各自有自己的社会功能。欧洲文化中心主义或者是西方文化中心主义都是一种文化霸权主义。美国社会语言学家费什曼认为,语文现代化实质上是语文的西方化。我们认为这就是西方文化中心主义,是不能赞同的。西方的语言,尤其是英语,由于历史和政治的原因,在世界上已经得到传播,起到了国际通用语的作用。但是这不等于说,世界上所有的国家和地区的语文,都要以英语为主。在正式的外交场合,保护本国语言的使用,就是保护本国的文化,维护本国的尊严。联合国的工作语言都是国际上通用范围较广的语言,都应该得到广泛应用,而不应该只是大量使用其中的一种或者是几种语言。在一定程度上保持本国民族语言的规范性,防止外来语的污染,是语言规划工作者应该关注的重要问题之一。

四 文化和谐论与语言发展战略

文化和谐论的核心是在多元共存的前提下和谐发展,功能互补观是和谐发展的重要思想基础。传统文化与现代文化,异域文化与本土文化,雅文化与俗文化,主体文化与地域文化都存在着功能互补的关系。具有不同功能的各种文化各就各位,不错位、不越位是和谐发展的前提条件。文化功能的错位与越位是文化冲突的根源,语言功能的错位与越位是语言冲突的根源。

我国经济的发展已经引起世界瞩目,而中华文化的发展能不能让国际社会接受并与我们共同分享将关系到中华民族的振兴事业。中华民族的语言铸造、承载了博大精深的中华文化,汉语言文字是中华文化的载体也是中华文化的重要组成部分。正确的中国语言发展战略将为成功的国家文化发展战略提供有力的保证。本节将进一步探讨,文化和谐论是否可以成为中国语言发展战略的理论基础。文化和谐论是否有可能成为中国语言发展战略的理论基础,可以从以下两个角度进行观察。第一,语言发展战略是文化发展战略的重要组成部分;第二,国家语言文字的和谐发展需要文化和谐论。第二个角度又可以从三个重要方面来看:国家语言文字事业改革发展需要文化和谐论;汉语国际传播需要文化和谐论;处理好各种语言关系需要文化和谐论。

(一)国家语言发展战略是文化发展战略的重要组成部分

语言发展战略是文化发展战略的重要组成部分,这已经逐渐为广大文化工作者和语言文字工作者意识到。语言文字事业的发展关系到文化发展战略的成败,成功的语言发展战略将为文化发展战略的成功提供有力的保证。这种认识已经提升为政府的行为。2006年,新中国第一个专门部署文化建设的五年发展规划——《国家"十一五"时期文化发展规划纲要》公布。国家"十一五"期间文化发展规划纲要明确提出设立国家级民族民间文化生态保护区。目前全国已经批准建设的保护区有11个,包括福建省闽南文化生态保护实验区,安徽省、江西省徽州文化生态保护实验区,青海省热贡文化生态保护实验区,四川省、陕西省羌族文化生态保护实验区,广东省客家文化(梅州)生态保护实验区,湖南省武陵山区(湘西)土家族苗族文化生态保护实验区,浙江省海洋渔文化(象山)生态保护实验区,山西省晋中文化生态保护实验区,山东省潍水文化生态保护实验区,云南省迪庆民族文化生态保护实验区,云南省大理文化生态保护实验区。文化生态的保护包括作为文化载体的语言文字的保护。

很明显,国家已经把语言文字看成是文化生态的一部分。文化生态保护区是指在一个特定的区域中,通过采取有效的保护措施,建立一个非物质文化遗产和与之相关的物质文化遗产相互依存的良性机制,使人们的生活生产与自然环境、经济环境、社会环境和谐相处。非物质文化遗产一般指:(1)口头传说和表述,包括作为非物质文化遗产媒介的语言;(2)表演艺术;(3)社会风俗、礼仪、节庆;(4)有关自然界和宇宙的知识与实践;(5)传统的手工艺技能等。物质文化遗产一般指:(1)不可移动文物和可移动文物;(2)历史文化街区和村镇等。划定文化生态保护区,将民族民间文化遗产原状地保存在其所属的区域及环境中,使之成为"活文化",是保护文化生态的一种有效方式。为此,国家"十一五"期间文化发展规划纲要明确提出设立国家级民族民间文化生态保护区。语言是非物质文化遗产的组成部分,当然也在保护之列。其实,物质文化遗产也离不开一定的语言文字,有些文物和历史文化名城如果脱离了语言文字,其特征也自然将会丧失。由此我们可以看到,国家语言发展战略是与文化发展战略紧密联系在一起的。对此,《国家中长期语言文字事业改革和发展规划纲要(2012—2020年)》也有所说明。

(二)文化和谐论有利于处理好各种语言关系

文化和谐论可以处理好国家通用语言文字与少数民族语言文字的关系,也可以处理好国家通用语言文字与汉语方言的关系。2010年7月在广州发生的撑粤语事件和2010年10月在青海发生的有关双语问题,其原因比较复杂,出于误解是其中的重要因素,因为普通话并没有越位。在广州这样的大城市,普通话应该有重要功能需要发挥,普通话发挥应该发挥的功能并不会取代广州话的功能。各民族都有使用和发展本民族语言文字的自由,这是宪法赋予的权利,但是少数民族语言文字与国家通用语言文字并不是在一个功能层面上,这要进行宣传讲解,应该让少数民族同胞和方言区群众有全面的了解。文化和谐论还有利于处理好外语与母语之间的关系。"英语入侵论"或把母语教育中存在的问题归因于外语学习其根据都是不足的。我们所面临的形势是:在加强母语教育的同时还应该大力加强外语教育,学好母语的同时应该学好外语。全国语言文字使用情况调查的数据显示,小学和中学的教学语言除普通话外,选择最多的是外语。近年开展的普通话普及情况调查,江苏省的数据显示选择外语的有上升趋势。加强母语教育,提升母语能力,同时重视外语教育,提高外语水平,这是中国崛起和发展的需要,是国家现代化、信息化、国际化的需要,也是社会乃至个人发展的需要;任何削弱母语教育或忽视外语教育的做法,都会给国家、社会及个人带来损失。

思考和练习

1. 语言规划对当前国家的文化建设有哪些重要意义?具体应该从哪些方面入手?

2. 语言规划应该如何结合国家的语言发展战略,处理好现代文化与传统文化、主体文化与地域文化、本国文化与他国文化的关系?

第四节 语言规划与宗教

一 宗教在语言发展中的作用

宗教是语言使用的一个十分重要的领域。这一领域语言使用的特点是庄严且比较神秘,因此大都属于正式语体,宗教仪式上语言文字的使用体现了这一特点。宗教的传播是同语言的传播直接联系在一起的,因此,许多传播宗教的人士既是宗教教义的传播者,也是语言文字的创新者和传播者。为了让宗教打破语言文字障碍,在使用不同语言文字的地区广泛传播,他们中的一些人还是出色的语言文字学家和语言规划专家。

从某种意义上说,宗教人士对语言规范和语言传播的贡献并不亚于一般的语言文字工作者。印度的语文学是为适应宗教的需要而产生和发展起来的。在公元前1500年,印度就有了一种用古代梵文写成的典籍《吠陀》(Veda,智慧)。为了努力保持吠陀的完整性和准确性,产生了吠陀的六个分支,其中尼录多是词源学,毗伽罗是语法学。婆罗门时代相承、发展了这两门学科。

阿拉伯语文学兴起相对比较晚,它直接与伊斯兰教的传播相关。7世纪初叶,穆罕默德采用阿拉伯语写成了《古兰经》,由于伊斯兰教在国际上的传播,信徒只能用阿拉伯语读经,不能翻译经书,因此促进了阿拉伯语文学的诞生与发展。阿拉伯文从8世纪到11世纪末便很快成了一种国际性的语文。我国宁夏一带回民虽然已经转用汉语,但是由于伊斯兰教的影响,宗教信仰仍然制约着人们语言文字的使用,尤其是对姓名使用的影响。罗常培在《语言与文化》一书中提到,回教徒的姓反映了他们的宗教信仰。他说,中国回教徒的姓固然有和汉人相同的张、刘、王、杨、金、崔、李、周、曹等普通姓;同时也有他们特有的回、哈、海、虎、喇、赛、黑、纳、鲜、亚、衣、脱、妥、以、玉、买、剪、拜、改、沐、朵、把、可、萨、喜、定、敏、者、撒、忽、洒、靠、羽、摆等纯回姓,和马、麻、白、满、蓝、洪、丁、古、宛、穆等准回姓。纯回姓都以回教徒的谱系做基础,准回姓就有依据汉姓来的。宁夏一带回民经名的使用仍然是这一地区的一个重要特色。经名,又称教名,回回名,是回族的一种命名习惯,是回民除户口本上的名字外,请阿訇用阿拉伯文起的名字。经名大都来源于《古兰经》中伊斯兰教有关人物的名字,如男性一般取名穆罕默德、阿里、易卜拉欣、尔萨等,女性取名法图麦、索菲亚、阿依舍、艾米等。起名时还有仪式,叫命名礼。可见宗教在人们日常语言使用中起着重要的作用。

教堂的语言使用,主要体现在宗教活动,尤其是各种仪式中。而语言文字的选择,主要是根据信众的使用习惯。基督教在世界上广泛传播,几乎遍布所有世界上的主要语言。就拿只有50多万人口的澳门来说,九所教堂就使用了六种语言,汉语中使用了普通话和粤语。根据调查,各种语言使用情况大体如下:

圣安东尼教堂:粤语、韩语

圣奥斯定教堂:菲律宾语、英语

玫瑰圣母堂:葡语

圣老楞佐教堂:粤语

嘉模圣母堂(凼仔):粤语、英语、葡语

圣若瑟劳工主保堂:粤语、英语、普通话

望厦圣方济各堂:粤语、英语

望德圣母堂:粤语

圣母圣诞主教座堂:粤语、葡语、英语、拉丁语

基督教的传播,对促进语言使用的多样性和多语社会的形成,无疑也起到了重要的促进作用。

二 传教活动与拼音文字的创制和使用

我国原来没有拼音字母,采用直音或反切的方法来给汉字注

音。直音,就是用同音字注明汉字的读音,如果同音字都是生僻字,就是注了音也读不出来。反切,就是用两个汉字来给另一个汉字注音,反切上字与所注字的声母相同,反切下字与所注字的韵母和声调相同。随着时间的推移,有些字的读音后来变了,有些字的读音没有变,所以后人拼读时就容易出错。因此,这两种注音方法,用起来都不太方便。唐末和尚守温在分析汉语声母韵母和声调的基础上,制定了描述汉字语音的三十个字母,后来,宋代又扩充为三十六个字母,这就是音韵学里通常所说的守温三十六字母。梵文每一类塞音的排列依次是不送气音、送气音、不送气浊、送气浊、鼻音,守温三十六字母除浊音按汉语实际不能分两类外,其他次序都与梵文字母的排序一致。

500年前我国部分穆斯林少数民族中曾经使用"小经"文字,这种文字是一种阿拉伯文字。用阿拉伯字母来拼写汉语,比唐代守温用汉字来表示声母和韵母又进了一步。共有36个字,其中4个字母是特有的,这可能是我国最早的用来拼写汉语的拼音文字,它不再带有汉字的痕迹,完全采用拼音字母。"小经"大概是最早用字母文字给汉字拼音的尝试。

明朝末年西方传教士来中国传教,为了学习汉字,他们开始用拉丁字母来拼写汉语。1605年,意大利耶稣会传教士利玛窦(Matteo Ricci,1552—1610)在北京出版了《西字奇迹》,其中有4篇汉字文章加了拉丁字母的注音。这是最早用拉丁字母给汉字注音的出版物,比"小经"用阿拉伯字母给汉字拼音稍晚。1626年,法国耶稣会传教士金尼阁在杭州出版了《西儒耳目资》,这是一本用拉丁字母给汉字注音的字汇。注音所用的方案是在利玛窦方案的基础上修改的。利玛窦和金尼阁的方案是以"官话读书音"为标准设计的,适合拼写北京语音。不过在两三百年间,利玛窦和金尼阁的方案只是在外国传教士中使用,没有在中国人当中广为传播。

1815年到1823年之间,在广州传教的英国传教士马礼逊编了一部《中文字典》,这是最早的汉英字典,字典中用他自己设计的拼音方案来拼写汉语的广东方言,实际上是一种方言教会罗马字。接着,在其他的方言区也设计了不同方言的方言教会罗马字。其中厦门的"话音字"(闽南白话字)1850年开始传播,仅在1921年就印刷出售5万册读物,直到新中国成立以前,大约还有10万人左右使用这样的方言教会罗马字。其他各地的方言教会罗马字,在南方的通商口岸传播,主要用来传教。

1931年到1932年间,有两个外国传教士提出了"辣体汉字",这是一种根据《广韵》设计的、以音节为单位的汉语拉丁字母文字,同音字几乎都有不同的拼写法,拼写的是方言。

这些用拉丁字母拼写汉字的方案,为以后的汉语拼音运动提供了经验。

三 宗教经典的翻译

对西方社会来说,宗教典籍的翻译集中体现在《圣经》的翻译上。从公元前250年前后的《七十子希腊文本》,到古罗马教父哲罗姆翻译的《通俗拉文本圣经》,再到中世纪末宗教改革家马丁·路德翻译的德语版《圣经》,这些众多不同语言的翻译版本的流通为基督教思想在整个西方社会的广泛传播和深度普及奠定了稳固的基础。圣经最早于唐代随景教传入中国。19世纪,基督教从西方重新传入。近代19世纪至20世纪,外国传教士和中国基督徒为中文圣经的翻译和出版做了大量工作,自20世纪80年代以来,中国基督教全国两会总共出版了476605本不同版本的圣经,包括朝鲜文、苗文、彝文、佤文、景颇文、拉祜文、东傈僳文和傣文。对中国社会来说,宗教典籍的翻译则集中体现在佛经的翻译中。我国最早的汉文佛经,为汉明帝永平十年(公元67年)由迦叶摩腾、竺法兰所译的《四十二章经》。此后佛典在中国的翻译一直延续到宋朝末年,历经千余年之久,在这漫长的岁月中出现了像鸠摩罗什、玄奘、义净、不空等伟大的翻译家。据元代《至元录》记载,这些翻译家们所翻译的典籍共计1440部、5580卷。

佛教在公元12世纪之后便在印度本土消亡了,留下的梵文经典为数不多。佛教在长期发展的过程中,分别于公元前3世纪传入斯里兰卡,再由斯里兰卡传入泰国、缅甸等南亚、东南亚地区,形成巴利语系佛教;公元1世纪传入我国中原地区,再由此传入朝鲜、日本等东亚地区,形成汉语系佛教;公元7世纪传入我国西藏地区,再由此传入蒙古等地区,形成藏语系佛教。这三个时期又分别代表了佛教发展的三个阶段,即上座部佛教、大乘显教以及大乘密教。因此,通过三大语系佛教的综合研究,也就是通过翻译、对比、校勘巴利文大藏经、汉文大藏经和藏文大藏经,就能够完整地再现佛教典籍的原来面貌,从中发现语言接触的历史痕迹和语言变化的轨迹。遗憾的是,到今天为止,除了有从日文版转译的中文版巴利文大藏经之外,其他语系大藏经之间的校勘与互译工作还没有开展。

从佛教经典的翻译来看,对汉语影响最大的主要体现在两个方面,一是文字,二是词语。文字主要体现在译经造字方面,而词语主要体现在借词上。据梁晓虹在《汉字文化大观》中的考察,像

"魔""忏(懺)""塔""呗""僧""钵""袈裟""梵""昙""刹"等字,都是译经时造的新字。刘正埮等编纂的《汉语外来词词典》收录古今汉语外来词一万多条,其中源自梵语系统的佛教音译词语就有1050条左右,约占全书十分之一,可见在整个汉语外来词系统中,梵语系统的外来词占有十分重要的地位。源于佛教经典的借词已经深入到我们生活的方方面面,这些词语许多已经与汉语词汇大家族融为一体,成了现代汉语的常用词汇,比如一刀两断、一丝不挂、一刹那、人流、大千世界、口头禅、天花乱坠、自觉、庄严、妄想、导师、投机、现在、未来、境界、世界、相对、绝对等等。

思考和练习

1. 宗教领域在语言文字使用上有什么特点?请举例说明。
2. 怎样正确认识宗教活动对语言文字发展的作用?
3. 请从佛教经典翻译过来的借词观察汉语词汇的发展变化。

第五节　语言规划与语言教育

国民教育的目标主要是依靠语言来实现的,可见语言本身在教育中有着独特的地位。而语言教育,又是教育的一个重要部分。语言教育不仅在初等教育中具有重要的地位,在中等教育乃至高等教育中仍然有着重要的地位。语言规划与教育有密切的联系。各级各类学校是国家推行语言政策的重要阵地。语言文字的规范化和标准化,语言教育部门首先要执行。如果学校不能很好执行语言文字的各项政策和实行各项规范标准,那语言规划就不可能是成功的。2014年6月5—6日,由中国政府与联合国教科文组织主办的世界语言大会在中国江苏省苏州市举行。大会的主题是"语言能力与人类文明和社会进步",具体议题包括"语言能力与可持续发展""语言能力与语言教育创新""语言能力与国际交流合作",其中"语言能力"包括母语能力、国家通用语言能力、区域以及国际交流语言能力,这都与"语言教育"有紧密关系,而语言教育的创新与语言能力的提升又是语言规划的重要内容,值得充分重视。就语言教育与语言规划的关系而言,主要有母语教育、双语教育和第二语言教学(外语教育和对外汉语教学)。

一 母语教育

母语是人们从小在家庭环境中自然习得的语言或方言。我们国家内地的母语教育,指在汉语方言区进行的汉语教学,主要是普通话和汉字的教学,也指在少数民族地区进行的少数民族语言文字的教学。母语教育不仅是一个国家保留自己的传统文化和民族、地域文化及其价值的重要方面,也是语言规划工作最值得关注的方面。语言的地位规划、本体规划乃至声望规划都与母语教育有着紧密的联系。汉语方言区的推广普通话和推行规范汉字的工作,主要通过母语教育来完成。甚至可以说,我们国家的语言规划的成败关键在于母语教育。

在强势语言不断影响弱势语言的背景下,采取有效的措施推行并加强母语教育是保护母语的重要手段。第二次世界大战以后,许多国家独立后采取了逐渐摆脱殖民统治的措施,争取通过经济、文化、语言等方面的独立加强政治的独立。推行母语教育就是这些国家发展自己民族语言的措施之一。非洲的尼日尔、索马里、坦桑尼亚等国家就是这样做的。尼日尔在法国统治时期接受的是法语教育。1960年独立以后,状况仍然没有太大的改变。有变化的只是在成人教育方面,公共教育则没有什么变化。1974年政府的领导人意识到母语教育的重要性,并主张加以推行。成人教育中的母语教育是同农村的发展联系在一起的。刚独立时尼日尔的文盲率为全国人口的95%。1963年在联合国的支持下,开始在扫盲工作中实施母语教育。1966年在马里首都巴马科召开的联合国会议上提出了尼日尔五种当地语言的正词法标准。这些标准直至1980年才最后被采用。尼日尔1976年开始推行母语教育,在1976年到1978年的三年扫盲工作中,尼日尔有30%的人口脱盲。尼日尔的母语教育是谨慎而得法的,因而也是有成效的。相比较而言其邻国尼日利亚在推行母语教育中由于准备工作做得不够就显得不那么成熟,因为校舍、教材、师资等问题都没有妥善加以解决。索马里是少数主张完全排除宗主国语言影响的国家之一,独立后不久,领导人就宣布使用拉丁文字作为自己民族语言的正词法工具,1979年在宪法中规定索马里语为官方语言。到1977年,有6%人口通过了母语的读写考试。坦桑尼亚努力发展斯瓦希里语的母语教育也是成功的。

提高公民语言能力,是当前我国语言文字工作的重要组成部分。国家通用语言文字能力,是公民语言能力的核心部分,而对以汉语为母语的大多数公民来说,使用国家通用语言文字的能力就是使用母语的能力,可见,抓好我国母语教育在近一个时期具有十分重要的意义。

二 双语教育

双语有不同的定义。在新加坡,双语指英语和另外一种官方语言(华语、马来语或泰米尔语),在中国香港,双语指英语和中文,中文主要指粤语。所谓双语教育,是指在学校中使用两种语言作为教学语言。当然在使用中也有两种情况,一种是两种语言作为教学语言没有主次之分,另一种情况是有主次之分,也就是一种为主,另一种为辅。中国内地的双语教育指学校在我国少数民族地区进行汉语与少数民族语言的教育。方言地区在教学中需要时使用方言作为辅助手段不属于双语教育,外语和母语两种语言的教学在这里不叫双语教育。当前有个别地区把英语作为教学语言,例如教历史、中文也使用英语,属于不正常现象,这必然对母语教育产生影响,应该引起语言规划工作者的重视。少数民族地区的双语教育,是指国家通用语言文字(普通话和规范汉字)和少数民族语言文字教育,加强少数民族地区的双语教育,对于民族地区的发展和促进我国的语言规划工作都有重大意义。

三　第二语言教学

第二语言教学在我国一般指外语教育和对外汉语教学,两者都是语言规划的一个重要组成部分,因为外语教育是一个国家语言教育的一个重要组成部分,而对外汉语教学则是国家语言推广政策的重要组成部分。一个外语教育落后的国家,其国民就无法很好对外交流,无法及时了解国外的重要信息,尤其是先进的科学文化知识,因而国民整体素质自然要受到影响。外语教育要根据国家政治、经济、文化发展和国际交流等方面的需要制定相关的规划。由于历史的原因,我国过去在有关外语教育方面的语言规划工作比较薄弱,给国家事业发展带来了一定的损失。20世纪50年代初期和中期由于帝国主义的包围,国家在外交上采取一边倒的政策,外语教育因而也采取相应的"扶俄抑英"政策。在中学和大学的外语教育中突出俄语的作用,贬低英语的作用,某个时期甚至提出取消英语教学。1950年教育部颁发的《中学暂行教学计划(草案)》将俄语放在优先的地位,但并没有取消英语教育。1953年7月教育部在《关于高等师范学校教育、英语、体育、政治等系科的调整设置的决定》中,对高等师范的英语教育做了调整,只保留华东师范大学的英语系,取消其他7所师范大学英语系。这一决定导致了我国其后中学师资在一个时期里英语教师后继无人。1954年4月教育部的《关于从1954年秋季外国语科设置的通知》规定从1954年起初中不再开设外国语课,高中从一年级起教授俄语,同时决定将原有的英语教师用短期培训的方式培养成为俄语教师。从此英语教师队伍受到冲击,给后来的英语教育带来了许多困难。"文化大革命"期间,外语教育更是受到重大冲击。外语课成为可有可无的课程。改革开放以后,国家开始重视外语教育。随着国际关系的变化,英语一跃成为最重要的外语语种,甚至可以说英语取得了独尊的地位。这又导致英语教育过热的现象。英语教育的过热,可能导致外语教育的失衡,甚至可能对母语教育造成冲击,在局部地区或局部人群中产生母语教育的危机。这些问题,需要从语言规划的角度统筹解决。

英语的第二语言教学在国际上是相当成功的,尤其是标准化考试如托福(TOEFL)和研究生入学考试(GRE)吸引了全世界许多学子应试。汉语水平考试(HSK)虽然也有许多外国人参加,但就目前而言还不能与前两者相比。对外汉语教学是语言规划的重要组成部分,它是语言国际传播的一个不可或缺的部分。从语言规划的角度考虑,当前的对外汉语教学,要从全球的华语教学角度考虑汉语的国际传播策略。汉字是外国学生学习汉语首先必须攻克的难关,但是目前中国内地和新加坡主要使用简化字,中国的港、澳、台和海外华人社区主要使用繁体字。这种状况自然会产生这样的结果,要阅读全世界的汉语读物,就必须掌握繁体字和简化字。学习汉字使用的注音辅助工具,也因为海峡两岸差异导致外国学生必须掌握多种方案才能解决问题。不同华人地区汉语在语音、词汇、语法方面也都存在着差异,这些差异的存在无疑给外国学习汉语者带来不便。近些年来,这种状况有所变化,港、澳、台和海外华人社区学习、使用简化汉字和汉语拼音的人越来越多,但基本状况没有根本改变。因此,汉语国际传播已经到了必须认真研究解决这些差异的时候了。

思考和练习

1.试论述母语教育和双语教育在语言规划中的重要性。

2.对外汉语教学与汉语国际传播存在着什么关系?对外汉语教学怎样为汉语国际传播服务?

3.怎样正确处理母语教育与外语教育的关系?"母语危机"与"英语热"有直接的联系吗?

第六节　语言规划与科学技术

语言文字的发展与科学技术的进步密切相关,历史上每一次书写工具和印刷工具的变革,都会给语言生活带来新的变化。语言文字和现代机器的结合诞生了计算机和网络,改写了人类的科技史,丰富了人类的社会生活,因此语言文字的使用、管理和规划,也成了人们急切需要解决的重要问题。而网络时代社会生活中出现的大量语言问题的解决,反过来也有赖于现代科学技术来加以解决。例如人工智能、机器翻译技术要突破,关键就是要提高自然语言的机器识别与理解的技术。在全球信息化的社会里,信息的交流要达到准确、及时和安全就要解决通信技术、网络技术、信息存储技术、信息检索与提取技术、信息安全技术、信息过滤技术、语言文字的复制技术、语音合成等方面的技术难题。

科学技术的发展,尤其是信息技术的发展,对语言文字的规范化和标准化程度提出了更高的要求。无论是文字形体本身还是语音、词汇或语法等语言成分,要适应计算机技术的发展,都需要进行一番深入的研究和认真的规划。计算机对汉字和汉语语音的识别,对汉语词语和句子的理解都有赖于汉字和汉语自身的可识别性和可理解性。如果汉字和汉语自身存在着不可识别和不可理解的障碍,机器就无法实现其识别和理解的目的。语言规划与科学技术的关系可以从两个方面来理解。一是科学技术的发展,尤其是语言信息技术的发展,对语言文字的规范标准提出新的要求,二是现代科学技术的飞速发展产生了大量的科学技术术语,它一方面丰富了语言的词汇库,同时也向语言形式和语言功能的调整提出新的要求。

信息社会实际上已经发展到了数字化。对于汉字文化的信息社会,电子计算机中的数字化是指将有关信息转为编码文字并使之与多种有效的检索、处理工具相结合,做到只要在家里打开电子计算机,浏览各种信息,便可以了解天下大事。汉字编码是一个新生事物,长期以来大家各显神通,因此出现了"万码奔腾"的局面。在众多的编码中,应该选择出编码标准,目前最主要的汉字编码标准有 BIG5、ISO10646、UNICODE、CJK、GB2312、GBK、GB13000、GB18030 等等。

什么样的编码标准适合中文数字化呢？ISO10646 是国际编码标准，该标准旨在囊括世界上所有文种，它已经成为人们比较广泛应用的编码。1993 年 5 月该标准的第一部分 ISO/IEC10646.1 正式发布。CJK 特指其中的中、日、韩统一编码的汉字部分。CJK 由三部分构成：CJK20902 汉字，CJKExtension A6582 汉字和 CJKExtension B47211 汉字。也就是说，到目前为止，ISO10646 已编码汉字达七万字之多。其中，前两部分是基本多文种平面 (BMP) 编码，第三部分是第二辅助平面编码。辅助平面用于放置基本多文种平面不能容纳的字符。UNICODE 是工业标准，它是由 IT 企业集团制定的，总体上，它的内容与 ISO10646 完全相同，也可以简单地说是对 ISO10646 的俗称。GB13000.1 是我国 1994 年 1 月制定出来的与 ISO10646.1 对应的国家标准。CJK20902 的汉字部分，既包容了 GB2312，同时也包容了台湾的工业标准 BIG5。

BIG5 是台湾的工业标准，编码汉字 13061 字，在 Windows NT 5.0 出现之前，是繁体平台普遍采用的编码标准。GB2312、GB18030、GB13000.1 均为国家标准，而 GBK 是国家规范。GB2312 编码汉字 6763 字，是在 Windows 95 出现以前，国内信息处理普遍采用的编码标准。GBK 是在保持 GB2312 原貌的基础上，将其字汇扩充到 ISO10646 中的 CJK20902 个汉字，同时也就包容了台湾的工业标准 BIG5 中的全部汉字，没有体系结构的变化。而 GB18030 则不然，它是在 GBK 的基础上做进一步扩充，不但把 CJK Extension A 的 6582 汉字扩充进去，而且还改变了 GBK

的体系结构。GBK 是在 Windows 95 开始至 Windows NT 5.0 之前这一段时间内被业界广泛采用的编码规范。GB18030 还没有被广泛采用。尽管有 GB2312、BIG5、GBK 等编码标准存在,但 ISO10646(GB13000/Unicode)已日渐成为主流编码。

对于我国语言规划工作,汉字编码今后的研究重点有两个方面:一是 ISO10646.1 需要进一步扩充,在扩充工作中要充分研究如何扩充多文种字汇问题,尤其是要研究我国少数民族文字如何进入这个标准;汉字方面则需要研究如何扩充部件、部首及 20902 个字以外的较通用的汉字。

汉字及其属性是中文数字化的基础和重点,但中文数字化的范围还涉及语音、词汇、语法、篇章等层面。国家标准 GB/T13715—92《信息处理用现代汉语分词规范》,就是为汉语信息处理规范化而制定出来的词汇方面的标准。另外,由于网络的流行,许多面向网络的有关语言文字应用软件(例如网络查询、网络学习、网络文本等)已经研制出来并正在推广,这些应用软件的语言文字使用也应该引起语言规划工作者的注意,在适当的时候制定相应的规范标准。

科技名词的统一是语言规划工作在科技领域的一项十分重要的工作。它不仅对本学科的学科建设具有重要意义,而且对国家的科学文化建设具有重要意义。这项工作的重点主要有以下几个方面:(1)科技名词的审定工作;(2)全球华语社区科技名词的协调统一工作;(3)术语学研究和科技名词的推广应用工作。科技名词的审定工作应该在开展各学科名词审定和修订的基础上进一步拓展学科领域,完善科技名词体系,并尽快向社会公布,以利推广。港澳台和海外华人在科技名词使用方面有自己的习惯,国家科技名词审定的有关机构在进行审定工作时应该调查了解他们的使用习惯,吸收其优点,考虑到标准公布之后对他们是否有可接受性。因此标准公布之前在可能的条件下应该进行必要的协调。术语学研究和科技名词的推广应用工作应该利用现代化手段,在建立完善相关的数据库基础上努力实现网络化,通过网络进行规范科技名词的宣传、推广、咨询服务等一系列工作。

随着语言科技的迅速发展,语言文字的信息化与国家和民族命运的关系越来越密切。目前我国的语言信息化应该包括:(1)国家通用语言文字的信息化;(2)少数民族语言文字的信息化;(3)外国语言文字的信息化。要做好这些语言信息化工作,就离不开语言文字规划工作者和广大科学工作者的联合攻关,需要他们一起进行大量的细致的语言文字研究工作,从而做好语言文字信息的资源建设、语言文字信息技术的创新和语言文字信息管理与服务体系的构建等工作。

思考和练习

1. 从语言规划角度出发,中文信息处理有哪些重要工作要做?
2. 试论述科技名词统一的意义。
3. 如何做好我国当前的语言文字信息化工作?

主要参考文献

陈建民、祝畹瑾《语言的市场价值》,《语言文字应用》1992年第2期。
国务院新闻办《西藏藏语文的学习、使用和发展》,《人民日报》(海外版)2000年8月4日第1版。
何九盈、胡双宝、张猛主编《汉字文化大观》,人民教育出版社,2009。
罗常培《语言与文化》,语文出版社,1989。

全国人大教科文卫委员会教育室、教育部语言文字应用管理司编《〈中华人民共和国国家通用语言文字法〉学习读本》,语文出版社,2001。

苏金智《文化和谐论与国家语言发展战略》,《云南师范大学学报(哲学社会科学版)》2012年第3期。

Abstracts: *International Conference on Language Rights*, Hong Kong Polytechnic University, June 22—24, 1996, Printed at The Hong Kong Polytechnic University.

Douglas A. Kibbee, *Language Legislation and Linguistic Rights: Selected Proceedings of the Language Legislation and Linguistic Rights Conference*, University of Illinois at Urbana-Champaign, March, 1996, Jon Benjamins Publishing Company, Amsterdam/Philadelphia.

François Grin. Economic Approaches to Language and Language Planning, *International Journal of the Sociology of Language* 121, 1996, Mouton De Gruyter.

Florian Coulmas. the Language Trade in the Asian Pacific, *Journal of Asian Pacific Communication*, Vol. 2, No1, 1991.

Jacobm. Landau. Language and Politics: Theory and Cases, *International Journal of the Sociology of Language* 137, 1999, Mouton De Gruyter.

Tove Skutnabb-Kangas, Robert Phillipson. *Linguistic Human Rights: Overcoming Linguistic Discrimination*, in collaboration with Mart Rannut. Berlin; New York: Mounton de Gruyter, 1994.

推荐参考文献

蔡永良《美国的语言教育与语言政策》,上海三联书店,2007。

陈新仁等《当代中国语境下的英语使用及其本土化研究》,北京大学出版社,2012。

恩斯特·卡希尔著,于晓译《语言与神话》,生活·读书·新知三联书店,1998。

〔以〕鲁宾斯坦著,钱勇、周翼译《经济学与语言》,上海财经大学出版社,2004。

鲁子问等《外语政策研究》,北京大学出版社,2012。

沈骑《当代东亚外语教育政策发展研究》,北京大学出版社,2012。

徐杰《语言规划与语言教育》,学林出版社,2007。

赵蓉晖主编《国家战略视角下的外语与外语政策》,北京大学出版社,2012。

赵世举主编《语言与国家》,商务印书馆、党建读物出版社,2015。

第四章 中国语言规划[①](上)

第一节 汉语言文字规划小史

一 传统语言规划

(一) 中国传统语言规划的范例

语言规划(Language planning)这个名称虽然出现时间不长,但与语言规划相关的实践活动却很早就有了。在我国,为了解决语言交际中的问题而由政府或社会团体有组织有计划地进行的语言文字"规划"工作,早在 2000 多年前就开始了。中国的语言规划不仅"古已有之",而且不乏成功的范例,并形成了传统。比如,强调"书同文"、注重"官话"的推广等,都是中国语言规划的重要传统。这里举两个比较典型的例子。

一例是秦始皇时期的"书同文"。商周时期,由于掌握汉字的人不多,所以尽管存在文字歧义现象,汉字字体的演变速度从总体

---

① "中国语言规划"包括汉语言文字规划、少数民族语言规划和香港、澳门、台湾语言规划。本章讨论汉语言文字规划,第五章讨论少数民族语言规划,第六章讨论香港、澳门、台湾语言规划。

上讲比较缓慢。到了春秋战国之交,随着旧奴隶主贵族为新兴剥削阶级所取代,文字开始扩散到民间,加之当时社会、经济、文化的发展,这一时期汉字的使用范围和掌握汉字的社会人群都比过去广泛得多,汉字的形体也发生了剧烈的变化。而战国时期的诸侯割据,又致使汉字因地域不同而产生了大量异体字,比如我们常见的"四"字,楚国人写作"田"或"⑰",齐国人写作"三"或"兀",燕国人写作"三""三""又"或"兀",赵国人写作"兀",魏国人写作"四",秦国人写作"四"。正所谓"田畴异亩,车途异轨,律令异法,衣冠异制,言语异声,文字异形"①。不仅同一个字在各诸侯国的写法有所差异,即便是在同一个诸侯国内(如燕国),同一个字也有许多不同的写法。文字是交际的工具,形体差异如此之大,必然影响交际,也不利于统一。故秦始皇于公元前221年一统天下后,在采取"一法度量衡石丈尺,车同轨"措施的同时,也坚决地实行了"书同文字"的政策,即把原来六国各不相同的度量衡、道路和文字都统一起来,其中文字被统一为秦国早已通行并经认真整理过的小篆。

"书同文"政策固然首先服务于统治集团的自身利益(便于统一帝国政令的贯通和最高统治者的统治),但对于经历了春秋战国连年动乱的广大百姓而言,这也是顺民心、合民意的举措。因此,我们把秦始皇时期的"书同文"视为中国历史上的第一次汉字规划活动。汉字规划本应建立在扎实研究汉字发展趋势的基础之上,但实际上,秦朝中央政府的这次大规模的文字规划并没有能够做到这一点,因此它的成功带有一定偶然性。今天看来,"书同文"运

---

① 见许慎《说文解字·序》。

动虽然不是一次自觉的语言规划,但毋庸置疑的是,它在客观上起到了促进国家统一、社会进步的作用,也符合汉字自身的演变发展规律和社会应用的需要,因此不愧为人类历史上较早的一次有影响的、成功的语言规划实例。

另一例是清朝雍正年间政府推行的"官话"。有两个词语与"官话"相关,即"雅言"和"通语"。"雅言"最早见于《论语》,"子所雅言,《诗》、《书》、执礼皆雅言也"①。这句话的意思是,孔子在读《诗》《书》和做傧相赞礼时说的都是"雅正之言",即当时华夏地区的共同语。"通语"与方言相对,是指我国大部分地区共同使用的通用词语,见于汉代扬雄所作的《輶轩使者绝代语释别国方言》(简称《方言》)。"雅言""通语"都与"共同语"这一概念有直接的联系。但较之"雅言"和"通语","官话"的"共同语"性质更为明显。"官话"是普通话的旧称,也泛指北方话;"官话"与国语、普通话虽然有递接孕育的关系,但却是不同时代、不同社会的产物。现在我们一般将汉民族共同语的标准语称为普通话,而不再沿用"官话"这一旧称。

在我国古代,明确规定政府官员必须把"官话"作为工作用语的,首推清朝的雍正皇帝。雍正皇帝发布上谕推行官话②,由此发展成为一场影响深远的推行官话运动。当时,福建、广东两省方言障碍严重,"官民上下,语言不同",官"不能深悉下民之情",民"不能明白官长之意",只能由"吏胥从中代为转述",因而"添饰假借,百弊丛生,而事理之贻误者多矣"。为了改变这一状况,清朝雍正

---

① 见《论语·述而》。
② 参见《世宗宪皇帝上谕内阁》,棋北楼书局藏版。

六年八月初六(即公元1728年9月9日),胤禛(雍正)在朝廷上发布推行官话的上谕。"上谕"要求各级官员在执行公务的场合,如上殿陈奏、宣读训谕、审断词讼以及百姓参与公务活动时,必须使用官话,"不得仍前习为乡音"。他命令福建、广东两省督抚"转饬所属各府州县有司及教官,遍为传示,多方教导,务期语言明白,使人通晓"。同时他也注意到,语言的统一固然关系重大,但也是一项需要长期坚持的系统工程,故指出"语言自幼习成,骤难改易,必徐加训导,庶几历久可通"。

除发谕日期、地点等事项外,上谕的正文共355字,对官员为什么要通晓官话、在什么场合必须使用官话、怎样才能使读书求仕之人掌握官话等问题,进行了较为完整的阐述。这篇上谕可以看作我国推行官话的第一份政府文件,而雍正皇帝也可视为明确提出把"官话"作为公职人员工作用语的第一人,意义非凡。据说,当时甚至规定闽、粤的"廷臣"八年内必须学会官话,不会官话的举人、生员、贡监、童生"不准送试"。上谕发布后,闽、粤两省在所属各府州县纷纷设立"正音书院"或"正音书馆",教习官话十分认真。后来,福建、广东两省还专门出版了供本省人学习官话的小册子①。正因为政令的推行,官话在福建、广东的地位日渐重要。相对而言,官话在福建的流通度更高,教习京音、推广官话的效果也更好一些。"官话"运动是我国由政府推动、由官员施行的最早的推广民族共同语的工作,具有重要的理论价值和实践意义。

(二)中国传统语言规划的基本理论

中国不仅很早就进行过语言规划工作,而且在长期的学术研

---

① 如1836年莎彝尊撰写的《正音咀华》,1870年潘逢禧的《正音通俗表》等。

讨和实践过程中逐步形成了指导语言规划工作的一些基本理论，这也是中国语文的正宗体式和传统规范一直维持到清末且始终一脉相传的根本原因。不过，那时尚未提出"语言规划"这一术语，也没有使用"规范""标准"等近代人习以为常的概念。

两千多年来，中国古代文人在讨论语文是非问题时，经常使用的是"雅俗""正谬""文质""工拙"一类词语。其中，"文质"主要属于"风格问题"，"工拙"主要属于技巧问题，"雅俗"部分属于内容和风格问题，部分属于规范问题，只有"正谬"才完全属于规范问题。有学者认为，中国古代语言规范理论（即中国传统语言规划理论）的核心范畴是"雅正"。尽管中国古代语文理论中没有"规范"二字，却有着根深蒂固的规范观念和规范准则，即"雅正"。"雅正"是中国古代语文一脉相承的传统，也是古代语文形式的理想目标[①]。

"雅正"一词用于指称语言文字的规范标准，较早见于范晔的《后汉书》。《后汉书·舆服志上》："汉兴，文学既缺，时亦草创，承秦之制，后稍改定，参稽六经，近于雅正。"由于"近于雅正"是"承秦之制，后稍改定，参稽六经"的结果，因而将"雅正"理解为语言文字体制形式方面的标准是比较合理的。作为规范标准，"雅正"中的"雅"多指语言的总体规范及其标准。如上文引《论语·述而》中提及的"雅言"，相当于今天的"标准语"，是对总体规范标准的概括或指称。而"正"则多指文字形音义方面的具体标准。《汉书·艺文志》说："古制，书必同文……至于衰世，是非无正"，又说《凡将》《急就》和《元尚》三篇"皆《苍颉》中正字也"。所谓"无正""正字"之"正"，就是指文字使用的具体标准。

---

① 参见戴昭铭《规范语言学探索》，上海三联书店，1998。

中国地广人多,"五方之民,言语异声"。春秋战国战乱频仍,世事变迁。但汉语却始终保持了统一的局面,所谓"六合同风,九州共贯"。这里既有政府干预的因素,如秦王朝"书同文"的举措;另一方面,作为中国传统规范观的"雅正",更值得我们重视。《尔雅》《说文解字》等一批在汉语发展史上影响重大的规范性字(词)典的编纂,都是"雅正"观念指导下的具体语言规范实践活动。

孔子的"正名说"源于《论语·子路》,其中"名不正则言不顺,言不顺则事不成,事不成则礼乐不兴,礼乐不兴则刑罚不中,刑罚不中则民无所措手足"这一系列连锁命题表明,"正名"的宗旨是建立判断事物是非真假的标准。无独有偶,《荀子·正名》中的"名无固宜,约之以命,约定俗成谓之宜,异于约则谓之不宜。名无固实,约之以命实,约定俗成谓之实名",体现了"约定俗成"的语言观。两者不仅是先秦时代学术争鸣的成果,也是中国传统语言规划的理论基础,对汉语的规范化有着深远的影响。

(三)中国传统语言规划的主要措施

从历史上看,中国历来把语言规划工作同国家的统一与发展、文化事业的繁荣与进步紧密联系在一起,因此所采取的措施不仅得力,而且有效。其主要特点是政府主持或直接干预,并以学校教育和辞书编纂为主要手段,积极影响社会的语言生活。

1. 政府主持或干预

早在西周时期,中国就设有专门官职,分管语言文字工作。周代官方语言称"雅言","雅"通"夏","雅言"就是华夏各国通用的民族共同语。官场交际,必须使用"雅言"(战国时期使用"通语")。从秦朝的统一文字到清代科举考试对语言文字的严格限制,历朝历代对语言文字的规范都有相应的规范或要求。正是政府的主持或直接干预,才有效保证了华夏文化的代代相传,绵延不断。

2. 教育垂范

"建国民君,教育为先"①。据文献记载,自周代以来,我国就十分重视学校教育。"六艺",即礼、乐、射、御、书、数,是学校教育的重要内容。从识文断句到研习六书,规范的语言文字教学贯穿始终。孔子开创了私人办学的先河,他始终坚持用雅言教学,其弟子三千,贤者七十二人。所谓"贤者",实则精通"六艺",又各有所长的人才。无论是太平盛世,还是天灾战乱,官学和私学教育都是推行语言文字规范的重要基地,也是培养包括语言文字工作者在内的政府官员的摇篮。代代莘莘学子,成为推动语言文字规范工作的中坚力量。

3. 辞书推广

以辞书编纂为手段,推广语言规范的成果,并影响社会语言生活,是中国语言规划工作的重要传统。辞书(包括字书、词典和各类韵书)指导人们正确使用语言文字,本身就具有规范语言文字的功能。辞书或直接由政府主持编纂,或出于大家之手,常被人们视为法典,影响久远。唐代以前,辞书多由学者个人编纂。如先秦时期的《尔雅》,秦汉时期的《说文解字》《释名》,魏晋南北朝时期的《字林》《玉篇》等。大唐时代,改革开放,万象更新,开创了官修辞书的先河。例如在政府的指令下,颜师古刊正五经,制作《字样》。此后,颜元孙的《干禄字书》,张参的《五经文字》,唐玄度的《新加九经字样》,都是奉命编纂的正字书,对文字规范起了重要作用。唐代以后,官修辞书成为惯例,历朝历代都不遗余力地组织编纂各种

---

① 见《礼记·学记》。

辞书,以推动语言文字规范。以《康熙字典》为例,它是一部具有自觉规范意识的辞书。《康熙字典》正式提出"字典"的概念,其编纂目的是"以昭同文之治,俾承学、稽古者得以备知文字之源流,而官府吏民亦有所遵守焉"①。官修辞书,体现了政府主持与专家参与相结合,是我国传统语言规划的重要措施,为我国当代语言文字规划工作的开展积累了宝贵经验。

(四)中国近现代的语言规划

从20世纪初(清末)到新中国建立之前,我国进行了许多有关语言规划的探索实践活动,发生了几件影响深远的语文革新运动。主要是:

1."国语"地位的确立与国语运动

从20世纪初到20世纪30年代,我国开展了一场旷日持久的"国语运动"。"国语"引自日本,最先由吴汝纶于1902年提出,但由于这一提法出现在私人信件而非官方文件中,因而影响不大。1909年,清朝学部奏报的《分年筹备立宪事宜清单》中列出了"国语教育事项"。但这时,"国语"的概念还不是十分明确,只是笼统地指"官话",其标准也多限于语音。当时的官员(资政院议员等)、学者对所谓的"国语教育事项"提出质疑,不仅强调了语音的重要性,提出了一些语法和词典编纂问题,还设想建立"国语编审委员会",并正式提出将"官话"正名为"国语",认为"官话之称,名义无当,话属之官,则农工商兵非所亦习,非所示普及之意,正统一之名"。这时,国语在主张者心目中已成为了一种语音、语法有规范标准,语词有词典做规范的法定语言。此后,政府和不少有识之士

---

① 见《康熙字典·凡例》。

为此开展了大量工作,如组织专门研究国语的群众团体——中华民国国语研究会,设立专管国语推行的行政机构——隶属于教育部的"国语统一筹备会"和"注音符号推行委员会",制定注音字母拼音方案,确定国语语音标准,召开国语运动大会,编纂辞书,在小学教育阶段设立"国语科"(原为国文科),开展调查研究和骨干培训工作,等等。随着国语运动的不断深入,国语的地位逐渐确立了起来,建立在北方官话基础上的民族标准语——国语逐渐深入人心。

2. "白话文运动"与文体规划

白话文是一种民间文学文体,它和正统的古文文体——文言文相对立。白话文的历史可以追溯到唐宋年间,到了元代,白话文得到了极大的发展。元末明初的著名小说《水浒传》《西游记》都是用白话文写作的。在我国现代史上,白话文运动意义非凡。它不仅是"五四"新文化运动的先导和标志,也是一场影响深远的文学革命。在1919年"五四"运动后约10年的时间里,白话文运动蓬勃兴起。从语言学角度看,白话文运动倡导"言文一致"的书面语,并以之作为人们进行社会交际的通用语。由于与现代思想运动、文学革命紧密相连,因此白话文运动比此前任何一次语文变革都更深刻、更具革命意义。从文言到白话,不仅改变了文体,更重要的是改变了人们的思想观念。值得注意的是,在白话文运动期间,不少学者也提出了白话文应根据需要吸收文言文、外来语等成分的主张,因为他们认识到"比写的白话,同口说的白话断断不能全然相同"[①]。

[①] 参见朱我农致胡适的信,《新青年》第5卷第2号。

3.汉字的省改与简化

为了政令的畅通、书面交际的便捷和教育的发展,从先秦开始,历代政府都比较重视统一汉字字形的工作。《史籀篇》是周朝进行文字正形的范本,李斯的《仓颉篇》、赵高的《爰历篇》、胡毋敏的《博学篇》是秦朝的标准字体,东汉碑石上的《诗经》《易经》《春秋》《论语》等七种经书是汉隶的范本,唐朝武后时期编写的《干禄字书》是现存最早的一本辨正楷书字形的书,凡此种种,都在不同时代起到了规范汉字字形的作用。汉字发展的总趋势是在表意明确的前提下简化,而简化主要是通过"省改字形"和"简化笔画"来实现的。小篆是对大篆的简化,隶变是汉字的一次大规模简化,这些都属于"省改字形"。"简化笔画"则更为普遍,从甲骨文、金文、隶书直至楷书,简体字越来越多。1930年刘复、李佳瑞编辑的《宋元以来俗字谱》一书就收录了近2000个简体字。由于汉字繁难,历朝历代都有简体字在民间流传,只是它们长期没有取得合法的地位。早在清代,就有人提出将简体字作为正统文字使用,但反响不大。直到"五四"运动之后,汉字简化运动才逐渐兴起。20世纪20年代末到30年代初,不少学者在《新青年》《国语月刊》等刊物上发表文章,提倡使用简体字。这时还出版了一批研究简体字的专著。到了30年代中期,《太白》半月刊主编陈望道,联合上海有关学者组织了手头字推行会(手头字就是简体字),进而发起了一场声势浩大的手头字运动。这是汉字简化运动开始进入实践阶段的重要转折,具有里程碑意义。在这种形势下,1935年8月,南京国民政府教育部公布了收有324字的《第一批简体字表》,要求各地教育部门遵照执行。可是还不到一年,由于保守势力的强烈反对,《第一批简体字表》就被通令"暂缓执行"。但汉字简化运动并没有就此停息,简体字在民间仍广为流行。值得一提的是,这一时期,在中国共产党领导的抗日根据地和解放区也开展了汉字简化运动,简体字广泛出现在各类油印书报和宣传品上。随着解放战争的胜利,这些简体字逐渐流传到全国各地,被称为"解放字"。

4. 三种拼音文字改革方案

第一,切音字运动。切音字运动是指从1892至1910年间兴起的拼音字母运动。它的兴起,是中西文化接触、对比的结果。康有为、梁启超、谭嗣同等维新派领袖都赞成推行切音字。切音字运动的倡导者所持的语言改革观点,主要有以下几点:(1)富强由文字;(2)汉字繁难;(3)文字是可以改革的;(4)切音字比汉字好学好用;(5)汉字应和切音字并存并用;(6)主张"言文一致"和"统一语言"。切音字的功绩在于,它一方面破除了汉字神圣论,建立了汉字工具论;另一方面引进了拼音文字作为评价汉字的参照。

第二,国语罗马字运动。在"文学革命"口号提出后不久,就展开了汉字改革的讨论,并出现了"汉字革命"的口号。1918年,钱玄同在《新青年》4卷4号上发表《中国今后之文字问题》,提出了"废孔学""废汉字"的主张。此后,他同黎锦熙、赵元任等人分别发表长篇论文,对制定国语罗马字、开展国语罗马字运动进行了探索。然而,国语罗马字的主要用途是给汉字注音,帮助推行国语。1934年以后,其发展日渐式微,取而代之的是"拉丁化新文字"。国语罗马字母虽然社会影响力不大,但它表明汉语可以用罗马字来拼写,也意味着汉语的罗马字拼音试验已经进入了比较成熟的新阶段。

第三,"拉丁化新文字"运动。"拉丁化新文字"是由留苏的中国共产党员和苏联语言学者设计的一套中文拉丁化字母。拉丁化新文字运动是中国共产党人继承"五四"时期文字改革的拉丁化方向,受苏联少数民族文字拉丁化运动的启发而兴起的。在中国共产党人的积极推动下,20世纪30年代中期,文化教育界的许多知名人士纷纷拥护和支持这一运动。鲁迅先生评论说"只要认识28个字母,学一点拼法和写法,除懒虫和低能儿外,谁都能写得出,看得懂。况且它还有一个好处,是写得快"①。据统计,从1934年8月到1937年8月,各地成立的拉丁化团体多达70多个。从1934年4月到1937年5月,出版了61种拉丁化书籍,约12万册,可见影响之大②。整个抗日战争和解放战争时期,拉丁化新文字运动从未停止过。1949年7月,周建人、陈望道、倪海曙等68人在第一届中华全国文学艺术工作者代表大会上提出关于推行拉丁化新文字的提案,要求文艺作品的语言口语化,并尝试用拉丁化新文字来写作和翻译。显然,拉丁化新文字运动对后来《汉语拼音方案》的制定和推广,有重要的影响。

综观上述几个语言规划的重要事件,有的在一定程度上体现了政府意志的影响力,有的显示出学术机构、学术团体对语言规划的推动作用,有的则凸显出有影响力的文字学家、教育家、社会活动家等社会贤达人士在语言规划进程中不可忽视的个人作用。而更多的,则是这几方面的有机结合。这些重要的语言规划事件,为新中国建立后所进行的文字改革和语言规划工作奠定了较为深厚的基础。可以说,新中国的汉字简化、推广普通话、制定和推行《汉

---

① 见《鲁迅论文字改革》,文字改革出版社,1974。
② 参见倪海曙《中国拼音文字运动史简编》,时代出版社,1948。

语拼音方案》等语言规划史上的重大事件,都是近代中国语言规划工作的延续和发展。

二 当代语言规划

(一)中国当代的语言国情

中国是一个多民族的国家,语言国情的基本特点是"五多一大":即民族多、语言多、文字多、双语双言多、汉语使用人口最多,方言差别很大。中国语言国情的上述特点,本身说明了协调各种语言关系的必要性、紧迫性,反过来说,它也为语言规划的制定和实施提供了广阔的舞台。中国语言规划工作的主要着眼点和依据就是中国的语言国情。

1. 民族多

中国有56个民族。据2010年第六次全国人口普查主要数据公报显示,汉族人口为122259万多人,占全国人口总数的91.51%。其余55个少数民族加起来占全国人口总数的8.49%。大概比欧洲任何一个国家的人口都要多。汉族与少数民族人口的比例大约是12:1。少数民族之间,人口数量差别也相当大。人口最多的壮族,有1690多万人。人口最少的珞巴族,只有3600多人。人口超过一百万的少数民族有18个,他们是壮、满、回、苗、维吾尔、土家、彝、蒙古、藏、布依、侗、瑶、朝鲜、白、哈尼、哈萨克、黎、傣。人口在一百万以下十万以上的少数民族有18个,他们是畲、傈僳、仡佬、东乡、拉祜、水、佤、纳西、羌、土、仫佬、锡伯、柯尔克孜、达斡尔、景颇、毛南、撒拉、布朗。人口在十万以下一万以上的少数民族有13个,他们是塔吉克、阿昌、普米、鄂温克、怒、京、基诺、德昂、保安、俄罗斯、裕固、乌孜别克、门巴。人口在一万以下的少数民族有6个,他们是鄂伦春、独龙、塔塔尔、赫哲、高山、珞巴。高山族主要居住在台湾省,大陆上高山族人口很少,都是散居的。

2. 语言多

过去通常认为中国境内的语言有80种以上,学术界最新研究成果则超过129种[①]。因为语言的确认上存在不同的认识,所以这个问题还需要做进一步的调查研究和确认。有些民族内部不同支系使用着不同的语言(不包括转用或者兼用汉语的情况)。比如瑶族的不同支系分别使用勉语、布努语和拉珈语,景颇族的不同支系分别使用景颇语和载瓦语;而台湾岛上的高山族有十几个不同的支系,分别使用不同的语言。因此,中国境内语言的数目多于民族的数目。这大概与历史上民族形成过程中族源的多元性有关,同时也是民族形成过程中发展不平衡的一种表现。所以,在许多少数民族当中,至今还没有形成本民族通用的民族共同语。

3. 文字多

现在中国55个少数民族中有22个民族有自己的文字。由于有些民族不同的支系或者不同的方言使用不同的文字,所以少数民族文字有近28种[②]。藏、彝、蒙古、维吾尔、哈萨克、柯尔克孜、朝鲜、傣等民族各有自己的传统文字。有的文字已经有一千多年的历史了,其他一些文字也都有几百年的历史。满族虽然已经转用了汉语,普遍使用汉字,不再使用满文,可是生活在新疆的锡伯族仍然使用着与满文基本相同的锡伯文,可以看成是满文的延续。

[①] 参见孙宏开、胡增益、黄行主编《中国的语言》,商务印书馆,2007。
[②] 参见金星华主编《中国民族语文工作》,民族出版社,2005。

汉字不但是汉族的文字,也是中国各个少数民族通用的文字,是在国际活动中代表中国的法定文字。整个民族都通用汉语的几个少数民族,很自然地以汉字作为自己的文字,这是历史上已经做出的选择。那些没有与自己的语言相一致的文字的少数民族,大多也选择了汉字作为自己的文字。

4. 汉语使用的人口最多,方言差别很大

通常认为汉语有七大方言,即北方话、吴方言、粤方言、闽方言、湘方言、赣方言、客家话。《中国语言地图集》认为有十大方言,即在七大方言之外,加上晋方言、徽方言和平话。这里只简介七大方言的通行地区及使用人口①。汉语方言之间的差别相当大,有的已经大到不能相互交流的程度。汉语的北方话,通行地域最广,使用人口也最多,总数近8亿人,约占全国面积的3/4,人口的70%左右。吴方言,通行于长江下游、长江以南的江苏、浙江、江西三省的110多个县、市(现在全国共有2370多个县、市),使用人口7300多万。粤方言,通行于广东省和广西壮族自治区境内的70多个县、市,使用人口约5800万。闽方言,通行于福建、台湾和广东三省境内的87个县、市,使用人口约7500万。湘方言,通行于湖南省沅江以东和广西壮族自治区北部的40多个县、市,使用人口3600万以上。赣方言,通行于江西省中部和北部、湖南省东部以及福建省的西北部、湖北省的东南部、安徽省的西南部,共70多个县、市,使用人口约4800万。客家话,通行于广东省的东部和北部,广西壮族自治区的南部,福建省的西部,江西省的南部,台湾

---

① 汉语各大方言使用人口数参见《中国语言地图集》(第2版)《汉语方言卷》A1《中国的语言》贰"汉语方言的分布与人口",商务印书馆,2012。

省、四川省和湖南省的一部分地区,共 100 余个县、市,使用人口约 4200 万。这些大方言不但彼此之间差异很大,而且方言内部也很复杂,大方言之下,又有许多大大小小的次方言和土语。不同方言区的人们,如果他们不掌握普通话,也不相互学习对方的方言,彼此之间的交流就有困难。

　　汉语的标准语普通话是国家通用语言,其使用人口最多,从语言功能及在各个社会领域的使用状况看,它在政治、文化、教育、经济、科技等各个领域中都被优先使用。汉语的强势语言地位是在长期历史过程中形成的。少数民族在不平衡的双语环境中,出于社会生活和工作的需要,自发地学习强势语言。这种状况,又不断巩固了汉语的强势地位。少数民族语言不但使用人口相对比较少,而且使用领域也较小。有些少数民族语言的社会使用层次高一些,但是,无法达到汉语那样的水平。像蒙古、藏、维吾尔、哈萨克、朝鲜、壮、彝等民族,都有人口在百万以上的大片聚居区,文字历史也比较悠久,他们的语言除了在家庭内部、邻里和亲友之间使用外,还在本民族地区的经济、社会、政治、文化、教育等各个领域和国家政治生活的某些活动及新闻传播事业中使用,甚至在一些邻近的或者杂居在一起的其他民族中也使用。在以这些民族为主体的自治地方,执行公务时,这些主体少数民族语言与汉语是并用的。他们都有相对比较发达的出版事业,有从小学、中学直到大学的本民族语言教学体系。新闻、广播、电视、文艺等也都在广泛地使用本民族语言。但是,这些少数民族语言无论从历史发展还是从现实应用状况来看,其影响都远不及汉语。

　　5.双语双言人多

　　先从少数民族来看。中国的各民族,在历史上经历过多次迁徙、流动,最终形成了今天这样交错聚居、互相杂居的分布格局。在汉族几乎遍布全国的情况下,各民族之间,尤其是汉族和少数民族之间,接触密切,交流频繁,无论在政治上、经济上还是在文化上,已经形成了谁也离不开谁的亲密关系。这种亲密关系对少数民族的语言使用不能不产生相应的影响。现在,少数民族中除回、满两个民族早已转用了汉语,畲族绝大部分转用了汉语以外,其他各个少数民族也都有一部分人程度不同地掌握了汉语,有的民族甚至绝大多数人都能通晓汉语,是兼通本民族语言和汉语的双语人。再看汉族的情况。由于汉语方言之间的巨大差距,不同方言区的人进行交际必须要学习民族共同语,或者学习交际对方的方言。一般来说,具有小学以上文化程度的人除了掌握母方言以外,多数都程度不同地掌握了普通话或当地主体民族的语言,并能进行正常交际。另一方面,随着我国的改革开放,学习外语(主要是英语)的人越来越多,外语学习的热情越来越高。一般说来,高中以上文化程度的人,都在不同程度上掌握了一门外语。近10年来,我国各高校的大学毕业生大多数都通过了国家英语四、六级考试。中国人的外语水平有明显提高。

(二)中国当代语言规划的成功范例

"五多一大"的语言国情呈现出中国语言文字的多样性和使用情况的复杂性。如何处理好各种语言(包括地方方言)、各种文字之间的关系,充分发挥它们的作用,不但关系到各个民族、地方的切身利益,也关系到各民族的共同繁荣和国家的长治久安。通过共和国60多年的国家语言规划工作,我国当代的语言生活状况是:国家语言生活的主体语言、民族语言和地方方言在各自区域内发挥其功能作用,主体性与多样性和谐共存、功能互补分用的总格局基本形成①。具体体现在以下两大方面：

1. 普通话作为国家通用语言逐渐成为国家语言生活的主体语言

汉语规范化是新中国成立以来的重要语文政策,其主要内容之一就是推广普通话。普通话的语音规范、词汇规范、语法规范是在客观分析我国国情的基础上制定的,因而作为各民族之间(汉族与少数民族之间、少数民族之间)、汉族内部各地区之间的共同交际工具,普通话具有比其他语言更为广泛的适用性和深刻的影响力。自1956年国务院决定成立中央推广普通话工作委员会至今,50多年的普通话推广一方面是党和国家政府领导下的语言规划行为,另一方面也是社会发展对语言规范的内在需求。《宪法》第十九条规定:"国家推广全国通用的普通话。"这表明推广普通话是我国语言文字的基本国策,在立法层面确立了普通话的主体语言地位。50多年的推普工作,从政策制定与实施、目标确定与更新、机构设立与运行、信息宣传与普及等方面都稳步推进、注重实效。尤其是在以语言本体规划为主要内容的第二阶段里,《国家通用语言文字法》的出台和普通话水平测试的实施,更为有力地稳固了普通话的主体语言地位。

以普通话水平测试为例。1994年国家语委普通话测试中心成立,当年年底首期普通话水平测试员培训班开班,截至2013年底,已举办了53期,培养了国家级普通话水平测试员5000多名。各省市、自治区也根据普通话水平测试工作的需要,纷纷开展省级

---

① 参见陈章太《〈国家中长期语言文字事业改革和发展规划纲要〉与国家语言生活》,《语言文字应用》2013年第1期。

普通话水平测试员的培训,共培养5万多名。全国建立测试站点2000多个,覆盖全国各个地区。截至2013年底,全国普通话水平测试已达5000多万人次,其中"机辅测试"约计1500万人次。另外,也加强了港澳台测试。目前在港澳合作测试机构已经有15家,测试达10万多人次,并培训港澳台测试员130多名[①]。普通话测试工作采取以测促学、以测促推的形式,在全社会开展培训、测试工作,取得了很好的成效。自上世纪80年代以来,普通话测试工作从早期的笔试到后来的口试、计算机测试,与时俱进,不断提升测试工作的科学化和便利性。经国家语委批准,普通话普及情况调查项目于2010年8月立项,对河北、江苏、广西三省区普通话普及情况做了抽样调查。调查结果与1998年至2004年进行的中国语言文字使用情况调查的结果对比可以看出:10年左右时间,推广和普及普通话成效显著,普及速度加快,范围扩大;普通话的普及程度有了很大的提高,能用普通话进行交际的人数大大增加。据中国语言文字使用情况调查办公室2004年公布的有关数据,截至2000年,全国能用普通话与人交谈的人数比例为53.06%,其中江苏省为55.53%,河北省为52.58%,广西壮族自治区为50.39%;据2010年开始的江苏、河北、广西三省区普通话普及情况抽样调查数据推算,全国能用普通话与人进行交谈的人数大约为70%以上,其中江苏省达到了70%以上,比10年前提高15%[②];河北省达到了73以上,比10年前提高21%;广西壮族自

---

① 普通话培训、测试方面的各种数据,依据语言文字应用研究所《继往开来三十而立,护土培根叶茂花繁——纪念语言文字应用研究所成立三十周年》,载《语言文字应用》2014年第4期。

② 参见苏金智《江苏省普通话普及情况调查分析》,《语言文字应用》2012年第1期。

治区达到80%以上,比10年前提高了26%以上。人们学习普通话的主动性和自觉性增强,人们的语言观念逐步改变,对普通话的认同感增强[①]。普通话水平测试是新时期推普工作的重要举措和创新,它使推普由宣传、倡导变成了依法推进,使推普工作更为扎实有效;同时,它也使普通话水平的测评有了科学依据和量化标准,并为相关行业确定从业人员持证上岗资格提供依据,使推普的手段具有可操作性。普通话测试工作还在学科建设、科研平台扩展、汉语国际推广等方面具有积极的意义。普通话的推广与测试工作近30年来,使普通话的主体地位深入人心,其显著成效再次验证了国家语言规划的重要性。

2. 民族语言和地方方言在各自区域内与普通话
和谐共存、互补分用

《宪法》第四条明确规定"各民族都有使用和发展自己的语言文字的自由"。这一规定确定了各民族语言文字享有平等的法律地位,保障了各民族都有选择使用符合自己需要的语言文字的权利。各民族语言文字的平等权利是我国实行民族平等政策的重要体现。作为民族工作的重要组成部分,少数民族语言文字受到了应有的尊重。这与民族之间使用共同语普通话进行交际并行不悖,是多样性语言生活的积极表现。目前,在我国少数民族地区,双语双言和谐共存的格局业已形成,普通话作为主体语言的观念事实上已深入人心。

同样,我国方言的复杂多样是我国历史发展的客观现实。我国积极稳妥地推广普通话,是承认语言多样性事实,增进地区间政

---

① 参见孙曼均《河北省普通话普及情况调查分析》,《语言文字应用》2011年第4期。

治、经济、文化、科技诸多社会生活交流发展的重要举措,是兼顾多样性和统一性的完美结合。多年来的推普事实告诉我们,在普通话这一主体语言使用人群、范围、领域逐步拓展的同时,方言在各地区内依然发挥着重要的交际作用。教育部2010年普通话普及情况调查结果显示:汉语方言仍然是家庭的首要交际用语,在家庭和本地区域内一般社会生活中占据主要地位。从集贸市场到医院场合再到政府部门场合,普通话使用频率逐渐增加[①]。

普通话的推广,在言语交际层面拓宽了各民族之间、各方言之间的交际广度,但并不影响民族语言、方言的多样化的存在。教育部2010年普通话普及情况调查结果显示:汉语方言和少数民族语言并没有因为普通话的推广而萎缩,甚至在部分地区还有增强的趋势。比如广西,能用少数民族语言与人交谈的比例2000年是33.91%,2010年是44.14%。还有河北,2000年调查时,能用汉语方言与人交谈的比例是81.81%,2010是86.31%[②]。

从普通话普及情况调查的结果看,以普通话为主体,与汉语方言和少数民族语言一起构成主体性和多样性的语言生活在我国已经基本形成,在少数民族地区和大的汉语方言区的社会语言生活中,双语双方言的使用现象越来越多[③]。

(三)中国当代的语言政策

把握语言国情是制定语言政策的基本依据。中国语言国情的上述"五大一多",反映了中国语言文字的主体性与多样性的关系

---

① 参见普通话普及情况调查项目组,谢俊英执笔《普通话普及情况调查分析》,《语言文字应用》2011年第3期。
② 同上。
③ 同上。

以及各种语言文字使用情况的复杂性。语言文字问题,从来就不是一个纯学术问题。语言政策的制定,要充分考虑中国社会语言生活的这种"五大一多"特点,处理好各种语言之间以及语言与方言之间的关系,各种文字之间的关系,如汉语言文字与少数民族语言文字的关系,普通话与方言的关系,母语教育与外语学习的关系,等等。充分发挥各种语言文字各自的作用,不但关系到各个民族的切身利益,也关系到各民族的共同繁荣和国家的统一发展与长治久安,同时也关系到中国的国际形象。中国政府历来十分重视语言政策的制定和适时调整,并且设有专门的机构和部门管理语言文字工作。中国的基本语言文字政策主要体现在《中华人民共和国宪法》《中华人民共和国国家通用语言文字法》《中华人民共和国民族区域自治法》等法律以及相关法规文件中。

《中华人民共和国宪法》中有两条规定:

各民族都有使用和发展自己的语言文字的自由。(第四条)

国家推广全国通用的普通话。(第十九条)

这两条规定,体现了中国关于语言文字的基本政策。中国政府一贯主张民族不分大小,一律平等。语言平等是民族平等的重要内容。"各民族都有使用和发展自己的语言文字的自由"这一规定,非常恰当地确定了各民族语言文字享有平等的法律地位,同时也保障了各民族都有选择使用符合自己需要的语言文字的权利。依据宪法,《中华人民共和国民族区域自治法》第十条进一步做出明确规定:"民族自治地方的自治机关保障本地方各民族都有使用和发展自己的语言文字的自由,都有保持或者改革自己的风俗习惯的自由。"由于政府把保障各民族语言文字的平等权利作为实行民族平等政策的重要内容,把少数民族语言文字工作看成是民族工作和语言文字工作的重要组成部分,少数民族语言文字受到了应有的尊重,并且为少数民族语言文字的学习、使用和发展创造了条件,提供了保障。"国家推广全国通用的普通话"的含义,是指在各民族之间和汉语的各大方言区之间,都要以普通话作为共同的交际工具,在国际活动中也要以普通话(汉语的标准语)作为代表中国的法定语言。这是两条相辅相成的政策,既着眼于中国复杂而多样的语言国情,体现了中国境内各兄弟民族平等、团结、互助的社会主义民族关系,又强调了普通话"全国通用"的法律地位,推广普通话是国家的一项基本国策。

《中华人民共和国国家通用语言文字法》规定:

国家推广普通话,推行规范汉字。(第三条)

这一法律条文,规定了国家关于国家通用语言文字的基本政策。普通话和规范汉字作为国家通用的语言文字,国家有责任有义务大力推广和推行。这也是中国政府在语言文字方面一贯坚持的重要政策,《国家通用语言文字法》以法律的形式把它确定下来,强调了"普通话"和"规范汉字"在中国当代语言生活中的主体地位。

推广普通话,包括要求人们掌握普通话和使用普通话两个方面,这就决定了推广普通话的重点在学校和社会公共领域。学校和社会公共领域使用普通话的程度和水平,可以大体反映全社会普通话的普及程度。国家语言文字工作职能部门为此制定了《普通话水平等级标准》,对以普通话为工作语言的从业人员开展普通话水平培训测试。推广普通话工作中,要妥善处理普通话与方言、(汉语)普通话与少数民族语言的关系。方言有其珍贵的历史和现实应用价值,推广普通话不是要消灭方言,而是为了克服语言障碍使方言区的人也掌握民族共同语,以适应现代社会发展的需要;推广(汉语)普通话也不是要限制少数民族语言的使用和发展,在民族自治地方和少数民族聚居区,普通话和当地通用的一种或几种少数民族语言,可以同时并用,共同发展。

推行规范汉字是一个渐进的过程、长期的工作。国家为此进行了大量工作,包括整理和简化汉字,制定、出台汉字应用的一系列规范标准,加强社会用字管理等。国家推行规范汉字的重点是:国家机关公务用字,学校教育教学用字,新闻、出版、广播、影视等媒体用字,公共场所的标牌、宣传标语、广告等用字,计算机信息处理用字。随着信息网络时代的到来,计算机信息处理用字成为社会用字管理的源头。需要指出的是,国家推行规范汉字,并不是要求在所有的场合都不能使用繁体字、异体字,而是把繁体字、异体字的使用限制在一定的范围内,因此《国家通用语言文字法》第十七条规定了允许保留或使用繁体字、异体字的场合和特殊情况。这些规定,很好地体现了国家关于汉字使用的政策,既符合文字发展演变的规律,符合语言文字规范化是一个渐进的工作过程的特点,又体现出从实际出发在政策把握上具有一定的弹性和柔性。

除前述《中华人民共和国宪法》《中华人民共和国国家通用语言文字法》《中华人民共和国民族区域自治法》外,中国其他法律、法规和部门规章中,也有许多列有语言文字使用方面的条款。如《中华人民共和国教育法》(1995)第十二条规定:"汉语言文字为学校及其他教育机构的基本教学语言文字。少数民族学生为主的学校及其他教育机构,可以使用本民族或当地民族通用的语言文字进行教学。""学校及其他教育机构进行教学,应当推广使用全国通用的普通话和规范字。"《中华人民共和国居民身份证条例》(1985)第三条规定:"居民身份证登记项目使用全国通用的文字填写。"

"民族自治地方的自治机关根据本地区的实际情况,可以决定同时使用本民族的文字或者选用一种当地通用的民族文字。"《中华人民共和国广播电视管理条例》(1997)第三十六条规定:"广播电台、电视台应当使用规范的语言文字。""广播电台、电视台应当推广全国通用的普通话。"做出语言文字方面相应规定的,还有《中华人民共和国义务教育法》《中华人民共和国义务教育法实施细则》《幼儿园管理条例》《扫除文盲工作条例》《爱国主义教育实施纲要》《民族乡行政工作条例》《经济合同仲裁条例》《民事诉讼法》《刑事诉讼法》《行政诉讼法》《法院组织法》《地方各级人民代表大会代表法》,等等。这些法律、法规、规章做出的相应规定,都很好地体现了国家语言文字政策。

进入21世纪,为适应时代社会的巨大变化和国家现代化、信息化、国际化的快速发展,中国共产党十七届六中全会明确提出"大力推广和规范使用国家通用语言文字,科学保护各民族语言文字"。国家语委制定、发布的《规划纲要》,将执政党关于新时期语言文字事业的这一重要思想,作为指导思想写入其中。这是与时俱进、适时调整和发展国家语言基本政策,使语言文字事业的重要性得到空前提升。加大了推普的力度和民族语言保护力度,有力促进了语言文字及其应用规范化发展。

(四)中国当代的语言立法

语言立法,就是从法律上规定语言(包括方言)的地位和公民的语言权利。许多国家是在宪法或有关法律中对一种或几种语言在本国的法律地位、各民族和公民个人的语言权利等做出简要的规定。有些国家专门就语言文字问题制定法律,如法国、比利时、加拿大、新加坡、俄罗斯等20多个国家制定了语言法。有人做过统计,世界142部宪法中就有79部规定了国语或官方语言。各国的法律文书也差不多都有关于官方文字的规定。可见加强语言文字立法并实施依法管理,是世界上法制比较健全的国家的通例①。

我国有重视语言文字的法制建设的传统。秦汉以来,历朝历代几乎都或多或少地对语言文字做出过相应的规定。新中国成立以后的60多年时间里,国家在语言文字方面的工作可以分为三个时期:1949—1976年为第一个时期;1977—1996年为第二个时期;1997年至今为第三个时期。

1.第一个时期(1949—1976年)

语言文字工作主要围绕与教育文化有关的文字改革、推广普通话、现代汉语规范化等基本内容展开。这一阶段的主要成果《汉字简化方案》(1956)、《汉语拼音方案》(1958),为我国汉字书写、注音和拼写奠定了坚实基础②。这一时期的立法成果主要体现在1954年第一届全国人大第一次会议通过的第一部《中华人民共和国宪法》上,《宪法》明确规定"各民族都有使用和发展自己的语言文字的自由"。这是国家首次以国家基本大法的形式确定了民族语言文字的地位,保障民族语言文字权利。这一时期,已有初步的保障语言权利的法律意识,而全面涉及国家语言规划的法律条文还未形成,可称为"草创期"。

2.第二个时期(1977—1996年)

继续推进语言文字工作,结合社会现实语言文字法制化的需求,出台了一系列语言文字法律条文。这一时期最重要的语言文

---

① 参见王铁琨《试论语言文字的法制建设问题》,《语言文字应用》1995年第3期。

② 参见本章第三节"汉语言规范标准建设"有关内容。

字立法大事是,1982年第五届全国人大第五次会议通过的第四部《中华人民共和国宪法》中,明确规定了"国家推广全国通用的普通话",推广普通话自此有了国家大法的有力保障,也将我国语言规划引入了法制化轨道。1995年颁布的《中华人民共和国教育法》,首次明确规定:"学校及其他教育机构进行教学,应当推广使用全国通用的普通话和规范汉字。"这一法律规定使教育战线成为我国语言文字的排头兵,加快了我国语言文字法制建设的步伐。同时,针对"文革"后商品市场初建时期语言文字使用的混乱局面,国家语委会同中国地名委员会、铁道部、交通部、广电部、商业部、外经贸部、国家工商局等部门制定了多项语言文字管理规定,如《关于地名用字的若干规定》《关于广播、电影、电视正确使用语言文字的若干规定》《关于企业、商店的牌匾、商品包装、广告等正确使用汉字和汉语拼音的若干规定》等。这些规定的颁布,使我国汉字使用的许多领域有法可依,较好地扭转了汉字使用的混乱状况。另外,在民族语言文字立法方面也取得了重大成就。这一时期,确定了普通话的"国家通用语言"的法律地位,制定了汉语应用的相关法规,可称为"完善期"。

3. 第三阶段(1997年至今)

中国共产党的十五大提出了"建设社会主义法治国家"的宏伟目标,语言文字工作也积极围绕这一目标开展了扎实有效的语言文字立法工作。具有划时代意义的重大事件就是,1997年1月,全国人大教科文卫委员会正式启动了《中华人民共和国语言文字法》(后定名为《中华人民共和国国家通用语言文字法》)调研活动,从启动调研到2000年第九届全国人大常委会第18次会议通过,《中华人民共和国国家通用语言文字法》的整个立法过程历时3年零10个月。

《中华人民共和国国家通用语言文字法》第一条开宗明义地阐明了立法宗旨：

> 为推动国家通用语言文字的规范化、标准化及其健康发展，使国家通用语言文字在社会生活中更好地发挥作用，促进各民族、各地区经济文化交流，根据宪法，制定本法。

这个立法宗旨，在充分肯定国家新时期语言文字工作方针政策的基础上，提出了制定《国家通用语言文字法》的指导思想：与宪法等有关法律保持一致；继续坚持国家新时期语言文字工作的方针、政策，促进语言文字的规范化、标准化，使语言文字在社会生活中更好地发挥作用，语言文字应用管理要体现主权意识，坚持从实际出发，实事求是的原则。这部法律的起草过程，很好地贯彻了上述指导思想。它的颁布实施，标志着语言文字法制建设在经历了多年探索实践之后，取得了突破性进展。其重要意义在于：1.有利于确立和巩固普通话、规范汉字事实上"全国通用"的法律地位，增强了中华民族的凝聚力；2.有利于促进国家通用语言文字的规范化、标准化，增进各民族、各地区的交流和沟通；3.有利于普及文化教育，发展科技技术，提高社会信息化水平；4.有利于加强国家通用语言文字社会应用的管理[①]。

作为中国历史上第一部语言文字专项法律，《中华人民共和国国家通用语言文字法》的颁行，无疑是中国语言规划史上的一件非比寻常的重要事件，自此以后，语言文字在中国进入了依法管理的

---

① 参见王铁琨《试论〈国家通用语言文字法〉颁布的意义及其特色》，《语文研究》2001年第4期。

历史新阶段。不少学者围绕着这部法律的制定和实施进行了学术探讨。比如,有学者归纳了制定《中华人民共和国国家通用语言文字法》的基本原则,即"法理原则""求实原则""政策原则""简明原则"①。有学者分析、归纳了《中华人民共和国国家通用语言文字法》不同于其他国家类似法律的鲜明特色,即"重在引导""实事求是""刚柔并济""简明扼要"②。也有学者从语言与法律的关系着眼,提出要建立中国特色的法律语言学等③。这些都表明我国语言规划的理论与实践进入了一个新的阶段。

这一语言文字专项法律使普通话、简化汉字和汉语拼音的地位、功能、推广和使用等都有了法律保障,通用语言文字与民族语言文字、汉语方言的关系和功能分工也有了法律界定。它的诞生,对便利社会交际、增进民族团结、维护国家统一、促进语言文字规范化以及语言文字管理工作,都有重要作用。围绕这部国家语言文字专项法律,中宣部、全国人大教科文卫委员会、教育部、司法部和国家语言文字工作委员会等五部门发出《关于学习宣传和贯彻落实〈中华人民共和国国家通用语言文字法〉的通知》,要求"各地结合本地实际情况,制定本地区的《国家通用语言文字法》的实施办法或语言文字方面的地方性法规和规章,逐步把语言文字工作全面纳入法制轨道"。根据《通知》要求,截至2010年底,西藏、黑龙江和新疆修订了已颁布的语言文字方面的地方法规。北京、山西、四川、重庆、山东、湖北、天津、云南、辽宁、吉林、上海、江苏、湖

---

① 参见陈章太《说语言立法》,《语言文字应用》2002年第4期。
② 参见王铁琨《试论〈国家通用语言文字法〉颁布的意义及其特色》,《语文研究》2001年第4期。
③ 参见李宇明《语言与法律:建立中国的法律语言学》,载《语言与法律研究的新视野》,法律出版社,2003。

南、福建、广西、安徽、宁夏、浙江、贵州、内蒙古、陕西、河北以及汕头、太原、大连、西安、南昌、贵阳新颁布了28个语言文字地方法规和规章,总共出台了31个地方法规和规章。其中,地方法规23个,地方政府规章8个,涉及25个省(自治区、直辖市),6个省会市、计划单列市和国务院公布的较大的市。语言文字法律法规体系框架已经形成①。

从《宪法》对普通话法律地位的确立,到有关部门相关法规、规章的出台,从语言文字专项法律——《中华人民共和国国家通用语言文字法》的颁布实施,再到各地《〈国家通用语言文字法〉实施办法》的制定,中国语言文字立法的探索实践已经进行了差不多半个世纪,可以说,现在已经初步构建了契合我国社会主义初级阶段基本语言国情的语言文字法律法规体系。这一时期,可称为"成熟期"。

(五)中国当代语言规划的指导思想

当代中国的语言规划具有明显的阶段性,自20世纪50年代初以来,可以划分为两个阶段,即:以语言地位规划为主的第一阶段(20世纪50年代初至70年代末)和以语言本体规划为主的第二阶段(20世纪80年代至今)。第一阶段以实行语言平等,保障民族语言权利,选择、推广全民共同语,实行文字改革为主要任务;第二阶段以加强语言文字规范化标准化和普及普通话,以及加强语言文字信息处理管理为主要任务②。回顾60多年来的中国当代语言规划,可以看到,中国语言文字的改革与发展过程中,语言

---

① 参见魏丹《语言文字法制建设——我国语言规划的重要实践》,《北华大学学报》2010年第3期。
② 参见陈章太《当代中国的语言规划》,《语言文字应用》2005年第1期。

规划的指导思想也具有阶段性和传承性。

1. 文字改革思想

中国当代语言规划的第一阶段里，面对国内复杂的语言生活状况，按照"约定俗成、稳步前行"的指导思想和方针，努力推进文字改革及汉语规范化。

1949年10月，中国文字改革协会干部会议上传达了毛泽东主席的指示：文字改革应首先办"简体字"，不能脱离实际，割断历史。这一指示既指明了新时期文字改革的主要对象和任务，也指出了文字改革的传承性。在这次会议上，黎锦熙、罗常培、陆志韦等专家学者纷纷发言，一致指出文字改革对于普及文化教育的重要性，认为新文字不仅是消灭文盲唯一有力的工具，而且是发展新文化有力的工具，应把语文教育工作与广大群众密切联系起来，使人民自己能掌握新的文化工具①。这次会议明确了新时期进行文字改革的重要性和必然性，有力地推动了新中国成立初期的文字改革工作。从1950年9月教育部教育司编成的《常用汉字登记表》到1956年1月国务院全体会议第23次会议通过了《汉字简化方案》及《关于公布〈汉字简化方案〉的决议》，经过毛泽东、周恩来等国家领导人的多次批示、各方专家的详细研讨、反复修订，面向社会各阶层、各领域多次的意见征求，以及媒体的分批试用，体现出文字改革始终遵循的"约定俗成、稳步前行"的指导思想和方针。胡乔木在1991年《汉字简化方案》公布35周年纪念大会的书面发言里说："35年来，这个方案在普及教育、提高国民文化水平、促进社会主义现代化建设等方面都发挥了积极的作用。实践证明，它

---

① 参见《人民日报》1949年10月11日。

是一个便于学习、应用的方案。"60年来推行简化字的实践,证明了这个《方案》的合理性和可行性[①]。

改革开放以后,中国语言生活发生了巨大变化,市场化、信息化、现代化的社会特征愈加明显。我国语言规划的指导思想必须与时俱进,"语言资源""语言服务与援助""和谐语言生活"等思想逐渐写入语言规划的指导思想之中。

2.语言资源思想

语言是重要的社会资源、文化资源、国家资源,要重视语言资源的保护、利用、发展与建设。早在17世纪,西方有学者将语言作为一种稀有资源来看待。但语言作为社会资源的语言资源说,则由Jernudd,B和J.Das Gupta于1971年首次提出,对后世语言资源的学术探讨和语言实践有着影响深远。上世纪90年代联合国教科文组织为保护和发展语言资源对部分语言进行动态监测,编制成《世界语言报告》。1995年,欧洲语言资源协会(ELRA)在卢森堡成立,该协会开展以语言技术为主的语言资源收集、监测、评估、鉴定、宣传、开发与利用工作,定期召开语言资源与评估国际大会(ICLRE),出版会刊《语言资源与评估》。1996年,美国学者Luisa Maffi组织召开"濒危语言,知识与环境"国际专家联席会,并发起成立国际性非政府组织"语界(Terralingua)",设立了以生物—文化多样性资源监测为基础的全球地理信息系统(Global GIS)以及地区资源监测和资源库建设项目,并每年发布年度报告。

改革开放以来,我国现代化进程逐渐加快,信息化社会基本形成,语言与社会的关系日趋紧密,语言对社会的影响和社会对语言

---

① 参见苏培成《简化汉字60年》,《语言文字应用》2009年第4期。

的需求日益加强。"树立语言资源观念,了解中华语言资源的基本状况,制定切实可行的语言资源保护、开发措施,已经成为当今国家语言规划的必务之事、当务之急。"①

1981年,邱质朴最早撰文将汉语视为资源②,而语言资源问题直到本世纪初才开始备受关注③。我国少数民族和族群语言(含方言)快速濒危,语言资源急剧萎缩,2001年出版的《中国少数民族语言活力研究》报告了众多民族语言的若干活力指标数据,清晰展示了这一严峻语言资源问题;2004年,中国中文信息学会发起成立中国语言资源联盟(CLDC),开展了以语言信息工程为目标的语言资源的研究、开发与利用方面的工作。同年,国家语委成立了国家语言资源检测与研究中心,从事汉语资源方面的研究。《中国语言生活状况报告》自2005年开始发布,至今已延续八年。2008年,中国语言资源有声数据库建设启动,至2012年已完成江苏、上海、北京、辽宁和广西等5个省(自治区)的建设工作并取得阶段性成果。这是教育部、国家语委贯彻和落实党的十七届六中全会精神的重要举措,是一项重大的语言资源及其文化资源建设工程④。《规划纲要》规定的重点工作中就有"语言数据库和语料库建设",包括"古今汉字全息数据库""中国百年语言文字规范标准数据库""国家语言资源动态流通语料库",并开展语言国情调

---

① 参见李宇明《语言资源观及中国语言普查》,《郑州大学学报(哲学社会科学版)》2008年第1期。
② 参见邱质朴《试论语言资源的开发——兼论汉语面向世界问题》,《语言教学与研究》1981年第3期。
③ 参见陈章太《论语言资源》,《语言文字应用》2008年第1期。
④ 参见田立新"中国语言资源有声数据库建设培训(第一期)"开班仪式讲话,《语言文字工作简报》2012年第7期。

查,进行少数民族濒危语言抢救和保护。《规划纲要》指出:"语言文字是国家的战略性文化资源,是建设创新型国家、建设人力资源强国、推进国家信息化和现代化的基础性资源。"

语言资源是与人类社会相伴相生的社会财富,具有多方面的巨大价值。对于我国而言,在当今市场经济繁荣的大环境下,语言资源的价值更是日益凸显,时代、社会都急切要求我们珍爱、珍惜中华语言资源,切实做好语言资源的有效保护、科学开发、全面利用与长远建设,让语言资源的价值得到最大化体现。

3.语言服务思想

"语言服务"和"语言援助"作为术语概念,兴起于本世纪初,但其实践在我国却早已有之。进入上世纪80年代,语言的服务属性和经济属性越发凸显,引起政府、学界和商界的极大关注。1986年,全国语言文字工作会议主题报告指出:"要多做一些有利于语文建设和提高群众语文水平的工作。要同文化、教育、科学、技术各界紧密配合,并为他们服务。"这次会议上提出的新时期语言文字工作的主要任务中,包括"做好社会调查和社会咨询服务工作"[①]。1997年全国语言文字工作会议的主题报告中更是强调"语言文字工作的生命力在于为社会需求服务,为社会主义现代化建设服务"。2011年教育部新闻发布会上,李宇明指出"我们发布中国语言生活状况的主要目标就是信息公开,提倡语言服务的理念,构建和谐的语言生活"。《规划纲要》进一步强调"把服务国家经济社会发展大局作为语言文字事业改革和发展的基本原则"。

---

① 参见刘导生《新时期的语言文字工作》,载《新时期的语言文字工作——全国语言文字工作会议文件汇编》,语文出版社,1987。

并提出"建立国家语言应急服务和援助机制"。在这一理念的影响下,全国语言学界举办了多场专题研讨会,进一步从学理上深入阐释语言服务的理念。

目前,我国逐渐形成规模的语言服务产业,如语言翻译、语言培训和语言产品等产业,另外在社会生活的其他领域和行业也都存在着语言服务的问题,如交通、餐饮、电信、导游等等。但总体来看,我国的语言服务实践还处于初步阶段,需要在这一指导思想的指引下,深入研究,科学分析,使当前一些领域的语言服务从自发自在、零散分布进入到科学规划、规模发展,从而真正实现语言服务的理念。

近年来,伴随大规模自然灾害的频发,我国逐渐意识到语言援助的问题。比如在语言复杂的自然灾害频发地区,如玉树、汶川等地,凸显救灾抢险过程中的语言障碍和语言援助问题,极大地影响了自然灾害的应急处理效率。2011年5月12日,教育部、国家语委发布2010年中国语言生活状况报告,李宇明指出,在发生自然灾害和国际人道主义救援当中,如何能够得到合适的语言救援,已经成为中国应该思考的问题。还有面对国际事务和突发事件时,对语言援助的需求也是极为迫切的。美国在"9·11事件"后投入大笔经费加强国际语言援助计划,以应对日益复杂的国际形势。我国2012年12月发布的《规划纲要》也明确要求"根据国家战略需求,制定应对国际事务和突发事件的关键语言政策,建设国家多语言能力人才资源库"。"建立特殊语言人才培养机制。推动社会建立应急和特定领域专业语言人才的招募储备机制,提供突发条件下的语言应急服务"。"发挥语言社团作用,建立语言志愿者人才库,广泛吸纳双语、多语人才,为社会提供语言援助"。

语言服务与援助还表现在国家大力推广和规范使用国家通用语言文字,科学保护各民族语言文字上。2011年10月18日党的十七届六中全会通过了《中共中央关于深化文化体制改革 推动社会主义文化大发展大繁荣若干重大问题的决定》,《决定》指出,要"大力推广和规范使用国家通用语言文字,科学保护各民族语言文字",指出了语言文字事业在文化传承发展中的重要作用和发展任务,明确了语言文字的改革和发展是整个社会主义文化大发展大繁荣的有机组成部分。这一指导思想在以往"各民族都有使用和发展自己的语言文字的自由"的基础上更为明确地表明国家语言规划的服务与救援主张。

4.语言能力思想

近年来,我国十分重视语言能力的培养与提升,在这方面做了大量工作,取得了一定的实效。当然,提升语言能力,需要长期坚持下去,才能有明显的见效。我们所说的语言能力,一般包括国民个人或群体的语言能力和国家整体语言能力。

国民语言能力是国民素质的重要组成部分,对个人成长成才或群体发展和国家整体语言能力的提升具有不可低估的作用和影响。《规划纲要》明确提出:"提高国民的语言文字应用能力。""受过初等教育的国民普遍具备普通话、规范汉字和汉语拼音的应用能力;具有中等及以上教育程度的国民,其国家通用语言文字水平达到相应的要求,具有较好的使用普通话和规范汉字表达、沟通的能力。全社会语言规范意识进一步增强,公民在公共场合自觉使用普通话和规范汉字,语言文字社会应用的规范化水平进一步提高。"语言文字应用能力是人类生存和发展必需的基本能力,是综合素质的重要构成因素,是实现人的现代化的基本要求。提高国民语言文字应用能力,对于人才强国建设和人力资源强国建设,对于基本实现教育现代化具有基础性作用。只有不断提高国民语言能力,才可以真正增强国家语言能力。

国家语言能力是指国家语言文字事业的整体发展水平,主要包括:语言文字工作的法制化、规范化、标准化和信息化水平,国家通用语言文字的普及程度,各民族语言文字科学保护以及和谐相处的程度,国家通用语言文字的国际地位,以及语言文字服务于国家战略、应急援助的水平等[1]。增强国家语言实力,是提高国家文化软实力、建设社会主义文化强国的前提和保障。21世纪,我国语言规划需紧密联系新形势,不断推进语言文字工作的法制化、规范化、标准化和信息化建设,不断提高中文的国际地位,增强国家语言能力。

5. 和谐语言生活思想

构建和谐语言生活,就是要坚持主体性与多样性的辩证统一,统筹各种语言关系,尊重国民的语言选择,保障其语言权利,营造和谐语言生活的氛围。也要正确对待、妥善协调和处理国家通用语言文字与民族语言的关系,各民族语言之间的关系,民族共同语、标准语和方言的关系,方言与方言的关系,母语与外语的关系,简化字与繁体字的关系等等,积极、科学保护弱势语言和弱势方言,抢救濒危语言和濒危方言。同时,要进一步加强语言文字规范化、标准化、信息化,努力增强语言功能与语言活力,树立语言服务观念,做好语言社会咨询、服务工作,积极保护、科学建设、合理开

---

[1] 参见李卫红《加快语言文字事业科学发展,为实现"中国梦"贡献力量》,语言文字战线"中国梦"主题教育活动座谈会讲话,2013年4月8日。

发、有效利用语言资源,提高语言资源价值,等等。构建和谐语言生活是以科学发展观为指导的推动语言文字事业发展的重要目标,也是语言文字工作者的重要历史使命。

(六)中国当代语言规划的主要措施

60年来,中国当代语言规划从战略和全局的高度,坚持科学性、政策性、稳妥性和经济性等语言规划基本原则,齐抓共管,措施得力,总体进展比较顺利,社会效果比较明显,取得了很大的成功。

1.政府主持、内行领导

国家语言规划是一项复杂的系统工程,涉及方方面面,事关国家发展与未来,必须由政府主持制定与实施,方能全面推进,取得实效。回顾历史,自新中国成立以来的我国当代语言规划,充分吸取传统语言规划由民间主导的经验教训,充分发挥政府行政权威作用,建立、健全由中央到地方的各级语言规划专门机构,主持制定与实施语言规划,调动、协调各相关政府部门及社会团体密切配合,并动员社会大众的积极参与,从而使语言规划得以顺利进行。在政府发挥主导作用的同时,吸收大批语言文字专家、学者担任领导,持续培养大批语言文字专门工作者,领导、主持和指导各级语言规划工作。如吴玉章、郭沫若、胡乔木、马叙伦、胡愈之、叶圣陶、罗常培、吕叔湘、王力、季羡林、叶籁士等既是领导者,也是内行和专家。政府主持保证了语言规划的顺利推进,内行领导保障了语言规划的科学实施。专家与政府的密切合作,真正保证了语言规划的可行性和科学性,才扎实有效、稳步推进,从而取得巨大成功。

2.部门协作、大众支持

无论是语言规划初期面临复杂混乱的语言文字局面,还是语言规划快速发展期语言规划内容、领域得到极大丰富和拓展的状况,语言规划都涉及纵横两向多部门的组织协调、协作配合的问题。大到国家部委层面,如国家语委、教育部、文化部、民政部、科技部、国家广电新闻出版总局联合推进,小到县市语委、人事、财务、教育、广电等等部门齐抓共管。因而,当代语言规划的成功离不开各级部门的协作支持,有了这一点,才可能使语言规划在政策、经费、人才、宣传、教育等方面全面、顺利地推动。同时,语言规划工作离不开广大人民大众的支持。上世纪五六十年代,广大群众以高度的热情参与到文字改革中来,从学习、宣传、推广、应用到意见和建议的提供,都因全国各界群众的广泛而积极地参与,文字改革方案和措施才能获取社会接受性和普遍适用性,也因此获得推广、普及的时效性。

3. 注重宣传、强化科研

中国当代语言规划的重要工作之一就是"宣传和普及",不管是法律法规、政策政令,还是语文知识、语言观念,都需要各级各类传播媒介的宣传支持。有上至国家主流媒体,下至地方传媒;有广播、电视、报刊、网络等大众传媒媒介,也有公开发行、内部主办的各类学术、工作刊物。在当前多媒体、自媒体、新媒体的媒体多样化环境中,语言规划的宣传与普及除了依托传统媒体形式外,还应积极创新传播途径,利用新媒体、自媒体等一切形式加强宣传力度,才能紧跟时代步伐,高效扩大宣传范围,取得宣传和普及的实效。

语言规划必须有科研保驾护航,语言规划的对象、目标、任务、工作重点、实施办法、各项措施都需要遵从语言文字工作的规律,贴近语言生活的实际,符合社会发展的需要,没有专家、学者的调查研究、分析解读,任何一项语言规划行为都缺失了科学性,都有偏离轨道的可能。因此,我国语言规划从一开始就非常注重语言规划的各项科学研究工作。例如,为准确把握普通话基础词汇概貌,加强普通话基础研究,自1986年至1995年,进行了近十年的北方话词汇调查与研究,于1996年出版了《普通话基础方言基本词汇集》,为推广和普及普通话奠定了坚实的基础。

4. 稳步前进、注重实效

语言规划工作任重道远,不能一蹴而就,必须在科学研究的基础上,逐步开展,稳扎稳打,坚持"积极而稳妥"和"顺乎自然,因势利导,做促进工作"的方针。以我国普通话推广为例,不同阶段推普方针都有细微变化,这种变化是根据阶段性任务反复研究、科学制定的。1955年"全国文字改革会议"确定推普方针为"大力提倡、重点推行、逐步普及";这里的"逐步普及"就是积极稳妥、逐步推广,不急于求成。1986年"全国语言文字工作会议"提出根据新的形势和进展,需对推广普通话的工作重点和实施步骤进行调整,经过几年的实践和总结,1992年,国家语委正式将新时期推广普通话的方针调整为"大力推行、积极普及、逐步提高"。与1955年方针比较,可以看出,普通话推行从"重点"转变为"大力",普及从"逐步"调整为"积极",并且在"提倡、推行和普及"的基础上增加了"提高"。调整后的方针保持了和原方针的连续性,准确反映了国家职能部门贯彻宪法规定的态度和工作力度[①],也体现了推广普通话工作规划的动态观和渐进性。正是由于语言规划工作密切结合语言生活实际,注重科学严谨,追求工作实效,稳步推进各项工

---

① 参见刘照雄《推广普通话的重要举措——普通话水平测试简论》,《语言文字应用》1994年第4期。

作,才符合语言规划的长期性和稳妥性特点。

(七)中国当代语言规划的管理机构

语言规划的主体是政府管理机构。我国政府历来高度重视语言文字工作,新中国成立伊始,就设置专门机构和部门,分管语言文字工作。目前,国家通用语言文字由教育部(国家语言文字工作委员会)管理,少数民族语言文字由国家民族事务委员会和教育部(国家语言文字工作委员会)分工负责(国家民委管理少数民族语言文字,教育部负责少数民族语言文字规范标准及其信息化的有关工作)。在不同的历史时期,针对不同的管理对象和内容,语言规划的管理机构有区别,也有更迭。

1949年10月10日,中国文字改革协会在北京正式成立。这是新中国成立后第一个由政府支持建立的研究文字改革的组织。其主要工作是研究汉字改革问题,同时也研究汉语规范问题和少数民族语言文字问题。1952年2月5日,根据周恩来总理指示,中央人民政府政务院教育委员会下设中国文字改革研究委员会。这是新中国主管文字改革工作的第一个国家研究机构。其主要任务是:研究并提出中国文字拼音化方案;整理汉字并提出简化方案。为了加强文字改革的领导,把文字改革工作由研究阶段推向实践阶段。1954年10月,周恩来总理提议将中国文字改革研究委员会改组成立中国文字改革委员会,作为国务院直属机构。其任务是根据党和国家的语言政策,采取切实可行的步骤来推行各项文字改革具体工作。

中国进入改革开放和社会主义现代化建设的新时期以后,随着改革开放的不断深入和新技术革命浪潮的不断冲击,国民语言生活发生了一系列变化,语言文字工作面临新的局势和挑战。文字改革工作由"逐步简化"转向"相对稳定",任务由简化转为规范化和标准化,《汉语拼音方案》也需要进一步完善和拓展其应用领域;同时,推广普通话工作被提升到语言文字工作的首要位置。这些任务已大大超过中国文字改革委员会的工作范围和管理领域。1985年12月16日,该机构经国务院批准更名为"国家语言文字工作委员会"。其主要职责是:贯彻执行国家关于语言文字工作的方针、政策和法令,促进语言文字的规范化、标准化,继续推动文字改革工作,并做好有关的社会服务工作。少数民族语言文字工作仍由国家民族事务委员会管理。

1998年,根据国务院机构改革的要求,国家语言文字工作委员会被并入教育部,保留国家语言文字工作委员会的牌子。于是,教育部(国家语言文字工作委员会)被明确为"主管教育事业和语言文字工作的国务院组成部门,内设两个职能司"(见《国家语言文字工作"十五"计划》)。

经过此次调整,进一步加强了国家语言文字工作的管理,也因此加快了全国各省市、自治区语言文字工作机构的进一步健全和完善,省、市各级都在对应的教育厅、教育局下设语委办。截至2013年度,全国31个省、自治区、直辖市和新疆生产建设兵团均设有省级语言文字工作常设机构。全国绝大部分地市级政府也都设有语言文字工作常设机构。

在推广普通话方面,1956年2月6日《国务院关于推广普通话的通知》指出"国务院设推广普通话工作委员会,统一领导全国的推广普通话工作,它的日常工作,由中国文字改革委员会、教育部、高等教育部、文化部、中国科学院语言研究所分工进行"。"各省、市人民委员会都应该设立同样的委员会,并以各省、市的教育厅、局为日常工作机关"。对少数民族推普方面提出"各自治区人民委员会可以根据需要设立推广普通话工作委员会"。1994年10月30日,国家语言文字工作委员会、国家教育委员会、广播电影电视部联合发文,成立"国家普通话水平测试委员会",负责领导全国普通话水平测试工作。委员会由国家语言文字工作委员会、国家教育委员会、广播电影电视部有关负责人和专家学者若干人组成。办公室设在国家语委普通话培训测试中心。文件要求"各省、自治区、直辖市也应相应地成立测试委员会和培训测试中心,负责本地区的普通话培训测试工作"。同时,中央人民广播电台、中央电视台以及具备条件的国家部委直属师范、广播、电影、戏剧等高等院校,经国家普通话水平测试委员会批准,可以成立本单位的普通话水平测试委员会。1997年《国家语言文字工作委员会关于普通话水平测试管理工作的若干规定(试行)》进一步对各级管理机构的职责予以明确。

进入21世纪,我国普通话培训测试工作飞速发展,各地纷纷成立测试站,由各省普通话培训测试中心统一管理,具体负责各地的普通话培训测试工作。截至2013年底,全国共建测试站点2000个。

民族语文工作和民族语文教育方面。1951年,政务院文化委员会设立了"少数民族语言文字研究指导委员会",负责管理全国民族文字的研究、创制和改进工作。1954年以后,民族语文工作主要由国家民委的前身——中央民族事务委员会负责管理。1998年国务院调整了民族语文的管理工作,国家民委管理少数民族语言文字工作,指导少数民族语言文字的翻译、出版工作;教育部负责少数民族语言文字的规范化工作,指导少数民族语言文字信息处理的研究和应用①。在语文工作方面,先由中国文字改革委员会,1986年后由国家语言文字工作委员会负责管理,特殊语言教育由教育部管理。特殊语言教育方面,新中国成立初期的中国聋哑人福利会(后更名为中国盲人聋哑人协会)和后来的中国残疾人联合会发挥了积极作用。1987年7月,国务院批准成立国家对外汉语教学领导小组,负责统一领导和协调全国对外汉语教学工作。外国语言教育由教育部管理,外国语言文字在中国的使用没有专门机构管理。

(八)《国家中长期语言文字事业改革和发展规划纲要(2012—2020年)》

2012年12月4日,教育部、国家语委发布了《规划纲要》。《规划纲要》的出台历经三年的调查研究与反复论证,凝结着全国语言文字界的集体智慧。《规划纲要》以邓小平理论、"三个代表"重要思想、科学发展观为指导,提出了"增强国家语言实力,提高国民语言能力,构建和谐语言生活"的指导思想;提出了新时期语言文字工作的七项主要任务、六项重点工作和十六个方面的举措;提出了"创新理念思路""创新工作机制""创新管理服务"等八项创新和保障措施,是贯彻党的十八大会议精神的重要举措,是推进社会主义文化强国建设的重要行动,是指导当前和今后一个时期语言文字工作的重要纲领。

《规划纲要》全文由序言和主体(四章)组成,第一章是指导思想。第二章为目标和任务,介绍了国家中长期语言文字事业改革

---

① 参见周庆生主编《国家、民族与语言——语言政策国别研究》,语文出版社,2003。

和发展的总体目标和七大任务。第三章重点工作里详细介绍了当下和未来要做的六项涉及十六个方面的重点工作。最后第四章介绍了落实好《规划纲要》所需的八项创新与保障措施。

"序言"部分高度概括了语言文字的功能、语言文字事业的四大特点及其地位影响，并对语言文字事业提出了根本要求。序言部分对语言文字事业特点的归纳和影响的阐述，是立足我国当代语言国情、社会现实提出的科学判断。当前我国语言文字工作还不能完全适应国家经济、社会发展以及人民日益增长的物质文化水平对语言生活的需求，如国家通用语言文字的普及程度仍需进一步提高，公民自觉使用国家通用语言文字的意识、能力和文化素养仍需进一步增强。社会语言文字使用的监管、引导和服务尚不到位。语言文字工作的保障机制与管理手段需要进一步健全和充实。语言资源的保护、开发有待加强，语言文字应用研究水平亟需提高，语言文字人才队伍亟需加强，等等。因而，语言文字工作必须深刻领会序言部分对语言文字事业特点与影响的阐述，抓住今后的重要战略机遇，加快改革，实现全面快速科学的发展。

第一章细致阐述了未来八年我国语言文字事业改革与发展的"指导思想"。指导思想涉及"国家通用语言文字""各民族语言文字"和"语言生活"三大方面，并分别阐述了各自的工作重心。《规划纲要》指出，"国家通用语言文字"要走法制化道路，健全和依托法律法规，加大"推广和普及"，特别强调语言文字的培训、测试和评估在加大力度的同时要遵循语言文字工作规律。"指导思想"将国家通用语言文字的规范使用上升到"增强国家文化软实力"的高度，加强标准建设和意识强化，提升国民语言文字应用能力。对于各少数民族语言，"指导思想"强调"科学保护"，这一提法是贯彻落实党的十七届六中全会《决定》的重要举措,"科学保护"是社会和谐、民族发展的需要,必须增强全社会的语言资源观念和语言保护意识,必须具体针对我国少数民族语言实际功能及其在新时期的功能变化,做到因地制宜,最终达到"两全其美"。同时,还要加强各民族语言文字的科学研究,全面深入地开展语言国情的调查研究,弄清楚语言实际情况和理论问题。第一章最后从实施主体角度强调"构建和谐语言生活"需要"创新""主动""自觉""服务"等工作态度和理念。这是构建和谐语言生活的思想基础和工作动力所在。

第二章"目标和任务",细致分解了国家中长期语言文字事业改革和发展的七个方面的主要任务,分别是:大力推广和普及国家通用语言文字;推进语言文字规范化、标准化、信息化建设;加强语言文字社会应用监督检查和服务;提高国民语言文字应用能力;科学保护各民族语言文字;弘扬传播中华优秀文化;加强语言文字法制建设。同时对每项任务的对象、内容、步骤、重点都做了具体而详实的规定。比如:在提高国家通用语言文字普及程度方面,指出2015和2020两个时间点,做出了阶段性的具体安排;对语言文字的规范化、标准化和信息化分别使用了"加强""推进"和"提升",凸显任务的传承性、时代性和侧重点;在"提高国民语言文字应用能力"上,根据国民的不同教育程度提出相应的应用能力,体现任务的人性化和科学性。在"弘扬传播中华传统文化"方面,《规划纲要》从祖国大陆、港澳台地区到国际,从经典传承活动、语言文化交流、语言服务、语言教育与传播到各类会议语言,措施有力,视野开阔。

第三章"重点工作",从六大项十六小项对主要任务进一步分解。六大项是"推广普及""基础建设""督查服务""能力提升""科学保护"和"文化传承"。

第四章"创新与保障",分为"创新理念思路""创新工作机制""创新管理服务""扩大对外开放""强化人才保障""提高科研水平""加大宣传力度""保障经费投入"等八个方面。其中亮点是语言文字工作的"服务观",体现为"增强服务意识、提升服务能力、创新服务方式、做好语言文字社会咨询服务工作,坚持监督检查与社会服务并重","在提供支持和服务的过程中实现自身价值"。语言工作"服务观"是适应当前语言文字主体性与多样性共存的语言生活的重要思想转变,是构建和谐语言生活的重要方式。

《规划纲要》是新中国成立后第一个关于语言文字事业发展的纲领性文件。是党和国家高度重视语言文字工作的重要成果,是社会发展的需要和时代精神的体现。它以60年来语言文字事业发展基础为起点,规划至2020年国家语言文字事业的发展蓝图,把语言文字事业放到构建中华民族共有精神家园和和谐社会的大局中,视野开阔,高瞻远瞩,提出的总体目标明确,工作任务具体,保障措施有力。《规划纲要》构思深湛,内容全面,重点突出,阐述清晰,语言简明,文风朴实。《规划纲要》科学总结过去60年的工作,提出适应新形势的新目标和新任务,对正确认识、吸收过去语言文字工作成功经验,创新开展今后一个时期的语言文字事业,构建和谐语言生活,促进社会、经济、文化、教育、科技等各项事业发展都具有重要意义[1]。

---

[1] 参见陈章太《〈国家中长期语言文字事业改革和发展规划纲要〉与国家语言生活》,《语言文字应用》2013年第1期。

思考和练习

1. 简述中国"古已有之"的语言规划实践活动。
2. 中国传统语言规划的基本理论和主要措施有哪些？对当代语言规划工作有何意义？
3. 清末到新中国建立以前，中国语言规划有哪些重大事件？如何评价这些重大事件？
4. 中国语言国情的基本特点是什么？
5. 什么是语言立法？你对中国的语言立法有何评论？
6. 简述我国和谐语言生活的主体性与多样性。
7. 试阐述"语言资源观"。
8. 谈谈《国家中长期语言文字事业改革和发展规划纲要（2012—2020年）》的特色与意义。

第二节　汉语言文字地位规划

一　汉语言文字地位的确立

语言的地位规划是确立语言的社会交际地位和作用，主要包括两方面的内容，即决定某种语言在社会交际中的地位和决定某种文字在社会交际中的地位。确立"国语"或"官方语言"以及"拼写法"的制定或改革等等是其重要内容。

我国是汉语汉字的发源地，自古以来就有重视汉语和汉字的传统，近现代以来，在继承传统的基础上，不断加强和巩固了汉语汉字在中国的重要社会地位。历史进入语言信息时代，语言地位规划的意义日益突出,国家以法律手段确立了普通话和规范汉字"国家通用语言文字"的法律地位。汉语言文字地位的确立不是偶然的,既有历史的依据,也是现实的必然。

语言的地位规划还应该研究世界诸语言的地位问题。一种语言在世界诸语言中的地位,与三个因素有关,一是这种语言的功能是否完备,二是与使用这种语言的人数有关,三是与使用这种语言的国家和地区的经济、文化的发展水平有关。汉语的历史悠久,功能比较完备,但汉字不是世界主流的拼音文字;中国的经济、文化发展水平比起世界发达国家还有一定距离;但按照使用语言的人数来看,世界上使用汉语的人数最多,仅从这一点上看,我们也可以说汉语的地位是较高的。1973年12月8日联合国大会第28届会议一致通过,将汉语列为联大会议和安理会的六种工作语言之一;中国的《汉语拼音方案》也于1982年列为汉语罗马字的国际标准(标准号:ISO7089),进一步提升了汉语的国际地位。

中国是一个多民族的国家,语言的地位规划一方面要重视确立和推广国家通用语言文字,另一方面也必须重视少数民族语言政策问题,应当利用法律手段确定有关少数民族地区语言文字的政策、法令、标准等,妥善地处理好少数民族语言文字和国家通用语言文字的关系。

语言地位规划是时代的产物,它既要考虑语言地位和作用,也要注重时代特征。从语言规划的角度来说,我们正在进入一个多语言的网络时代。一个是互联网络,一个是多语言,这是我们这个时代语言规划的特色[1]。科学系统的语言文字地位规划是和谐社

---

[1] 参见冯志伟《论语言文字地位规划和本体规划》,《中国语文》2000年第4期。

会语言生活的根本保证。

二 汉语言文字工作的方针任务

适应社会经济文化发展的需要,新中国在各个不同的历史时期,都制定了相应的语言文字工作方针、任务,它们之间有联系,又体现出不同历史时期工作重点的不同和解决不同社会语言问题的针对性。

(一) 20世纪50年代文字改革的方针和三大任务

1956年1月27日,中国共产党中央委员会发出《关于文字改革工作问题的指示》,《指示》批准了文字改革工作的方针,即:汉字必须改革,汉字改革要走世界文字共同的拼音方向,同时积极推行拼音化的各项工作。"方针"包括文字改革的目标和步骤两个方面内容,目标是拼音化方向,步骤首先是简化汉字,同时进行拼音化的准备工作。准备工作主要有两项,一是推广普通话,二是制定汉语拼音方案。1958年1月10日,周恩来总理在政协全国委员会举行的报告会上,做了题为《当前文字改革的任务》的报告,在这个报告中,周总理明确提出了文字改革的三大任务,即"简化汉字、推广普通话、制定和推行汉语拼音方案",并做了透彻的阐述。简化汉字,实际上是对历史上流行的简体字的整理和规范。推广普通话,是为了消除方言之间的隔阂,而不是禁止和消灭方言。制定和推行汉语拼音方案,是用来给汉字注音和推广普通话,并不是用来代替汉字的拼音文字。50年代中期中国科学院召开的现代汉语规范问题学术会议,还提出加强现代汉语规范化的任务。

(二) 新时期语言文字工作的方针和任务

20世纪80年代,经过十年动乱以后,中国进入拨乱反正、改革开放的新时期。1985年12月16日,中国政府决定将主管语言文字工作的中国文字改革委员会改名为国家语言文字工作委员会(简称"国家语委")。紧接着,1986年1月,全国语言文字工作会议在北京隆重举行,会议传达了中央批准的国家新时期语言文字工作的方针和当前的主要任务。新时期语言文字工作的方针是:贯彻、执行国家关于语言文字工作的政策和法令,促进语言文字规范化、标准化,继续推动文字改革工作,使语言文字在社会主义现代化建设中更好地发挥作用。当前语言文字工作的主要任务有五项:第一,做好现代汉语规范化工作,大力推广和积极普及普通话;第二,研究和整理现行汉字,制定各项有关标准;第三,进一步推行《汉语拼音方案》,研究并解决实际使用中的有关问题;第四,研究汉语汉字信息处理问题,参与鉴定有关成果;第五,加强语言文字的基础研究和应用研究,做好社会调查和社会咨询、服务工作[①]。

对比50年代文字改革的方针和三项任务,新时期语言文字工作的方针、任务显然做了较大调整[②]。方针中明确规定要"继续推动文字改革工作","拼音化"的表述已不再出现,语言文字工作的范围从进行文字改革扩大到促进语言文字的规范化和标准化以及其他有关工作,"规范化""标准化"成为新时期语言文字工作的核心工作。任务由过去的三项扩展到五项,推广普通话被列为新时期的首要任务,中文信息处理和加强语言文字科学研究首次被作为"主要任务"提出。关于汉字的前途,会议重申了周恩来在1958

---

① 参见刘导生《新时期的语言文字工作》,载《新时期的语言文字工作——全国语言文字工作会议文件汇编》,语文出版社,1987。
② 参见陈章太《全国语言文字工作会议的总结发言》,载《新时期的语言文字工作——全国语言文字工作会议文件汇编》,语文出版社,1987。

年《当前文字改革的任务》的报告里的说明:"汉字在历史上有过不可磨灭的功绩,在这一点上我们大家的意见都是一致的。至于汉字的前途,它是不是千秋万岁永远不变呢?还是要变呢?它是向着自己的形体变化呢?还是被拼音文字代替呢?它是为拉丁字母式的拼音文字所代替,还是被另一种形式的拼音文字所代替呢?这个问题我们现在还不忙做出结论。但是文字总是要变化的,拿汉字过去的变化就可以证明。"①会议认为对这个问题需要进行更多的科学研究,仍然不宜匆忙做出结论。这是一种实事求是的科学态度。

(三)跨世纪语言文字工作的奋斗目标和主要任务

1997年12月23日至27日,在迎接新世纪到来的时候,中国召开了改革开放以来第二次全国语言文字工作会议,明确提出21世纪初叶和中叶语言文字工作的奋斗目标和当前的主要任务。跨世纪语言文字工作的奋斗目标是:2010年以前,制定并完善与《中华人民共和国语言文字法》相配套的一系列法规;普通话在全国范围内初步普及,交际中的方言隔阂基本消除,受过中等或中等以上教育的公民具备普通话的应用能力,并在必要的场合自觉地使用普通话,与口语表达密切行业的工作人员,其普通话水平达到相应的要求;汉字的社会应用基本规范,社会用字混乱现象得到有效的遏制,出版物用字、影视屏幕用字和计算机用字达到较高的规范水平;汉语拼音应用范围进一步扩大,扭转拼写中的不规范现象;建立起有效的中文信息处理的管理制度,做到凡面向社会推广的中

---

① 参见周恩来《当前文字改革的任务》,载《当代中国的文字改革》,当代中国出版社,1995。

文信息技术产品,均经过国家语言文字工作主管部门在语言文字规范标准方面的审查认定。达到这一目标,将为实现21世纪中叶的宏伟目标奠定坚实的基础。21世纪中叶以前,语言文字规范标准和各项管理制度更加完善;普通话在全国范围内普及,交际中没有方言隔阂;语言文字规范化、标准化水平显著提高;中文信息技术产品在语言文字规范标准方面实现较高水平的优化统一①。主要任务有四项:第一,坚持普通话的法定地位,大力推广普通话;第二,坚持汉字简化的方向,努力推进全社会用字规范化;第三,加大中文信息处理的宏观管理力度。逐步实现中文信息技术产品的优化统一;第四,继续推行《汉语拼音方案》,扩大应用范围。四项任务中,每一项都提出了具体的要求。如第一项"坚持普通话的法定地位,大力推广普通话"的具体要求是:继续贯彻"大力推行,积极普及,逐步提高"的12字方针,在普及的基础上提高,在提高的基础上普及。"九五"期间,中心城市和经济发达地区要率先初步普及普通话。(1)学校要加强普通话能力的训练,使普通话成为各级各类学校的教学语言并成为部分城镇学校的校园语言。教育行政部门要加强管理,把普及普通话纳入学校的培养目标和教学内容,纳入对教师的基本要求,普通话合格的教师才能上岗。(2)党政机关要率先垂范,在公务活动中自觉说普通话。组织人事部门要把基本具备普通话能力作为公务员录用的必备条件之一,逐步实施。(3)有声媒体要以普通话为播音用语,广播电台、电视台的播音员、节目主持人从1988年起,要逐步做到持普通话合格证书上岗。商

---

① 参见许嘉璐《开拓语言文字工作新局面,为把社会主义现代化事业全面推向21世纪服务——在全国语言文字工作会议上的报告》,《语文建设》1998年第2期。

业、旅游、邮电、交通、金融、司法等行业的工作人员,要尽快提高普通话的能力,逐步做到以普通话为服务用语。解放军指挥员、武警指战员要以普通话为工作用语,并逐步提高普通话水平。(4)加强普通话培训测试工作,提高普通话培训测试的科学水平。各级语言文字工作机构要加强管理,适应社会对普通话培训测试的更大需求,使培训测试工作更加科学化、现代化。(5)做好普通话词汇规范工作,着手组织研制并分期分批发布有关外来词、异形词、缩略语、新词新语和社会科学名词术语等方面的规范标准;建立必要的管理制度,引导词汇应用更加规范化[①]。

引人注意的是,跨世纪语言文字工作目标、任务中并没有对"方针"进行调整,而是要"继续贯彻国家新时期语言文字工作方针",任务也由新时期的五项改为四项,这是根据当时的国情需求和语言文字工作的进展状况决定的。与50年代和改革开放的新时期相比,跨世纪语言文字工作的目标和任务显然更加明确,要求也更加具体,显示了语言规划日益受到国家的重视,工作得以不断扩展和深化。时任国家语委主任许嘉璐在大会报告中满怀信心地展望:经过未来四五十年的不懈努力,我国国民语文素质将大幅度提高,语言文字的社会应用更加适应社会主义经济、政治、文化建设的需要,形成与中等发达国家水平相适应的良好语言文字环境。

根据不同历史时期的特点,中国适时地对语言文字工作方针和任务做出调整,这种调整,既保持了原方针任务的连续性,又体现了新的方针任务对新形势的适应性。如50年代推广普通话工

---

① 参见许嘉璐《开拓语言文字工作新局面,为把社会主义现代化事业全面推向21世纪服务——在全国语言文字工作会议上的报告》,《语文建设》1998年第2期。

作的方针是"大力提倡,重点推行,逐步普及",90年代中期则适时调整为"大力推行,积极普及,逐步提高"。两相比较,其变化主要表现为:50年代,普通话主要在我国南方方言区推广,90年代,北方方言区也要推广;50年代,工作重点是要抓学校的推广,90年代,则既抓学校的推广,也抓社会的推广,旨在使普通话成为教学用语、工作用语、宣传用语、服务用语和交际用语;50年代,重点抓普通话的语音规范,90年代,则既抓语音规范,也抓词汇等方面的规范①。

思考和练习

简述我国新时期的语言文字工作方针、任务及其意义。

第三节 汉语言文字本体规划

一 汉语言本体规划

(一)汉语文规划的先河

新中国成立后,党和政府把语言文字工作视为重要的文化事业来抓,尤其是对汉语规范化工作十分重视。1951年6月6日,《人民日报》发表了题为《正确地使用祖国的语言,为语言的纯洁和健康而斗争!》的社论,批评了当时书面语言表达中普遍存在的滥用文言、土语和外来词以及生造词、随意简称、文理不通或半文半

---

① 参见周庆生主编《国家、民族与语言——语言政策国别研究》,语文出版社,2003。

白等种种不规范的现象。指出：正确地运用语言来表现思想，在共产党所领导的各项工作中具有重大的政治意义。党的组织和政府机关的每一个文件，每一份报告，每一种报纸，每一种出版物，都是为了向群众宣传真理，指示任务和做法。它们在群众中影响极大，因此必须使任何文件、报告、报纸和出版物都能用正确的语言来表达思想，使思想为群众所正确掌握，才能产生正确的物质的力量。因此，语言文字应用的混乱现象，在政治上是对人民利益的损害，对于祖国的语言也是一种不可容忍的破坏。社论号召学习好祖国的语言，正确地使用祖国的语言，反对破坏祖国语言的纯洁和健康，并为之而奋斗。在发表社论的同时，为帮助干部群众提高语言表达能力，纠正语言文字应用中的缺点，在《人民日报》上连载了吕叔湘、朱德熙合著的《语法修辞讲话》。连载从1951年6月6日起，到12月15日全部登完。后辑录成册，广泛发行，影响了两代乃至更多的人。《人民日报》社论和《语法修辞讲话》的发表，对人们的语言生活产生了很大影响，大大地促进了语言文字应用的规范化。也有学者在肯定社论的重要意义和影响的同时，认为社论潜伏了几个问题，也产生了某些负面影响[1]。

《人民日报》社论的发表和《语法修辞讲话》的连载，也带来了汉语规范化问题的学术探讨。1952年开始，《中国语文》杂志陆续发表了研究和讨论标准语和规范化问题的文章。什么是民族共同语和标准语？学者有不同观点。经过讨论，有些观点被多数学者所接受：(1)地方方言（或区域方言）发展为民族共同语，必然有一

---

[1] 参见于根元《二十世纪的中国语言应用研究》第三章第一节，书海出版社，1996。

个地方方言作为它的典型代表,民族共同语才能具体化;(2)标准语和共同语含义并不完全相同;(3)汉民族标准语应该以北京话为基础,以北京语音为标准音。这些认识对汉语规范化工作有重要意义。

1955年10月25日至31日在北京召开了"现代汉语规范问题学术会议",这是一次影响深远的学术会议。中国科学院语言研究所所长罗常培、副所长吕叔湘做了《现代汉语规范问题》的主题报告,明确概括了现代汉语和语言规范的科学含义,阐述了语言规范的重要意义以及汉语规范化的原则,同时也提出了现代汉语规范化的工作任务。

(二)现代汉语规范化

现代汉语成为国家通用语言,是在历史发展过程中逐步形成的,有深刻的历史文化原因。如前文所述,1949年前称之为"国语",新中国成立后,由于强调民族平等,避免这个术语引起少数民族的误解,有学者提出不使用"国语"。在1955年10月召开的全国文字改革会议和现代汉语规范问题学术会议期间,经过学者们的反复讨论,决定将规范的现代汉语定名为"普通话",并将普通话的标准定为"以北京语音为标准音,以北方话为基础方言的现代汉语"。1956年2月6日,国务院发出了《关于推广普通话的指示》,这个指示对普通话的定义和标准做了补充,即增加了"以典范的白话文著作为语法规范",这样使得普通话的定义更加全面、科学了。此后,依据这个标准全面展开现代汉语规范化工作。

1. 普通话异读词审音

中国科学院语言研究所于1956年1月成立了普通话审音委员会,该委员会1957年至1962年间,分三次发表了《普通话异读词审音表初稿》，并于1963年辑录成《普通话异读词三次审音总表初稿》，1982年6月中国文字改革委员会重新组建了普通话审音委员会，新的审音委员会重新修订了《普通话异读词三次审音总表初稿》。1984年12月27日，国家语言文字工作委员会、国家教育委员会、广播电视部发出了《关于〈普通话异读词审音表〉的通知》，对新的审音委员会重新修订的《普通话异读词三次审音总表初稿》以《普通话异读词审音表》的名称予以公布。这个审音表公布后，对普通话语音规范具有积极意义，直到现在，教学、播音、辞书注音等都以它为依据。为了进一步完善《审音表》，国家语委正在组织有关专家、学者，对《审音表》进行修订，不久后将公布修订的审音标准。

2.编纂旨在确定现代汉语词汇规范的辞书

词汇规范主要体现在词典上。词典在社会语言生活中作用很大，人们通常把词典看作是词汇规范的标准。因此，词典对于词汇规范和语言应用的影响是非常大的。1956年2月6日，国务院《关于推广普通话的指示》中说："中国科学院语言研究所应该在1956年编好以确定语音规范为目的的普通话正音词典，在1958年编好以确定词汇规范为目的的中型的现代汉语词典"。根据国务院的指示精神，中国科学院语言研究所成立了以副所长吕叔湘为主任的词典编辑室，编辑室共40人，全力编纂《现代汉语词典》，吕叔湘任主编，1961年丁声树接任词典编辑室主任，兼《现代汉语词典》主编。1958年4月编写工作正式开始，1959年初完成初稿，并在全国高等院校和学术机构广泛征求意见。经过两次征求意见修改后，于1959年底定稿，送商务印书馆付印，1960年印出《现代汉语词典》（试印本）。1973年出版内部试用本。1978年出版了修订本。以后又进行了多次修订,尤其是1996年第3版、2005年第5版和2012年第6版的增补与大修订,比较及时地反映了新时期以来现代汉语词汇的发展变化。《现代汉语词典》出版以后受到国内外读者的热烈欢迎,至今已发行5000多万册,在国内外影响很大。它是第一部以推广普通话,促进汉语规范化为宗旨的现代汉语中型词典,为普通话词汇规范发挥了重要作用。此外,《新华词典》《辞海》《现代汉语规范词典》等辞书,对普通话词汇规范化也发挥了作用。

3. 确立现代汉语语法规范

1951年《人民日报》连载的吕叔湘、朱德熙合著的《语法修辞讲话》,在帮助干部群众提高语言表达能力,消除语言运用中的混乱现象等方面,起到了积极作用。新中国成立后,语法规范的一个主要工作是拟定汉语语法教学系统,1956年7月,由中国科学院哲学社会科学部主持,《中国语文》杂志社邀请中国的语法学者和语文工作者在青岛举行了现代汉语语法问题座谈会。经过学者们反复讨论,求同存异,最后拟定了《暂拟汉语语法教学系统》。这个"暂拟语法系统"以及根据这个语法系统编写的初中《汉语》教材一直是我国中学语法教学的依据,为在中学生中普及语法知识发挥了重要作用。1981年7月,在黑龙江哈尔滨市召开了全国语法和语法教学讨论会。经过充分讨论和协商,在原有的"暂拟语法系统"的基础上重新制定了一个统一的汉语教学语法体系,即《中学教学语法系统提要(试用)》,这个系统注意吸收多年来汉语语法研究与教学的成果,强调教学语法重在应用,要力求让语法知识有助于对语言的理解和运用。从总体上看现代汉语语法规范还比较薄弱,至今没有一部规范性权威性的现代汉语语法规范专书,这方面亟待加强。

(三) 普通话推广与普及

我国政府在推广普通话、推行规范汉字方面做了大量工作,根据不同历史时期的特点,明确提出了语言文字工作的方针和任务,并适时地做出调整,使工作方针和任务既保持了一定的连续性,又体现了对新形势的适应性。不同时期的工作方针,都有其侧重点。比如,20世纪50年代推广普通话的重点主要在我国南方地区,90年代的推广普通话是南北方并重;50年代,工作重点是抓学校的推广,80—90年代,既抓学校的推广,又抓社会的推广,旨在使普通话成为教学用语、工作用语、宣传用语、服务用语和交际用语;50年代,重点抓普通话的语音规范,80—90年代,既抓语音规范,也抓词汇、语法等方面的规范。新时期以来,我国在推广普通话方面,开展了一系列卓有成效的工作。如调整了推普方针、任务,开展普通话水平测试、举行普通话宣传周、进行城市语言文字工作综合评估等。

1. 普通话水平测试

社会主义市场经济的迅速发展和语言文字信息处理技术的不断革新,使推广普通话的紧迫性日益突出。为加快普及进程,不断提高全社会的普通话水平,20世纪80年代中期至90年代初就提出普通话水平分级及测试问题,并做了不少研究和准备工作。1994年国家语委、国家教育委员会(教育部)、广播电影电视部做出了《关于开展普通话水平测试的决定》,对某些岗位逐步实行普通话等级证书上岗制度,同时规定了现阶段的主要测试对象,达标要求。随后,国家语委又发出了《关于颁布〈关于普通话水平测试管理工作的若干规定(试行)〉的通知》(1997年6月26日)和《关于颁布〈普通话水平测试等级标准(试行)〉的通知》(1997年12月5日)。普通话培训测试已成为一种具有法律约束力的政府行为,具有强制性和政策性。

在国家语委的主持下,学术委员会和课题组经过多年的调查研究,研制出《普通话水平测试等级标准》与《普通话水平测试大纲》。1991年通过了国家专家论证后,由国家语委普通话推广司转发各地试用。1992年底,《大纲》在学术委员会和课题组的多次论证下,严格规定了测试的范围及方法、评分原则和办法、统一编制试卷的原则和要求。

普通话培训和测试的内容,包括普通话语音、词汇、语法,以及在交际中运用普通话的能力。现阶段普通话测试工作的重点是工作或学习需要普通话水平达到一级或二级的人员。1946年1月1日以后出生到现年满18岁(个别可放宽到16岁)之间的下列人员,都应接受普通话水平的测试:(1)中小学教师;(2)中等师范学校的教师和高等院校的文科教师;(3)师范院校的毕业生;(4)广播、电视、电影、戏剧,以及外语、旅游等高等院校和中等职业学校相关专业的教师和毕业生;(5)各级广播电台、电视台的播音员和节目主持人;(6)从事电影、电视剧、话剧表演的影视配音的专业人员;(7)其他应当接受普通话水平测试的人员和自愿申请接受普通话水平测试的人员。随着推广普通话工作的深入,社会各个行业对普通话水平都提出了不同的等级要求。除了上述必须参加测试的人员以外,公安、检察、人事等许多部门也都对其所属人员提出了普通话培训与测试的要求。对于学生来说,毕业求职时(比如当国家公务员),很多部门就有关于普通话等级要求的规定。

据国家语委主管部门提供的资料,截至2013年底,全国31个省、自治区、直辖市及新疆生产建设兵团均已按照国家要求开展了普通话水平测试工作,全国测试机构网络基本健全。全国共建立测试站点2000个。全国共有国家级和省级普通话水平测试员5万余人,其中国家级测试员5000多名。全国还有一批测试视导员。全国接受普通话水平测试的达到近5000多万人次。

2005年,国家语委普通话培训测试中心与香港城市大学普通话培训测试中心签署合作协议。至此,在国家语委的帮助下,香港已建起13家高校普通话培训测试机构,澳门有2家,共拥有测试员130名。接受国家语委测试的公务员、教师等香港澳门人士已达10万多人次。普通话水平测试在促进港澳推普工作和加强港澳与内地更紧密联系方面,发挥了独特的作用。除国家语委直接主持的普通话水平测试外,还有汉语水平考试(简称HSK)、汉语口语水平考试和国家职业汉语能力测试等。

普通话测试工作,经过10多年的实践,已积累了有益的经验,形成了一套基本规章制度,并为其进一步发展奠定了基础。普通话水平测试工作已经成为国家推广普通话事业的基本措施之一。

2. 推广普通话宣传周

经国务院第134次总理办公会议批准,自1998年起,每年9月份第三周在全国开展"推广普通话宣传周"活动。1998年3月17日,中共中央宣传部、国家教育委员会(教育部)、广播电影电视部、国家语言文字工作委员会联合发出《关于开展全国推广普通话宣传周活动的通知》。《通知》对全国推广普通话宣传周活动的宗旨、组织工作以及对组织和开展全国推广普通话宣传周活动的原则要求等做了明确指示。

开展推普周活动的宗旨是:通过多种形式的宣传活动,向全社会广泛宣传大力推广普通话对于社会主义现代化建设的必要性、迫切性,进一步提高广大干部群众的语言规范意识和推普参与意识,在全社会形成说普通话的风气,推动推广普通话工作向纵深发展。

从1998年开始,每年9月的第三周定为"全国推广普通话宣传周"。这是一个很有创意的、群众参与性很强的活动。在宣传周期间,全国各地举行各种形式的宣传咨询活动,召开座谈会或研讨会,有关单位和行业纷纷举办普通话比赛、演讲以及普通话知识竞赛等丰富多彩的活动。1999年,中宣部、教育部、人事部、广播电影电视总局、解放军总政治部和国家语委又联合发出《关于开展第二届全国推广普通话宣传周活动的通知》,进一步部署有关工作。国务院副总理李岚清发表了题为《大力推广普通话,促进语言文字规范化,为现代化建设营造良好的语言环境》的书面讲话。

推普周活动从一开始就是在国务院领导下开展的,至2013年已举办了16届。主办部委由4家增加到8家:教育部、中宣部、人事部、文化部、国家广电总局、国家语委、解放军总政治部、共青团中央,各省、自治区、直辖市的相关委、厅、局也相应增加。推普周已成为国家推广普通话事业的基本措施之一。

3. 城市语言文字工作综合评价

1986年以来,在国家新时期语言文字工作方针政策指导下,为适应改革开放、精神文明建设、高新技术发展的新形势的需要,全国不少城市相继开展了社会用字管理工作。随着治理整顿工作的深入,这项工作在不少地方已从单纯抓公共场所用字逐步扩大到了出版物、影视屏幕、计算机等更广泛的用字领域。一些工作先行的省市已把工作扩展到地级市、县级市以及乡镇。社会用字管理工作从无到有不断发展,创造了一些行之有效的方法和经验,这些方法需要固定下来,作为一种模式加以推广。尽管以往国家语言文字工作委员会关于用字管理工作的文件中总结过这些经验,但如何使之与现行工作挂钩,成为大家开展工作时必须依照的模式,还需要做些尝试。另一方面,社会用字的混乱状况虽然得到了一定程度的治理整顿,但是没有得到根本的扭转,继续开展用字管理工作困难很多,任务十分艰巨。因此,这项工作不能停留在一个自发的阶段,要上新台阶,有新突破,就需要管理手段更加科学、规范,需要有一个指导性的标准。对能保证社会用字管理工作有序开展的方方面面、对社会用字应该达到的标准逐项提出要求,并给每一项以一定的分值,使每项标准都能量化,以引导大家有目标、分步骤地开展工作,在当前和今后一个时期,是非常必要的。制定和执行这样的标准,有利于促进社会用字管理工作的规范化、制度化和科学化。在这个背景下,国家语委组织力量,经过近一年的酝酿、起草、修改,广泛征求意见、展开研讨,几易其稿,最后研制了《城市社会用字管理工作指导标准》。1996年5月6日,国家语委以文件形式(国语〔1996〕29号)正式下发试行。1997年12月,在全国语言文字工作会议上,中共中央政治局常委、国务院副总理李岚清同志发表了重要的书面讲话。在谈到社会用字管理工作时,李岚清指出:"所有公共场所的标牌、宣传标语和广告、霓虹灯必须用语正确、文字规范、字形完整;其中手写字提倡写规范字,但中国文字也是一种书法艺术,不必苛求。手写的店名凡使用了繁体字的,应当在明显的位置再配放用规范字标注的店名。"为了及时贯彻、落实李岚清同志指示和全国语言文字工作会议的精神,国家语言文字工作委员会对《城市社会用字管理工作评估指导标准》进行了修订。此后,地方配合这一文件进行了卓有成效的工作。

1998年,国家语委在上海召开了语言文字工作观摩研讨会,对城市语言文字工作进行了部署,提出了"逐步实施城市语言文字工作综合评估"的任务。会后,教育部、国家语委印发了《关于进一步发挥城市的中心作用,全面推进语言文字工作的意见》,提出了"三类城市、分三个时间段达标"的总体设想。2000年2月29日,教育部和国家语委又发出了《关于印发〈一类城市语言文字工作评估标准(试行)〉的通知》,要求各地参照制定本地二三类城市的评估标准,并着手对一类城市评估的工作。次年,教育部、国家语委发出《关于开展城市语言文字工作评估的通知》,部署了评估工作的实施步骤,即要求分别在2003年、2005年和2010年左右基本完成一二三类城市的评估工作。

开展城市语言文字工作评估,按照《国家通用语言文字法》的要求,结合新世纪初叶的工作目标,考察评估城市语言文字工作和语言文字应用状况,是教育部、国家语委从我国基本国情出发,加快推进语言文字规范化的一项重要举措。政府计划用10年左右的时间,分三个阶段对城市全面开展评估工作,逐步完成对城市语言文字工作的检验认定。在开展评估工作的过程中,要坚持"重在建设,重在过程,重在实效"的指导思想,通过评估切实达到提高城市语言文字工作水平和规范化程度的目的。据《中国语言生活状况报告(2013)》统计:截至2012年底,全国36个一类城市全部通过了语言文字工作评估,城市评估第一阶段目标圆满完成。全国二类城市通过评估的有251个,占二类城市总数的66.93%;三类城市通过评估的有664个,占三类城市总数的31.16%。全国城市语言文字规范化水平显著提高①。

(四) 书面语形式改革

汉语规范包括口语和书面语两种形式,汉语书面语形式的改革在新文化运动时就开始了,新中国成立以后,书面语形式的改革主要有规范标点符号、推行汉文横排横写和阿拉伯数字的推广使用。

1. 规范标点符号

文字是记录语言的符号系统,标点符号属于记录语言的辅助性符号。记录语言,光有文字没有标点符号,那是不完备的。用错标点会使语言表达意思含混不清,或者引起歧义。汉语书面语标点符号的产生和发展,经历了漫长的历史过程。中国最早的文献里没有标点符号,到了汉代,由于研究经书,讲究章句,才开始使用"句读"。到了宋代,馆阁校书时开始使用圈点符号。句号用圆圈,读号用点。创制新式标点符号的是清末学者王炳耀,他在《拼音字谱》中拟定了一个《句义表》,共有10种符号,有一定影响。"五四"运动时期,白话文兴起,逐渐取代了文言文的统治地位,使用新式标点的白话文报刊越来越多。《新青年》对新式标点的建设做出了重要的贡献,它一边使用新式标点,一边结合讨论和研究不断完善新式标点,促使新式标点日趋成熟。到了第七卷第一号,《新青年》制定了较为完善的新式标点符号,已有13种符号。这些符号为我国标点符号的发展打下了基础。中国法定的标点符号体系,是1919年4月国语统一筹备会向当时的教育部提出的《请颁行新式

---

① 参见教育部语言文字信息管理司组编《中国语言生活状况报告(2013)》,商务印书馆,2013。

标点案》中所提的12种符号。新中国成立后,政府非常重视标点符号的使用,要求所有的书刊和公函、文件,都必须正确地使用标点符号。1951年9月,国家出版总署制定了《标点符号用法》,规定了14种符号:句号(。)、逗号(,)、顿号(、)、分号(;)、冒号(:)、问号(?)、感情号(!)、引号(""''『』「」)、括号(())、省略号(……)、破折号(——)、连接号(——)书名号(＿＿)、专名号(＿)、着重号或间隔号(·)。1951年10月5日。政务院发出《关于学习标点符号用法的指示》。

目前全国各政府机关文件和各种出版物的稿件使用的标点符号混乱很多,往往有害文意的正确表达,并使领导机关在审阅这些稿件时,不得不费很多时间来作技术性的校正工作。造成此种现象的原因有二:一是缺乏标点符号用法的统一规定;二是处理文件稿件文员未曾学习此项用法。为了解决这个问题,中央人民政府出版总署已于九月间公布《标点符号用法》作为统一的标准。务望全国各级人民政府机关处理文件人员、各报刊出版机关编辑人员、各学校语文教员和学生,一律加以学习,务使今后一切文件和出版物,均按该文件规定,统一标点符号的使用。

为了切实消灭乱打标点符号及其他文字混乱的现象,望各机关指定固定的文字秘书,各编辑部指定专职的文字编辑,专司订正一切稿件中文字混乱和标点混乱之责。

在多年的使用中,有的符号做了一些调整。例如专名号(在人名、地名、机关团体名等旁边加一横线)一般取消不用了,书名号由原来的浪线改为尖括号:《》〈〉。为了适应新的情况,国家职能部门又组织人力,开始了《标点符号用法》的修订工作。1990年3月22日国家语言文字工作委员会和国家新闻出版署联合发布了修订后的《标点符号用法》,修订的内容主要有:增加了连接号和间隔号;简化了说明;更换了例句;针对书写排印改为横写,某些说法也做了相应的改动。2011年12月国家质检总局和国家标管委正式发表由国家语委组织修订的《标点符号用法》(GB/T15834—2011)。

2. 推行汉文横排横写

汉字自古以来是直行书写自右向左排列的。鸦片战争之后,西方文化科学的传播冲击着中国的社会,文化界也就提出了汉字自左向右横排横写的问题,出版界还进行了实践,卢戆章《一目了然初阶》(1892年)、严复的《英文汉诂》(1904年),都是横排印刷的。"五四"运动早期,钱玄同在1917年5月1日出版的《新青年》上,首先提出"汉字改用左行横迤"的主张。学界对此展开了热烈讨论,主要观点:(1)白话文的兴起要求汉字的书写和印刷横写、横排;(2)介绍科技知识要求文字横排、横写;(3)外国人名、地名的使用也要求横排、横写。新中国成立以后,汉字左起横排横写的问题更加受到重视。1952年2月5日,郭沫若在中国文字改革委员会成立的讲话中说:"就生理现象说,眼睛的视界横看比直看要宽得多。根据实验,眼睛直看向上能看到55度,向下能看到65度,共120度;横看向外能看到90度,向内能看到60度,两眼相加就是300度;除去里面有50度是重复的以外,可以看到250度。横看视野比直的要宽一倍以上。这样可以知道,文字横行是能减少目力的损耗的,并且现代科学论著多半已经是横写。"1955年元旦,《光明日报》首开纪录,发行全国第一份左起横排的报纸。在《为本报改为横排告读者》中说,"中国文字的横排横写,是发展的趋势"。1955年10月,全国文字改革会议明确指出:"建议中华人民共和国文化部和有关部门进一步推广报纸、杂志、图书的横排。建议国家机关、部队、学校、人民团体推广公文的横排、横写。"同年11月21日,教育部在《关于在各级学校推行简化字的通知》中要求,在推广使用简化字的同时,应该逐步地横排、横写,学生作业本、试卷等也应该尽量横排横写。同年11月12日,中国人民解放军总政治部向全军发出了"关于在军队中推行汉字简化、推广普通话和实现语言规范化的通知",对报纸、杂志、图书和公文、函件的横排横写问题也提出了要求。1956年元旦,《人民日报》改为横排。接着全国各报纸、杂志、图书采用横排印刷越来越多了。1981年2月27日,国务院办公厅发布《国家行政公文处理暂行办法》,《办法》第三章第六条第八款规定:"国家行政公文的文字一律从左至右横写、横排。"这样,横写、横排就成为正式法定的书写和印刷的格式。

3.阿拉伯数字的推广使用

阿拉伯数字笔画简单、结构科学、形象清晰、组数简短,世界各国广泛使用。新中国建立以后,我国出版物上多使用阿拉伯数字,但缺乏统一标准。1987年1月1日国家语言文字工作委员会、国家出版局、国家标准局等中央七部门联合颁发了《关于出版物上数字用法的试行规定》,1993年,国家技术监督局建议"将该规定内容制定为国家标准"(标函[1993]390号)。国家语言文字工作委员会语言文字应用研究所组织了进一步的研制工作。1995年国家技术监督局颁布了《出版物上数字用法的规定》,此规定成为法定的国家标准。这个标准借鉴了国内多家有影响的出版社和报社的成功经验,参考了国外的有关资料,多次召开座谈会,征求首都新闻界、出版界及科技界专家的意见。这个规定的制定和推行对我国数字使用的规范无疑有积极的意义。但有些规定还不够细致、恰当,有些实际问题不大好解决,所以,实行起来有些困难。

2011年7月29日由国家质检总局和国家标管委联合发布了新版《出版物上数字用法》GB/T15835—2011,并于2011年11月1日开始实施。

（五）汉语言规范标准建设

语言文字规范化标准化,是指由政府主导、专家和大众广泛参与,根据语言发展规律和语言社会应用的需要而确定语言地位、功能,并制定、推行各项语言文字规范标准。语言规范化标准化是语言规划的重要内容,对增强语言功能和语言活力,提高语言声望,便利人们使用,沟通社会交际,促进社会、经济、文化、科技等发展有重要意义。各个国家、民族都不同程度地重视语言规范化标准化建设。

新中国成立后,政府和社会十分重视并有效加强语言规范化标准化建设,在这方面采取许多措施做了大量工作,取得了重大成就,为国家的现代化、信息化建设和各项事业的快速发展做出了重要贡献。

1.语言规划及语言规范化标准化管理机构的设置

新中国成立伊始,国务院即设置语言规划职能部门"中国文字改革委员会",1985年改名为"国家语言文字工作委员会"（简称"国家语委"）,制定语言政策,管理语言规划,主导语言规范标准的制定与推行,国务院相关部门配合协作并管理本部门的语言规范标准的制定与推行。

2.语言文字规范标准的制定

新中国成立60多年来,我国共制定语言文字规范标准数百项,其中有国际标准、国家标准、部门标准,还有地方标准。

（1）国际标准

汉语拼音作为在各种拉丁字母文字中转写中国人名地名的标准,《中文罗马字母拼写法》(ISO7098—1991文献工作)、《信息技术 通用多八位编码字符集》。

(2)国家标准

如《中华人民共和国国家通用语言文字法》(2000)、普通话的规范标准(1995),具体是"以北京语音为标准音,以北方话为基础方言,以典范的现代白话文著作为语法规范"。《汉语拼音方案》(1958),《简化字总表》(1964,1986重新发表),《第一批异体字整理表》(1955),《印刷通用汉字字形表》(1965),《普通话异读词审音表》(1985),《信息交换用汉字编码字符集 基本集》(1981)及《第一辅助集》(1990)、《第二辅助集》(1987)、《第三辅助集》(1991)、《第四辅助集》(1988)、《现代汉语常用字表》(1988),《现代汉语通用字表》(1988),《信息处理用现代汉语分词规范》(1990),《汉语信息处理词汇01部分:基本术语》(1990)、《02部分:汉语和汉字》(1994),《中国各民族名称的罗马字母拼写法和代码》(1991),《中文书刊名称汉语拼音写法》(1992),《标点符号用法》(1995),《汉语拼音正词法基本规则》(1996),《现代汉语通用字笔顺规范》(1997),《普通话水平测试标准》(1997),《第一批异形词整理表》(2001),《汉字应用水平等级及测试大纲》(2006),《汉字部首表》(2009),《汉语国际教育用音节汉字词汇等级划分》(2010),《汉语口语水平等级标准及测试大纲》(2010),《中国人名汉语拼音字母拼写规则》(2011),《标点符号用法》(修订,2011)《汉语拼音正词法基本规则》(修订,2012),《通用规范汉字表》(2013)等,其中重要的有数十项。国家标准由国家立法机关、中央政府及其职能部门制定、发布。

(3)部门标准和地方标准

中央政府有关部门都依据国家语言规范标准,结合本部门本体系语言文字使用的实际情况,制定、推行本部门语言文字使用与管理的规范标准,约有上百项。地方政府也是依据国家语言文字规范标准,并从各地区语言及其使用情况出发,制定、推行本地区语言使用与管理的规范标准,大致也有二三百项。

(4)少数民族语言文字及其使用的规范标准

主要由民族事务委员会与国家语委分工协同管理。少数民族的语言规范化标准化建设,具体包括对有文字的少数民族语言,如蒙古语、藏语、维吾尔语、哈萨克语、朝鲜语、壮语、彝语等进行规范,制定并推行其语音、词汇、语法、文字及其使用的规范标准,包括民族语言文字与国家通用语言文字、民族语言文字与民族语言文字的使用与教学等,还有跨境语言的语言规范与使用规范标准。这方面的规范标准制定大约有数十项。

(5)外国语言文字在中国使用的标准规范

主要是外语使用范围、场合,与母语使用关系的处理,外语教育教学,外语新闻出版、广播电视,外语翻译等的规范化标准化,由国家语委、教育部、外文局、新闻出版总署、广播电视总局、工商行政管理总局、新华社等分工协同制定与管理。这方面的规范标准较少,正在逐渐加强,不久后将出台《外国语言文字使用管理规定》等法规。

3. 语言规范标准的推行

(1)语言规范国际标准由中国研制、申请,经国际标准化组织(ISO)审议、通过、批准并发布。国家标准由中央政府及其职能部门国家语委、教育部、国家质检总局等发布推行。(2)语言规范标准推行采取"积极稳妥"的方针,推行中充分重视语言文字及其使用的传承性、约定性和社会性。(3)推行的重点领域是政府部门及其公务活动、教育教学、新闻出版、广播电视、社会服务与公共活动,对社会大众及个人的语言文字使用只提倡重视语言文字规范化标准化,没有提具体要求。(4)充分发挥辞书、教材、音视频节目制品等认真贯彻语言规范标准的宣传示范作用。

二　汉文字本体规划

(一)文字改革·汉字改革·汉语拼音方案

文字的基本职能是记录语言。文字在形成之初,通常是忠实于它所记录的语言的。但在语言和文字共同使用和发展的漫长过程中,语音要素的演变过程逐渐先于文字,也就是说,语言与文字由于受制于不同的条件而难以完全同步。作为视觉符号,文字比作为听觉符号的语言更具稳定性和保守性。这样,文字与它所记录的语言相脱节的矛盾开始形成,并逐渐发展扩大,反映在诸如口语和书面语不协调、读法和拼法不一致、读音规则不完备等许多方面。因此,文字的改革是必要的,也是必然的。只有改革才能推动文字系统完善和发展,才能保证文字系统旺盛的生命力。一般而言,文字改革包括局部调整和文字体系的整体变革两种形式。局部调整是为了缓解文字与语言的矛盾,适应社会发展的需要。文字的局部调整是不可避免的,也是长期的。文字体系的整体变革涉及面较广,问题也很复杂,难以在短期内完成,因此需要充分考虑改革对象的实际状况和社会的客观需要,慎之又慎地进行。

汉字是世界上最古老的文字之一,汉字改革的历史也很悠久。早在19世纪末20世纪初,专家学者们就曾对汉字系统是否需要进行整体改革进行过激烈的争论。20世纪20年代,钱玄同发表《汉字革命》一文,明确主张废除汉字,改用拼音文字,掀起了一场汉字改革讨论热潮。然而,废除一个存在了数千年的文字系统绝不是一个口号、一次运动可以实现的,历史做出了公正的抉择,汉字不可能被废除。新中国成立后,汉字拼音化问题的讨论仍在进行。1956年2月,中国文字改革委员会颁布了《汉语拼音方案(草案)》。自此,我国有了一套正式的汉语拼音字母,汉字拼音化的问题也被重新提了出来。中国政府对此十分慎重,周恩来总理曾在《当前文字改革的任务》报告中明确提出,"制定和推行汉语拼音方案,是用来给汉字注音和推广普通话的,它并不是用来代替汉字的拼音文字"。汉字是否需要彻底的改革?有没有实行汉字拼音化的必要性?问题相当复杂。就目前的情况来看,汉字体系尚不存在进行拼音化改革的必要性和可能性。依据有三:第一,文字是记录语言的书写符号系统,汉字这套符号不仅能够很好地记录汉语,而且也适应汉语的结构特点,因此几千年来,汉字没有经历过一次本质性的变革,而是沿着自己特有的发展道路走到了今天。第二,汉字的表意特征及其悠久的发展史,使它不可避免地沉淀了丰厚的汉民族文化。汉字是汉民族文化的有机组成部分,它与汉民族文化不可分割。第三,《汉语拼音方案》仅仅是一套标注汉语读音的拼音字母。"方案"推行以来,在注音和推广普通话方面做出了重要贡献,但它并不是汉语的拼音文字。以拼音文字记录汉语的条件尚不具备,需要解决的社会问题和技术问题还有很多。

汉字的局部改革经历了漫长的历史过程,但从未间断过。在三千多年的发展中,汉字曾先后经历了甲骨文、金文、篆书、隶书、楷书以及草书、行书等多种字形,而贯穿其中的主线却始终是由繁变简。新中国成立后,我国政府十分重视文字改革工作,成立了主管文字改革的专门机构——中国文字改革委员会,并把文字改革作为中国文化建设事业的一项重要工作来抓。1955年10月,国家制定了积极而稳步地进行文字改革的方针,并将简化汉字、推广普通话、制定和推行《汉语拼音方案》作为当时文字改革的三大任务。1986年1月,全国语言文字工作会议召开,制定了新时期语言文字工作的方针和任务。新时期汉字改革的主要任务是研究和整理现行汉字,制定有关汉字规范的标准,探讨汉字信息化问题。而《中华人民共和国国家通用语言文字法》的颁布和实施,极大地推动了汉字的整理和规范化。

除设立文字改革机构、制定语言文字方针政策外,新中国成立以来,我国还陆续颁布了一系列语言文字的使用标准。1956年,国务院公布了《汉字简化方案》,并于1964年总结、归纳成了《简化字总表》[①]。《简化字总表》运用简化偏旁,类推简化了一批繁体字,使简化字总数增加到了2235个,涵盖了大多数常用汉字。1955—1956年,文化部和中国文字改革委员会公布了《第一批异体字整理表》《第二批异体字整理表》,分别精简了1055个和766个异体字。1965年,《印刷通用汉字字形表》颁布,规定了书报印刷的规范字形。1988年1月,国家语委和国家教委发布了《现代汉语常用字表》,将常用字确定为3500个,其中常用字2500个,次常用字1000个,两者的利用率分别为97.97%和1.51%,3500个常用字的合计覆盖率为99.48%。1988年3月,国家语委和国家新闻出版署发布了《现代汉语通用字表》,收录汉字7000个。上述

---

① 在1986年重新公布时,又对个别字做了调整。

标准的制定和推行,对汉字的规范及其现代化起到了重要作用。当然,在汉字简化工作中,也有一些教训。比如,第一批简化汉字中同音代替和偏旁类推过多,给汉字简化造成了某些负面影响。又如,《第二批汉字简化方案(草案)》的颁布不够成熟,发布、推行又过于草率,社会各界意见较大,推行效果不好,因此1986年经国务院批准予以废止。这些经验和教训告诉我们,语言文字工作必须遵循客观规律,并充分考虑社会语言生活的实际需要。

汉字不能准确表音,给汉语的学习、应用带来了一定困难。为克服这一困难,古代学者想出了许多给汉字注音的办法,如"直音""反切"等。而"拉丁化新文字运动"的开展和"注音字母(符号)"的研制①则展示了现代学者的聪明才智,在汉字改革史上具有重大而深远的意义。

1955年,国家成立了"拼音方案委员会",专门负责汉语拼音方案的研制。经专家学者们的审慎研讨,最终形成了以拉丁字母为基础的《汉语拼音方案》。1956年10月,国务院设立了汉语拼音方案审定委员会,对方案进行了认真审定。1957年10月,《汉语拼音方案(修正草案)》提出。第一届全国人民代表大会第五次会议审议通过了《汉语拼音方案》,并于1958年2月11日正式公布。《汉语拼音方案》包括字母表、声母表、韵母表、声调符号四部分。字母表规定了字母的形体、名称及排列顺序,在26个字母中,25个字母可以拼写普通话语音中的所有音节。声母表和韵母表是根据普通话的语音结构特点规定的,25个字母组配形成了21个声母和39个韵母。

---

① 详见第一节。

《汉语拼音方案》的研制和实施,是中国社会语言生活的一件大事。它不仅为汉字学习和推广普通话提供了有效的工具,也是我国的法定拼音方案。《汉语拼音方案》一经制定,便得到了迅速的推广和应用。1978年9月,国务院批准《汉语拼音方案》作为我国人名地名罗马字母拼写法的统一规范。1982年8月,国际标准化组织通过决议,采用汉语拼音作为在文献工作中用罗马字母拼写有关中国词语的国际标准。

从理论和实践上看,《汉语拼音方案》确实是最佳的拼音方案,它在给汉字注音、拼写普通话以及作为少数民族创造和改革文字的共同基础等方面,发挥了重大的作用。随着科技的发展和汉语地位的不断提高,《汉语拼音方案》的其他作用也得以彰显。第一,《汉语拼音方案》有助于外国人学习汉语。汉语拼音字母是音素字母,用它来分析汉语语音、为汉字注音,声韵调一目了然,十分方便。实践表明,利用汉语拼音进行汉语语音教学,教学时间比以前短,教学效果也比以前好。第二,《汉语拼音方案》有助于聋哑人的汉语学习。例如,依据它设计出的"汉语手写字母"既可以作为聋哑儿童学习发音和认字的辅助工具,又可以用于聋哑人手势语中,表达抽象的词语。又如,在《汉语拼音方案》的推动下,盲字得到了改进,表现在:(1)国际化,即盲字全部采用了国际通用的拉丁字母盲文符号;(2)音素拼音和声韵双拼并用。这就意味着,盲人除了能够读写汉语、学习文化和技术外,还能够利用普通的拉丁字母打出汉语拼音,与正常人交流。第三,《汉语拼音方案》有助于电报拼音化。我国在1880年(清光绪六年)创办电报局,采用丹麦人编订的四码电报,即用四个数字代表一个汉字。但这种方法不仅速度慢,而且易出错。汉语拼音电报传信的速度比四码快很多:在直接传送字母的电传机上,可节省三分之一的时间;在传送点画信号或声响信号的电报机上,可节省二分之一到四分之一的时间。第四,《汉语拼音方案》有助于视觉通信。视觉通信包括旗语(手旗和挂旗)和灯语(灯光)。《汉语拼音方案》公布后,除某些国际通用的信号外,海军信号已一律改用汉语拼音字母。汉语拼音旗语在渔船上的推广,也取得了良好的效果。第五,《汉语拼音方案》有助于我国自定代号、缩写的创制。现在,以汉语为基础的、用汉语拼音字母自定的代号和缩写,已逐步投入应用。第六,《汉语拼音方案》有助于排序检索。按《汉语拼音方案》编排各种索引,不用查部首,不用数笔画,简便易查,读者称便。第七,《汉语拼音方案》有助于少数民族语地名的音译转写。第八,在与高新科技相结合后,《汉语拼音方案》被广泛应用于电脑输入、手机应用、自然语言处理等领域,如各种汉语拼音输入法的编制、语音输入与识别技术、语音自动翻译的研发,等等。

(二)汉字的整理与"四定"

汉字的整理工作主要包括汉字的"四定"、整理异体字、更改地名生僻字、统一部分计量单位名称用字等方面。

1. 汉字的"四定"

汉字的"四定",就是在对现代汉字进行全面、系统、科学整理的基础上,做到现代通用汉字的定量、定形、定音和定序。

(1)定量,就是确定现代汉语用字的数量,包括各种专门用字的字量,实现汉字字有定量。

从古至今,汉字的总字数多达数万。《康熙字典》收录4.7万多字,《汉语大字典》收录5.4万多字。1994年出版的《中华字海》收录8.6万多字,在这8.6万多字中,大部分是文言古语用字,只

有1万多字是现代汉字;而这1万多个现代汉字的使用频率并不相等,按照字频由高到低排列,其序号和覆盖率的关系大致如下:

序　号:1000　　2400　　3800　　5200　　6600
覆盖率:90%　　99%　　99.9%　　99.99%　　99.999%

频率最高的1000字在现代白话文中的覆盖率高达90%。这意味着,在10万字的文章中,大约有9万字是用这1000字写成的。这类统计规律可以帮助我们实现汉字的分级定量,从而为成人扫盲、中小学语文教育、对外汉语教学等方面提供科学的依据。

A.常用字。常用字是教学用字,包括小学、初中等几个级别的教学用字。根据汉字字频和覆盖率的关系,我们知道:2400个常用字的覆盖率为99%,可以作为小学的识字量;3800个常用字的覆盖率为99.9%,可以作为初中的识字量。

选定常用字要综合考虑以下四方面因素:第一,频率要高;第二,学科分布要广;第三,构词能力和构字能力要强;第四,日常生活中要常用。

1988年1月,国家语委和国家教委公布的《现代汉语常用字表》收录常用字3500字,又分为两级:一级常用字2500字,二级次常用字1000字。经检验,一级常用字的覆盖率为97.97%,二级次常用字的覆盖率为1.51%,合计为99.48%。

B.通用字。通用字是印刷出版用字,它所记录的是现代汉语一般用字。从全部现代汉语中除去罕用字,得到的就是通用字。选定通用字对于印刷出版、辞书编纂、汉字的机器处理和信息处理而言,都有重要的作用。

新中国成立以来,政府先后公布过5个有关汉字应用的文件。第一,1965年1月,文化部和中国文字改革委员会联合公布的《印刷通用汉字字形表》,收录通用字6196个。第二,1974年,邮电部编辑出版的《标准电码本》收录通用字9317个,其中包括已经废除的繁体字、异体字、日本汉字等。1983年出版的《标准电码本》(修订本)用简化汉字代替了繁体字,删除了异体字和生僻字,并增加了106字,共7292字。第三,1981年5月,国家标准局公布的《信息交换用汉字编码字符集 基本集》收录6763个字,并分为两级:一级是常用字3755个,二级是次常用字3008个。第四,1988年3月,国家语委和新闻出版署公布的《现代汉语通用字表》收录通用字7000个。第五,2013年6月,国务院公布的《通用规范汉字表》收录规范汉字8105个。

  《通用规范汉字表》是由教育部和国家语言文字工作委员会组织语言文学专家、学者经10余年潜心研制而成。《字表》研制过程中,梳理、吸收了新中国成立以来汉字规范的已有成果,整合、统一了多项规范标准,消除了已有规范之间的分歧和矛盾,在广泛征求社会各界的意见,并多次进行认真修改后,确定了汉字规范新的统一标准。《字表》"收字8105个,分为三级:一级字表为常用字集,收字3500个,主要满足基础教育和文化普及的基本用字需要。二级字表收字3000个,使用度仅次于一级字。一、二级字表合计6500字,主要满足出版印刷、辞书编纂和信息处理等方面的一般用字需要。三级字表收字1605个,是姓氏人名、地名、科学技术术语和中小学语文教材文言文用字中未进入一、二级字表的较通用的字,主要满足信息化时代与大众生活密切相关的专门领域的用字需要"[1]。《字表》的正式公布、实施,对弘扬和转播中华优秀文

---

[1] 参见《通用规范汉字表·说明》,语文出版社,2013。

化,增强国家语言实力,促进国家经济、文化教育、科学事业发展,加强国家通用语言文字规范化、标准化、提高国民语言能力和社会语言文字应用水平等,都有重要意义。

现代汉字定量工作虽然已经取得了很大成绩,但仍有很多工作要做。例如,制定各种专用字表,如人名用字表、地名用字表、译音用字表、科技用字表等。而目前急需研制的是《现代汉语用字全表》,特别是电子计算机用汉字库的研制,以确定现代汉语的用字总量。

(2)定形,就是为所有标准汉字确定标准字形。字形是文字符号的外在承载,字形的清晰、统一、合理、规范,是进行书面语交际的基本条件,也是社会发展的必然要求。现代汉字的标准字形是由三个字表确定的。

A.《第一批异体字整理表》。异体字是指读音和意义相同而形体不同的字,如:够〔夠〕、床〔牀〕、窑〔窯窰〕。异体字给人们学习和使用汉字带来了负担,因此要对其进行整理。整理异体字就是在每组异体字中确定一个标准字,并淘汰其余的非标准字。确定标准字形的原则是从俗从简:从俗就是选择比较流行的汉字作为标准字,从简就是选择笔画较为简单的汉字作为标准字。1955年12月22日,文化部和中国文字改革委员会公布了《第一批异体字整理表》,收录异体字810组,共1865字。经整理,每组保留一个标准字,共保留810字,淘汰1055字。例如(括号内是淘汰的字):布〔佈〕、痴〔癡〕、唇〔脣〕、雇〔僱〕、巨〔鉅〕、犁〔犂〕、猫〔貓〕、升〔陞昇〕、笋〔筍〕、它〔牠〕、席〔蓆〕。后来,国家主管语言文字的部门又从淘汰的异体字中恢复了28个字为标准字,实际淘汰了1027个异体字。

B.《简化字总表》。《简化字总表》不仅减少了汉字的数量,对汉字的定量起了决定性作用,而且对一些笔画及汉字字体做出了规定,因而对汉字的定形也产生了积极影响。

C.《印刷通用汉字字形表》。印刷宋体和手写楷体存在很多差异,即便同是印刷体,也常常有不同的写法,如:叙敘敍、别別、羨羡、黄黃等。为克服这种分歧,文化部、教育部、中国文字改革委员会、语言研究所等部门于1962年组成汉字字形整理组,对印刷用汉字字形进行整理,最终制成了《印刷通用汉字字形表》。1965年1月30日,文化部和中国文字改革委员会公布了该表,并开始在出版印刷行业推行。《字形表》收录印刷用宋体铅字6196个,规定了每个字的笔画数和结构,并隐含着笔顺。整理字形的标准是:同一个宋体字有不同笔画或不同结构时,要选择一个便于辨认、便于书写的形体;同一个字宋体和手写楷体的笔画结构不同时,宋体要尽可能接近手写楷体;不完全依据文字学传统。经过这次整理,不少汉字的字形发生了变化。人们习惯把《字形表》中规定的字形称为新字形,把《字形表》公布之前使用的字形称为旧字形。

(3)定音,就是为所有现行汉字规定标准读音。现代汉字的字音是以北京话语音系统为标准来确定的。定音就是要对异读字、多音字加以审定,消除异读和不必要的多音现象。

A.关于异读字的读音。一个字有两个或两个以上读音而表示的意义相同,这样的字就是异读字。自古以来,汉字中就存在异读字。例如《广韵·阳韵》中的"镶"汝阳切,又息羊切;《广韵·皆韵》中的"稭"古谐切,又古八切。这两个字在《广韵》里都是异读字。现代汉字中也有一批异读字,例如"暂时"的"暂"既可以读 zàn,也可以读 zhǎn。"菜肴、酒肴"的"肴"既可以读 yáo,也可以读 xiáo。

为了促进语音规范化和推广普通话,对异读字的读音必须加以审定。审定异读字的读音,就是从现有的几个读音中确定一个标准音,并淘汰其余的非标准音。

从上世纪50年代起,普通话异读字的审音工作就开始了。1957年到1962年,普通话审音委员会分三次公布了《普通话异读词审音表初稿》(简称《初稿》)的正编、续编和第三编。1963年集成的《普通话异读词三次审音总表初稿》,共审定异读词1800多条。随着汉语的发展,《初稿》中原审的一些读音发生了变化;同时,作为语音规范的标准,《初稿》也需定稿。因此,1982年6月,中国文字改革委员会重建普通话审音委员会,对《初稿》进行修订。1985年12月27日,由国家语言文字工作委员会等部门修订后的《普通话异读词审音表》正式推行。修订后的《审音表》共审定读音839条,以字为单位按汉语拼音顺序排列。"自公布之日起,文教、出版、广播等部门及全国其他部门、行业所涉及的普通话异读词的读音、标音,均以本表为准"。异读字的读音也应当以审音表的规定为标准。《审音表》的进一步修订工作正在进行,不久将公布新的审音标准。

这次修订以符合普通话语音的发展规律为原则,以便利广大群众学习普通话为着眼点,采取约定俗成、承认现实的态度。对《初稿》原订读音的改动,力求慎重。《普通话异读词审音表》里凡是注明"统读"的字,表示这个字无论用在普通话什么词语中,都读成这一个音。不标"统读"的字,表示此字有几种读音,《审音表》只审订其中有异读的词语的读音。例如(~代表字头):

癌　ái　　统读
阿　㈠ā　~罗汉　~木林　~姨

㈡ ē ～附　　～胶　　～弥陀佛

B.多音字的读音。多音字也叫多音多义字,是指一个字有两个或两个以上读音,而不同的读音又和不同的意义相联系。例如"脏"读 zāng,指不干净;读 zàng,指体内的器官、脏器。在现代汉字中,多音字大约占10%左右。文章里的多音字要依据它的意义来确定读音。例如:

离间　　　　意思是使发生隔阂。"间"读 jiàn,不读 jiān。

好逸恶劳　　意思是喜欢安逸、厌恶劳动。"好"是动词,读 hào,不读 hǎo;"恶"是动词,读 wù,不读 è。

多音字有两种发展趋势:增加和减少。多音字的增加主要是由于引申和假借。在现代汉语中,词义的引申很少引起读音的改变,读音改变大多是古代词义引申在现代的投影。例如:

瓦　(1)wǎ　砖瓦。　(2)wà　盖瓦。

饮　(1)yǐn 喝。　(2)yìn 使喝:饮牲口。

由文字借用而造成的多音字,例如:

打　(1)dǎ 打击的打。(2)dá　dozen 的音译,铅笔、毛巾等十二个为一打;soda 的音译,苏打的打。

茄　(1)qié 茄子的茄。(2)jiā 雪茄的茄的音译。

C.多音字也有减少的趋势。由于多音字容易读错、不便使用,因此人们希望减少读音,并把某些使用较少的读音归并到经常使用的读音中去。例如(反切依据《广韵》):

错　(1)错误。仓故切。(2)错杂,错综。仓各切。(1)(2)古代不同音,但现代都读 cuò。

文　《国音常用字汇》:(1)wén,文采。(2)wèn,文饰、文过。(1)(2)本来不同音,《审音表》统读为 wén。

现代汉语用字的定音还有许多工作有待完成，如人名、地名异读的审定，轻声词、儿化韵的规范等。

(4)定序，就是确定现代汉字的排列顺序，规定标准的检字法。定序的目的是让每个汉字在文字序列中有一个位置，以实现排字、检字的标准化。定序对于字典、词典的编纂，各种目录、索引的编制，各类资料、卡片的储存，以及查字和资料检索而言，都有很高的实用价值。而信息时代的到来，使定序工作变得尤其重要。在汉字研究史上，曾采用过多种检字法，如音序法、形序法、义序法等。也就是说汉字音、形、义三方面属性，都可以建立起字序来。但由于字义很难确定分类的标准，因此义序法使用较少，经常使用的是形序法和音序法。

A.义序法按照字义为汉字排序。早期的字书，如《尔雅》《释名》《方言》等，都采用义序法来排列汉字。但由于汉字的字义可分为多少类，各类意义孰先孰后，同一意义类别的汉字又孰先孰后等问题都难以确定，因此很难制定出科学合理的标准。后世的字典、词典很少采用义序法来编排汉字。

B.音序法是以字音为顺序的检字法。古代的《切韵》《广韵》等是以四声和韵部来排列汉字的韵书，现代的《现代汉语词典》《新华字典》等则以《汉语拼音方案》的字母表顺序为纲来排列汉字。音序法中使用最广的，是按汉语拼音方案的拉丁字母顺序来排列汉字。同音的字再按笔画数多少排列，笔画数相同的，再按起笔笔形排定字序。音序法简明、清晰，查检方便；但如果不能读准字音或者完全不知道想查字的读音，就无从查检了。所以，还需配合使用其他的检字法，以查检读不准或不认识的字。目前，音序法中存在的主要问题是，不同的字典、词典对同音字的排列顺序往往不一致,因此需要制定更为细致的排列规则。

C.形序法是按照字形来排列汉字的方法。由于汉字字形可以通过多种方式加以分解,因而形序法又可分为笔画法、部首法、号码法等几种不同的检字法。

a.笔画法 根据笔画和笔形的顺序来排列汉字,又叫笔画笔形法。通常笔画少的字在前,笔画多的字在后;同笔画数的字按起笔笔形的顺序排列,起笔笔形相同的字按第二笔的笔形顺序来排列,依此类推。笔形少则四五类,多则七八类,而应用最多的是"横、竖、撇、点、折"五种笔形,其先后顺序不一致,常见的有:

"札"字法;

"丙"字法;

"江天日月红"法。

前两种是按"札"字和"丙"字的笔顺来排列先后顺序的,第三种则以五个字的起笔笔形来排列先后顺序,目前常用的是第一种。笔画法中存在的主要问题就是,同笔画数、同笔形顺序汉字的排序问题。笔画数还有需要进一步研究,并加以规范和统一的地方。

b.部首法 是按照汉字部首来编排汉字的方法,也是我国最有基础的检字法。它以汉字字形的结构特点为依据,容易熟悉和掌握。最早采用部首法给汉字归类的是东汉许慎的《说文解字》,这部书在汉字检字史上有着重要的地位。后世字典、词典中的部首多是在此基础上产生的。由于楷书的盛行,汉字字体结构有所改变,字义也有所发展,因此后来的字典、词典对于《说文解字》的部首多有变革。又由于汉字本身的结构特点,部首在字中的位置很不固定,有一些字鉴于古今字形的演变,甚至很难确定它们的部首,因此出现了不同字典、词典的部首数不统一及同一个字归部不统一的现象,这就给字典和词典的编纂与查检、汉字信息处理、汉字教学等带来了不便。我们应该在深入调查研究的基础上,制定出一个科学、合理的部首检字法。

c.号码法　是按汉字字形对应的号码来排列汉字的方法。这种方法先把笔形转化为号码,使两者形成一一对应的关系,然后再把数字组成代码。把代码由小到大排成系列的同时,与代码相应的字也就排成了序列。号码法有许多种,较为流行的是四角号码法。四角号码法是由王云五发明的。他把汉字的笔画形状分为"头、横、垂、点、叉、插、方、角、八、小"十种,每一种用0到9十个号码来表示。每个汉字取其四角的笔形,按照左上、右上、左下、右下的顺序,化作四个数码字。如"花"的四角号码是4421。四角号码法按字形本身来给汉字定序,既不需要查部首,也不需要数笔画,因此查检方便、迅速。但笔形与号码的关系是人为设定的,无理据可言,只能死记硬背;如果不经常使用,很容易忘掉。此外,重码字较多,有些字的代码也不易确定。

由于汉字存在字形复杂、字数众多、字形和字音的关联性不强等问题,因此各种检字法都不能做到尽善尽美。我们可根据不同的学习和研究目的加以选用,许多字典、词典也往往使用多种检字法以相互补充、便于使用,如《新华字典》中有"汉语拼音音节索引""部首检字表""难检字笔画索引"等。

2.整理异体字

异体字,就是读音和意义相同但书写形式不同的一组字。异体字是文字使用的累赘,给学习和使用汉字增加了负担,应当加以规范。整理异体字,就是在每组异体字中确定一个标准字,并淘汰其余的非标准字。异体字整理的原则为,在从俗的前提下坚持音义明确、从简和书写方便。1955年,文化部和文字改革委员会联合公布了《第一批异体字整理表》(简称《异体字表》),收录异体字810组。除每组确定一个字为标准字外,其余的字全部淘汰,共保留810字,精简了1055字。此后,国家主管语言文字的部门又从淘汰的异体字中恢复了28个字为标准字,实际淘汰了1027字。从1955年底到1977年底,中国文字改革委员会先后拟定过《第二批异体字整理表(初稿)》、《异体字整理表(初稿)》和《异体字整理表(征求意见稿)》等,但都未能正式公布。

《异体字表》整理了许多异体字,且选字得当,在促进汉语书面语规范化的同时,对于汉字的整体规范也起到了重要的作用。

3. 更改地名生僻字

新中国成立后,政府对全国范围内的地名用字进行了一定程度的规范。1956年到1964年间,经国务院批准,35个地名生僻用字被常用汉字所代替。这些地名生僻用字的更改材料收在《简化字总表》附录中。1965年9月,内务部和文字改革委员会组织成立的地名审改组召开会议,研究各省、市、自治区提出的更改地名生僻字的意见。后来由于十年动乱停止了。1982年,文字改革委员会向全国各省、市、自治区发出《征集更改县以上地名以及山河等名称中生僻字的通知》。由于绝大多数省、市、自治区认为县以上地名用字应保持稳定,不宜更改,因此这项工作没有继续进行。1987年,国家语委连同其他有关部门发布了《关于地名用字的若干规定》,对以前工作中的一些方面予以了总结。1999年,国家标准《地名标牌城乡》颁布,教育部语用司将此标准转发,要求各地语委办公室积极配合当地地名管理部门,共同研究具体落实的措施,切实加强地名标牌、街牌、巷牌、楼牌、门牌用字的管理。2001年,民政部、教育部和国家语委又联合开展了政区名称用字读音审定工作,并取得了良好的效果。

4. 统一部分计量单位名称用字

以前,我国的计量单位名称用字中有不少特造的计量字,它们在口语中是双音节的,写成书面语却只有一个字。这不仅违反了言文一致的原则,而且增加了不少特造字。1959年,国务院发布的《统一我国计量制度的命令》是我国计量制度统一的重大措施。依据该命令,1977年7月,中国文字改革委员会和国家标准计量局发布了《部分计量单位名称统一用字表》,对部分计量单位名称用字做了统一规定,精简了20个字。

(三) 汉字简化

汉字简化主要是减少笔画和减少字数。简体字和简化字的含义有所区别:简体字泛指比繁体字笔画减省的字,而简化字特指《汉字简化方案》和《简化字总表》里的简体字,即由政府正式公布推行的简体字。

1. 汉字简化的准备

早在20世纪初,有学者就提出了汉字简化的要求,这一要求在"五四"时期形成了高潮。1922年,钱玄同在国语统一筹备会上提出《减省现行汉字的笔画案》,主张把过去只通行于平民社会的简体字正式应用于一切正规的书面语中。1935年8月,国民政府教育部公布了《第一批简体字表》,表内含324个简体字。后来由于国民政府层保守势力的反对,该表被迫"暂缓执行",因而搁浅。

上述简体字运动尽管并未得到当时国民政府的支持,但学术界仍不断地进行积极的研究,新的简体字研究成果不断涌现。1936年8月,燕京大学哈佛学社出版了容庚编著的《简体字典》;

1936年11月,北新书局出版了陈光尧编写的《常用简字表》;1937年,国立北平研究院字体研究会刊印了《简体字表》第一表;等等。这些研究为新中国成立后汉字简化运动打下了有力的基础。

新中国成立后,人民政府为了扫除文盲、普及教育,积极推行简化汉字。1955年10月,全国文字改革会议讨论了汉字简化问题,并就《汉字简化方案草案》交换了意见。

2. 汉字简化方针的确定

新中国汉字简化工作的方针和步骤是"约定俗成,稳步前进"。"约定俗成"指的是简化工作要在社会习惯的基础上因势利导,简化字的字形尽可能采用社会流行的写法。"稳步前进"指的是全部简化工作不是一次完成,而是分批进行的,以便群众熟悉消化简化字、接受简化字。实践证明,该方针正确合理,简化字的推行工作进展顺利。

3. 《汉字简化方案》和《简化字总表》

1955年10月,全国文字改革会议讨论了汉字简化问题,并就《汉字简化方案草案》交换了意见。1956年1月28日,国务院公布了《汉字简化方案》,方案包括515个简化字和54个简化偏旁。整个方案分四批推行:1956年2月,推行第一批简化字260个,包括第一表的230个简化字和方案之外的30个偏旁类推简化字;1956年6月,推行第二批简化字95个;1958年5月,推行第三批简化字70个;1959年7月,推行第四批简化字92个及附录中的54个简化偏旁。1959年7月,整个方案基本推行完毕。

1964年2月4日,国务院就中国文字改革委员会的请示做出了批示,扩大了简化偏旁的数量,同时决定将正式推行的所有简化字编制成《简化字总表》,以便应用。1964年版的《简化字总表》含简化字2236个。1977年在"文化大革命"的特定历史条件下,匆促公布的《第二次汉字简化方案(草案)》,收整体简化字462个,连同偏旁类推简化字,共853个字。因"草案"很不成熟,问题较多,受到社会广泛批评。1986年10月,国家语委报请国务院批准后废止《第二次汉字简化方案(草案)》,同时重新发布《简化字总表》,对字表中的个别简化字做了调整,含简化字2235个。这是新中国成立以来政府公布推行的所有简化字。

《简化字总表》是《汉字简化方案》的发展和具体化。《汉字简化方案》中只有54个简化偏旁,而《简化字总表》不仅将简化偏旁增加至146个,而且还把使用这些简化偏旁类推出来的字全部列了出来。

4.汉字简化的意义

首先,简化汉字有助于人们学习和使用汉字。例如,简化汉字减少了汉字的笔画,减少了通用汉字的字数,提高了阅读清晰度等。

其次,简化字易学便用,用简化字书写的古籍更容易阅读,也有利于文化的传播。

再次,简化汉字并不意味着废除繁体字,只是缩小了繁体字的使用范围。简化字只占通用字的三分之一,汉字简化也没有使汉字分化为简、繁两个系统,简、繁汉字是一个统一的汉字系统。

(四)汉字信息处理

随着计算机科学的发展,汉字信息处理成为新的课题。汉字应用于计算机意味着汉字应用领域的扩大,这不仅是汉字应用的一场革命,也对政府和语言文字工作者提出了新的要求。目前,汉字信息处理中面临的主要问题有两个:汉字输入,汉字国家标准和国际标准的制定。

1. 汉字输入法

让计算机按照人的指令工作,首先应当输入某些信息。目前,我们可以通过键盘输入、光电自动识别和语音输入等方式来进行汉语信息输入,其中最常用的方式是使用键盘输入汉字。

(1)汉字的键盘输入

汉字的键盘输入是指,借助打字键盘将汉字符号或代码输入计算机,从而使汉字进入计算机的过程。常见的汉字键盘输入法有两种:一种是汉字编码输入法,另一种是汉语拼音输入法。前者是先按一定的编码方法给汉字编码,然后用键盘把代码输入计算机,计算机再用一定的程序对它进行编码,最后输出汉字的输入法。后者是先用键盘将与汉字相应的汉语拼音输入计算机,再由计算机自动转换成汉字的输入法。

汉字编码是汉字信息处理的关键技术,汉字的编码方式主要有四种:音码法、形码法、音形码法和形音码法。

A. 音码法。音码即根据字音编写的代码。音码法通常以汉语拼音方案为基础,常用的音码法有全拼和双拼两种。全拼须逐个输入字音的拼音字母,即有几个字母就敲击几次。双拼是指定某个字母或韵母与键盘上的某个字母对应,一个音节只需敲击两下。音码的主要优势在于易学易用,有助于加快词语输入和整句输入的速度。但其局限性也很明显,如同音字词重码多,不能盲打;用户必须熟悉拼音;生僻字或不知读音的字难以输入等。

B. 形码法。形码即通过拆分汉字字形,将汉字的部件、笔画与键盘上的字母相互对应。形码法主要包括笔画类和字根类两种。两种形码法各有千秋,但人们较少使用笔画类输入法,专业人员大多使用"五笔字型"法。

C.音形码法。音形码是为了克服音码重码过多的缺点而发展起来的。音形码就是在音码的基础上加上形码以区别同音词语,其音码部分与纯音码基本相同。音形码克服了音码重码多的局限,可以盲打,但它增加了敲击次数,降低了打字速度,也增加了记忆形码的负担。

D.形音码法。形音码是为了克服形码难学难记的缺点而发展起来的。形音码就是将字形与字音或偏旁、笔画的读音混合编码。形音码的难点在于,需要拆分偏旁或字根;但总的来说,它比形码要易学易记。

(2)光电自动识别输入

光电自动识别输入是指通过光学自动阅读器之类装置,将汉字扫描进计算机的汉字输入法。目前,光电自动识别输入可以分为印刷体自动识别和手写体自动识别两类。光电自动识别输入的优势在于输入速度极快,其缺点是要有扫描仪和现成的文字资料,且扫描仪不便移动使用。

(3)语音识别输入

语音识别输入是指计算机利用其配备的语音识别装置,自动识别汉字语音,从不同的音节中找出汉字或从相同的音节中判断出不同汉字的输入法。根据所要识别的发音人情况,语音识别输入可分为专人语音识别和通用语音识别。根据所要识别的语音材料,语音识别输入可分为单呼语音识别和连呼语音识别。语音识别将口语与计算机直接连接,实现了人机的直接对话。

2.汉字的国家标准和国际标准

(1)《信息交换用汉字编码字符集》基本集和辅助集

1981年5月1日,中国国家标准总局颁布实施了《信息交换用汉字编码字符集 基本集》(代码为 GB2312 或 GB2312—80),简称汉字标准交换码或国际码。GB2312 编码通行于中国大陆,新加坡等地也采用此编码。几乎所有的中文系统和国际化软件都支持它。GB2312 标准共收录 6763 个汉字,其中第一级为常用字,共 3755 字,第二级为次常用字,共 3008 字。GB2312 标准的字体以中国文字改革委员会 1964 年编印的《简化字总表》以及中华人民共和国文化部和中国文字改革委员会 1965 年联合发布的《第一批异体字整理表》为准,其字形以中华人民共和国文化部和中国文字改革委员会 1965 年联合发布的《印刷通用汉字字形表》为准。除汉字之外,该标准还收集一般符号 202 个(包括间隔、标点符号、运算符号、单位符号、制度符号等)、序号 60 个、数字 22 个、拉丁字母 52 个(包括大小写)、日文假名 169 个(包括大小写)、汉语拼音符号 26 个、汉语注音符号 37 个,连同汉字一起,共 7445 个图形符号。该代码表最多可收入 8836 个图形符号,目前尚留有一些空白位置,供进一步扩充之用。GB2312 基本满足了汉字计算机处理的需要,它所收录的汉字已覆盖了 99.75% 的使用频率。《信息交换用汉字编码字符集 基本集》是我国第一个简体汉字内码国家标准,它不仅统一了电脑用字,也在一定程度上起到了规范汉字的作用。但是,GB2312 无法处理人名、古汉语等当中出现的罕用字,因而后来被 GBK 和 GB18030 汉字字符集所取代。

1990年3月,中华人民共和国国家技术监督局发布了《信息交换用汉字编码字符集 辅助集》(标准号为 GB/T12345—90)。GB/T12345—90 是关于繁体汉字的编码标准。"辅助集"与"基本集"(GB2312—80)相互对应,即 GB/T12345—90 是与 GB2312 相对应的图形字符集。原则上,GB/T12345—90只是将GB2312中的简化字转换成了相应的繁体字。因此,繁体字与简化字拥有相同的编码,而未经简化的汉字及非汉字图形字符,则仍是GB2312中的汉字及图形字符,且具有与之相同的编码。GB/T12345中注明了繁体字替换简体字的原则:"本标准原则上按照《简化字总表》中所列繁体字与简化字的对应关系进行替换。"

除了上述根本区别外,GB/T12345与GB2312的区别还有以下几点:

第一,GB/T12345增补了个别图形字符,共收录7583个图形字符,包括716个汉字之外的图形字符和6866个汉字(其中一级汉字3755个,二级汉字3008个,增补汉字103个)。

第二,GB/T12345所规定的七位环境中图形字符集的转义序列与GB2312有所不同,它同时还规定了八位环境中的转义序列。

第三,GB/T12345没有指明字形依据,但它使用的繁体汉字与《简化字总表》中所使用的字形一致。标准中的绝大多数繁体汉字,都使用了"新字形"。例如,它使用新字形"產"而非旧字形"産"作为"产"的繁体字。又如,它收录"奂""换""唤",而非"奐""換""喚",因为"奐"是旧字形,而不是繁体字。不过,有极个别字也使用了旧字形,如"为""伪"的繁体字,都是用了旧字形"為""僞"。

此后,我国又相应地增加了另外六个辅助集。其中,基本集与第二、第四辅助集是简化字集,第一(即GB12345)、第三、第五辅助集是繁体字集,且基本集与第一、第二与第三、第四与第五辅助集分别有简体、繁体字的一一对应关系(个别简、繁关系为一对多的汉字除外)。第七辅助集汉字的来源是GB13000.1的CJK统一汉字部分,其所收录的是日本、韩国和台湾地区使用的汉字。七个字符集共包含汉字约 4.9 万个(简化字和繁体字分别编码)。

(2)GB13000.1 和 GB18030

GB13000.1 的全称为:国家标准 GB13000.1:1993《信息技术 通用多八位编码字符集(UCS)第一部分:体系结构与基本多文种平面》。为了便于多个文种的同时处理,国际标准化组织下属的编码字符工作组研制了新的编码字符集标准,ISO/IEC10646。该标准于 1993 年第一次颁布,但当时只颁布了第一部分,即 ISO/IEC 10646—1993。我国与之相应的国际标准就是国家标准 GB13000.1—1993《信息技术 通用多八位编码字符集(UCS)第一部分:体系结构与基本多文种平面》。该标准的制定目的是,对世界上的所有文字统一编码,以实现世界上所有文字在计算机上的统一处理。GB13000 字符集包含了 20902 个汉字。

GB18030 的全称为:国家标准 GB18030—2000《信息交换用汉字编码字符集基本集的扩充》,是现阶段我国最新的内码字集。GB18030 在体系结构上延续 GB2311—1990《信息处理 七位和八位编码字符集 代码扩充技术》体系,采用单/双/四字节混合编码。该标准与现有绝大多数操作系统、中文平台的计算机内码一级兼容,能够支持现有的应用系统,在字汇上与《信息技术 通用多八位编码字符集(UCS)第一部分:体系结构与基本多文种平面》兼容,为中文信息在国际互联网上的传输与交换提供了保障。该标准同时收录了藏文、蒙文、维吾尔文等主要的少数民族文字,为推进少数民族语文信息化奠定了坚实的基础。GB18030—2000 标准作为 GB2311 体系的字符编码标准,规定了信息交换用的基本图形字符及其二进制编码的十六进制表示,适用于图形字符信息的处理、交换、存储、传输、显现、输入和输出。GB18030—2000 标准还具体规定了图形字符的单字节编码和双字节编码,并对四字节编码体系结构做出了规定。

(3)基于 ISO10646 的汉字国际标准

在信息化时代,发达国家与发展中国家的数字鸿沟越来越大。要缩小我国与发达国家之间的数字鸿沟,就必须利用网络进行竞争。中国文化的电子保存、数字化图书馆以及各种数据库的建设,都需要文字系统的信息化平台。国际标准《信息技术 通用多八位编码字符集》是全球所有文种统一编码、实现计算机系统多文种相互切换和交流的国际标准,其基本功能为,在全球范围内建立起实时、无障碍的信息交换模式。语言文字信息处理标准的制定工作基础性强、影响面大、战略性突出,关系到我国的长远利益和信息化建设,关系到使用汉字的国家、地区之间的相互沟通和资源共享,也关系到我国少数民族文字的信息化、现代化。多年来,我国积极开展该项标准的制定工作,取得了很大成绩。

国际化的首要工作就是在系统字处理中,必须以字符而非字节为单位,即用双字节/多字节编码代替原来的单字节编码,也就是用宽字符(wide character,为了统一处理单字节字符和多字节字符,而采用统一编码宽度的内部表示)代替单字节字符。使用统一的多八位大字符集 ISO10646 是国际化工作的关键,也是国际化工作的核心。

ISO/IEC10646 是一个国际标准编号,其英文全称为:Informational technology-Universal Multiple-Octet Coded Character Set,简称 UCS,其中文全称为:《信息技术 通用多八位编码字符集》,亦称"大字符集"。它是国际标准化组织(ISO)1993 年正式颁布的一项重要国际标准,其宗旨为全球所有文种的统一编码。目前,该标准已收录了各种现行的标准文字符号近六万个,可用于表示、输入、显示、存储、处理、交换和传输世界上多种语言的书面形式及其附加符号。其中,中文简繁体汉字、日文用汉字、朝鲜文用汉字(简称 CJK 汉字)共 20902 个。ISO10646 标准颁布后,经历了一系列的修改与扩充。经中、日、韩等国的不懈努力,CJK 汉字扩充集的 6582 个汉字、彝文和汉字结构符、汉字部首与构件编码已纳入 BMP,蒙文和藏文编码也取得了重要进展。目前,正在制定辅助平面(可收入汉字的标准),辅助平面 2 将纳入 CJK 汉字扩充集 Extension B 的四万多汉字及 Super CJK 的六万多汉字。

在汉字字符集的处理上,最有研究、最具发言权的自然是中国人,例如探讨语言的内在关系;哪些字是常用字,哪些字是次常用字;如何对汉字进行排序(按汉语拼音、按笔画、按部首);如何寻求最佳方案等。当然,由于汉字也为海外华人和日本、朝鲜、韩国等国民众所广泛使用,因此也应充分考虑他们的意见。但鉴于汉语最大的用户和市场在中国,所以国际标准化组织在制定汉字字符集时,还要以中国的意见为重。

每个国家执行的都是本国的国家标准,国际标准只有变为国家标准时才能被该国执行。国际标准是通过多国的国家标准来实现的。国际化与本地化之间存在着辩证关系:一方面,国际化是为了确保编码字符集在语言不同、风俗不同的国家和地区能够使用;简言之,国际化正是为了解决本地化。另一方面,本地化是国际化向特定语言环境的转换,本地化也要适应国际化的规定。基于此,国际标准化组织应充分尊重各国标准化组织的意见。汉字共有七八万个,不仅码位占有率极高,且又有简体、繁体、日文用汉字、朝鲜文用汉字、韩国用汉字的区分,可谓复杂之极。国际化过程中数量最大、最为复杂的工作就是汉字的本地化工作,若汉字的问题解决好了,国际化工作就完成了大半。可以说,汉字本地化工作是衡量国际化工作好不好的试金石。汉字不仅是全世界使用人数最多的文字,也是联合国使用的文字,因此,解决好汉字本地化意义重大。国际标准化组织应格外重视中国标准化组织的意见,但迄今为止,尽管国际化组织的成果已见诸网络,但与中国标准化组织机构却并未建立直接、畅通、有效的联系渠道。

(五)汉字规范标准建设

1.《国家通用语言文字法》的制定

现代社会是法治社会,一切政府机关都必须依法行政,语言文字工作部门也不例外。2000年10月31日,在第九届全国人大常委会第18次会议上,《中华人民共和国国家通用语言文字法》以高票获得审议通过。同日,这部法律由国家主席签署颁布,并于新世纪第一天开始施行。《国家通用语言文字法》依据宪法制定,体现了国家关于语言文字工作的方针和政策,科学地总结了清末以来先贤们在语文革新运动中的探索实践,尤其是新中国成立50多年来语言文字工作中的经验教训,反映了人民的呼声、时代的要求和几代语文工作者的夙愿。《国家通用语言文字法》确立了普通话和规范汉字作为国家通用语言文字的法律地位,标志着我国语言文字法制建设取得了突破性进展。我们应该以此为契机,进一步推动国家通用语言文字的规范化和标准化进程。目前,我国正处于建立和逐步完善社会主义市场经济体制的过程中,也正处于落实科教兴国战略的关键期;因此,在发展社会主义的经济、政治、文化,提高中华民族的整体素质,实现各民族、各地区的共同富裕时,迫切需要推广、普及民族共同语——普通话,并推行全国通用的规范汉字。

现代社会是网络信息社会,信息获取的多少与快慢,对一个民族的兴旺发展将产生极为重要的影响。汉字的标准与规范不仅关系到中文信息处理的好坏与快慢,关系到我国的长远利益和信息化建设,关系到使用汉字国家、地区的相互沟通和资源共享,也关系到我国少数民族文字的信息化和现代化。

新时代的到来、新问题的出现,给汉字规范标准建设提出了新的要求。第一,《中华人民共和国国家通用语言文字法》颁布后,与之配套的各种法律、规章和语言文字规范标准的建设将会得到进一步加强。然而,法律和配套法规的制定出台虽然为依法管理、依法行政提供了依据,却无法代替管理。要使语言文字管理工作真正走上法治的轨道,关键在于执法。因此,我们必须在增强全民法制观念和守法意识的同时,逐步形成健全有效的语言文字应用管理机制,严格执法程序,规范执法行为,为国家的现代化、信息化建设提供良好的语言文字应用环境。第二,继续加快中文信息处理各项规范标准的制定,如各类专业用字字符集标准、汉字印刷新字字形规范、汉字键盘输入语言文字规范综合评价原则、汉字字序标准等。第三,逐步建立协调有效的管理机制,做好对中文信息技术产品中语言文字规范标准执行情况的监督检测工作。此外,语言文字工作者尤其需要在"重在建设"上下功夫,力争在国家通用语言文字的法规体系建设、规范标准体系建设、面向信息处理的语言文字基础工程建设等方面取得较大进展,使国家通用语言文字的规范化、标准化工作能够更好地服务于社会信息化和社会主义现代化建设。

2.《通用规范汉字表》的制定

"文革"结束后,社会语文生活趋于稳定,语文工作的重点转向语文规范。由于已有的语文规范是不同时期针对不同问题而陆续出台的,都是单项的规范,因此在使用时产生了诸多不便。为了推进汉字规范化,许多专家建议研制一个集已有汉字规范于一体的统一的汉字规范表。1980年5月20日,在中国文字改革委员会全体会议上,王力、叶籁士、倪海曙、周有光四位委员联合提出研究和制定《标准现代汉语用字表》的议案,并获得通过。这项议案要求对现代汉语用字进行全面、系统、科学的整理,做到字有定量、字有定形、字有定音、字有定序。《标准现代汉语用字表》就是《规范汉字表》。可惜限于当时的各种条件,这项研究没有坚持下去。上世纪80年代中期,在制定我国新时期语言文字工作方针任务时,相关部门曾确定过《规范汉字表》的具体任务;到了90年代,《规范汉字表》也曾两次立项,但没有最终完成。2000年10月31日,全国人大常委会通过了《中华人民共和国国家通用语言文字法》。该法为国家通用语言文字的规范化、标准化提供了强有力的法律保障,也为加快语言文字规范标准建设创造了良好的机遇和条件。该法明确规定:"国家推广普通话,推行规范汉字"。《国家通用语言文字法》颁布后,社会各界的有识之士以及两会代表、委员纷纷呼吁尽快立项研制《规范汉字表》。经调查研究和科学论证,2001年4月,教育部、国家语委批准《规范汉字表》课题立项。2002年10月,《规范汉字表》课题被国家语委科研规划领导小组列入语言文字应用研究"十五"规划"重大项目",予以支持。2003年1月,《规范汉字表》(后定名为《通用规范汉字表》)的研制被列为《教育部2003年工作要点》。

研制《规范汉字表》是一项重大的系统工程,涉及汉字的方方面面,可谓牵一发而动全身。因此,要特别注意与相关规范标准研制的衔接。例如,被列入语言文字应用"十五"科研规划的"汉语母语教育基本字表、词表"(含基础教育基本字表、扫盲教育基本字表等子课题)项目,与《规范汉字表》中的一级字基本重合(扫盲教育基本字表略小于基础教育基本字表);"汉语人名规范"(含汉语人名用字规范、汉语外来词语人名汉字音译转写规范、人名排序规范等子课题)和"少数民族人名汉字音译转写规范"项目,又与《规范汉字表》的三级字密切关联等。为加强相关项目之间的配合,国家语委科研规划领导小组在课题设计与评审立项时,尽可能进行统筹考虑,在科研力量的配置方面做了相应安排,以避免产生新的矛盾。此外,配合《规范汉字表》的研制,教育部、国家语委还启动了汉字检索、汉字笔画、汉字部首、汉字结构、汉字部件名称和汉字字体等规范标准研制项目,着手建立汉字属性多功能应用平台。这些配套项目的研制十分重要,它们与《规范汉字表》的研制相辅相成,是其不可或缺的组成部分。

2013年6月,由教育部、国家语言文字工作委员会组织制定,历时十余年打磨的《通用规范汉字表》由国务院正式发布。

《通用规范汉字表》是在整合多个文件的基础上制定的,其中包括《第一批异体字整理表》《简化字总表》《现代汉语常用字表》以及《现代汉语通用字表》等。《通用规范汉字表》是《中华人民共和国国家通用语言文字法》的配套规范,是现代记录汉语的通用规范字集,体现着现代通用汉字在字量、字级和字形等方面的规范。经过规范整理的8105字,都是现代社会需要的通用字。《通用规范汉字表》是对汉字规范整合优化后的最新成果。

3. 古汉字的整理与编码

古汉字的整理与编码是一项十分重要的工作。这项工作关系到我国古代文献的数字化,对我国古代文化的研究、保存与传播具有重要意义。古汉字非常复杂,对其进行整理、编码的工作量和工作难度远远高于现代汉字。由于这项工作涉及国内多个部门,因此需要各部门相互协调、通力合作。教育部、国家语委很重视古汉字的整理与编码工作,自2002年以来,曾先后组织召开过多次专家研讨会。许多专家依据会议要求,积极开展古汉字的研究整理工作,为古汉字编码打下了良好的基础。古汉字的研究整理是古汉字编码的前提,只有做好了研究整理工作,才能做好编码工作。

在对古汉字进行编码时,应注意以下几点:第一,古汉字编码要以古汉字的研究整理为基础,要在对古汉字做出明确界定并划出明确范围的基础上,列出古汉字资源清单,以便统筹安排古汉字编码工作。第二,要做好基于编码的古汉字分类,使字库的建立既有学理依据,又切实可行、方便应用。第三,要确定明确的选形原则。为满足各层次、各方面古汉字数字化处理的要求,选形要坚持"全",即在整理筛选古文字字形时,必须穷尽现有一手材料,穷尽各类古文字编码单位,包括:所有不同的字,同一个字所有不同结构的异体字,同一个字在笔势上具有时代、地域、美学等方面区别的所有字形,所有不成字独立部件及其异体,某些非字符号(如重文符和段落符等)等。第四,要确定统一的排序原则。古汉字编码要有统一的排序原则,但具体的排序方式可以有所不同。例如,有人建议采纳字表、字典等通行的排序方式,即依照《说文解字》的顺序进行排序;其理由为:这种排序方式简单、统一,便于不同层面古汉字的对照和沟通。也有人不同意按《说文解字》的顺序进行排序,其理由为:《说文解字》的排序方式并不科学,且甲骨文、金文等古汉字构形系统与《说文解字》的小篆系统存在较大的差异,因此应根据古汉字的实际情况研究新的排序方式。第五,要注意古汉字编码和CJK现代汉字的关联。

4."CJK国际基本子集"的制定

当前,汉字国际标准化工作的核心是ISO/IEC10646"CJK国际基本子集"的制定。该子集拟收汉字10000个左右,是对ISO/IEC10646中CJK统一汉字及其扩充A(目前,CJK统一汉字收字已逾70000个)中最基本、最常用汉字的集合。"CJK国际基本子集"的制定目的为,使CJK汉字使用者能够以较低的成本实现国际信息交流,进而推动有关国家、地区采用国际标准汉字。中国的大陆、香港、澳门、台湾是这一提案的共同发起成员。海峡两岸的这一举措,体现了炎黄子孙在中文数字化方面的共识与合作意向,有利于汉字的国际标准化和在更广阔的背景下弘扬中华文化。"CJK国际基本子集"的制定缘起与编制原则,与我国的《通用规范汉字表》有许多共通之处。也就是说,《通用规范汉字表》中的绝大多数汉字(特别是一级字和二级字),可以作为"CJK国际基本子集"的制定基础。

针对ISO/IEC10646这一国际标准,我国今后的研究重点主要有两个方面:第一,在开展ISO/IEC10646扩展工作时,有关部门要积极组织专家学者,对我国多文种字汇的扩充进行充分研究,争取在BMP平面上占据更多的码位。现阶段,我们主要应扩充汉字的部件、部首及20902个汉字之外的较通用字。但由于这些扩充可能会受到国际标准化组织规定条件的限制,因此需要专家学者做进一步的研究分析。第二,由于ISO/IEC10646中采用了中日韩汉字统一编码,因此我国需要采取有效的方法,防止国外汉字及繁体字、异体字对我国出版物和办公文书等造成干扰。

思考和练习

1. 什么是民族共同语和标准语?20世纪50年代,经过讨论,我国学者在这个问题上形成了哪些共识?
2. 简述普通话定义形成的大致过程。
3. 为什么说"全国推广普通话宣传周"是一个很有创意的活动?
4. 谈谈学校对推行国家通用语言文字的重要意义。
5. 什么是汉字的"四定"?有何意义?
6. 什么是《通用规范汉字表》?它的研制有何重要作用?
7. 汉字信息处理目前主要有哪些标准?
8. 谈谈你对汉字前途的展望。

第四节　小结

中国具有注重语言规划工作的传统,在政府主持或干预、教育垂范以及辞书推广等方面都有成功的范例。中国是一个多民族的国家,"五多一大",即民族多、语言多、文字多、双语双言多、汉语使用人口最多,方言差别很大等等,是语言基本国情。中国语言国情特点本身体现了加强各种语言关系协调、创造和谐语言环境的重大意义,同时,它也为我国语言规划的理论研究提供了客观条件,为语言规划的实践提供了广阔天地。中国语言规划工作应该着眼于中国语言国情,总结中国特色的语言规划理论。

2012年12月4日,教育部、国家语委发布了《国家中长期语言文字事业改革和发展规划纲要(2012—2020年)》。《规划纲要》的出台历经三年的调查研究与反复论证,凝结着全国语言文字界的集体智慧。《规划纲要》以邓小平理论、"三个代表"重要思想、科学发展观为指导,提出了"增强国家语言实力,提高国民语言能力,构建和谐语言生活"的指导思想;提出了新时期语言文字工作的七项主要任务、六项重点工作和十六个方面的举措;提出了"创新理念思路""创新工作机制""创新管理服务"等八项创新和保障措施,是贯彻党的十八大会议精神的重要举措,是推进社会主义文化强国建设的重要行动,是指导当前和今后一个时期语言文字工作的重要纲领。

主要参考文献

陈章太《说语言立法》,《语言文字应用》2002年第4期。

陈章太《当代中国的语言规划》,《语言文字应用》2005年第1期。

陈章太《论语言资源》,《语言文字应用》2008年第1期。

陈章太《〈国家中长期语言文字事业改革和发展规划纲要〉与国家语言生活》,《语言文字应用》2013年第1期。

陈章太、谢俊英《语言文字工作稳步发展的60年》,《语言文字应用》2009年第4期。

戴昭铭《规范语言学探索》,上海三联书店,1998。

李宇明《语言与法律:建立中国的法律语言学》,载周庆生等主编《语言与法律研究的新视野》,法律出版社,2003。

李宇明《语言资源观及中国语言普查》,《郑州大学学报(哲学社会科学版)》2008年第1期。

李卫红《加快语言文字事业科学发展,为实现"中国梦"贡献力量》,语言文字战线"中国梦"主题教育活动座谈会讲话,2013年4月8日。

刘导生《新时期的语言文字工作》,载《新时期的语言文字工作——全国语言文字工作会议文件汇编》,语文出版社,1987。

刘照雄《推广普通话的重要举措——普通话水平测试简论》,《语言文字应用》1994年第4期。

马丽雅、孙宏开、李旭练等《中国民族语文政策与法律评述》,民族出版社,2007。

邱质朴《试论语言资源的开发——兼论汉语面向世界问题》,《语言教学与研究》1981年第3期。

孙宏开、胡增益、黄行《中国的语言》,商务印书馆,2007。

苏培成《简化汉字60年》,《语言文字应用》2009年第4期。

田立新"中国语言资源有声数据库建设培训(第一期)"开班仪式讲话,《语言文字工作简报》2012年第7期

王铁琨《试论语言文字的法制建设问题》,《语言文字应用》1995年第3期。

王铁琨《试论〈国家通用语言文字法〉颁布的意义及其特色》,《语文研究》2001年第4期。

魏丹《语言文字法制建设——我国语言规划的重要实践》,《北华大学学报》2010年第3期。

许嘉璐《开拓语言文字工作新局面,为把社会主义现代化事业全面推向21世纪服务——在全国语言文字工作会议上的报告》,《语文建设》1998年第2期。

周恩来《当前文字改革的任务》,载《当代中国的文字改革》,当代中国出版社,1995。

周庆生主编《国家、民族与语言——语言政策国别研究》,语文出版社,2003。

《关于〈中华人民共和国国家通用语言文字法(草案)〉的说明》,载《〈中华人民共和国国家通用语言文字法〉学习读本》,语文出版社,2001。

推荐参考文献

〔以〕博纳德·斯波斯基著,张治国译《语言政策:社会语言学中的重要论题》,商务印书馆,2011。

薄守生、赖慧玲《当代中国语言规划研究:侧重于区域学的视角》,中国社会科学出版社,2009。

陈章太《语言规划研究》,商务印书馆,2007。

〔英〕丹尼斯·埃杰著,吴志杰译《语言资源与语言规划丛书:语言规划与语言政策的驱动过程》,外语教学与研究出版社,2012。

郭龙生《中国当代语言规划的理论与实践》,广东教育出版社,2008。

黄晓蕾《民国时期语言政策研究》,中国社会科学出版社,2013。

教育部语言文字应用管理司编《国家中长期语言文字事业改革和发展规划纲要(2012—2020年)》,语文出版社,2013。

教育部语用所社会语言学与媒体语言研究室编《语言规划的理论与实践——第四届全国社会语言学学术研讨会论文集》,语文出版社,2006。

李建国《汉语规范史略》,语文出版社,2000。

李宇明《中国语言规划论》,商务印书馆,2010。

李宇明《中国语言规划续论》,商务印书馆,2010。

〔英〕苏·赖特著,陈新仁译《语言政策与语言规划——从民族主义到全球化》,商务印书馆,2012。

苏培成《当代中国的语文改革和语文规范》,商务印书馆,2010。

王辉《澳大利亚语言政策研究》,中国社会科学出版社,2010。

吴坚《全球化下国家语言推广战略:政策、模式与中国的借鉴》,科学出版社,2013。

许长安《台湾语文政策概述》,商务印书馆,2011。

姚亚平《中国语言规划研究》,商务印书馆,2006。

张西平、柳若梅《世界主要国家语言推广政策概览》,外语教学与研究出版社,2008。

周晓梅《欧盟语言政策研究(1958—2008)》,云南大学出版社,2012。

资中勇《语言规划》,上海大学出版社,2008。

〔荷〕Swaan. A. D. 著,乔修峰译《世界上的语言——全球语言系统》,花城出版社,2008。

第五章　中国语言规划(中)

第一节　少数民族语言规划概况

一　政治、民族和语言背景

(一)中国民族的基本特点

中国长期以来是一个中央集权的统一的多民族国家。中国民族的基本特点是：

1. 各民族的人口数量极不平衡

在各民族长期的交往过程中，经过多民族的融合，形成了汉族这个人口占绝大多数的民族。据2010年第六次人口普查，全国总人口13.7亿。汉族人口占总人口的91.51%；各少数民族占总人口的8.49%。

2. 各民族的分布格局是大杂居、小聚居、相互交错居住

汉族地区有少数民族聚居，少数民族地区有汉族居住。这是由于长期历史发展过程中各民族间相互交往、流动而形成的。中国少数民族人口虽少，但分布很广。我国大陆的少数民族主要分布在内蒙古、新疆、宁夏、广西、西藏、云南、贵州、青海、四川、甘肃、辽宁、吉林、湖南、湖北和海南等省、自治区。各少数民族除了都有

一定的聚居地区外,还有近2000多万人口散居全国各地。全国97%以上的县、市都有两个以上的民族共同居住。

3. 少数民族地区地域广大,经济文化发展相对落后,但资源比较丰富

民族自治地方占全国总面积的64.5%。民族地区的草原面积有45亿亩,占全国草原面积的90%以上。全国五大天然牧区,都在少数民族地区;全国四大林区有三个在少数民族地区,森林面积达7.18亿亩,林木蓄积量占全国蓄积量的51%;水力蕴藏量占全国总量的80%左右。还有大量的矿藏资源,以及丰富的动植物资源和旅游资源。全国有2万多公里的陆地边防线几乎都在少数民族地区,战略地位十分重要。

4. 旧中国各民族社会经济发展不平衡

在民主改革前,少数民族有四种不同的社会经济形态存在,封建地主经济占统治地位的有三十多个民族,当时有3000多万人口;处于封建农奴制的,当时约400万人口;处于奴隶制的,当时约有100万人口;保留原始公社制残余的,当时约有60万人口。经过民主改革,各民族都走上了社会主义道路。

(二) 对少数民族进行民族识别

作为一个多民族国家,中国历史上的许多民族经历过长期的演变,支系纷繁,族称众多。在中华人民共和国成立以前,由于存在民族压迫和民族歧视,许多少数民族的民族成分不能确定。中国究竟有多少少数民族,并不清楚。中华人民共和国成立后,为了保障少数民族的平等权利,在民族工作方面采取了一项具有重大政治意义和科学价值的举措,即对少数民族进行民族识别。这是古往今来中国历史上规模最大的一次民族识别。

民族识别是指对一个民族成分和民族名称的辨认。据1953年第一次全国人口普查,汇总上报的民族名称有400多个,其中有的是自称,有的是他称;有的是同一个族体的不同汉语音译;有的以居住区的地理名称而得名;有的则以特殊的生产生活方式命名,各民族的名称相当复杂。对这些民族名称进行民族识别,就是要弄清楚待识别的人们共同体是汉族还是少数民族;如果是少数民族,那么是单一的少数民族,还是某一个少数民族的一部分。

我国的民族识别工作大致可以分为三个阶段。

1. 第一阶段(1949—1954年)

从各地自报登记的400多个民族名称中,确认了38个少数民族。其中,蒙古族、回族、藏族、满族、维吾尔族、苗族、彝族、朝鲜族、瑶族等9个民族属于历来公认的民族;其他诸如白族、保安族、布依族、傣族、东乡族、侗族、俄罗斯族、鄂伦春族、鄂温克族、高山族、哈尼族、哈萨克族、景颇族、柯尔克孜族、拉祜族、黎族、傈僳族、纳西族、羌族、撒拉族、水族、塔吉克族、塔塔尔族、土族、佤族、乌孜别克族、锡伯族、裕固族、壮族等29个民族,属于国家新确认的民族。

2. 第二阶段(1954—1964年)

对上次全国人口普查登记所剩的183个民族名称进行识别,新确定了15个少数民族,即土家、畲、达斡尔、赫哲、仫佬、布朗、仡佬、阿昌、普米、怒、崩龙(后改名为德昂)、独龙、京、毛难(后改名为毛南)、门巴,同时将普查中自报的74个族体分别归并到53个少数民族中。

3. 第三阶段(1965—1982年)

确定了珞巴和基诺两个少数民族,至此中国已被确认的少数民族共有55个。1982年以后,民族识别工作除继续为一小部分族体的认定进行调查研究外,主要是在一些地区对一批人的民族成分做恢复、更改和对某些族体进行归并工作,迄今全国共恢复、更改民族成分的人数在1200万以上。

民族识别工作是多民族的社会主义国家落实民族政策的一项基本工作。该项工作在广泛而又深入的调查研究的基础上,以马克思列宁主义的民族理论为指导,密切结合中国的历史和实际,灵活运用斯大林关于现代民族的特征的理论,对民族语言文字、地域、经济生活、文化和心理素质等要素,进行历史的综合考察和分析。其基本原则是,识别考察从中国的历史和现实情况出发,科学认定与本民族意愿相结合。只要具有构成单一民族的条件,不管其社会发展水平如何,不论其居住区域大小和人口多少,也不论周邻国家是否居住有相同的民族,在充分照顾该民族人民意愿的基础上,都一律承认为一个民族,同样享有民族平等权利。我国的民族识别工作具有极其重大的意义。首先,它使各少数民族人民通过民族识别,确定了自己的民族成分,从而充分享受了各项法律法规所赋予的权利。其次,它运用理论结合实际的方法,为中国的民族工作积累了一些成功的经验,有助于推动民族问题方面的科学研究向前发展。

(三)语言与族属:一族一语、一族多语和多族一语

中国是一个多民族、多语言、多文种的国家,55个少数民族中除回族一直使用汉语文,满族近代改用汉语文外,其余53个少数民族都有自己的民族语言。除朝鲜语和京语系属未定外,其余分

属汉藏语系、阿尔泰语系、南亚语系、南岛语系和印欧语系。

目前使用的少数民族文字通常认为有28种[①],历史上曾使用过的少数民族文字有17种。汉、回、满三个民族通用汉文,蒙古、藏、维吾尔、哈萨克、柯尔克孜、朝鲜、彝、傣、拉祜、景颇、锡伯、俄罗斯12个民族各有自己的文字。这些文字多数都有较长的历史。其中蒙古族使用一种竖写的拼音文字,通用于蒙古族地区。居住在新疆的蒙古族还使用一种以通用的蒙古文为基础而适合卫拉特方言特点的拼音文字。云南傣族在不同地区使用4种傣文。

此外,傈僳族中大部分信仰基督教的群众,使用一种用大写拉丁字母及其颠倒形式的字母拼写傈僳语的文字,还有少数人使用当地农民创制的傈僳音节文字"竹书"。云南省东北部一部分信仰基督教的群众使用一种把表示声、韵、调的符号拼成方块的苗文。云南佤族中信仰基督教的少数群众使用拉丁字母形式的佤文。壮族、白族和瑶族中还有一部分人使用在汉字影响下创制的方块壮字、方块白文和方块瑶字。

中华人民共和国成立后,又有壮、布依、苗、侗、哈尼、傈僳、佤、黎、纳西、白、土、瑶共12个民族和景颇族中说载瓦语的人使用新创制的以拉丁字母为基础的拼音文字。其中苗族因方言差别大,分别给其黔东、湘西和川黔滇三个方言创制了文字,给滇东北次方言也设计了一种文字方案。因此,现在共有16种拉丁字母形式的新文字。还有一些在历史上使用过,后来停止使用的文字,即突厥文、回鹘文、察合台文、于阗文、焉耆-龟兹文、窣利文、八思巴字、契丹大字、契丹小字、西夏文、女真文、东巴图画文字、沙巴图画文字、

---

① 参见金星华主编《中国民族语文工作》,民族出版社,2005。

东巴象形文字、哥巴文、水书、满文等17种文字。

民族多数成员的母语使用问题,是语言与族属间的核心问题。有些民族大多数成员的母语是本族语,而且,本族语能够世代相传,经久不变,这种现象体现了语言与族属间的"一对一"的对应联系。有些民族或者没有形成自己的共同语,或者虽然有自己的共同语,但是,全部或大部分成员已经失去自己的母语,转而使用其他民族的语言作为自己的母语,尤其是那些分而未化、融而未合的民族,他们的语言跟族属之间不可避免地存在着"一对多"或"多对一"的参差不齐的联系,这种联系体现了语言跟族属间的变异性或差异性。中国少数民族语言的数目一般认为在80种以上,也有学者认为有129种[①]。

1. 一族一语

我国56个民族中,具有这种"一对一"关系的共计38个民族,他们是:汉、蒙古、藏、维吾尔、苗、彝、壮、布依、朝鲜、侗、白、哈尼、哈萨克、傣、黎、傈僳、佤、拉祜、水、东乡、纳西、土、达斡尔、仫佬、羌、布朗、撒拉、毛南、阿昌、普米、塔吉克、鄂温克、德昂、保安、京、独龙、珞巴和基诺族。

我国现有56个民族,80多种语言,民族的数目比语言数目少约2/5。

一个民族没有形成自己的共同语,其成员把两种或多种语言作为自己的母语来使用;或者一个民族虽然有自己的共同语,但共同语作为母语来使用的人口,只占该民族总人口的一半或一半以下,这种现象我们称作一族多语现象。

---

① 参见孙宏开、胡增益、黄行主编《中国的语言》,商务印书馆,2007。

2. 一族多语

一族多语现象又可以分成"无本民族共同语的一族多语现象"和"有本民族共同语的一族多语现象"两类。

无本民族共同语的一族多语现象,出现在我国5个民族当中。

南方的瑶族使用5种以上语言,其中母语是勉语的将近人口的一半,母语是布努语或汉语的各占1/5,母语是拉珈语以及母语转用壮语等语言的总共不到1/5。

云南的怒族使用7种语言,其中母语是怒苏语的约占2/5,母语是独龙语或母语转用傈僳语的各占1/5,母语是柔若语、阿侬语和母语转用汉语的一共约占1/5。

甘肃的裕固族使用3种语言,其中母语是尧呼尔语亦称西部裕固语的占2/5强,母语是恩格尔语亦称东部裕固语和母语转用汉语的大约各占1/5强。

云南的景颇族使用两种语言,其中母语是景颇语的约占1/4,母语是载瓦语的约占3/4。

西藏的门巴族使用两种语言,其中母语是仓洛门巴语的约占4/5,母语是错那门巴语的约占1/5。

以上5个民族没有形成本民族共同语的原因不尽相同,有的可能由于来源于不同的几个集团或集团的一部分,长期以来相互接触、渗透和吸收,虽然形成了一个异源同流、多元一体的新民族,但在语言上还保持着异源和多元的格局;有的则可能由于同一族体的不同支系,或因迁徙的路线不同,或因迁徙时间的先后,或因聚居、杂居以及跟邻近民族交往的亲密程度等等因素的制约和影响。

有本民族共同语的一族多语现象,主要出现在我国北方的3

个民族当中。

新疆的乌孜别克族使用乌孜别克语、维吾尔语、哈萨克语和柯尔克孜语4种语言,其中母语是本族语的约占2/5,母语转用维吾尔语或哈萨克语的各占1/5强,母语转用柯尔克孜语的约占1/5。

新疆的塔塔尔族使用塔塔尔语、哈萨克语和维吾尔语3种语言,其中母语是本族语的只占1/4,母语转用哈萨克语或维吾尔语的共占3/4。

东北大小兴安岭中的鄂伦春族使用鄂伦春语和汉语两种语言,母语是鄂伦春语跟母语转用汉语的约各占一半。

上述3个民族也有相当一部分或几部分成员,没能保持住自己的本族语,其主要原因或主要制约因素,大概是他们长期跟周边民族杂居相处,跟异族通婚,纯属本民族成员的家庭逐渐减少,相邻民族的文化比较先进等。

本族语的大量丧失和异族语的大量转用,成为"有本民族共同语的一族多语现象"的一个十分突出的特点。

3. 多族一语

两个或几个民族的大多数成员丧失了自己的本族语或母语,转而使用另外一个民族的语言作为自己的母语,这种现象我们称作多族一语现象。这里的"大多数"是指占本民族总人口的2/3以上的人数。

根据这种界定,我国的多族一语现象,主要出现在回族、满族、畲族、土家族、仡佬族、赫哲族和锡伯族计7个民族当中。这7个民族的全体或大多数成员,一律将汉语作为自己的母语来使用。

一族一语、一族多语和多族一语现象,是我国各民族主体成员在母语使用中出现的3种语言民族现象,这些现象反映出上述语言跟族属间的3种基本的联系方式。

在上述三种语言民族现象中,"一族一语"现象体现了语言跟族属间的一致性,它是基本的、稳定的、主要的语言民族现象,属于这类现象的民族,占我国民族总数的71%。"一族多语"现象和"多族一语"现象体现了语言跟族属间的变异性或差异性,它是语言民族现象中次生的、变化的、非主流的现象,属于这类现象的民族占我国民族总数的27%。

二 统一的多民族国家与统一的多语文政策

(一)统一的多民族国家

自古以来,中国就是一个统一的多民族国家。公元前221年,秦朝的建立,将先秦哲人的"大统一"理想变为活生生的现实,汉朝以后,中国历代中央政权发展并巩固了秦汉"大统一"的多民族国家的格局。中国第一个统一的多民族的中央集权国家从此诞生了。在这两千多年当中,统一的时间约占2/3,分裂的时间约占1/3,所以,统一是中国历史发展的主旋律。秦汉以后,汉族无论是统治民族,还是被统治民族,始终发挥着主体民族凝聚核心的作用。

在长期的大一统过程中,经济和文化上的交往,把56个民族紧密地联系在一起,从而形成了你中有我,我中有你,各民族只适宜于相互依存和合作,不适宜于彼此分离的民族关系。汉族和少数民族共同创造和发展了中国的疆域、中国的历史和中华文明。

(二)既保障自治又维护统一的民族区域自治制度

民族区域自治制度是中国一项重要的政治制度,也是中国政府结合中国实际情况采取的一项基本政策。中国的民族区域自治是在国家的统一领导下,各少数民族聚居的地方实行的区域自治,设立自治机关,行使自治权,少数民族人民当家做主,自己管理本自治地方的内部事务。实现各民族平等、团结和共同繁荣,是中国政府处理民族关系的基本原则。

1947年5月,中国建立了全国第一个相当于省一级的民族自治地区——内蒙古自治区。中华人民共和国成立以后,又相继建立了新疆维吾尔自治区、广西壮族自治区、宁夏回族自治区和西藏自治区。截至2014年,中国共有5个民族自治区;30个自治州,其中吉林1个,甘肃2个,青海6个,新疆5个,湖南1个,湖北1个,四川3个,贵州3个,云南8个;共有117个自治县和3个自治旗;共计155个民族自治地方。

中国民族自治地方的行政区划分为自治区、自治州、自治县和自治县以下的民族乡、镇四级。民族自治地方的自治机关是自治区、自治州、自治县的人民代表大会和人民政府。自治区、自治州、自治县的人民代表大会常务委员会主任或副主任,以及自治区主席、自治州州长、自治县县长,都由实行区域自治的民族的公民担任。

民族自治地方的自治机关除行使同级地方国家机关的职权外,还享有广泛的自治权利,包括依照当地民族政治、经济和文化的特点,制定自治条例和单行条例;自主地安排使用属于民族自治地方的财政收入;自主地安排和管理本地方的建设事业和教育、科学、文化、卫生事业。另外,国家还通过普通高等学校、民族大学(学院)、民族干部学校大力培养少数民族干部和专业技术人员;中央政府在财力和物力上给予民族自治地方积极支援,以促进当地经济文化的发展。

中国民族区域自治,是在国家统一领导下的自治,各民族自治地方都是共和国不可分割的一部分,是在中央政府领导下的一级地方政权,该制度成功地在"统一"和"自治"这两个关节点上找到了一个适当的平衡点,既照顾到我国民族以大杂居、小聚居为主的分布特点,又维护并巩固了中华民族多元一体的政治格局,完美地将民族自治与国家统一结合在一起。

(三) 统一性与多样性相结合的语言文字政策

"各民族都有使用和发展自己的语言文字的自由","国家推广全国通用的普通话",写入宪法的这两条规定,往往被视为我国语言文字政策的总原则。该项总原则既体现了马克思主义的语言平等和民族平等的思想,又反映了社会统一和语言统一的精神。该项总原则,在"多样性"和"统一性"这两种不同性质的原则之间找到了一个适当的"度",既保障了各民族使用发展本民族语言文字的权利,体现了各民族平等、团结、互助的民族关系;又加快了普及汉族共同语,消除汉语方言隔阂的步伐,巩固了国家的统一和社会的稳定,从而实现了多样性和统一性的有机结合。

(四) 统一多样的语言使用的特征

中国语言使用的特征,既有统一性,又有多样性。所谓统一性,主要是指全国人口中,母语是汉语的已占95%以上,汉语的十大方言中(详见表1),官话方言(亦称北方方言)分布最广,从江苏的南京到新疆的乌鲁木齐,从云南的昆明到黑龙江的哈尔滨,相距几千公里,一致性很高,人们通话没有太大困难。汉语官话区人口占说汉语人口的66.2%,占全国总人口的63.1%[①]。汉语普通话

---

① 参见熊正辉、张振兴、黄行《中国的语言》,《方言》2008年第3期。

是全国社会生活、政治生活、经济生活、文化生活中的通用语言,是联合国的一种工作语言。汉语普通话还是全国不同地区不同民族进行交际的主要用语,规范汉字是全国通用的文字。

中国语言的多样性主要表现为,东南各省的汉语方言差别很大,彼此之间不能通话;全国55个少数民族,除回族和满族通用汉语外,其他53个民族使用着80多种语言,这些语言大多属于5种不同的语系。多民族、多语言是中国语言状况中的一大特点(详见表1)。

表1 中国语言使用人数(单位:万人)

说话人的语言	人数	说话人的语言	人数
汉语各方言	120689.5	少数民族语言	5835
其中:官话	79858.5	其中:蒙古语族	450
晋语	6305	阿尔泰语系 突厥语族	985
吴语	7379	满通古斯语族	4.4
徽语	330	侗台语族 汉藏语系	2165
赣语	4800	苗瑶语族	610
湘语	3637	藏缅语族	1384
闽语	7500	南亚语系	43
粤语	5882	南岛语系	0.6
平话和土话	778	印欧语系(塔吉克语、俄罗斯语)	3.4
客家话	4220	朝鲜语	190

资料来源:据熊正辉、张振兴、黄行的《中国的语言》(《方言》2008年第3期)一文中的数据整理。

三 语言规划的指导思想和基本原则

少数民族语言规划在调节民族关系、维护民族团结和社会稳定、促进民族发展进步过程中具有重要作用。

（一）少数民族语言规划的指导思想

少数民族语言规划的指导思想是：坚持马克思主义语言文字平等原则，保障少数民族使用和发展自己语言文字的自由，从有利于各民族团结、进步和共同繁荣出发，实事求是，分类指导，积极、慎重、稳妥地开展民族语文工作，为推动少数民族地区政治、经济和文化事业的全面发展，促进国家的社会主义现代化建设服务（〔1991〕32号文件：1991年6月，国务院批转了《国家民委关于进一步做好少数民族语言文字工作的报告》[①]，该报告亦称32号文件）。

1. 坚持民族平等和语言平等

《中华人民共和国宪法》第四条规定："中华人民共和国各民族一律平等。国家保障各少数民族的合法权利和利益，维护和发展各民族的平等、团结、互助关系。禁止对任何民族的歧视和压迫，禁止破坏民族团结和制造民族分裂的行为。"[②]

民族平等是指：各民族不论大小，都是中华民族的一部分，具有同等的地位，在国家和社会生活的一切方面，依法享有相同的权利，履行相同的义务，反对一切形式的民族压迫和民族歧视。民族团结是指：各民族在社会生活和交往中的和睦、友好和互助、联合的关系。民族团结要求在反对民族压迫和民族歧视的基础上，维护和促进各民族之间和民族内部的团结，促进国家的发展繁荣，反对民族分裂，维护国家统一。民族平等是民族团结的前提和基础，

---

① 《国务院批转国家民委关于进一步做好少数民族语言文字工作的报告》，《中华人民共和国国务院公报》1991年第26期。
② 见国家民委办公厅、政法司、政策研究室编《中华人民共和国民族政策法规选编》，中国民航出版社，1997。

民族团结是民族平等的结果和保障。

民族语言是民族形成的一种基本特征,是民族传统文化的一种载体,也是民族生存发展和创造财富的思维工具。保障各民族享有使用和发展自己的语言文字的自由权利,实际上,就是在语文生活领域保障各民族一律平等的权利。几十年来的实践表明,该项政策有利于推动民族文化教育事业的发展,有利于保持民族团结和社会稳定,有利于增强中华民族凝聚力。

2. 保障各民族都有使用和发展自己语言文字的自由和权利

各民族都有使用和发展自己的语言文字的自由,是我国《宪法》规定的解决民族问题的一项基本原则,也是我国少数民族语言政策中的一项根本性一贯性的原则,同时还是制定各项具体的少数民族语言文字政策的法律依据。1949 年 9 月 29 日通过的《中国人民政治协商会议共同纲领》第五十三条规定:"各少数民族均有发展其语言文字、保持或改革其风俗习惯及宗教信仰的自由"[1]。1954 年《中华人民共和国宪法》第三条规定:"各民族都有使用和发展自己的语言文字的自由"[2]。1982 年的《宪法》第四条又重申了这一根本性的原则。该条规定坚持了各民族语言文字一律平等的原则,该项原则是实现民族平等,保障少数民族自治权利的一个重要标志。民族语言往往是民族社会中主要的交际工具和思维工具,民族文字往往是民族传统文化的载体,民族语言还是民族形成过程中的一个重要的特征,民族认同、民族意识或民族感情往往通过民族语言文字的使用体现出来。如果没有一个自由平等

---

[1] 见国家民委办公厅、政法司、政策研究室编《中华人民共和国民族政策法规选编》,中国民航出版社,1997。

[2] 见董云虎、刘武萍编《世界人权越发纵览》,四川人民出版社,1991。

地使用民族语言文字的社会环境,民族社会就有可能增加不稳定因素,民族团结也会受到一定的影响。

由于我国大多数少数民族的多数人仍在以本民族的语言作为主要的交际工具,为保障少数民族使用和发展自己的语言文字的权利,我国《宪法》第一百二十一条规定:"民族自治地方的自治机关在执行职务的时候,依照本民族自治地方自治条例的规定,使用当地通用的一种或几种语言文字。"宪法第一百三十四条规定:"各民族公民都有用本民族语言文字进行诉讼的权利。人民法院和人民检察院对于不通晓当地通用的语言文字的诉讼参与人,应当为他们翻译。在少数民族聚居或者多民族共同居住的地区,应当用当地通用的语言进行审理;起诉书、判决书、布告和其他文书应当根据实际需要使用当地通用的一种或几种文字。"民族区域自治法第二十一条、第四十七条等条款也相应做了具体的规定。这些法律规定,从自治地方的自治机关行使职务到公民诉讼,对少数民族语言文字(当地通用的几种语言文字包含了少数民族语言文字)的使用都做了具体的规定。不仅充分体现了民族平等、语言平等的原则,而且也为以本民族语言文字为主要交际工具的少数民族群众创造了必要的条件,保障了他们使用本民族语言文字的权利。

3.鼓励各民族互相学习语言文字

语言文字是人们思想的交际工具。由于我国大多数少数民族的多数人是以本民族的语言为交际工具,民族自治地方不仅通用汉文,有的还通用少数民族文字,而且还由于汉语文是全国通用的语言文字,所以,《宪法》第十九条规定:"国家推广全国通用的普通话。"《民族区域自治法》第四十九条规定:"民族自治地方的自治机关教育和鼓励各民族的干部互相学习语言文字。汉族干部要学习当地少数民族语言文字,少数民族干部在学习、使用本民族语言文字的同时,也要学习全国通用的普通话。民族自治地方的国家工作人员,能够熟练使用两种以上当地通用的语言文字的,应当予以奖励。"①

各族人民相互学习语言文字,对于增强民族间的相互了解、相互学习、相互帮助和团结,促进各民族的共同发展繁荣具有十分重要的意义。几十年来的实践证明,在少数民族地区工作的汉族干部,学习民族语文,可以更好地了解少数民族的历史和现状,直接了解少数民族的感情和愿望,听取少数民族的意见和要求,同少数民族保持广泛而紧密的联系,便于更好地开展各项工作。少数民族干部和群众,学习掌握汉语文,便于更好地参加国家的管理,有利于参加各种政治、社会、经济和文化活动,便于更快地获取各种信息,更快地学习掌握现代科学文化知识,加速民族地区的发展。

20世纪五六十年代,新疆军区某师相继开办了150多所"文化夜校",40多万维吾尔、柯尔克孜、塔吉克、乌孜别克、藏族等少数民族群众在"夜校"里学习,其中2万多人后来走上了各级领导岗位。近日,师党委学习"三个代表"重要论述,专题研究了发扬"文化夜校"传统、增强先进文化的凝聚力和辐射力问题,并拿出了具体举措:

规范学习少数民族语言、学唱少数民族语言歌曲制度。规定服役5年以上的士官和副连以上干部要学会用少数民族语言日常会话,各建制连每两个月学唱一首少数民族语言新歌,部队参与地

---

① 见国家民委办公厅、政法司、政策研究室编《中华人民共和国民族政策法规选编》,中国民航出版社,1997。

方大型活动时都要演唱少数民族语言歌曲。

把活跃驻地少数民族群众业余文化活动,作为"双拥共建"的一项重要内容。以部队农场为基地,开办以少数民族群众为主要培训对象的"科技夜校"。师团两级依托农场,每年培训20人左右的少数民族群众致富能手,并发挥其"酵母"示范作用①。

青海省黄南州公安局针对辖区内少数民族群众多的特点,要求全州各级公安机关的重点单位、窗口单位要解决民族语言翻译问题,使群众办事、报案、控告、举报等交流比较方便,并在坚决贯彻落实"三个离不开"思想的同时,动员民警学习少数民族语言,互帮互学,密切警民关系。

(二)少数民族语言规划的基本原则

民族语文是少数民族群众重要的交际工具,是少数民族文化的重要载体。少数民族群众把平等享有使用本民族语言文字的权利看作是真正享有民族平等权利的重要内容。少数民族语言规划是一项政策性很强的工作。60多年来的民族语文工作实践证明:从实际出发,分类指导,不搞"一刀切";开展跨省区、跨行业、跨部门的协作,是我国少数民族语言规划取得成功的两项基本原则。

1. 从实际出发,分类指导,不搞"一刀切"

从实际出发,分类指导,不搞"一刀切",是我党实事求是思想路线在民族语文工作中的具体体现,是搞好民族语文工作的法宝。我国少数民族的分布特点是大杂居、小聚居。由于历史情况不同,所处的社会条件不同,各方面的发展是不平衡的。这些特点反映

---

① 参见《"文化夜校"增强先进文化辐射力》,《解放军报》2000年6月28日第3版。

到语言文字方面,就形成了目前的复杂状况:有的民族有自己的语言也有自己的文字,有的民族有自己的语言没有自己的文字,有的民族选用了汉文或其他民族的文字;有的民族使用着全民族通用的民族文字,有的民族使用着局部地区通用的民族文字;有的民族使用着有悠久历史的民族文字,有的民族使用着新创制不久的民族文字或经过改进的民族文字。城镇、交通沿线、农村、牧区语言环境也大不相同。民族语文的社会功能呈现多类型、多层次的特点。

随着改革开放的不断深化、西部大开发战略的实施和少数民族的发展进步,以及国家对通用语言文字传播力度的加强,少数民族出于自身发展的需要,已更加自觉地学习、使用汉语,兼通民族语和汉语、转用汉语的人也越来越多,汉语文已经成为各民族交际的主要工具。半个多世纪以来的实践证明:每当语文规划能够从实际出发,实事求是,实行科学的分类指导,不搞"一刀切"时,少数民族语文工作就能积极、慎重、稳妥地开展,并能取得一定的成就;反之,就会遭受挫折,甚至走弯路。所谓分类指导,具体说来就是:

第一,对沿用至今的、传统通用的民族文字,要继续做好学习、使用工作,切实保障民族语文在本民族自治地方各个领域的广泛使用,使其更好地为民族地区的现代化建设服务。

第二,对新创和改进的民族文字,维持现状,顺其自然发展。本民族群众确实需要的,则让这些民族文字继续为民族地区的建设发展服务,特别注意发挥这些民族文字在儿童启蒙教育、扫除农村青壮年文盲中汉语文无法替代的作用;本民族群众不欢迎的,则应尊重本民族群众的意愿,不勉强推行。

第三,对于没有本民族文字的少数民族,不再为其创制文字。

提倡和鼓励没有本民族文字的少数民族选择一种现有的、适用的文字,对已经选择使用汉语文或其他民族文字的,应尊重本民族的意愿,予以肯定。

2.开展跨省区、跨行业、跨部门的协作

民族语文工作是一项跨省区、跨行业、跨学科、跨部门的复杂工程,需要社会方方面面的通力合作。跨省区民族语文协作工作是我国民族语文工作的创举,是对马克思主义语言平等观的丰富和发展,解决了跨省区同一民族在民族教育、文化等领域的发展遇到的一些实际问题,激发了跨省区同一民族学习、使用自己语言文字的热情,保障了跨省区同一民族学习、使用自己语言文字的权利。

1977年以来,经国务院批准,先后成立了(1)"八省、自治区蒙古语文工作协作小组"(简称"蒙八协"或"八协"),由内蒙古、黑龙江、吉林、辽宁、甘肃、宁夏、新疆、青海等八省区组成,主要研究蒙古语文工作规划和蒙文改革问题;(2)"东北三省朝鲜语文工作协作小组"(简称"朝三协"或"三协"),由吉林、黑龙江、辽宁三省组成,主要在民族教育、朝鲜语言文字的调查研究以及规范化、标准化、信息化和学术研究等方面开展协作活动;(3)"四省、自治区彝族语文工作协作小组"(简称"彝四协"或"四协"),1993年成立,由四川、云南、贵州和广西四省区组成,主要从事滇川黔桂四省区的彝文整理规范工作;(4)"五省区藏族教育协作领导小组"(简称"藏五协"或"五协"),1994年更改为现在名称,由西藏、青海、甘肃、四川和云南五省区组成,主要从事五省区藏语文图书、教材和电影译制方面的协作。

蒙古文"八协"自1977年国务院批准成立以来,积极、慎重地开展各项工作,对促进有关省、自治区蒙古族聚居区的文化、教育、科学技术的发展和两个文明建设起到良好的推动作用,形成了民族教育、新闻出版、广播电视、科学研究等领域的协作体系,培养了一大批蒙汉兼通的各类人才,满足了蒙古族读者对蒙古文出版物的需求,丰富了蒙古族人民的影视文化生活,促进了蒙古语文科学研究的学科发展,取得很大成绩。

朝鲜文"三协"是根据国务院〔1975〕49号文件关于使用同一少数民族文字的省、区要建立协作小组,"朝文协作,包括吉林、黑龙江、辽宁三省,由吉林负责召集"的指示精神成立的协作组织。自成立以来,在民族教育、朝鲜语言文字的调查研究以及规范化、标准化、信息化和学术研究等方面开展了大量的协作活动,促进了广大朝鲜族聚居区的文化、教育、科技的发展和两个文明建设,为民族团结进步事业做出了应有的贡献。

实践证明:开展跨省区、跨行业、跨部门的协作是具有中国特色的民族语文工作的成功经验之一,它符合我国国情,做到了资源共享、协调一致、形成合力,避免了人力、财力、物力的浪费。

四 语言文字新政策

近年来国家制定了几个比较重要的规章,对少数民族语言文字的使用和发展做出新规定。这些规章是:《国家民委关于做好少数民族语言文字管理工作的意见》(以下简称《意见》)(民委发〔2010〕53号)[①]、《国务院实施〈中华人民共和国民族区域自治法〉

---

① 《国家民委关于做好少数民族语言文字管理工作的意见》,国家民族事务委员会网站,2010—06—18,http://www.seac.gov.cn/art/2010/6/18/art_142_103787.html。2011—07—04浏览。

若干规定》(2005年)、《中共中央宣传部国家民委财政部国家税务总局新闻出版总署关于进一步加大对少数民族文字出版事业扶持力度的通知》(2007年)和《国务院关于进一步繁荣发展少数民族文化事业的若干意见》(2009年)。

《意见》共有21条,内容包括做好少数民族语言文字管理工作的重要意义、指导思想、基本原则、主要任务、政策措施、保障机制等部分。

《意见》提出,今后少数民族语言文字工作的主要任务是:"贯彻国家关于少数民族语言文字的方针政策;推进少数民族语言文字法制建设;搞好少数民族语言文字的规范化、标准化和信息处理工作;促进少数民族语言文字的翻译、出版、教育、新闻、广播、影视、古籍整理事业;推进少数民族语言文字的学术研究、协作交流和人才培养;鼓励各民族互相学习语言文字。"(第七条)

《意见》特别强调了"依法保障少数民族语言文字在相关领域的应用"(第九条),"加强少数民族濒危语言的抢救、保护工作"(第十五条),参与做好"双语"教学工作(第十条)。

这是继1991年国务院32号文件之后,又一份全面指导中国民族语言文字工作的重要文件。具有重要的里程碑意义。

思考和练习

1. 我国语言与族属的关系是怎样的?
2. 试从统一的多民族国家、民族区域自治制度阐述我国"统一多样"的语言政策。
3. 少数民族语言规划的指导思想是什么?
4. 什么是少数民族语言规划的基本原则?

第二节　少数民族语言地位规划

少数民族语言文字在各领域的应用获得前所未有的发展。在政治、行政、司法、教育、图书报刊出版、广播影视及翻译等领域,少数民族语言文字都得到了广泛使用和前所未有的发展。

在中国,无论在司法、行政、教育等领域,还是在国家政治和社会生活中,少数民族语言文字都得到广泛使用。在国家政治生活中,全国人民代表大会、中国人民政治协商会议召开的重要会议和全国或地区性重大活动,都提供蒙古、藏、维吾尔、哈萨克、朝鲜、彝、壮等民族语言文字的文件或语言翻译。民族自治地方的自治机关在执行职务的时候,都使用当地通用的一种或几种文字。

一　政治、行政、司法领域使用少数民族语言

在政治、行政、司法领域,在重要会议上,如我国全国人民代表大会、中国共产党全国代表大会、中国人民政治协商会议,都为少数民族代表提供蒙古、藏、维吾尔、哈萨克、朝鲜、彝、壮等 7 种少数民族文字的文件译本和这 7 种少数民族语言的同声翻译,选举票和表决票同时使用汉文和这 7 种民族文字。

人民法院和人民检察院为不通晓当地通用语言文字的诉讼参与人提供翻译。在有关省、自治区以及自治州、自治县的会议上,也都根据需要配备翻译人员。蒙古、藏、维吾尔、哈萨克、朝鲜、傣等民族文字在各自治地方的党政机关和业务部门得到较为广泛的使用,如这些自治地方的自治机关在行使职务时,自治机关的公文、印鉴,人民团体和厂矿、学校的印章、牌匾、商标、广告和票证等

都使用民族文字。

(一) 民族语文在全国人民代表大会和自治地方选举中的使用

在国家政治生活中,从1954年全国第一届人民代表大会开始,就设有少数民族语言的同声翻译。现在中国共产党代表大会、全国人民代表大会、中国人民政治协商会议召开的重要会议和全国或地区性重大活动,都提供蒙古、藏、维吾尔、哈萨克、朝鲜、彝、壮等民族语言文字的文件,同时提供这7种语言的同声翻译。党中央、国务院和各级地方党委、政府发往基层的重要文件、法规和行政规章,在许多民族地区,都附有当地通用的少数民族文字的译本。

1982年通过的《中华人民共和国全国人民代表大会组织法》第十九条规定:"全国人民代表大会举行会议的时候,应当为少数民族代表准备必要的翻译。"[1]1989年通过的《全国人民代表大会议事规则》第二十条重申了该项规定。

1995年正式施行的《中华人民共和国全国人民代表大会和地方各级人民代表大会选举法》第二十二条规定:"自治区、自治州、自治县制定或者公布的选举文件、选民名单、选民证、代表候选人名单、代表当选证书和选举委员会的印章等,都应当同时使用当地通用的民族文字。"[2]

(二) 尊重少数民族,禁止使用带有民族歧视的称谓和名称

我国各少数民族对自己的语言都怀有深厚的感情,他们把对

---

[1] 见国家民委办公厅、政法司、政策研究室编《中华人民共和国民族政策法规选编》,中国民航出版社,1997。

[2] 同上。

自己语言文字的尊重或歧视,往往看作是对自己民族本身的尊重或歧视,把平等享有使用语言文字的权利,看作是真正享有民族平等权利的重要内容。

新中国成立后,历史上遗留下来的许多有关少数民族的地名、碑碣、匾联带有歧视和侮辱少数民族的意思,这些称谓和名称如果继续使用,将会伤害少数民族的感情。为此,政务院于1951年发布了《关于处理带有歧视或侮辱少数民族性质的称谓、地名、碑碣、匾联的指示》①,要求各地对于违背该规定者,分别予以禁止、更改、封存或收管。例如,"满清"这个称谓就不宜再用,否则会引起满族人民的不愉快,不利于民族团结。有的少数民族的族称虽然没有侮辱性的含义,也根据少数民族自己的意愿进行了更改,如僮族的"僮",改为"壮"等等。

在中国,任何煽动民族仇视和歧视,破坏民族平等团结的言行都是违法的。少数民族如遭受歧视、压迫或侮辱,有向司法机关控告的权利,司法机关对此种控告必须负责予以处理。中国加入了《消除一切形式种族歧视国际公约》《禁止并惩治种族隔离罪行国际公约》《防止和惩治灭绝种族罪行公约》等国际公约,并认真履行国际公约的义务,同国际社会一起,为在世界各国实行民族平等,反对种族隔离、民族压迫和民族歧视进行不懈的努力。

在全国人大八届五次会议上修订的《中华人民共和国刑法》,增列了"在出版物刊载歧视、侮辱少数民族内容罪"。主要是指无视有关政策和法律的规定,以书籍或报刊为载体,出于牟利或猎奇

---

① 见国家民委办公厅、政法司、政策研究室编《中华人民共和国民族政策法规选编》,中国民航出版社,1997。

等原因,发表含有歧视、侮辱少数民族的文字或图片、绘画等,且造成损害民族关系等后果的犯罪行为。

刑法规定:"在出版物中刊载歧视、侮辱少数民族的内容,情节恶劣,造成严重后果的,对直接责任人员,处三年以下有期徒刑、拘役或者管制。"

1986年国务院发布的《地名管理条例》第五条第一款规定:"凡有损我国领土主权和民族尊严的,带有民族歧视性质和妨碍民族团结的,带有侮辱劳动人民性质和极端庸俗的,以及其它违背国家方针、政策的地名,必须更名。"①2013年修正的《中华人民共和国商标法》第十条第六款规定:商标不得使用"带有民族歧视性的"标志②。1994年通过的《中华人民共和国广告法》第二章第七条第七款规定,广告不得"含有民族、种族、宗教、性别歧视的内容"③。

(三)法制建设领域

历史经验表明,少数民族语言文字只靠行政管理手段是不够的,因为从使用范围和使用功能方面来看,少数民族语言文字仍处于弱势,社会上轻视和忽视少数民族语言文字的现象时有发生,少数民族语言文字的使用和发展呼唤制定专项法律和法规做保障。一二十年来,已有二十多个民族自治地方制定了少数民族语言文字工作条例,在少数民族语文法制建设方面取得了不小的成绩。

民族自治地方人大也制定了一系列有关少数民族语言文字方

---

① 见国家民委办公厅、政法司、政策研究室编《中华人民共和国民族政策法规选编》,中国民航出版社,1997。
② 国家知识产权局网,2013—9—03。http://www.sipo.gov.cn/zcfg/sb/fljxzfg/201309/t20130903_816432.html。
③ 同①。

面的自治条例和单行条例。目前,已经制定的134个自治条例中除满族、回族的民族自治地方自治条例没有规定使用民族语言文字执行职务外,其他自治条例大都规定了使用本民族语言文字执行职务。延边朝鲜族自治州、凉山彝族自治州等20个民族自治地方制定了本民族语言文字条例等单行条例。此外,23个民族自治地方的民族教育条例和4个民族文化条例,也都有学习和使用少数民族语言文字的专门规定(详见表2)。

表2 民族自治地方语言文字工作条例(1987—2005年)

条例名称	年份
自治区 *	
西藏自治区学习、使用和发展藏语文的规定	1987年通过,2002年修正
新疆维吾尔自治区语言文字工作条例	1993年通过,2002年修正
内蒙古自治区蒙古语言文字工作条例	2004年通过,2005年施行
自治州/市	
延边朝鲜族自治州朝鲜语言文字工作条例	1988年通过,2004年修改
海南藏族自治州藏语文工作条例	1989年通过,1990年施行
海西蒙古族藏族自治州蒙古族藏族语文工作条例	1990年通过,1991年施行
凉山彝族自治州彝族语言文字工作条例	1992年通过,1992年施行
果洛藏族自治州藏语文工作条例	1993年通过,1993年施行
黄南藏族自治州藏语文工作条例	1993年通过,1994年施行
海北藏族自治州藏语文工作条例	1994年通过,1995年施行,2004年修改
玉树藏族自治州藏语文工作条例	1994年通过,1995年施行
甘南藏族自治州藏语言文字工作条例	1995年通过,1996年施行
甘孜藏族自治州藏族语言文字使用条例	1997年通过,1998年施行
巴音郭楞蒙古自治州语言文字管理条例	2005年通过,2005年施行
呼和浩特市社会市面蒙汉两种文字并用管理办法	2001年通过,2001年批准

包头市社会市面蒙汉两种文字并用管理条例	2001年通过,2002年批准
自治县	
阜新蒙古族自治县蒙古语文工作条例	1989年通过,1989年施行
杜尔伯特蒙古族自治县蒙古语言工作条例	1991年通过,1991年施行
马边彝族自治县彝族语言文字条例	1994年通过,1994年施行
峨边彝族自治县彝族语言文字条例	1995年通过,1995年施行
肃北蒙古族自治县蒙古语言文字工作条例	1996年通过,1996年施行
前郭尔罗斯蒙古族自治县蒙古语言文字工作条例	1996年通过,1996年施行
喀喇沁左翼蒙古族自治县蒙古语文工作条例	1998年通过,1998年施行
天祝藏族自治县藏语言文字工作条例	1999年通过,1999年施行
阿克塞哈萨克族自治县哈萨克语言文字工作条例	2000年通过,2000年施行

* 云南省不是自治区,但出台了《云南省少数民族语言文字工作条例》,2013年3月28日云南省第12届人民代表大会常务委员会第二次会议通过。

(四)民族语文在行政管理中的使用

1. 执行职务

民族自治机关执行职务时依法使用民族语言文字。民族自治地方的自治机关在执行职务时,依照本民族自治地方自治条例的规定,使用当地通用的一种或几种语言文字。自治机关同时使用几种通用的语言文字执行职务的,可以以实行区域自治的民族的语言文字为主。自治区、自治州、自治县制定或者公布的选举文件、选民名单、选民证、代表候选人名单、代表当选证书和选举委员会印章等,都同时使用当地的民族文字。民族自治地方各类国家机关、人民团体和企事业单位的发文、证章、牌匾以及商标等都使用当地通用的民族文字和汉文。

2. 印章

1979年国务院发布的《关于国家行政机关和企业、事业单位印章的规定》第二条第二款规定:"民族自治地方的自治机关的印章,应当并刊汉文和通用的民族文字。"① 1993年民政部、公安部发布的《社会团体印章管理规定》第二条第二款规定:"民族自治地方社会团体的印章,应当并刊汉文和当地通用的民族文字。"② 1991年国家教委和公安部发布的《社会力量办学印章管理暂行规定》第八条规定:"……民族自治地区的学校印章,应并刊汉文和当地通用的民族文字。印章文字较多,不易刻制清晰时,可适当采用通用的简称。"③

3. 企业名称

1991年《企业名称登记管理规定》第八条规定:"企业名称应当使用汉字,民族自治地方的企业名称可以同时使用本民族自治地方通用的民族文字。"④

4. 公文格式

中共中央办公厅、国务院办公厅2012年发布的《党政机关公文处理工作条例》第三章第十一条规定:"公文使用的汉字、数字、外文字符、计量单位和标点符号等,按照有关国家标准和规定执行。民族自治地方的公文,可以并用汉字和当地通用的少数民族

---

① 见国家民委办公厅、政法司、政策研究室编《中华人民共和国民族政策法规选编》,中国民航出版社,1997。
② 同上。
③ 同上。
④ 见《语文建设》1991年第11期。

文字。"①

5.人民币

我国人民币,除汉文外,还印有蒙古文、藏文、维吾尔文和壮文4种少数民族文字。

(五)民族语文工作机构的建立

国家先后在中央和各有关民族地区建立了少数民族语文的研究机构。1951年,政务院文化委员会设立了"少数民族语言文字研究指导委员会",负责管理全国民族文字的研究、创制和改进工作。1954年以后,民族语文工作主要由国家民委的前身——中央民族事务委员会负责管理。1998年国务院调整了民族语文的管理工作,国家民委管理少数民族语言文字工作,指导少数民族语言文字的翻译、出版工作;教育部负责少数民族语言文字的规范化工作,指导少数民族语言文字信息处理的研究和应用。

1977年以来,经国务院批准,先后成立了"八省、自治区蒙古语文工作协作小组"(八省区包括:内蒙古、吉林、辽宁、黑龙江、青海、甘肃、新疆、河北)和"东北三省朝鲜语文工作协作小组"(东北三省包括:吉林、辽宁和黑龙江)。另外,四川、云南、贵州和广西共同成立了"四省、自治区彝族语文工作协作小组";西藏、青海、甘肃、四川和云南则联合组建了五省、自治区藏语文图书、教材和电影译制方面的协作组织。

(六)司法领域

1.诉讼权利

1982年《宪法》第一百三十四条规定:"各民族公民都有用本

---

① 中共中央办公厅、国务院办公厅《党政机关公文处理工作条例》,中央政府门户网,2013—02—22.http://www.gov.cn/zwgk/2013—02/22/content_2337704.htm.

民族语言文字进行诉讼的权利。人民法院和人民检察院对于不通晓当地通用的语言文字的诉讼参与人,应当为他们翻译。"①该项原则的主要精神,最早是在1951年9月4日公布的《中华人民共和国法院暂行组织条例》第九条中提出来的②。1952年通过的《政务院关于保障一切散居的少数民族成分享有民族平等权利的决定》第五条规定:"凡散居的少数民族成分,有其本民族语言、文字者,得在法庭上以本民族语言、文字进行诉辩。"③该条内容于1954年纳入我国正式颁布的第一部《宪法》(第七十七条)。

2. 法律文书

1982年《宪法》第一百三十四条规定:"在少数民族聚居或者多民族共同居住的地区,应当用当地通用的语言进行审理,起诉书、判决书、布告和其他文书应当根据实际需要使用当地通用的一种或者几种文字。"④该项原则的主要内容,最早是在1954年的《宪法》中提出来的,尔后,在1984年的《民族区域自治法》(第四十七条)以及1979年的《人民法院组织法》(第六条)和《刑事诉讼法》(第六条)、1982年的《民事诉讼法》(第九条)、1989年的《行政诉讼法》(第八条)都做了重申性规定。

3. 调解仲裁

1983年国务院发布的《中华人民共和国经济合同仲裁条例》第五条规定:"在少数民族聚居或者多民族共同居住的地区,应当

---

① 见国家民委办公厅、政法司、政策研究室编《中华人民共和国民族政策法规选编》,中国民航出版社,1997。
② 参见吴大华《论我国诉讼制度中实行民族语言文字的原则》,《新疆社会科学》1985年第2期。
③ 同①。
④ 同①。

用当地民族通用的语言、文字进行调解、仲裁和制作调解书、仲裁决定书;应当为不通晓当地民族通用语言、文字的当事人提供翻译。"①

二 教育领域中的双语教学

在学校教育中,新创和改进文字主要用于小学低年级的双语文教育,帮助不懂汉语的儿童向汉语文教学过渡。创制年代久远的文字,如蒙古文、藏文、维吾尔文、哈萨克文、朝鲜文已进入中学和部分高等学校,建立起从小学到高中比较完整的以本民族语文为主,汉语文为辅的双语教育体制。政府先后在中央民族大学和一些民族学院以及有关文科高等院校,设立少数民族语言文字系(班),或设立了多种少数民族语文专业,培养了大批从事少数民族语言文字工作的干部和研究人员。中央和有关省、区的民族学院及一些综合性大学和许多民族师范学院都设有民族语文系或专业,有的还设有研究所。在民族院校开办民族语文专业,培养了大批从事民族语文的教学、科研和翻译人才。

20世纪50年代和80年代以后,我国南方诸多少数民族文字在社会扫盲和少数民族小学的启蒙教育方面发挥了重要的作用。扫盲的对象主要是农村不懂汉语文的少数民族青壮年,脱盲后他们可以学习政策法令、科普知识和生产技术。

(一)双语教学政策

《中华人民共和国民族区域自治法》规定:招收少数民族学生

---

① 见国家民委办公厅、政法司、政策研究室编《中华人民共和国民族政策法规选编》,中国民航出版社,1997。

为主的学校,有条件的应当采用少数民族文字的课本,并用少数民族语言讲课;小学高年级或中学,设汉语课程,推广全国通用的普通话。《中华人民共和国义务教育法》和1992年《关于加强民族教育工作若干问题的意见》中,重申了上述规定。在这些政策的指导下,许多民族地区根据自己的实际情况,从有利于民族的长远发展、有利于提高民族教育质量、有利于各民族的科学文化交流的原则出发,根据多数群众的意愿和当地的语言环境,决定因地制宜搞好双语文教学,大力推广普通话。

(二)双语教学类型

在国家民族语文政策的指导下,民族地区根据自己的实际情况,不断探索,建立了一套适合各民族特点的民族双语教育体系。主要有三种类型:1.有本民族语言无本民族文字或有本民族文字但所居住地区通行使用汉语文的民族,其学校使用汉语与民族语两种教学语言,不开设民族语文课。2.有本民族语言文字且使用范围广的民族,学校使用两种语言教学,开设汉语文与民族语文课,侧重于民族语言文字的使用与学习。3.有本民族语言文字但较多使用汉语言的民族,使用两种语言教学,开设汉语文与民族语文课,侧重于汉语言文字的使用与学习。另外,由于具体情况的不同,其汉语文课和民族语文课从哪一年级开始开设、开设时间的长短等都有所不同,形式多样,因地而异。

到20世纪末,全国有13个省、自治区的21个民族的1万余所学校使用民族语或双语授课;将民族语文正式列入中小学课程计划的有蒙古、藏、维吾尔、哈萨克、朝鲜、彝、壮、柯尔克孜、锡伯、傣、景颇、俄罗斯等12个民族;在小学开展民族语文实验教学或扫盲教育的有白、苗、布依、纳西、侗、佤、哈尼、傈僳、拉祜等9个民族。在校生达600余万人,使用民族语多达60余种、民族文字29种。有10个省、自治区建立了相应的民族文字教材编译、出版机构,每年编译、出版中小学各科教材近3000种,总印数达1亿多册。1997年,全国用少数民族文字出版的教材有1464种(其中新出版231种),比新中国成立初期增长6.4倍,比1980年增长1.8倍,印数达3403万册,总印张17908万①。

为增进各民族间的了解和沟通,发展平等团结互助和谐的民族关系,促进各民族共同发展,多年来中国政府致力于在民族地区开展"双语"(民族语言和汉语)教学,并取得了良好效果。截至2007年,全国共有1万多所学校使用21个民族的29种文字开展"双语"教学,在校学生达600多万人②。

(三)双语教学新政策

今后中国的双语教学将会发生重要变化,2010年中共中央、国务院印发的《国家中长期教育改革和发展规划纲要(2010—2020年)》规定:"大力推进双语教学。全面开设汉语文课程,全面推广国家通用语言文字。尊重和保障少数民族使用本民族语言文字接受教育的权利。全面加强学前双语教育。国家对双语教学的师资培养培训、教学研究、教材开发和出版给予支持"③。双语教学模式正在转型。

---

① 参见图道多吉《民族教育的光辉历程》,载《中国民族工作五十年》(1949—1999),民族出版社,1999。
② 参见中华人民共和国国务院新闻办公室《中国的民族政策与各民族共同繁荣发展》,中央政府门户网站,2009—09—27. http://www.gov.cn/zwgk/2009—09/27/content_1427930.htm。
③ 见中共中央、国务院《国家中长期教育改革和发展规划纲要(2010—2020年)》,中央政府门户网,2010—07—29. http://www.gov.cn/jrzg/2010—07/29/content_1667143.htm。2012—08—06浏览。

三　大众传媒及翻译领域使用少数民族语言

《民族区域自治法》第三十八条规定："民族自治地方的自治机关自主地发展具有民族形式和民族特点的文学、艺术、新闻、出版、广播、电影、电视等民族文化事业。"① 在新闻、出版、广播、影视等领域,从中央到地方都建立了使用少数民族文字的出版机构、翻译机构和少数民族语言广播电台、电视台,创办了民族文字报刊。

到20世纪末,中国用17种少数民族文字出版近百种报纸,用11种少数民族文字出版73种杂志。中央人民广播电台和地方台用16种少数民族语言进行广播,地、州、县电台或广播站使用当地语言广播的达20多种。用少数民族语言摄制的故事片达3410部(集)、译制各类影片达10430部(集)。到1998年,全国36家民族类出版社用23种民族文字出版各类图书4100多种,印数达5300多万册②。

1. 新闻、出版、翻译

少数民族文字图书出版工作,在宣传党的民族政策,促进少数民族地区科技、教育、文化的发展与繁荣,维护祖国的统一等方面,起着十分重要的作用。截至2011年底,出版了23个文种的少数民族文字图书。有84种民族文字报纸,223种民族文字期刊。在用于出版物的民族文字中,蒙古文、藏文、维吾尔文、哈萨克文、朝鲜文、彝文、傣文等传统少数民族文字出版物的种类和数量占到我

---

① 见国家民委办公厅、政法司、政策研究室编《中华人民共和国民族政策法规选编》,中国民航出版社,1997。

② 参见中华人民共和国国务院新闻办公室《中国的少数民族政策及其实践》,《光明日报》1999年9月28日第5—6版。

国少数民族文字出版物总量的绝大部分,并有电子出版物出版发行。目前,我国已建立了覆盖面较广、文种较全、种类较多的民族文字图书报刊出版体系。

几十年来民族文字图书出版事业发展很快,取得了很大的成绩,但是,由于多种因素的影响,该事业遇到了很大的困难,国家采取了一些扶持和倾斜性措施,这主要是:(1)对少数民族文字印刷的期刊,实行必要的经费补贴。(2)由少数民族文字译成汉文的作品稿酬从优。(3)少数民族文字图书的书号使用数量不限。

中央一级的翻译机构"中国民族语文翻译中心"即原"中央马列著作毛泽东著作民族语文翻译局",1978年8月9日在北京成立,隶属国家民委,旨在用蒙古文、藏文、维吾尔文、哈萨克文、朝鲜文、彝文和壮文翻译出版马列主义经典著作,翻译党和国家领导人的专著、党和国家的重要文献、国家法律法规,翻译中国共产党代表大会、全国人民代表大会、中国人民政治协商会议的文件,同声传译这些会议的发言。民族自治地方的自治区、自治州也有比较健全的翻译机构。

2.广播、电影、电视

广播电视是以声像形式传播信息的大众传播媒介,在基础教育不发达,文盲、半文盲占人口比例较高的民族地区,比其他传媒具有更直接更有效的作用。同时,民族语言是以民族语言为母语的少数民族地区群众传播信息和进行交流的主要工具。因此,电台、电视台用民族语言进行广播对于宣传党和国家的民族政策,增进各民族间的了解,促进民族团结有着重要的意义,这一点在民族地区表现得更为现实和必要。所以,各民族地区的电台、电视台都有使用少数民族语言播送的节目。当然,民族地区的广播电台

（站），除使用当地民族语言播音外，也使用普通话播送节目。

中央人民广播电台自1950年5月22日开始举办我国第一个少数民族语言（藏语）节目，之后，又陆续开办了蒙古语、朝鲜语、维吾尔语、哈萨克语、柯尔克孜语、壮语、彝语、傣语等16种语言的节目①。在选择开播语种方面，中央台采纳的原则是：第一，人口在100万以上；第二，有普遍使用的表达能力强的文字；第三，有该文字的出版物和相应的翻译队伍；第四，群众中多数听不懂中央台的汉语广播；第五，该民族分布地区广阔，居住在国外的同一民族人数较多。

目前，民族广播中心负责的节目有：覆盖我国民族地区的中央人民广播电台第八套节目。该节目用蒙古语、藏语、维吾尔语、哈萨克语和朝鲜语5种少数民族语言广播，全天播音20小时。民族广播节目包括新闻、专题和文艺。其中新闻，主要汇集本台和中央各大媒体之精华，外加大量的民族新闻；专题由各语言节目组负责采编播音，具有鲜明的民族特色和广播特色，融教育性、知识性、服务性于一体；文艺主要选播各族具有民族特色和风格的优秀节目。

在新疆、内蒙古和西藏3个自治区，除播出普通话广播电视节目外，还分别开办了维吾尔语、哈萨克语、蒙古语和藏语节目。在民族自治地方的自治州和自治县也相继建立了使用本民族语言的无线和有线广播电台和广播站，有些自治地方还开办了民族语电视频道；一些民族自治地方的自治区、自治州建立了民族语影视节目译制机构，每年都译制出大量民族语影视节目。

---

① 参见《当代中国的广播电视》编辑部选编《中国的广播电视台》，北京广播学院出版社，1987。

国家十分重视民族地区广播电视事业的发展,从财力、人力和物力方面给予了大力的扶持和帮助,使少数民族地区的广播电视覆盖率有了很大的提高。到 2012 年 5 月,民族自治地方有广播电台 73 座,节目 441 套,民族语节目 105 个;电视台 90 座,节目 489 套,民族语节目 100 个。

另外,民族语言电影和电视片的译制工作也取得了可喜的成绩,在内蒙古、新疆、西藏等 10 个省、自治区建立了 11 个少数民族语电影译制中心,覆盖 34 个少数民族语种或方言,自 2009 年起已完成 466 部数字电影的译制和 361 部少数民族语数字电影译制发行版的制作。这些民族语言翻译片的播映丰富了少数民族群众的文娱生活,增进了民族间文化上的交流。

3. 毛泽东关注藏语广播

中央人民广播电台从 1950 年 5 月起开办藏语广播,揭开了中国国家电台创办少数民族语言广播节目的序幕。当时中华人民共和国刚刚成立,全国只有西藏和台湾没有解放。鉴于当时广播是最现代化的传播工具,在进军西藏之前,使国家政府的声音先行进入西藏,最好的办法就是开办对西藏的藏语广播。

国家领导人毛泽东关注中央台的藏语广播,指示当时的中共中央统战部部长、中央人民政府民族事务委员会主任委员李维汉"负责审查藏文广播并规定该项广播内容及方针"。这个指示在中国人民广播事业发展史上恐怕也是绝无仅有的。根据毛泽东的指示,鉴于西藏当时尚未解放,进军西藏与同西藏地方政府举行和平谈判的准备工作正在进行,从西藏当时的政治形势和收听条件的具体情况出发,中央台确定藏语广播的主要对象是西藏地方的上层人士。主要任务是:宣传讲解中央人民政府的民族政策;报道已解放的少数民族地区的一般情况,人民解放军和人民政府保护寺庙、尊重少数民族宗教信仰和风俗习惯的实例;揭露英美帝国主义侵略西藏的阴谋,号召西藏地方上层人士断绝与帝国主义的一切联系,回到中华人民共和国的大家庭中来。

据不完全统计,仅在1952年至1956年期间,在中央台藏语节目中做过广播讲话的西藏上层人士就有30余人次,其中包括第十四世达赖喇嘛丹增嘉措和第十世班禅额尔德尼·确吉坚赞等。这些"广播报告"在当时起到了很好的作用。

截至2012年,民族自治地方使用民族语言的广播电视机构有163个,中央和地方电台每天用21种民族语言进行广播。

四　国际贸易催生跨境小语种热

（一）中国—东盟自由贸易区建设与越南语/京语热

京族是中国的跨境民族,500年前开始从越南北部迁入中国,主要聚居在广西防城港市的"京族三岛",从事沿海渔业。2010年有2.8万人,能讲京语的约7000多人。越南语是东盟十国中越南国的国语,京语和越南语基本相同,沟通无大障碍。

2010年建立的"中国—东盟自由贸易区"是世界第三大自由贸易区,拥有17亿消费者、近2万亿美元国内生产总值、1.25万亿美元贸易总额①。中国—东盟博览会在南宁举办,中越两国共同构建"两廊一圈"②,越来越多的越南及东盟其他国家企业,开始

---

① 参见莫光政《适应中国——东盟自由贸易区发展需要的国际型人才培养的战略构想》,《东南亚纵横》2007年第9期。
② "昆明—老街—河内—海防—广宁""南宁—谅山—河内—海防—广宁"经济走廊和环北部湾经济圈(简称"两廊一圈"),涉及中国广西、广东、云南、海南、香港和澳门及越南的10个沿海地带。两条走廊共跨度14万平方千米,总人口3900万。

选择到广西等中国临近的省区投资,中国高校学习越南语的学生人数激增数十倍①。

近年来,京族地区又掀起了"京语热"。 氵万尾村京族中学的京族语言培训班,每年培训几批越语翻译人员,直接从事对越贸易。一些京族私人旅馆用越语和汉语两种文字书写招牌。当地京族干部在积极培训京语人才,筹建"京族文化生态博物馆"来保护京语和京族文化。

(二)韩国对华投资与韩国语/朝鲜语热

韩国经济发达,号称亚洲四小龙之一。1992年8月中韩两国建交,两国经济贸易迅速升温,韩国在中国大量投资兴建企业,韩国及韩国在华企业需要大量的既懂朝鲜语又懂汉语的双语专业人才和廉价劳动力。另外,两国的交流从以经济贸易为主,扩展到文化产业、科学技术、教育、艺术、体育、旅游等各个领域,韩国语/朝鲜语热在中国长盛不衰②。

思考和练习

1.简述少数民族语言文字在国家政治生活中的使用情况。

2.少数民族双语教学的发展变化是什么?

3.简述少数民族语言文字在大众传媒及翻译领域中的使用情况。

4.京语热、朝鲜语热的现象说明了什么?

---

① 参见刘媛媛、覃广华《广西:东盟热使小语种人才走俏》,新华网,2006—10—19. http://news3.xinhuanet.com/video/2006—10/19/content_5223617.htm. 2012—08—06 浏览。

② 参见周庆生《人口行为对语言保持的影响:以中国朝鲜语区为例》,《中国社会语言学》2004年第1期。另载:人大复印报刊资料:《语言文字学》2004年第9期。

第三节　少数民族语言本体规划

一　创制、改进和改革文字

新中国成立初期,在充分调查和各民族"自愿自择"的基础上,我国政府帮助没有文字的 10 个少数民族创造了文字,帮助文字不完备的一些民族充实、改革或改进了文字。

(一)提出创制、改革民族文字的任务

中央政府认为,帮助少数民族创立能够代表自己语言的文字,将有利于少数民族普及教育,有利于少数民族有效地学习新的科学技术,有利于少数民族提高文化水平,对社会主义的经济建设和文化建设均具有重要的意义。

在我国,首次正式提出创制和改革少数民族文字任务的,大概是吴玉章,1949 年 10 月 10 日,吴玉章在中国文字改革协会成立大会的开幕词中提出,开展少数民族文字创制和文字改革的研究,"中国少数民族有些尚无文字,我们应当有系统地研究这些民族的语言,并进而研究他们的文字的改革和创造,帮助他们的语文教育的发展",以便"与政府协作进行可能的试验"[①]。

1951 年 2 月 5 日《政务院关于民族事务的几项决定》第五项提出:"帮助尚无文字的民族创立文字,帮助文字尚不完备的民族逐渐充实其文字。"[②]同年 12 月,中央民委主任李维汉在《有关民

[①] 见吴玉章《文字改革文集》,中国人民大学出版社,1978。
[②] 见史筠《民族法律法规概述》,民族出版社,1988。

族政策的若干问题》的报告中强调:"有一个迫切的问题,即帮助尚无文字而有独立语言的民族创造文字的问题,希望同志们提出意见,供中央考虑此项问题的参考。"①

(二)建立机构,拟定工作规划

经政务院批准,1951年,在政务院文化教育委员会内成立"民族语言文字研究指导委员会",主任委员邵力子,副主任委员陶孟和、刘格平,委员有李维汉、罗常培、陆志韦、费孝通、季羡林、傅懋勣和马学良等,罗常培任秘书长。

1950年至1965年间,民族工作部门和广大语言工作者初步调查了一些少数民族语言文字的状况,探索了少数民族文字创制和改革的办法。

1954年5月20日,政务院第217次政务会议批准了罗常培做的《中央人民政府政务院文化教育委员会民族语言文字研究指导委员会及中央人民政府民族事务委员会关于帮助尚无文字的民族创立文字问题的报告》。政务院的批复件指出:"报告中所提关于帮助尚无文字的各民族创立文字的办法,特责成中国科学院语言研究所和中央人民政府民族事务委员会审慎研究。然后拟订计划在一两个民族中逐步实行。并应继续了解情况,及时总结经验,以便在事实证明这些办法确实可行,而且其他条件也比较成熟时,逐渐地在别的民族中进行。"②

少数民族语文工作初步规划是1955年在北京召开的第一次全国民族语文科学讨论会上获得通过的。规划提出,在1956年和

---

① 见李维汉《统一战线问题与民族问题》,人民出版社,1982。
② 见江平主编《中国民族问题的理论与实践》,中共中央党校出版社,1994年。

1957年这两年内,普遍调查各少数民族语言;在1956年至1958年这两三年内,完成那些需要创立、改进或改革文字的各民族的确定文字方案的工作,个别情况不太清楚,但是需要创立、改进或改革文字的民族,至迟也要在1960年以前确定他们的文字方案[①]。

1956年1月10日中共中央关于转发《民族事务委员会党组关于少数民族语文工作中几个问题的报告》的批示指出:帮助少数民族创立和改革文字,是目前我党迫切需要解决的一个重要问题。应该确定要在两三年内帮助还没有文字或没有通用文字的少数民族都能有自己的文字,并使那些需要进行改革的少数民族文字得到改革。中国科学院和民族事务委员会应该迅速拟订帮助少数民族创立和改革文字的通盘计划,共同努力把这项重要工作做好[②]。

(三)开展民族语文普查

为了完成创、改、选的任务,有关部门曾于1950年至1955年、1956年至1959年两次组织调查组先后对壮、布依、水、苗、瑶、彝、傣、傈僳、景颇、哈尼、佤、蒙古、维吾尔、侗、黎、毛南、仫佬、仡佬、藏、羌、拉祜、纳西、白、阿昌、土家、达斡尔、东乡、保安、土、哈萨克、柯尔克孜、塔塔尔、乌孜别克、撒拉、裕固、锡伯、赫哲、鄂温克、鄂伦春、京、塔吉克、畲、朝鲜等43个民族的语言进行了大规模的调查。其中1956年至1959年的语言调查组织了7个工作队。参加人员700多人,分赴全国16个省、自治区。普遍调查了每种少数民族语言的各个方言、土语、文字的结构及其使用情况,搜集了该语言社区政治、经济、文化教育及人文方面的材料;基本搞清了我国境

---

① 见江平主编《中国民族问题的理论与实践》,中共中央党校出版社,1994年。
② 参见《当代中国的民族工作》编辑部《当代中国民族工作大事记》(1949—1988),民族出版社,1989。

内少数民族语言的种类、系属和方言情况；为创制文字，提供了标准语基础方言和标准音的选定意见；为改进和改革文字，提供了科学的依据。

(四)拟定创制改革民族文字的方案草案

在语言调查的基础上，有关专家首先要从一种语言的各个方言中，选择一种作为该语言的基础方言，并要确定一个地点作为该基础方言的标准音点，然后，设计该文字方案的草案。

民族文字的字母形式问题，是民族文字方案设计中的一个重要问题。1956年10月在贵阳召开的一个学术会议专门讨论了这个问题。1957年中国科学院少数民族语言研究所初步拟订了《关于少数民族文字方案中设计字母的几项原则》，提交中国文字改革委员会讨论后，上报国务院。同年12月10日国务院批准了该项报告。该报告提出了著名的五项原则，这就是：(1)创制和改革少数民族文字应以拉丁字母为基础；(2)少数民族语言和汉语相同和相近的音，尽可能用汉语拼音方案里相当的字母表示；(3)少数民族语言里有而汉语里没有的音，如果用一个拉丁字母表达一个音的方式有困难，则可适当采用一些变通的方法；(4)对于语言中的声调，根据实际需要，可以采用不同的方法表示或不表示；(5)各民族的文字，特别是语言关系密切的文字，在字母形式和拼写规则上应尽量取得一致[1]。

上述原则，概括地讲，就是求同存异。所谓"求同"，是指少数民族语言和汉语普通话相同或相近的音，要尽可能用汉语拼音方

---

[1] 参见傅懋勣《我国少数民族创造和改革文字的问题》，载《傅懋勣先生民族语文论集》，中国社会科学出版社，1995。

案里相当的字母来表示;所谓"存异",就是汉语普通话里没有而少数民族语言标准音里有的音,必须在少数民族文字方案里规定表示的方法,不得忽略。

1982年以前版本的人民币所采用的壮文是1957年11月29日国务院通过的壮文方案。其中有5个字母使用不同于拉丁字母的文字,音标的标注方式也不完全来自拉丁语系。1982年以后发行的新版人民币,采用的则是修改后的壮文文字方案,完全用拉丁字母进行标注,音调的标注方法也进行了改动。

(五)创制、改进和改革文字

20世纪50年代后期,国家帮助壮族、布依族、彝族、苗族、哈尼族、傈僳族、纳西族、侗族、佤族和黎族共计10个民族,创制了14种拉丁字母形式的文字,其中,苗文有4种,哈尼文有2种。壮文经国务院批准于1957年正式推行,其他文字多经中央民委批准试验推行。在实践中,黎族没有坚持使用新创制的黎文,而是直接使用汉文;哈尼族只使用一种哈尼文(即哈雅哈尼文),另一种弃而不用;彝族因不欢迎新创制的彝文,而使用经过整理和规范了的老彝文。因此,至今尚有8个民族使用11种新创文字。

帮助少数民族创制文字的工作主要集中于20世纪五六十年代,而创制土族文字是20世纪80年代完成的。20世纪80年代以来,青海省的土族、云南省景颇族的载瓦支系、云南省的白族、独龙族和羌族、湖南省的土家族等民族,经当地有关部门的批准,也制定或设计了拼音文字方案。

20世纪50年代,国家还分别帮助云南省的傣族、拉祜族和景颇族设计了西双版纳傣文、德宏傣文、拉祜文和景颇文文字改进方案。其中,德宏傣文、拉祜文和景颇文改动不大,基本上保持了原状,群众乐于接受,至今未出现大的反复;而西双版纳傣文,改动较大,在保留原来字母形式和表音特点的基础上,根据实际语音增删了若干字母,改变了声调符号,并对字母读音、附加符号的使用和书写规则做了规范。1955年6月经政务院批准,西双版纳州开始使用新傣文。1986年5月版纳州六届人代会通过关于使用老傣文的决议,恢复使用老傣文,但由于出版印刷界和广大妇女的强烈反对,1997年后西双版纳又恢复使用新傣文,并进入激光照排阶段。

根据国务院1957年12月批复的《关于少数民族文字方案中设计字母的几项原则》中第一项规定:"原有文字进行改革,采用新的字母系统的时候,也应该尽可能以拉丁字母为基础。"[①]1959年11月在乌鲁木齐召开的"新疆维吾尔自治区第二次民族语文科学讨论会",通过了一项建议,停止使用现行的以阿拉伯字母为基础的老文字,改用以汉语拼音方案字母方案(拉丁字母)为基础的新文字。随即设计了维吾尔文和哈萨克文的新文字方案,经新疆维吾尔自治区人民委员会讨论通过,上报国务院批准,于1960年开始试行,1979年全面使用,已有200多万维吾尔、哈萨克族学生和青少年学会了新文字,但是在老年人和各级干部中工作做得不够细致深入,没有充分考虑到有悠久历史的文字的习惯势力。1982年,这两个民族又决定恢复使用传统的阿拉伯字母形式的文字,新文字只保留作为一种拼音形式。

在自愿自择的基础上,一些民族选择了自己比较熟悉的其他

---

① 见国家民委办公厅、政法司、政策研究室编《中华人民共和国民族政策法规选编》,中国民航出版社,1997。

民族的文字,如乌孜别克族和塔塔尔族选择了维吾尔文或哈萨克文,门巴族和珞巴族选择了藏文。

由于1958年以后受"左"的错误干扰和受"文化大革命"的冲击,新创、改进文字的推行工作被迫终止,一些通用的民族文字(蒙古文、藏文、维吾尔文、哈萨克文、朝鲜文)的使用也受到很大干扰。党的十一届三中全会召开以后,我们党重申和完善了民族语文政策,少数民族语文的使用和发展进入了一个新的阶段。1980年以后,有关部门又陆续批准了四川凉山规范彝文正式推行和土文试验推行。

二 民族语文的规范化和标准化

少数民族语言文字规范化、标准化和信息化工作的主要对象是传统通用的少数民族语言文字,诸如蒙古文、藏文、维吾尔文、哈萨克文、柯尔克孜文、朝鲜文、彝文和傣文等。国家适时采取各种措施,投入大量资金,使得少数民族传统通用语言文字的信息化、标准化和规范化工作健康发展,从无到有,从小到大,取得了骄人的成果。

(一)概说

民族语文的规范化,主要是指少数民族语言名词术语和社会用字的规范化。目前,我国蒙古、藏、维吾尔、哈萨克、朝鲜语文等,已有专门从事名词术语和文字规范的机构,负责组织专家研究制定名词术语和社会用字的统一规范,规范后由语文工作部门公布执行。多年来,已编纂出版了许多少数民族语文词典、字典和教科书,对规范名词术语和社会用字起到了积极的作用。

民族语文的标准化主要包括少数民族语言的术语标准化、信息技术标准化和文献标准化。"术语标准化"跟"名词术语规范化"这两个概念,在很多方面是重合的,二者之间的主要差别在于:"术语标准化"在强调术语统一规范的同时,还注重与国际术语的接轨。1995年,全国术语标准化技术委员会少数民族语特别分委员会在京成立,随后在特别分委员会之下还先后成立了蒙古语、藏语、朝鲜语和新疆少数民族语4个术语工作委员会。目前各有关机构正在组织制定有关语种的基础性术语标准。

民族语文文献标准化,主要是指制定文字、人名、地名、民族名称、报刊名称等的罗马字母的转写标准,即拼音转写标准。中国已制定了民族名称的转写标准(见表3)。对少数民族的地名的拼写标准也做了有关规定。同时,有关部门正在组织专家研制蒙古文的罗马字母转写标准(国际标准)。信息技术标准化主要是指制定字符集、键盘和字模标准,该项内容拟在下一节中详述。

(二)民族语文规范化

1.蒙古语文的规范化

我国蒙古语言分为三个方言,即东部方言、中部方言和西部方言。1979年正式确定了蒙古语基础方言和标准音。1980年自治区人民政府批准转发了"八省区蒙古语文工作协作小组"《关于确立蒙古语基础方言、标准音和试行蒙古语音标的请示报告》,决定以中部方言为我国蒙古语的基础方言,以锡林郭勒盟的正蓝为代表的察哈尔土语为标准音。内蒙古教育出版社出版了一部标准音词典。1997年成立了"自治区蒙古语标准音工作委员会",制定了语音规范原则。近20年来,内蒙古自治区民族语言文字工作委员会一直协同有关部门开展蒙古语的培训测试工作。

在蒙语名词术语方面,1953年成立了"内蒙古自治区蒙古语名词术语委员会",后来由于"左"的指导思想,特别是十年动乱,被迫停止工作,直至1982年恢复了名委会并重新开始工作。名委会下设终审小组、办公室和23个专业名词术语小组,负责全区蒙古语名词术语的审定统一工作,并监督检查全区蒙古语名词术语的使用情况。

在蒙古文方面,1975在八省区第一次蒙古语文专业会议上规范统一了15个汉语借词的书写形式,并规范了外国国名(地区)及首都名称的统一用法。1977年八省区第二次蒙古语文专业会议上通过了"关于蒙古语文标点符号的规定"。1991年自治区民语委下发了"关于试行蒙古语文缩写和略写法的通知"。1996年规范了"蒙古文字母顺序"。1997年成立了"内蒙古自治区蒙古文正字法委员会",并召开第一次会议,将3000多条不规范的基本词条规范为1500余条,并统一了其派生词的书写形式。2001年发布实施了《蒙语术语的缩略原则与方法》《蒙古语辞书编纂工作原则与方法》两个地方标准。

2. 藏语文的规范化

近几十年来,藏语文规范化工作的两项重要进展是新词术语发布和词典编纂。自1993年以来,西藏自治区藏语文工作委员会办公室每年组织专家审定社会上出现的藏文新词术语,及时下发到区内各有关单位统一使用,同时与区外各有关单位部门及时交流,截至2004年,共审定发布新词术语约5000条。已经陆续出版的一批藏文辞书主要是:《格西曲扎藏文辞典》《藏文大词典》《藏汉口语词典》《汉藏对照词汇》《藏汉词汇》《藏汉词典》等。

3. 新疆民族语文的规范化

新疆维吾尔自治区民语委是自治区政府主管全区语言文字工

作的职能部门,目前管理着汉、维吾尔、哈萨克、柯尔克孜、蒙古、锡伯6种语言文字。自治区民语委组织科研人员经过多年研究和努力,先后制定和公布了维吾尔、哈萨克、柯尔克孜、锡伯4种文字的正字法和维吾尔、哈萨克、柯尔克孜语正音法,编纂出版了《现代维吾尔文学语言正字词典》《哈萨克语正字法词典》《现代锡伯文学语言正字词典》。由自治区民语委牵头,和相关单位人员合作编纂出版了《维吾尔语详解词典》《哈萨克语详解词典》《汉维词典》《汉哈词典》《哈汉词典》《汉柯词典》《维汉成语词典》《汉哈成语词典》《汉柯科技词典》等,这些辞书对以上各民族语言文字的规范化、标准化起了重要作用。

新疆维吾尔自治区于1988年成立了"自治区民族语言名词术语规范审定委员会",下设各语种专业组,专门从事维吾尔、哈萨克、蒙古、柯尔克孜、锡伯等民族语言新词术语的规范审定工作,制定了名词术语规范原则。

4. 朝鲜语文的规范化

1977年以前,中国的朝鲜语尚未制定明确的规范原则,只依照朝鲜的朝鲜语规范。1977年,根据国务院的决定东三省成立了朝鲜语文工作协调小组(三协),统一管理中国朝鲜语文工作。自此,朝鲜语的规范化逐步走向正常轨道。在三协的指导下,1977年到1985年制定了规范原则和朝鲜语规范统一方案。三协于1986年成立了中国朝鲜语规范委员会,由东北三省及北京、青岛等地有关朝鲜语文专家学者及工作人员组成。委员会整理修改了《朝鲜语语法》《外来语标记法》;审核并规范体育、法律、地理等领域的朝鲜语名词术语;审核制定了《朝鲜语规范原则》和《汉朝自然科学名词术语统一案》;编辑出版了国家标准《信息交换用朝鲜文字编码字符集》,编辑整理了《朝鲜语规范集》综合本、《学生用朝鲜语规范集》等。

5. 彝语文和壮语文的规范化

新中国成立初期,中国科学院少数民族语言调查工作队到四川凉山并深入到滇黔桂等彝族地区调查研究彝族语言和文字。1956年12月确定了《凉山彝族拼音文字方案》,随后进行了推广工作。1958年实验推行新彝文工作停止。1960年5月24日,凉山州第四届人民代表会议正式通过了撤销"新彝文"的决议。1974年9月,四川省委决定采用原有彝文,在整理、规范的基础上予以推行。根据省委的决定,四川省民委和凉山州政府对原有彝文进行了整理规范,在原有文字的基础上,以四川凉山喜德语音为标准音、以圣乍话为基础方言,并引入现代标点符号等新成分,制定了四川《彝文规范方案》。为便于学习,还设计了拉丁字母的"彝语拼音方案"。《彝文规范方案》于1980年报国务院批准后正式推行。

在壮语文方面,1957年《壮文方案》(草案)获国务院批准,在壮族地区推行,修订了《壮文方案》《壮文规范条例》(初稿)、《壮语文概要》,编写、修订出版了《汉壮词汇》《壮汉词汇》《壮语词典》《壮语新词术语汇编》《壮语方言土语音系》《壮语通用词与方言代表点词汇对照汇编》等近20种工具书,2005年出版了《壮汉英词典》。

(三) 术语标准化

1995年成立了全国术语标准化委员会少数民族特别分委员会,同时成立了"全国蒙古语术语标准化工作委员会"。1997年编写并通过了"确立蒙古语术语标准化工作的一般原则与方法"地方标准,1998年修订后申报国家标准。完成了"确立蒙古语辞书编纂的一般原则与方法""确立蒙古语缩略语书写的一般原则与方法"地方标准修改稿。

西藏自治区新词术语藏文翻译规范委员会2005年颁布了《藏语新词术语审定工作规则》和《新词术语翻译和借词使用规则》。自2005年以来,全国术语标准化技术委员会少数民族语部分技术委员会藏语工作委员会组织各地先后完成了《藏语术语的一般工作原则与方法》《藏语术语工作 词汇 第一部分:理论与应用》《藏语辞书编纂的一般原则与方法》等。2007年以来完成了《藏语标准语方案》和《藏族人名汉字音译转写规范手册》等项目。

中国朝鲜语术语标准化工作委员会,是根据全国术语标准化技术委员会少数民族语特别委员会的要求,于1996年成立的。该委员会成立后,完成了《朝鲜语术语数据库的一般原则与方法》的编写,制定了《朝鲜语术语标准化工作原则与方法》,现已着手翻译有关的国家标准。

(四)文献标准化

目前,我国已制定了民族名称的转写标准(见表3)。对少数民族的地名的拼写标准也做了有关规定。另外,国家还制定了蒙古文、藏文、维吾尔文(哈萨克文、柯尔克孜文)、朝鲜文、彝文和傣文等文字编码字符集、键盘、字模的国家标准。在国际标准的最新版本中,正式收入了中国提交的蒙古文、藏文、维吾尔文(哈萨克文、柯尔克孜文)、朝鲜文、彝文和傣文等文字编码字符集。开发出多种电子出版系统和办公自动化系统,建成了一些少数民族文种的网站或网页,有些软件已经可以在Windows上运行。

表 3　中国各民族名称的罗马字母拼写法和代码

数字代码	民族名称	字母代码	数字代码	民族名称	字母代码
01	汉族	HA	29	柯尔克孜族	KG
02	蒙古族	MG	30	土族	TU
03	回族	HU	31	达斡尔族	DU
04	藏族	ZA	32	仫佬族	ML
05	维吾尔族	UG	33	羌族	QI
06	苗族	MH	34	布朗族	BL
07	彝族	YI	35	撒拉族	SL
08	壮族	ZH	36	毛南族	MN
09	布依族	BY	37	仡佬族	GL
10	朝鲜族	CS	38	锡伯族	XB
11	满族	MA	39	阿昌族	AC
12	侗族	DO	40	普米族	PM
13	瑶族	YA	41	塔吉克族	TA
14	白族	BA	42	怒族	NU
15	土家族	TJ	43	乌孜别克族	UZ
16	哈尼族	HN	44	俄罗斯族	RS
17	哈萨克族	KZ	45	鄂温克族	EW
18	傣族	DA	46	德昂族	DE
19	黎族	LI	47	保安族	BN
20	傈僳族	LS	48	裕固族	YG
21	佤族	VA	49	京族	GI
22	畲族	SH	50	塔塔尔族	TT
23	高山族	GS	51	独龙族	DR
24	拉祜族	LH	52	鄂伦春族	OR
25	水族	SU	53	赫哲族	HZ
26	东乡族	DX	54	门巴族	MB
27	纳西族	NX	55	珞巴族	LB
28	景颇族	JP	56	基诺族	JN

中国各民族名称的罗马字母拼写法和代码(GB/T3304—1991)发布时间:1991—08—30

三　民族语文的信息化

在信息时代和知识经济时代,信息是一种重要的资源和财富,对社会各个领域的发展起着重要作用。民族语文信息化是一项巨大的社会软件系统工程,是国家信息化事业的重要组成部分,是振兴民族地区经济、提高少数民族科技文化和生活水平的重大基础建设。目前我们面临的工作任务是:第一,尽快制定与完善少数民族语言文字信息处理的规范和标准。第二,加快民族语文基础软件、通用软件开发,满足民族语文信息化需要。第三,加强民族语言信息化基础研究和资源建设。第四,通过应用示范工程,带动民族地区语文信息化建设。

迄今,中国55个少数民族中,22个少数民族有现行的本民族文字28种,这些文字都实现了计算机信息处理。继蒙古文网站之后,1999年12月,世界首家藏文网站——同元藏文网站在中国兰州西北民族大学建成①。

关于信息技术标准,我国已有蒙古文、藏文、彝文、维吾尔文、哈萨克文、柯尔克孜文等文种制定了字符集、键盘和字模的国家标准,并于20世纪90年代初陆续推出了蒙古、藏、维吾尔、哈萨克、朝鲜、彝、壮、柯尔克孜和锡伯等民族的文字处理系统,开发了一批民族文字的操作应用系统、排版系统,建立了一批民族语文的数据库,藏文、蒙古文的字符集标准已通过了国际标准化组织的审定,成为国际标准。

(一)蒙古语文的信息化

蒙古语言文字的信息处理工作在少数民族语言文字信息处理领域中起步较早、发展领先,我国计算机信息处理少数民族文字工作首先就是从蒙古文开始的。20世纪80年代就在计算机上实现

---

① 见《民族语文工作方针和民族文字信息处理》,http://www.e56.com.cn/minzu/nation_policy/Policy_detail.asp? Nation_Policy_ID=442。

了蒙古文信息处理系统,为内蒙古自治区以及8个使用回鹘蒙文的省区推广应用计算机处理蒙古文信息创造了良好的条件。后来又先后开发了与蒙古语文研究有直接关系的多种文字系统(传统蒙文、回鹘文、托忒文、八思巴文、新蒙文、布里亚特文等)、蒙文词类分析研究系统、词典编纂系统、传统蒙文转译系统、激光排版系统、蒙古作家用语风格分析系统、蒙文图书管理系统、蒙医诊查系统、电视节目安排系统、汉蒙对照名词术语编纂系统、蒙文WINDOWS操作系统、蒙文矢量字库及蒙汉文混排软件系统等20多种管理系统。自治区科研攻关课题"现代蒙古语百万词统计分析"通过了部级鉴定并获自治区科技进步奖。

内蒙古民语委、内蒙古社科院、内蒙古科委计算中心等单位联合制定的由国家技术监督局发布的蒙文信息处理国家标准有《GB8045—87信息处理交换用蒙古文七位和八位编码图形字符集》(这是我国第一个少数民族文字编码字符集),还有《信息处理交换用蒙古文字符集键盘字母区的布局》《信息交换用蒙古文16×12、16×8、16×4点阵字模集》《信息交换用蒙古文16×12、16×8、16×4点阵数据集》《信息处理用蒙古文24点阵字模集及数据集》。内蒙古大学等单位的专家研制完成的《蒙古文编码国际标准》《蒙古文拉丁转写国际标准》《八思巴文编码的国际标准》,获得了国际标准化组织的批准。

(二)藏语文的信息化

藏文于1984年实现了信息处理,后来又开发出与汉英兼容的藏文操作系统,实现了藏文精密照排。藏文信息技术标准化工作开始于1993年,在国际上"以我为主"地开展了信息交换用藏文编码字符集国际标准的研制工作,制定了藏文编码国际标准最终方案，于1997年7月在第33届WG2会议及SC2会议上获得通过，从此藏文成为我国少数民族文字中第一个具有国际标准的文字。

与此同时，国家公布了《信息技术 信息交换用藏文编码字符集 基本集》和《信息技术 藏文编码字符集（基本集）点阵字形 第一部分：白体》两项国家标准。1997年10月后又着手进行《藏文编码字符集 辅助集》的研制工作。藏文软件开发工作也于1998年列入自治区科委863计划。2003年11月具有国际领先水平的实用《多字体印刷藏文（混排汉英）文档识别系统》研制成功，这是我国藏文信息处理领域划时代的标志，将促进民族地区的信息资源建设，在西部大开发和国家信息化事业中推广应用。不仅具有重要经济、社会意义，更具有突出的政治意义。2006年发布了藏文大字符集的国家标准《信息技术 藏文编码字符集 扩充集A》（GB/T20542—2006）。

（三）维吾尔文、哈萨克文、柯尔克孜文的信息化

维吾尔文、哈萨克文、柯尔克孜文三种文字都是以阿拉伯文为基础的拼音文字，它们之间大部分字母是共同的，甚至发音也相同，但也有一些字母形同但音不同，有些字母是特有的。所以，在计算机信息处理这些文字时大都统一做在一个系统上，使系统具有同时处理这三种文字的功能。由新疆大学和新疆语委牵头，1988年已制定出国家标准《信息处理 信息交换用维吾尔文编码图形字符集》。20世纪90年代初，新疆民语委牵头组织有关单位的专家起草和制定了计算机信息处理维吾尔、哈萨克、柯尔克孜、锡伯等文种的三项国家标准，成为国内和区内各类民文软件开发共同遵循的标准。组织参与了阿拉伯文系列中的维吾尔、哈萨克、

柯尔克孜文,蒙古文系列中的托忒蒙古文、锡伯、满文10646国际编码的制定工作,完成了国内方案的起草和编制工作。研制开发出维吾尔、汉、哈萨克、柯尔克孜、英、俄多文种轻印刷排版与办公自动化系统,在全区广泛使用,产生了良好的社会、经济效益。1996年研制开发出计算机锡伯文、满文文字处理和轻印刷系统,填补了自治区和国内空白。2001年2月"新疆2000"多文种图文排版系统研制开发成功并投入使用。

该系统实现了维吾尔文、哈萨克文、柯尔克孜文、汉文、英文、日文、俄文、斯拉夫文等10多种文字的混合录入排版,汉语拼音方案、国际音标、图书编排用的花边字库等各种符号,均在同一行、段、页上的混合录排。这一系统软件的成功研制和使用,标志着我国少数民族语言信息的处理速度将大大提高。

2005年新疆维吾尔自治区质量技术监督局发布了《信息交换用 维吾尔文、哈萨克文、柯尔克孜文编码字符集》《信息交换用维吾尔文、哈萨克文、柯尔克孜文字形》和《信息交换用维吾尔文界面信息常用术语》三项地方标准。

(四) 朝鲜文的信息化

延边地区朝鲜语信息处理工作始于1985年。由延边电子信息中心设计完成了国家标准《信息交换用朝鲜文字编码字符集》的编写任务,并组建了中国朝鲜语信息处理学会,开发研制了朝鲜语信息处理系统,在州内得到广泛应用。为实现朝鲜语信息处理国际化目标,该中心积极同朝鲜的计算机中心、韩国国语信息学会、延边朝鲜语研究所联合,完成了三国通用的《国际标准信息技术用语词典(1—25)》编译工作。

由于朝鲜文组字拼写方式的特殊性,已实现的朝文处理系统及操作系统种类很多,归纳起来,分为组合式和整字式。组合式直接在西文操作系统上实现;整字式以汉字操作系统为基础,用软件插接兼容,通过改造操作系统在系统级上实现朝文、汉字、西文兼容。

(五)彝文的信息化与标准化

彝文信息标准建设始于1988年,先后完成了一项国际标准、三项国家标准和多项地方标准。2000年国际标准化组织发布了《信息交换用 彝文编码字符集》;20世纪90年代国家技术监督局颁布了《信息交换用彝文编码字符集》(1992)、《信息交换用彝文15×16点阵字模集及数据集》(1992)和《信息交换用彝文24×24点阵字模集及数据集》(1997)。多项地方标准是:《彝文检字法》(1980)、《汉彝大词典》(1989)、《彝语大词典》(1992)、《彝汉大词典》(1995)、《彝文字典》(1995)、《中小学汉语文语汇对译手册》(2007)、《彝文写字法》(2008)、《彝汉英常用词词典》(2007)等。

1982年以来,研究开发了《PGYW彝文计算机》《微型计算机彝文处理系统YWCL》《计算机激光彝文/汉字编辑排版系统》《计算机彝文/汉字/西文系统》《CMPT——大键盘彝文系统》《华光彝文、汉字、西文计算机激光照排系统》《北大方正彝文激光照排系统》《YWPS彝文桌面办公系统》《YWDS彝文系统》等系列信息处理系统,实现了在网上浏览彝文信息。

贵州民族学院数学系开发了彝文软件,可用于彝文的文字处理。

(六)壮文的信息化

壮文可在Windows状态下直接进行信息处理,无需另建文字操作平台,1992年"北大方正壮文排版系统"成功开发,较好地实现了壮文的信息处理。1990年,广西区民族古籍办公室与广西科学院计算中心共同研制了"古壮文处理系统"。1993年12月,该系统在北京通过技术鉴定。

(七)云南民族语文的信息化

德宏傣文字符编码国际标准方案2002年5月获得国际标准化组织第42次会议通用;西双版纳新傣文国际编码方案2004年8月获得国际标准化组织等45次会议通过。"北大方正傣文软件"(1999年)一直在德宏州民族出版社、云南民族出版社使用;"易天武软件"(傣文)2006年以来一直在德宏团结报使用。2003年1月,我国首套新老傣文电脑组版系统,在云南省西双版纳傣族自治州西双版纳报社正式投入使用,该系统可处理13种新老傣文字体,还能处理汉、英文及国际音标。东巴文被誉为"目前世界上唯一保留完整的活着的象形文字"。现已研制出"电子东巴""东巴象形文字计算机图像画""东巴文字库(1300多)"和"哥巴文字库(600多)"等软件。

在当今信息化时代,信息技术快速发展,计算机和互联网普遍应用,深刻影响了经济增长方式和社会生活方式,扩大了人们的交际空间,因此,提升语言文字包括少数民族语言文字信息化、规范化水平,显得十分必要和迫切。

目前,国家已制定了蒙古文、藏文、维吾尔文(哈萨克文、柯尔克孜文)、朝鲜文、彝文和傣文等文字编码字符集、键盘、字模的国家标准。在国际标准的最新版本中,正式收入了中国提交的蒙古文、藏文、维吾尔文(哈萨克文、柯尔克孜文)、朝鲜文、彝文和傣文等文字编码字符集。一些少数民族文种的网站或网页初步建成,从2005年7月,第一家西藏藏语言文字网开通,到2011年1月,我国已开通藏文网站58家①。我国第一款少数民族语言文字手机,即维吾尔文手机少数民族文字手机于2004年1月面市;2007年,中国移动内蒙古公司推出了蒙古文手机,为蒙古族用户提供更加快捷、方便的服务②。少数民族语音及文字识别、机器辅助翻译等也有了一定的成果。

四 抢救和保护少数民族濒危语言

同世界许多国家一样,中国也有一些少数民族语言如畲语、仡佬语、赫哲语、鄂伦春语、鄂温克语、裕固语、塔塔尔语、土家语、满语等正处于濒危状态。

国务院各部门制定的含有保护少数民族语言文字条款的具有规章性质的规范性文件,除前述《国家民委关于做好少数民族语言文字管理工作的意见》外,还有:国家民委、国家出版局《关于大力加强少数民族文字图书出版工作的报告》,教育部、国家民委《关于加强民族教育的意见》,中共中央宣传部、国家民委、财政部、国家税务总局、新闻出版总署《关于进一步加大对少数民族文字出版事业扶持力度的通知》等。

专家学者和各级政府达成共识,积极抢救保护濒危语言。

国际上抢救濒危语言的方法主要有两种,一是编制濒危语言文档,将该语言的语法、词汇、句法以及一些民间文学形式按照语言学科学的方式完整记录下来。二是复兴濒危语言,通过政治、媒

---

① 参见王志娟、赵小兵《藏文网站总录》,载《中国语言生活状况报告(2011)》,商务印书馆,2011。
② 参见陈振凯《中国推进民族语言文字信息化建设》,《人民日报》(海外版)2008年10月25日第4版。

体或教育的手段来增加某种濒危语言的使用者数目。中国政府和学者主要做了以下四个方面的努力,并且取得了一定的成绩。

(一) 调查、记录、出版濒危少数民族语言论著

对濒危的少数民族语言,国家一方面贯彻语言平等政策,加强双语教育,尽量为那些尚有活力的语言,创造语言教学和语言使用的环境,提高语言保持的能力,延缓其消亡时间。另一方面,开展专项调查研究,记录出版濒危少数民族语言论著。国家社科基金、教育部、中国社会科学院等分别设立了一批重大项目、重点项目、基金项目,支持专家学者开展调查、整理、出版濒危少数民族语言研究。迄今调查的语言已达40多种,出版的《中国新发现语言研究丛书》(其中大部分为濒危语言)专著有30多本,出版的《中国少数民族系列词典丛书》词典有20多部。

(二) 试点建立"少数民族语言有声数据库"

国家语言文字工作委员会2008年开始建设"中国语言资源有声数据库"。启动少数民族语言有声数据库建设试点工作,旨在采集中国各少数民族语言有声资料,进行科学整理加工,长期保存,以便将来深入研究和有效开发和利用。中国语言资源有声数据库"傣语、景颇语和载瓦语试点项目",已于2009年7月在云南昆明启动。

(三) 抢救保存语言文化遗产

将许多以濒危语言为载体的文学艺术形式列入国家或地方各级《非物质文化遗产保护名录》,进行抢救、整理和保护。国家级非物质文化遗产名录由国务院批准、由文化部确定并公布。

第一批名录于2006年5月20日公布,涉及的少数民族语言(并不都是濒危语言)有:藏语、羌语、景颇语、载瓦语、独龙语、怒

语、阿昌语、彝语、傈僳语、哈尼语、拉祜语、白语、土家语、苗语、瑶语、畲语、壮语、布依语、傣语、侗语、仡佬语、水语、毛南语、黎语、京语、维吾尔语、裕固语、撒拉语、哈萨克语、蒙古语、土族语、锡伯语。

第二批和第一批扩展名录于2008年6月14日公布,涉及的少数民族语言(并不都是濒危语言)有:藏语、普米语、彝语、哈尼语、拉祜语、纳西语、白语、土家语、苗语、瑶语、畲语、壮语、布依语、傣语、侗语、黎语、维吾尔语、乌孜别克语、哈萨克语、柯尔克孜语、蒙古语、羌语、东乡语、朝鲜语、鄂伦春语、鄂温克语、达斡尔语、锡伯语、佤语、布朗语。

(四)建立少数民族双语环境建设示范区

为了在全社会营造关注母语、重视母语学习和母语使用的氛围,保持和维护语言文化的多样性,国家民族事务委员会2006年分别在新疆察布查尔锡伯自治县和贵州省松桃苗族自治县,建立了少数民族双语环境建设示范区,在新疆开办了锡伯语言环境建设培训班,在贵州举办了苗文创制试行50周年纪念表彰活动,及苗汉双语师资培训,有效推动了少数民族语言文字的学习、使用和推广。该项活动得到联合国教育科学文化组织的资助。

示范区建设的目的是:1.在全社会营造关注母语、重视母语学习和使用的氛围,保持和维护语言文化的多样性;2.加强少数民族聚居区儿童母语启蒙教育,提高学校教育的入学率、巩固率和毕业率,提高少数民族青少年的文化素质;3.促进成人母语扫盲、科技扶贫、普法、预防自然灾害和重大疾病等活动的开展;4.促进以少数民族语言文字为载体的新闻出版、广播影视、文化艺术事业的可持续发展。

思考和练习

1. 新中国创制了多少种少数民族文字？简述少数民族文字改进和改革的情况。
2. 少数民族语言文字规范化、标准化和信息化取得了哪些进展？
3. 少数民族濒危语言是如何抢救和保护的？

第四节 小结

在市场经济转型时期，深刻影响或制约少数民族语言使用和发展的，并非都是政府的政策法规，中国法律层面的全国性显性语言政策没有发生重大改变，但隐性语言政策千变万化。内蒙古自治区政府曾颁布实施学习使用蒙古语文的奖励办法，但依然无法阻止蒙古族中小学在校生锐减的趋势。朝鲜语区民族语文工作条例及完善的双语教学体制并未改变，但是，长时期大规模的人口流动，却改变了朝鲜语区的语言版图或语言生态。

京语和朝鲜语都是跨境语种，但具有较强的语言活力，甚至出现语言热，主要是受到国际贸易和外国来华投资企业的影响或拉动；其他跨境小语种，如塔吉克语、塔塔尔语、佤语、拉祜语等，因不具备此种背景和条件，其语言活力未见彰显。

少数民族语言文字在文化传承、使用人口、使用范围、使用程度、使用功能、语言地位和权益保障等方面，挑战和机遇并存。少数民族公民选择学习掌握国家通用语言文字的越来越多，选择学习使用本民族原有语言文字的越来越少；但是，语言资源观念和语言保护意识越来越受到全社会的关注,濒危语言受到较好的抢救和保护。

如果用主体性和多样性来概括中国的语言政策的总原则①,主体性是指《宪法》中规定的"国家推广全国通用的普通话"②,多样性是指《宪法》中规定的:"各民族都有使用和发展自己的语言文字的自由"③。

"大力推广和规范使用国家通用语言文字"和"科学保护各民族语言文字"④,写入中国共产党第17届六中全会决定的这两句话,则可看成是新时期中国"主体多样"语言政策总原则的新发展。这既是今后一段时期内,中国语言政策的指导思想,也反映了语言政策的新趋向。《规划纲要》中写道:

> 科学保护各民族语言文字。尊重各民族使用和发展自己的语言文字的自由。树立各民族语言文字都是国家宝贵文化资源的观念,有针对性地采取符合实际的保护措施,充分发挥语言文字在传承和弘扬中华优秀文化中的重要作用,构建中华民族共有精神家园⑤。

---

① 参见周庆生《语言与人类:中华民族社会语言透视》,中央民族大学出版社,2000。
② 见全国人民代表大会《中华人民共和国宪法》第四条,人民出版社,1982。
③ 见全国人民代表大会《中华人民共和国宪法》第三条,人民出版社,1954。
④ 见中共中央《中共中央关于深化文化体制改革推动社会主义文化大发展大繁荣若干重大问题的决定》,中央人民政府网,2011—10—25. http://www.gov.cn/jrzg/2011—10/25/content_1978202.htm。2012—06—05 浏览。
⑤ 见教育部、国家语委《关于印发〈国家中长期语言文字事业改革和发展规划纲要(2012—2020年)〉的通知》,网易新闻网,2012—12—28. http://news.163.com/12/1228/16/8JQSV84300014JB5.html。2012—08—06 浏览。

思考和练习

1. 中国少数民族语言政策的指导思想有何新变化?
2. 简述少数民族语言文字的"使用发展"和"科学保护"之间的关系。

主要参考文献

《当代中国的广播电视》编辑部选编《中国的广播电视台》,北京广播学院出版社,1987。

《当代中国的民族工作》编辑部《当代中国民族工作大事记》(1949—1988),民族出版社,1989。

《傅懋勣先生民族语文论集》,中国社会科学出版社,1995。

国家民委办公厅、政法司、政策研究室编《中华人民共和国民族政策法规选编》,中国民航出版社,1997。

国家语言文字工作委员会政策法规室编《国家语言文字政策法规汇编》(1949—1995),语文出版社,1996。

国务院新闻办公室《〈国家人权行动计划(2009—2010年)〉评估报告》,新华网,2011—07—14。http://news.xinhuanet.com/politics/2011—07/14/c_121665648.htm。

国务院新闻办公室《2012年中国人权事业的发展》,新华网,2013—05—14。http://news.xinhuanet.com/politics/2013—05/14/c_115758277.htm。

郝文明主编《中国民族工作五十年》,民族出版社,1999。

《胡乔木传》编写组编《胡乔木谈语言文字》,人民出版社,1999。

黄光学主编《当代中国的民族工作》(下),当代中国出版社,1993。

江平主编《中国民族问题的理论与实践》,中共中央党校出版社,1994。

李晋有主编《中国少数民族现代化文集》,民族出版社,1999。

李维汉《统一战线问题与民族问题》,人民出版社,1982。

李宇明主编《中国少数民族语言文字规范化信息报告》,民族出版社,2011。

〔美〕罗伯特·卡普兰,〔澳〕小理查德·巴尔道夫著,梁道华译《太平洋地区的语言规划和语言教育规划》,外语教学与研究出版社,2014。

罗常培等《国内少数民族语言文字概况》,中华书局,1954。

〔英〕苏·赖特著,陈新仁译《语言政策与语言规划:从民族主义到全球化》,商务印书馆,2012。

吴大华《论我国诉讼制度中实行民族语言文字的原则》,《新疆社会科学》1985年第2期。

吴仕民主编《民族问题概论》,四川人民出版社,1997。

吴玉章《文字改革文集》,中国人民大学出版社,1978。

王均主编《当代中国的文字改革》,当代中国出版社,1995。

熊正辉、张振兴、黄行《中国的语言》,《方言》2008年第3期。

杨侯第主编《中国少数民族人权述要》,北京大学出版社,1997。

中华人民共和国国务院新闻办公室《中国的少数民族政策及其实践》,《光明日报》1999年9月28日第5—6版。

周恩来《当前文字改革的任务》,载《周恩来选集》(下卷),人民出版社,1984。

周庆生《语言与人类:中华民族社会语言透视》,中央民族大学出版社,2000。

周庆生主编《国外语言政策与语言规划进程》,语文出版社,2001。

周庆生《中苏建国初期少数民族文字创制比较》,《民族语文》2002年第6期。

周庆生主编《国家、民族与语言:语言政策国别研究》,语文出版社,2003。

周庆生《语言规划发展及微观语言规划》,《北华大学学报》2010年第6期。

推荐参考文献

国家民委文化宣传司编《民族语文政策法规汇编》,民族出版社,2006。

金星华主编《中国民族语文工作》,民族出版社,2005。

周庆生《市场经济条件下少数民族文字图书出版状况报告》,《民族学刊》2010年第1期。

周庆生《少数民族语言在社会转型中的挑战与机遇》,《云南师范大学学报》2013年第2期。

周庆生《中国"主体多样"语言政策的发展》,《新疆师范大学学报》2013

年第 2 期。

周庆生《论我国少数民族双语教学模式转型》,《新疆师范大学学报》2014 年第 2 期。

周庆生《论中国少数民族语言教学模式的三次转型》,《双语教育研究》2014 年第 2 期。

第六章　中国语言规划(下)

第一节　概说

　　香港、澳门和台湾自古就是我国的重要组成部分,由于历史的原因,这三个地区在语言文字使用方面形成了自己的特色。文字方面都使用繁体字。内地改革开放以后与这些地区的交往增多,语言文字使用方面的差别呈现融合的趋势,但差异在许多方面仍继续存在。1997年香港回归,1999年澳门回归,不久的将来两岸终究也会统一,因为社会制度的差别,这三个地区在语言文字使用方面相当一段时期里将会继续保持自己的使用习惯和特色。香港特区政府、澳门特区政府和未来的台湾政府机构可以不受中央政府约束,实施自己的语言文字政策。中央政府要尊重这些地区的语言政策和语言规划,就要及时了解这些地区的语言文字使用情况和相关政策的实施情况,同时在进行语言文字规范化和重要语言问题决策时,应该把这些地区反映出来的情况作为重要的参考。

　　从语言规划总体上看,台湾设有专门的管理机构,在语言地位规划和语言本体规划方面,都做了大量工作,并且是有计划有系统地进行,政治因素起了重要作用。香港和澳门特区政府也非常重视语言规划工作,在语言政策上做出了新的规定,但是他们没有专门的语言规划机构,在语言本体规划方面缺少系统性,因此语言文字在社会上的使用存在某些混乱现象。随着时间的推移和社会的发展,三地的语言生活和语言规划一定会有进一步变化和发展。

第二节 香港语言规划

一 人口及语言情况

根据香港特别行政区 2011 年人口普查的结果,截至 2011 年 6 月底香港有人口 707 万人。其中,686 万为常住居民,21 万为流动居民。在 707 万人口中,93.3% 为中国人,外国人约占 6.7%,其中印尼人和菲律宾人各占 1.9%,英国人占 0.5%,印度人占 0.4%,巴基斯坦人、美国人、澳大利亚人、尼泊尔人、泰国人和日本人各占 0.2%,其他外国人占 0.8%。从人口的国籍成分看,香港是个以华人为主体,兼有多国移民的地区。在语言使用上除了使用汉语外,必然使用多种语言。从汉语方言分区情况看,香港属于粤语区,大多数人都会说粤语,讲其他汉语方言和语言的人数很少。广州话是香港人家中最常用的语言,大约 89.5% 的 5 岁及以上人口在家中以广州话交谈。另外有 6.3% 的人口称能说广州话。2011 年,大约 1.4% 的人口以普通话为最常用的语言,较 2001 年的 0.9% 略高。此外,尚有约 46.5% 的人口报称能说普通话,与 2001 年比较大幅上升约 13.2 个百分点。下表是 2011 年 5 岁及以上人口能说语言或方言的比例。

2011年5岁及以上人口能说语言或方言的比例(%)

语言或方言	作为惯用语言	作为其他语言或方言	总计
粤语	89.5	6.3	95.8
普通话	1.4	46.5	47.9
英语	3.5	42.6	46.1
客家话	0.9	3.8	4.7
潮州话	0.7	3.1	3.8
闽语	1.1	2.3	3.4
印尼语	0.3	2.2	2.5
菲律宾语	0.2	1.4	1.6
日本语	0.2	1.4	1.6
吴语	0.3	0.9	1.2

香港既然是一个以中国人为主体的社会,汉语言文字自然就是香港社会使用最多的交际工具。因此关注香港汉语言文字的使用情况及其发展是语言规划的一项必不可少的工作。下面看一下香港语言文字使用和语言政策的一些特点。

二 语言文字使用历史概貌

香港的语言文字使用历史概貌大体可以分为三个时期:

(一)英国占领香港以前(1842年以前)

这一阶段的特点是以当地语言为主。1700年以前居民主要讲粤语,1726—1800年之间,有一大批客家人从广东移入香港,由此也带来了客家话。

(二)英国占领香港时期(1842—1997年)

这一时期英语成为官方语言,汉语没有正式地位,也就是说,这是一个英语独尊的时期。由于居民成分的改变,汉语除国语(普通话)外,还有粤语、客家话、闽南话、吴语等方言。

(三)香港回归祖国以后(1997年以后)

中文被确定为正式语言,中小学开始教普通话,普通话在香港逐渐得到传播。这一时期在法律上改变了英语独尊的地位,但到目前为止,中文的使用功能还不能与英语相比。

三　当前语言文字使用总格局

当前香港语言文字使用的总格局是两文两语,两文指中文和英文,两语指汉语和英语,它包括粤语、普通话和英语三种语码,因此流行的说法是"两文三语"。特区政府提倡"两文三语",政府的长远目标是以普通话作为政府的工作语言、学校的教学语言和法律部门的工作语言,以英语作为商业和国际沟通语言,把粤语作为市场、电视剧和家庭中使用的方言。这种设想既符合世界潮流,也符合中国当前的国情,是一种比较理想的语言规划设想。

四　官方语言和语言政策

香港的语言政策可以分为一般语言政策和语言教育政策。一般语言政策主要表现在官方语言的使用上。《中华人民共和国香港特别行政区基本法》第一章"总则"第九条规定:"香港特别行政区的行政机关、立法机关和司法机关,除使用中文外,还可使用英文,英文也是正式语文。"基本法确定了中文的正式语文地位,是香港语言规划史上的一大转折,它既符合香港大多数居民的语言文字使用现状,也是国家恢复对香港行使主权的必然要求和体现。基本法在确认中文为香港正式语言的同时,仍然保留英文作为香港特别行政区的正式语文。这既是"一国两制"方针的体现,也充分考虑到了历史因素和英文在国际上的作用。英文与中文地位一样,但在书面文字上仍然占据着优势,因为政府的内部文书还是以英文为主,具有法律效率的文书在中英文发生矛盾时以英文为准。这种现象还需要进一步改变。基本法中所说的中文,可以指普通话,也可以指粤语,没有明确规定是哪一种。这种模糊做法对当前香港大多数人主要使用粤语的现实是合适的。今后普通话使用的人多了,普通话成为主流语言,中文用来专指普通话自然也是合理的。

香港政府回归以后颁布的主要语文政策有:1.2003年语文教育及研究常务委员会(简称语常会)公布的《提升香港语文水平行动方案》;2.2005年教育统筹委员会《检讨中学教学语言及中一派位机制报告》;3.2009年香港教育局通告《微调中学教学语言》。

《提升香港语文水平行动方案》2001年就开始起草,2003年1月就有了咨询文件,该文件由民政事务处向相关部门和市民广泛征求意见,最后由语常会发布。该报告共分四章。该报告在前言中指出,香港特别行政区的语文教育政策,是培育香港人(特别是学生和就业人员)两文三语的能力。第一章比较详尽阐述了具备两文三语和提高语文能力的意义;第二章针对大中小学生和就业人员制定了一套明确和切合实际的评估语言能力的标准;第三章讨论了如何达到报告中所规定的标准;第四章是总结。

《检讨中学教学语言及中一派位机制报告》是教育统筹会就中学教学语言和中学一年级招生相关问题做出安排并向政府提出建议的一份报告,报告中肯定了"母语教学,学好英语"的方向,但不反对在符合条件的情况下,容许部分中学采用英语教学,并对保证教学质量提出要求。报告提出一系列在母语教学环境下,如何学好英语的措施,从而培养中英兼通的人才。

《微调中学教学语言》是教育局印发的通告。该通告目的是通知各学校微调中学教学语言的详细情况以及初中一年级新生就读学校教学语言情况。

五　语言文字使用存在的问题

(一)中英文的地位相同,功能不同

香港社会中国人占多数,而讲粤语的又占中国人的多数,因此粤语在社会生活中占有很重要的地位。1997年以前,民间组织做了一些推广普通话的工作,但是普通话在社会上使用得不多。1997年以后,人们学习普通话的热情不断提升,特区政府对普通话的推广工作也比较重视,要求公务员学习普通话。普通话的测试工作香港也开展起来,香港许多大学都开展了普通话测试工作。香港岭南大学的一项调查显示,1000名受访者中有54%的人可以听懂普通话,比两年前上升14%;而能讲普通话的人数约占41%,比两年前增加10%。尽管如此,从目前的现状来看,英语和粤语在社会生活中发挥的作用比普通话要大些,普通话要达到政府的设想目标,还需要做大量的实际工作。

(二)港式中文

香港报刊的书面语受到方言和外语的影响,形成与标准汉语不同的一些特点,学者们称之为"港式中文"或"香港书面汉语"。石定栩、邵敬敏等对这种语言现象进行了比较全面的比较研究(2006)。港式中文不但外地人阅读起来困难,就连香港本地人也有困难。进一步调查和研究这种语言现象有利于深入了解香港的多语社会和多元文化的特点,促进海峡两岸和香港、澳门的语言文化交流,克服由语言引起的一些交际障碍。

(三)香港法律双语化过程中存在的问题

1.香港法律双语化的历史原因和现状

香港自从成为英国殖民地以后,英语长期以来是唯一的官方语言。政府实施的是英国法系的普通法,法律文本都是用英语写成的,大多数法官只是精通英语而不熟悉汉语,因而法庭在审理案件时使用的语言主要也是英语。香港公民的绝大部分人的母语是汉语,并非英语。长期以来香港本地人对英语占据主导地位的这种状况表示不满,尤其是1967年六七暴动以后,更多人认识到中文在香港社会使用的重要性,因此有了70年代初期的推广中文运动。1974年政府也顺应民意将中文列为法定语言之一。但中文都以辅助性质出现,从司法执行的角度看,中文的地位远不如英语。1984年中英联合声明发表后,1987年政府成立了双语法例咨询委员会,准备将香港的法例全部双语化并推行双语立法。《基本法》也明确规定了中文的法定语言地位。回归前后的政府在法律双语化方面做了不少工作,但由于种种原因,这一工作成效不大。

法律双语化是关系到保护香港公民的语言权的重要问题,回归后的特区政府为推动这一工作的实现也做出了努力。香港的法律界、司法界和语言学界也十分重视这一问题,并从学术层面上进行了研究。

2.香港法律双语化面临的困难

香港法律双语化是法律界和语言学界共同关心的问题。由于英语长期占据主导地位,中文作为法定语言地位的时间比较短,"重英轻中"的局面短期内还难于改变。香港法律双语化存在的主要问题是:(1)香港的法律属于普通法,《基本法》第八条规定继续沿用普通法。大量的法律文本是用英文起草的,中文文本大多是翻译文本。尽管香港律政署法律草拟科表示:"不论条例的中文文本是与英文文本同时制定,还是在后期才宣布为真确本,中文本均须诠释为与英文本同等有效和具权威性。"但两种文本如果出现歧异时,必须以英文文本为主。(2)法官大都精通英语而不精通汉语,审理案件的语言主要是英语,因此判决书是用英文写的,一般都没有中文译本。(3)中文判决书数量少,中文译本的质量没有保证,权威性和接受性受到怀疑,因此不能发挥应有的作用。

这些问题归纳起来,最重要的问题是香港法律界、司法界缺少精通中文的人士,法律文本和判决书等司法文书没有达到应有的规范程度。也就是说,语言规范问题阻碍了法律双语化的实现。

(四)香港的语言教育问题

早期香港政府对教育语言问题并不关注。香港很早就有私立和官立两种学校,私立学校有一类是西方天主教、基督教团体开办的,这类学校以英语为教学语言,被称为英文学校。华人团体也开办了学校,成为后来人们所说的中文学校。英文学校开始并不比中文学校吃香,因为家长一般都认为念中文学校比较实用。中文学校教学语言虽然以粤语为主,但也教国语。非粤语人士则开办了以国语为教学语言的中文学校。香港各类学校教学语言的模式一直维持到20世纪60年代。60年代以后,由于港英政府推行"去中国化"政策,禁止在学校教国语,采取以粤语代替国语的政策,并在中学会考中取消国语科。广播管理法也限制香港的中文电视台只能使用粤语。1970年以后,香港电影界开始用粤语拍电影。粤语地位由此提升。大学的教学语言,香港大学和香港中文大学代表着香港语言政策的两种模式。长期以来,香港大学一直以英语为官方语言,教学、行政都以英语为唯一标准,科研也只计算英语的研究成果。香港中文大学成立于1962年,校规明确规定中文与英文具有同等的地位,不得歧视任何一种语言的使用者。两种模式中港大的影响较大,大多数香港的大学都以港大为楷模。目前人们比较关注中小学的教学语言问题,特别是母语教学问题。香港回归以后,特区政府对语文教育十分重视,尤其是特别行政区长官董建华就任后立即推行"母语教育"政策。这一政策提出后引起激烈争论,因而做了调整,不改变长期以来英语为主的教育传统,指定141所中学保留英语作为教学语言,并允许其他学校在高中及预科自行选择教学语言。因此,原来被指定采用中文教学的课程,部分甚至全部转成英文教学,以致母语教学政策受到冲击。为了保证英语教学质量,香港政府对英语教师的筛选也有一套比较可行的办法。

思考和练习

1. 简论香港语言规划的特点。
2. 香港语言文字使用存在哪些问题?你认为应该如何解决?

第三节 澳门语言规划

一 人口及语言情况

澳门特区政府统计暨普查局于2011年8月29日公布了2011年人口普查初步结果,截至2011年8月12日,澳门总人口已经上升到55.25万人。数据显示,如按出生地划分,在内地出生的人口占澳门人口总数的46.1%,在澳门出生的占到41.1%,而在香港出生的人口占3.4%。在人口的迁移变动方面,2011年的移入人士有1.5万名,包括内地移民、获准居留人士、在澳居住的外地雇员等;移出人士有2200名。使用各种语言或方言的人口根据多少依次为粤语(95.6%),普通话(39.9%),英语(18.4%),其他汉语方言(8.1%),闽语(7.5%),葡语(2.6%),其他语言(2.5%),菲律宾语(0.6%)。从总体上看,澳门是一个以华语为主体并与多种外语共存的多语多方言的言语社区。

二 语言文字使用基本情况

如果说,香港的语言文字使用总格局是两文三语,那么澳门的语言文字使用总格局就是三文四语。三文就是中文、葡文和英文;四语就是普通话、粤语、葡语和英语。澳门语言学界把这种格局称为四语流通。

澳门和香港一样,虽然政府法律上没有规定繁体字是法定文字,但实际上是以繁体字为规范标准。1992年7月21日澳门政府法律翻译办公室《关于法律中文译本之一般用词及行文规范》第二部分第二节第三款"异体字与繁、简字"规定:"办公室之法律中译本不用简体字。"

澳门的普通话学习与推广的规模是在回归前后的十多年里形成的。到2013年为止,澳门已经具有一支比较稳定的普通话教师队伍,编写了各种各样的普通话教材,开展了普通话教学的研究,还举办了形式多样的普通话竞赛活动。据统计,十多年来已有两万多人参加各种形式的培训班。办学规模大,形式多样化是一个重要的特点,如澳门理工学院仅为政府部门开办的普通话培训班,人数每年都在两千多人,有几十个不同的程度。既有对华人的初、中、高级的普通话口语班及提高班,又有针对土生葡人和外国人的听说读写汉语教学班;既有长期班,又有短期班。

回归中国以后,澳门人学习普通话的积极性有了很大的提高,并且开展了普通话测试工作。澳门讲普通话的人不仅越来越多,而且讲普通话的水平也越来越高。在特区政府和有关部门的努力下,澳门会逐渐实施适合本地语言发展的语文政策。澳门语言格局将来很可能会形成正式场合以普通话为主,需要的时候也使用粤语、葡萄牙语和英语,家庭等非正式场合则主要使用粤语和其他汉语方言的局面,也就是形成以中文为主导,多语并存的多语流通社会。但从目前情况看来,普通话在正式场合的使用还远远不如粤语。

从总体上看,澳门的普通话使用情况不断取得新进展。在澳门举办的国际会议上使用中文时一般使用普通话,不使用粤语。

中文和葡文是特区政府的正式语文,澳门行政部门的行政语言主要是中文和葡文。普通话是特区政府官员与中央政府官员沟通的重要工具,每年特首到北京述职,都应该使用普通话,特区政府与中央政府的文件来往,使用的也是规范的中文书面语。粤语在行政部门处理当地事务中也发挥了重要作用。

澳门回归前法律文本都是用葡语起草的,回归前后进行了大量的翻译成中文的工作,也就是人们常说的法律双语化。由于翻译是一件专业性很强的工作,既要精通两种语言,又要精通法律的概念和术语,因此译文是否准确表达了原文,引起了法律界人士和语言学界相关人士的关注。

澳门负责基础教育的部门是教育暨青年局(DSEJ),大部分澳门学校都是私立或资助的,所有政府学校都强调中葡双语教育,主流的澳门学校是文法学校,只有少量职业学校。语言学习方面,大部分学校都会教中文和英文,有些学校也教葡萄牙语。澳门1999年回归中国后,有些学校以普通话为语言来教授某些科目,但大部分学校主要仍是以粤语作为教学语言,有些英文中学则是以英文作为教学语言。澳门还没有完全统一的教育制度,因此,学校按其需要和目标采用不同的教育制度,通常中式、英式和葡式的教育制度并存。接受中式教育制度的学生要读六年小学,三年初中和两年或三年的高中。学生在高中阶段,须学习科学、商业或艺术。接受英式教育制度的学生要读六年的小学、三年初中、两年高中和一至两年的大学预科。学生在高中阶段,须学习科学、商业或艺术。读完中学后,他们需要参加由英国的教育机构(如剑桥大学和伦敦大学)主持的普通教育文凭考试,俗称GCE(General Certificate of Education Ordinary Level Examinations)。接受葡式教育制度的学生要读四年基础教育,五年初中和三年高中教育,葡语是主要的教学语言。

澳门共有10所高等学校,但学生数量十分悬殊。例如澳门保安部队高等学校、澳门镜湖护理学院、澳门管理学院、中西创新学院等4所院校的学生规模小于1000人。澳门城市大学学生规模较大,但93.2%的学生为非澳门籍的学生。规模不等,来源多样,学制灵活,教学语言各显神通是澳门高校的一个重要特点。澳门各高校非语言专业的课堂教学语言都是根据需要自主决定,如澳门大学以英语为主要教学语言,同时也兼用粤语和葡语,而澳门理工学院则是英语、普通话、葡语和粤语并用。从专业角度看,法律类和财政类较多用葡语作为教学语言;经济类和计算机类大多使用英语;中国历史和文学类专业较多使用普通话;中国文化和会计类则较多使用粤语作为教学语言。

三 语文政策

澳门的语文政策大体可以分为三个时期。

(一)葡萄牙占领澳门以前(1849年以前)

澳门自古以来是中国的领土。葡萄牙人1553年开始在澳门非法定居,1849年武装占领澳门。在此之前,澳门当地人口头交际主要使用汉语方言粤语,书面交际主要使用文言文并使用汉字。

(二)葡萄牙占领澳门时期(1849—1999年)

这一时期,英国人、荷兰人和东南亚的商人都不断有移居澳门的。但是由于葡萄牙政府统治澳门,葡萄牙语长期以来是澳门唯一的官方语言。除了使用葡语外,还使用英语和汉语。汉语口头交际主要使用粤语,书面交际使用文言文或白话文。

(三)澳门回归祖国前后(1999年前后)

1992年,澳门政府成立了澳督在语言问题上的咨询机构"语言状况关注委员会"。该委员会原来由过渡期事务办公室作它的办事机构。同年中葡两国政府确定了中文在澳门的官方地位。1994年6月4日,澳门语言学会成立。该学会成立后创办了《澳门语言学刊》,组织了各种主题的学术会议,为语言政策研究、普通话在澳门的推广做了大量的工作。澳门理工学院从澳门大学独立出来后,为了推广官方语言,改组和扩大了下属的语言暨翻译学校,在语言培训方面取得了一些积极成果。澳门理工学院在国家语委普通话培训测试中心和北京语言大学的支持下,于1998年3月26日在澳门首先成立了第一个普通话培训及测试中心。1997

年9月,澳门大学将原来的中文系改为中文学院,该学院为推广中文做出了重要贡献。2001年11月22日,在国家语委普通话培训测试中心的支持下,澳门大学成立了普通话测试中心。

澳门的法律、法令,政府的公文、指示,多年来均只有葡文,没有中文,中文没有正式语文的地位。随着中葡联合声明的签订,葡文作为唯一官方语言的现状难以适应澳门过渡时期的转变。在中方的不断努力下,葡萄牙政府逐渐开始在澳门推广中葡双语,并于1991年12月12日正式通过法令,确认中文在澳门享有官方地位。1999年12月澳门回归祖国,澳门的语言政策发生了根本变化,中文的官方地位得到了实现。《中华人民共和国澳门特别行政区基本法》第一章"总则"第九条规定:"澳门特别行政区的行政机关、立法机关和司法机关,除使用中文外,还可使用葡文,葡文也是正式语文。"澳门基本法在这条里规定了特别行政区应实行的语文政策。过去只有葡文才是正式语文,在澳门行政、立法、司法机关中,葡文是唯一的官方语言。基本法确定了中文的正式语文地位,是澳门语言规划史上的一大转折,它既符合澳门97%以上的居民的语言文字使用现状,也是国家恢复对澳门行使主权的必然要求和体现。基本法在确认中文为澳门特别行政区主要官方语言的同时,仍然保留葡文作为澳门特别行政区的官方语文。这既是在澳门实行"一国两制"方针的体现,也照顾和维护了葡萄牙后裔居民的利益。澳门经济活动和日常生活中还使用别的语文,如英文。日常生活使用什么语文,不受法律、法令的限制。

四 语言文字使用存在的问题

澳门语言使用存在的主要问题可以归纳为以下四点:

(一) 葡式中文

葡萄牙在澳门的殖民统治如果从第一任总督1623年算起,到1999年长达376年,可见葡萄牙语在澳门作为唯一官方语言的时间很长。1999年回归以后,葡萄牙语仍然是官方语言。澳门懂葡萄牙语的人数2011年人口普查的资料是2.6%,但因为长期作为唯一官方语言,在语言接触过程中对汉语产生了相当大的影响。程祥徽、刘羡冰(1991)论述了葡萄牙语对汉语的影响以及两者之间的相互影响。后来人们把这种中文称为"葡式中文"。黄翊在《澳门语言研究》(2007)一书中,对这种语言现象有比较详细的描述。葡式中文在澳门的报刊上,政府公文和法律档案中到处存在。这种中文一般的澳门人都难于理解,更不用说其他地方的人了。

(二) 法律双语化问题

澳门过渡时期的三大任务是:公务员本地化,法律本地化,中文合法化。这三化都与中文的合法化有关。公务员本地化是要求公务员能用中文处理本地的事务;法律本地化要求把葡文的法律文本翻译成中文,逐渐走向双语立法。澳门回归以后,特区政府在语言政策上实行从单语制(葡语为唯一官方语言)向双语制(葡语和中文都是官方语言)转轨,但存在的问题是:法律双语化的进程缓慢。由于大量法律文献是用葡语起草的,中文文献大都是翻译文本,如果出现歧义,以葡文为准。中文文本没有起到应有的作用,影响到中文官方地位的落实。缺乏精通双语的法律人才,澳门法律双语化存在着与香港类似的问题。

(三) 英语的冲击造成葡语的萎缩

英语在澳门虽然不是官方语言,却是金融、商业、高等教育、科技领域十分通行的语言。澳门特区政府有关调查显示,1991年和

1996年使用葡语的人数占总人口的1.82%,2001年降至0.66%。2011年人口普查虽然上升至2.6%,但与英语的18.4%相比,还有15.8%的差距。英语的大量使用对葡语的使用构成一定的威胁,葡语在某种程度上有萎缩的趋势。葡语在社会使用中出现了不少错误,葡语的教学质量在降低。总的说来,澳门缺乏精通葡语的人才。魏美昌在首届两岸四地语言论坛中呼吁政府重视葡语的使用,认为葡语的萎缩会影响到葡语官方地位的下降,从而影响到"一国两制"的政治体制的实施。

(四)没有专门的语言规划机构

澳门没有统一的中小学语文课本,语文教材,没有专门的语言规划机构协调语言使用中存在的问题。语言文字工作基本上是由民间社团承担的。这些社团包括澳门中国语文学会、澳门语言学会、澳门方言学会、澳门中华教育会、澳门业余进修中心、澳门成人教育学会、澳门普通话联谊会。这些机构进行了推广普通话和语文教育等工作。澳门日报、澳门广播电台在语文知识的推广和语言问题的宣传方面也发挥了作用。政府在公务员的语言培训方面投入了一些资源。尽管这样,没有机构协调各种语言间的关系,尤其是处理海峡两岸和香港、澳门共同关心的语言文字问题。

思考和练习

1. 简论澳门语言规划的特点。
2. 澳门语言文字使用存在哪些问题?你认为应该如何解决?

第四节 台湾语言规划

一 人口及语言情况

根据台湾当局2012年12月统计的台湾省和福建省的金门、马祖等岛屿的人口数据,台湾人口为2331.58万人,其中原住民52.73万人。按照台湾的说法,台湾有四大族群:闽南人、客家人、原住民、外省人。四大族群的人口比例大约是:闽南人73%左右,客家人12%左右,原住民2%左右,外省人13%左右。闽南人的母语是闽南话;客家人的母语是客家话;原住民有11种语言;所谓外省人是指1949年随国民党政府迁台的大陆各省人,他们除了会说各自的方言母语外,大都会说国语,但他们的第二代多半已不会说父母的方言。总体上看,台湾是一个多语言、多方言的言语社区。

二 语言文字使用历史概貌

台湾的语言文字使用情况大概可以分为七个时期:1.1624年以前,为当地语言为主时期。2.荷西时期(1624—1662),1624年荷兰人开始统治台湾,荷兰语也因此得以推行。西拉雅语是南部西拉雅族的语言,当时还没有文字,荷兰人帮助他们创制了文字,俗称"红毛字"。西拉雅语是当时通行的语言,是主要的教学语言。3.郑氏时期(1662—1683),1662年郑成功收复台湾,并开始在台湾传播汉语言文字和汉文化。闽南话开始在台湾传播,并成为教学语言。西拉雅语仍然广泛使用。4.清朝时期(1683—1895),

1683年清政府把政权从郑氏手中收回。语言政策没有太大的改变,但禁用罗马字。原因是怕罗马字会妨碍汉字的普及。至光绪推行新学时,语文教育开始教授外文。5.日据时期(1895—1945),日本占领台湾后,强行推行日语,压制汉语,把语言文字作为殖民统治的工具。6.战后时期(1945年以后),日本投降后,国民政府统治台湾,采取了比较强硬的措施推行国语,因此国语在台湾已经较为普及。但20世纪80年代以后,由于政治上的原因,语文政策开始有所改变,2000年以后,国民党成为在野党,"台独"势力执政,削弱、否定国语等做法开始出现。7.2008年民进党下台,国民党重新执政时期。

三　语言文字使用状况

根据台湾"教育部"公布的资料,1996年台湾地区的文盲率为6.26%,2008年公布的识字率为96.1%,按此估算,台湾的国语普及率应为97%左右,因为有些文盲也会讲国语。

台湾的乡土语言包括方言和少数民族语言。近二三十年来,台湾出现了乡土语言流失的现象。据台湾媒体报道,客家话每年流失5%,多数客家孩子已经不会说客家话了;闽南话是台湾的主要方言,但许多青少年已经不大会说,20—29岁的民众能讲得流利的只有43%;原住民语言流失比较严重,原来23种语言已经消失半数,现存的11种语言有的也在流失。

从地区来看,台北市因为都市化程度较高,多数家庭以国语为主要沟通语言,但是在其他县市的民众,使用母语的频率远高于国语,尤其是南部地区和客家族群居住较密集的区域。

1949年以后,大陆通行白话文。国民党政府迁台以后,也对台湾的文体进行了改革。"中央通讯社"于1949年8月1日开始发布语体文（白话文）新闻通讯稿。1950年，台湾省政府规定公告（公文一种）应用简单的语体文。1952年，省政府又决定将公告和通知两种公文一律改用语体文。同年，蒋介石还明令修正并公布施行《公文程式条例》，规定公文文字应简浅明确，分段叙述，并加具标点符号。1973年"行政院"公布《行政机关公文制作改革要点》。1983年又编印《文书处理档案管理手册》，对公文用语和格式做了明确的规定。目前，台湾的书面语基本上是使用白话文，但保留较多文言词语。

1987年，台湾"教育部"对1919年颁布的"新式标点符号"进行修订，出版了《重订标点符号手册》。其中把"私名号"改为"专名号"，并增加"顿号"和"音界号"两种。重订标点符号共有14种，即：句号、点号（即逗号）、顿号、分号、冒号、问号、惊叹号、引号、破折号、删节号、夹注号（即括号）、专名号、书名号、音界号。2008年又进行修订，在原来14种标点符号外，增列连接号"—"。另外，书名号增列乙式"《》"。

台湾的词汇标准就是《国语辞典》。《国语辞典》是民国时期由中国大辞典编纂处于1931年开始编纂的，1936年开始由商务印书馆出版，因战乱直至1945年才出齐，共四册，收词10万多条。1976年，台湾对《国语辞典》进行重编，于1981年11月出版《重编国语辞典》，共收词12万多条。1987年，又对《重编国语辞典》进行修订，于1994年修订完成，出版网络版《重编国语辞典修订本》，收词16万条。后来，又于1997年6月出版光碟版，并一再进行修订，现在看到的最新版本是1998年4月的网络版第4版和2007年7月的光碟版第4版。至于书面版，尚未出版。

台湾的用字有印刷用的楷书和手写用的行书之别，印刷楷书都是繁体字，台湾称为"正体字"；手写行书有繁有简。印刷楷书的规范标准是《国字标准字体表》，包括"常用字表""次常用字表""罕用字表"和"异体字表"，简体字被视为异体字，异体字是不舍弃的。手写行书也有规范标准，这就是《标准行书范本》。

1994年4月20日，台湾"教育部"公布《国语一字多音审订表》，共审订12814个汉字的读音，这就是台湾的字音标准。台湾的字序排列一直沿用《康熙字典》的214个部首，1993年还编印了《部首手册》，这就是台湾的字序标准。台湾的笔顺标准是1996年正式出版的《常用国字标准字体笔顺手册》，收入常用字4808字，规定了每个字的笔画顺序。1980年台湾发布了《中文书写及排印方式统一规定》，并于1997年进行修正，规定的主要内容是横竖两可。但公文一直还是采用竖式，直至2005年1月，才宣布全面实施横式公文。

在注音方面，国语注音一直使用注音符号，国语教学一直采用注音识字，还有一份《国语日报》全部汉字加注音。中文译音过去一直沿用威妥玛式，1999年决定采用汉语拼音，2000年改为通用拼音，2008年又改回汉语拼音。

现在由"教育部"公布的乡土语言音标有三套，即2005年公布的《原住民族语言书写系统》，2006年公布的《台湾闽南语罗马字拼音方案》，2008年公布的《台湾客家语拼音方案》。

四　语文政策

（一）国民党执政时期的语文政策

1. 与国语有关的政策

1945年抗战胜利,国民政府收复台湾后一项首要的工作就是推行国语,清除日语。为了在台湾推行国语,当时的教育部国语推行委员会派出魏建功、何容、王炬等人到台湾协助推行工作,并于1946年4月2日成立台湾省国语推行委员会(简称省国语会)。省国语会成立后,根据当时台湾的实际情况,制定了"台湾省国语运动纲领"六条,重点内容是刷清日语影响,实行台语复原,从方言学习国语。

1947年9月,省政府电令"各级学校禁用日语,授课以国语教学为主,暂酌用本省方言;日常用语尽量以国语交谈,不准以日语交谈,若有违背情事决以严惩"。由此可见,光复时期的国语推行工作,主要是消除日语,对于方言,并没有限制。

1949年国民党政权迁台以后,出于政治上的需要,更加重视国语推行工作。因为从大陆赴台的大批军政人员,来自全国各省,只有国语才能与台湾人民沟通。这一时期的国语推行机构,除了台湾省国语推行委员会外,国民党"教育部"原来的"国语推行委员会"长期没有正式恢复,一直到1981年2月21日才正式恢复。这个时期,台湾先后颁布了一系列推行国语的政策,影响较大的有:

1949年,台湾省政府颁布"非常时期教育纲领实施办法",规定"各级学校及社教机关应加强推行国语运动"。

1956年,台湾省教育厅通知"各中等学校谈话应尽量讲国语,避免用方言"。

1966年,台湾省政府颁布"各县市政府各级学校加强推行国语计划",规定:(1)各级学校师生必须随时随地使用国语;学生违犯者依奖惩办法处理。(2)禁止电影院播放方言、外语。(3)严加劝导街头宣传勿用方言、外语。(4)各级运动会禁止使用方言报告。(5)严加劝导电影院勿以方言翻译。

1973年1月22日,"教育部"公布"国语推行办法"十四条,强调国语教学和注音字母的使用。1975年,"行政院"通过的"广播电视法"规定:"电台对国内广播应以国语为主。"这个时期的国语政策有一个突出的特点就是限制方言,有的规定还明确提出禁止方言,违者给予处罚。这些强制措施,引起台湾民众的不满,留下后患。但是值得注意的是1973年公布的"国语推行办法",并没有限制方言的规定。这个"办法"是"教育部"邀请专家集会商议、由原省国语会主委何容执笔制定的,可见推行国语限制方言的政策,国语会的专家是不赞成的。因为他们在光复时期就主张"恢复台湾话应有的方言地位","从方言比较学习国语"。

1986年,台湾开始进行"政治革新"。1987年,解除长达38年的戒严。随着以台湾"本土化"意识为动力的民主化浪潮的高涨,"本土语言"教育也正式提上台面。面对部分县市推行"本土语言"的要求,国民党当局起初还是坚持国语教育政策,但允许课外学习方言。到了1993年,当局国语政策开始变化,允许学校进行母语教育。1993年4月3日,"教育部"宣布"今后将母语教育列入中小学正式教学活动范畴,在不妨碍推动国语的前提下,让中小学依兴趣及需要,以选修方式学习闽南语及客家语。"1994年8月通过的"国小乡土教育活动课程标准",进一步明确规定1996年"正式将母语教育纳入课程"。也就是说,1996年开始,"乡土语言"将作为选修课纳入学校正式课程。

此外,1993年7月13日,"立法院"通过了删除"广播电视法"对方言的限制。总之,国民党统治台湾55年的国语政策,前4年的光复时期是积极推行国语,提倡台语复原,基本上是"双语政策";中间38年的戒严时期是强制推行国语,限制方言,是"单语政策";后13年的解严时期是国语政策受冲击,方言抬头,"本土语言"列为学校选修课,"多语政策"初现端倪。

2. 拼音政策

台湾的拼音政策,中文教学一直是用"注音符号",而中文译音(即转写中文人名、地名和专有词语的罗马字母拼法)历来是沿用过去的"威妥玛式"。但是到了20世纪80年代,这种格局遇到了挑战,因为大陆的汉语拼音在国际上的应用,无论是中文教学,还是中文译音,都得到广泛使用。面对汉语拼音国际化进程的挑战,台湾"教育部"于1984年修订了长期搁置的"国语罗马字",作为"国语注音符号第二式"(简称"注音二式"),并于1986年由"教育部"发布公告。但是没有得到"行政院"的批准,所以修订后一直没有得到实际使用。直到1999年,"教育部"决定正式起用,但又引发各界不同意见。1999年7月26日,"行政院"教改推动小组做出决定:国语教学仍用注音符号,中文译音采用汉语拼音。这是国民党执政时期所做出的一项明智选择。

3. 文字政策

国民党执政时期,台湾曾经对简体字进行过一场旷日持久的讨论。首先提出简体字问题的是省参议员马有岳,他在1951年6月省参议会上提议:请省政府颁制常用简易汉字,限制使用奥僻文字,以利人民辨认。这个提议经大会决议通过。但1953年3月,省政府奉"教育部"令禁止各校学生写简体字。这个禁令发出后,引起社会各界很大反响。"教育部"为适应民意机关的呼吁和省教育厅的请示,于4月邀请文字专家举行简化文字座谈会,座谈结果产生了简体字研究委员会。同年9月10日,国民党中央委员会举行总理纪念周,党史编纂委员会主任委员、"考试院"副院长罗家伦就中国文字简化问题发表讲话。他说:中国文字必须保存;但欲保存中国文字,则必须简化中国文字,使广大民众易于学习。1954年2月,"立法委员"廖维藩因为不满罗家伦的简体字主张,拟定提案,案由是"为制止毁灭中国文字,破坏中国文化,危及国家命脉,特提议制定文字制定程序法,以固国本案"。提案在"立法院"引起热烈讨论,许多人不同意提案的理由。最后,"立法院"决议把这个问题交教育、内政、法制三个委员会审查。5月,三个委员会举行联席会议,会上报告了这三个委员会收到的各界人士对简化文字的书面意见。

50年代的这场讨论没有结果就告一段落,直到60年代末才又提出这个问题。1969年4月,何应钦在国民党中央评议委员会上提出整理简笔字案,案由是"为建议由教育部会同中央研究院切实研究整理简笔字,以适应当前之教学实用"。后来,国民党中常会对何应钦的提案做出决议,送"行政院"详加研究办理。各界对此案反映极佳,但少数学者专家持不同意见。1970年12月,"教育部"邀集专家学者参与研商,最后定出三点原则:(1)政府应研究公布常用字,不宜提倡简笔字;(2)积极研制标准字模,以划一印刷体;(3)致力研究中文打字机之改良,以求结构简化,运用轻便。至此,台湾关于整理简体字的问题即转为研究常用字,制定国字标准。

(二)民进党执政时期的语文政策(2000—2008年)

1.策划"第二官方语言"

2002年3月,台联党"立院"党团酝酿提案,要求"行政院"将

"河洛话"(即闽南话)、客家话、原住民语同列为"第二官方语言"。就在鼓噪这个事的时候,陈水扁亲自跳出来,说有人提议将英文作为"第二官方语",是值得好好讨论的课题。陈水扁发话以后,"行政院长"游锡堃立即响应,承诺以六年时间,计划让英语成为"准官方语言"。2003年2月4日,游锡堃再次宣示,未来六到十年,英语将可望成为台湾的"官方语言"或"准官方语言"。为了实现这个目标,2003年3月,"行政院"行文所属"部会",要求提报"院会"的重要提案或"院长裁示稿",都要中英文对照。

台湾媒体指出,台联党提出把所有方言和族语都列为"第二官方语言"是为了否定"独尊国语",民进党执政当局策划英语为"官方语言"则是要实行"独尊英语"的"台独"图谋。

2.制定"语言平等法"和"语言发展法"

继鼓噪"第二官方语言"之后,为了否定"国语",2003年2月,台"教育部"出台了"语言平等法草案"。"平等法"把国语改称华语,规定华语和13种方言、族语(即闽南话、客家话和11种原住民语)并列为"平等的国家语言"。

"语言平等法"公布以后,引发各界质疑,于是"教育部"移交"文建会"主管,改定为"国家语言发展法(草案)",于2003年9月22日发表。"发展法"和"平等法"没有实质性的差别,只是删除了14种"国家语言"的具体名称。2007年3月20日,"行政院"宣布,"国家语言发展法草案"完成审查,目前由"文建会"进行文字调整,然后送"行政院会"通过,再送"立法院"审议。

两个"草案"主要内容基本相同,都是只有"国家语言",没有"国语",也没有"官方语言",泛蓝痛批这是"去国语化"。

3. 废止"国语推行办法"

在制定"语言平等法"的同时,2003年3月,台"教育部"通令各级学校废止实施30年的"国语推行办法"。"国语推行办法"是1973年台"教育部"公布的一个法规,是国民党执政时期推行国语运动的一个重要文件,废除这个法令就是要取消"国语"的共同语地位,要害是否定国语运动。

4. 实施"乡土语言教学"

台湾的乡土语言教学始于国民党执政时期的1996年,当时是作为选修课。到了民进党执政的2001年,正式开设乡土语言课程,规定小学必修,中学选修。

台湾的乡土语言问题,对于大多数台湾人来说,他们是有感于乡土语言的流失,所以要求学习乡土语言,这个要求是无可非议的。但是民进党执政当局实施乡土语言教学,其目的是要通过乡土语言教学逐步提升"台语"(闽南话)的位阶,使其逐渐成为"国语",实现"台语国语化",以取代普通话国语;并计划逐步实现"台语文字化",使"台语文字"逐渐成为"国字",以取代现行汉字。其深层意图是以"语文台独"配合"政治台独",妄图一旦"台独"成功,就有自己的"国语"和"国字"。正如台湾舆论指出的,这是"司马昭之心,路人皆知"。

5. 公务员考试采用方言命题

2003年9月26日,台"考试院"举行的公务员考试采用闽南话命题,引起强烈反弹。由于民众的检举,台"监察院"介入调查,并约询"考试委员",但遭到"考试委员"的拒绝。公务员考试采用"台语"(闽南话)命题是要使"台语"作为"国语"付诸实践,造成"台语"是"国语"的既成事实。

6.削减国语文教学时数和文言文比重

2004年11月,台"教育部"出台修订的"高中国文课程暂行纲要",将每周授课时数从五小时缩减为四小时,文言文比重从六成五调降为四成五,并将"中国文化基本教材"由必修改为选修。这个措施遭到广大教师的强烈反对。

2005年1月14日,由学术界、艺术界、家长和教师组成了以余光中为召集人的"抢救国文教育联盟",要求恢复高中国文每周五小时,文言文维持六成五,"中国文化基本教材"维持必修。但是台教育当局坚称课纲已经定案,不会改变。

台湾媒体指出,民进党执政当局削减国语文教育时数和文言文比重,目的是要削弱国语文教学,是为了"去中国化"。

7.对外华语文教学

台湾"国家对外华语文教学政策委员会"于2003年12月11日举行第一次会议,会议决定未来将以推行"正体字"为重要政策,音标方面除继续使用国语注音,还将灵活推动华语通用拼音。

有关华语文检测方面,会议提出两个版本,包括台湾师大版华语文能力测验与侨生版华语文能力测验,未来将进一步统合两个版本,集中力量有效运用资源,以便与已经起步至少五年的大陆"汉语水平测验"互相竞争对外华语文市场。同时,拟筹设"华语文能力测试中心"。

台师大国语中心的"华语文能力测验"分初、中、高三级,每一级又细分不同级数,共有七级,测验题目都是选择题,包括听力、词汇、语法、短文阅读。初级测验适合在台湾学习360至480小时,或具备1500词汇量的外籍人士报考;在台学习480至960小时以上,或具5000个词汇量之外籍人士,可报考中级测验,测验重点是语言段落的理解分析能力;具备8000个词汇量的外籍人士可报考高级测验。

由华语文教育学会研发的侨生版"华语文能力测验"也是分为初、中、高级,初级为国小六年级到国一的水准,中级则介于国二到高一的水准,高级是符合考大学的高二水准,每级测验内容都囊括听力理解、词汇和阅读理解等三种题型,中、高级阅读理解还包括语体文和文言文。

为了向国际输出"华语",台湾"教育部"还与台湾17所大学合作,培育华语文教学师资,鼓励前往国外提供华语师资培训等课程,并着手研发以通用拼音及"正体字"为主体的教材,提供海外学习华语文者使用,让台湾成为国际上学习华语文的"正字招牌"。

为了让台湾成为全球华语文教学的"第一品牌",台湾"教育部"还委托台师大研拟"华语文教学师资认证制度",希望这张由"政府"统一核发的证照,可以成为华语文师资的品质保证,增加台湾在全世界华语文教学市场的竞争力。

8. 拼音政策

2000年,民进党上台执政后,重新改组的"国语会"于9月16日以14票比6票否决了汉语拼音,通过了所谓符合台湾习惯和与乡土语言具有更高相容性的"通用拼音"。这个决定公布后,立即引起各界的强烈反对。10月25日,"教育部长"曾志朗以"稳定性不足"为由推翻"通用拼音",并向"行政院"报送以汉语拼音为中文译音的建议案。11月下旬,"行政院"以"意见尚未一致"为由,将"教育部"提出的汉语拼音案"退回"。2001年1月,力主采用汉语拼音的"教育部长"曾志朗被迫下台。接任的"教育部长"黄荣村,经过近两年的"归零思考"和精心策划,于2002年7月10日,在本届"国语会"任期届满的三天前,再次开会表决中文译音系统,最后以 10 票对零票的表决结果,再度通过"通用拼音"作为中文译音系统。不顾各界的强烈反对,"行政院"于 8 月 22 日核备"教育部"所提的以"通用拼音"为中文译音标准案,"教育部"并在 9 月 18 日印制"中文译音使用原则"发往各县市及"部会"。

强行通过"通用拼音"是民进党执政当局逆国际潮流而动的一个"台独"决策。

9. 文字政策

2003 年 1 月 27 日,台湾"陆委会"通过"新闻局"所提的"大陆地区出版品、电影片、录影节目、广播电视节目进入台湾地区发行、销售、制作、播映、展览观摩许可办法修正草案",原则同意开放大陆简化字书籍在台湾销售。随着大陆简化字图书进入台湾,大陆的简化字也在台湾传播开来,受到台湾民众的欢迎,也引起一些人的不满,不断引发争议。

2006 年 3 月,大陆报道联合国决定自 2008 年起中文文件一律使用简化字,停用繁体字,引起台湾惊愕。台湾多位"立委"炮轰"教育部",质询"教育部长"杜正胜将如何因应,是否会在学校教授简体字。对此,杜正胜表示,"教育部"坚持用正体字,不会在学校教简体字。国中基测(即国民中学基本学力测验,国民中学指初中)写作测验不能使用大陆通行的简体字书写,但考生如果使用约定俗成的"俗体字"将被认可。他说一般通行的一些约定俗成"俗体字",在生活中极为普遍,为避免学生考试时不小心写出俗体字,"教育部"将于年底前确定俗体字表,作为写作测验阅卷老师参考,学生写作时可以使用这些俗体字。

2006 年 4 月 11 日,"教育部"宣布将制定"俗体字表"。"行政院长"苏贞昌也表示,他赞成"教育部"让大家清楚知道,什么是台湾常用的俗体字,考试用这些字可以不扣分,但他强调,大陆简化字和台湾惯用的不同,"我们不认同、不赞成"。与此同时,2006年7月19日,国民党举行中常会,邀请台湾师大教授李鍌发表"从学术观点看正体字与简化字"专题演讲。马英九在会上表示,他个人关心"正体字"与"简化字"的问题很多年,目前所用"繁体字"与"简体字"的说法不正确,应该是"正体字"与"简化字"。他呼吁印刷、出版时应该采用"正体字",手写的时候可以采用"简化字"。对于两岸字体差异,他说,国共两党已经成立沟通平台,办理过两次经贸论坛,未来应该办理文教论坛,希望达到两岸"书同文"的目标。马英九主张印繁写简,表明他也承认大陆的简化字,但只限于手写。他建议举办文教论坛,把讨论两岸的文字差异提上议事日程。2006年4月21日,"文字学家谈汉字座谈会"在台湾师大举行。座谈会最后发表"抢救正体字"共同宣言,强调正体汉字是形音义契合的优质文字,正体字记录的汉文化悠久博大,是人类重要文化资产,世界各国都有责任予以维护发扬,因此希望向联合国登记汉字为世界文化遗产,呼吁大陆地区尽早恢复固有的正体汉字,以发扬中国五千年的优美文化。2006年7月13日,"抢救国文教育联盟"举办"必也正名乎"座谈会,正式发起请把正体字列为世界文化遗产的联署。但受限于台湾不是联合国会员,向联合国提出这项申请,需要中国大陆的合作,因此联署书建议,把中文、正体字、繁体字统称为"汉字",识繁写简,各随其用。

(三)国民党重新执政时期的语文政策(2008年5月以后)

1.国语教学政策

国民党重新执政后,修正了民进党时期有意弱化国语的一些政策。2008年5月4日,为国语文教学抗争了好几年的"抢救国文教育联盟"召开了记者会,反对"教育部"的"九八课纲"(高中九八年度课程纲要,九八年即2009年)把高中国文授课时数由每周5节减为4节,文言文比例由65%减为45%,以及把"中国文化基本教材"由必修改为选修。强烈要求新当局撤回"九八课纲",恢复国语文教学时数和文言文比例,以及"中国文化基本教材"改回必修。但是新当局"教育部"一直没有动作,于是,"抢救国文教育联盟"于8月27日前往"行政院",向"院长"刘兆玄陈情,批评"教育部"是"杜(前任"部长"杜正胜)规郑(现任"部长"郑瑞城)随",要求废除"九八课纲",恢复旧有的"课程标准",并将"文化基本教材"列为高中必修课程。

在"抢救国文教育联盟"的一再要求下,"教育部"于9月26日宣布"九八课纲"国文科修订方向,高中三年国文科学分拟增一到两个学分,安排在高三每周多上一到两节,《论语》《孟子》列为必修,文言文比率从现行的45%,提高为50%。但是"抢救国文教育联盟"认为"还不够",文言文比率至少要55%。其他教改团体也认为,"九八课纲"不能只微调,而要暂缓。

2008年10月27日,"教育部"邀集学者、专家、教师代表组成的高中课程发展委员会召开会议,会后"教育部长"郑瑞城宣布,高中"九八课纲"部分通过,九八学年起实施;而国文、历史二科因争议大仍需对话,暂不定案,如明年6月前达成共识,则和其他科目同步实施,否则延后一年,过渡期仍以"九五暂纲"(九五年度课程暂行纲要)替代。

2. 乡土语言教学政策

20世纪80年代以前,台湾的国语推广政策压制方言,闽南话的使用也受到限制。80年代以后,尤其是民进党执政以后,闽南话的使用逐渐成为"文化台独"的话题。在实施这一政策的过程中,同时也进行了闽南话推广的一系列研究。马英九的文化政策也把闽南话的推广作为一项重要的措施。准备成立"公共电视闽南语制作中心",目的是大力推广闽南话和闽南文化,使台湾成为全球优质闽南文化的输出中心。

杜正胜任"教育部长"时,曾研修一套"国中小(国民中小学,即初中、小学)九年一贯闽南语课程纲要草案"(简称"九七课纲")。政党轮替后,"教育部"于2008年5月23日对"九七课纲"进行微调,包括国语文、英语、客家语、原住民语、数学、社会、自然与生活科技、健康与体育、综合活动、生活课程等,都微调放行,唯独闽南语课纲暂时搁置,决定重修。因为原闽南语课纲研修小组召集人台师大副教授李勤岸提出的课纲草案,引起较大争议。"教育部"提出,由于原研修小组成员的聘期已满,现已重新聘请一批研修小组成员,并由台师大国文所教授姚荣松担任召集人。预计半年内提出草案,一百学年度(2011年)实施。

另外,2008年11月,"教育部"还修正了"国民小学及国民中学教科图书审定办法",将闽南语、客家语及原住民语由原先有贬抑意味的"乡土语言",正名为"本土语言"。

3. 对外华语文教学政策

2008年2月,马英九在竞选时曾经提出文化政策,主张在境外广设"台湾书院",他认为,台湾是华文重镇,举凡儒教、佛学、文学、建筑、传统民俗等,都得到较其他华文地区更为完整的保存与发扬,因此主张有系统地与欧美国家社区合作设置"台湾书院",开设哲学、文学、艺术等相关课程,推动"台湾学"。未来两岸关系和缓后,台湾书院亦可驻北京、上海、广州各点。马英九的文化政策还提出发起华人世界的"台湾奖",促成华人世界合作编纂"二十一世纪华文大辞典"。

全球兴起华语热,面对大陆"孔子学院"的强势发展,台湾学者产生危机感,他们认为,盱衡国际情势、大陆实力与台方资源,未来台湾难以持续和大陆长期抗衡,新政府势必从"尊重包容,互信互利"的思维出发,以"活路模式"规划我共关系,从过去"相互抵制",目前"各自为政",发展成为"良性竞争、资源互补"的战略,才能开创两岸侨务双赢的新局面。

为推动海外华语文教学,台湾"侨务委员会"提出"补助海外编制华语文教材作业要点",申请补助教材的类别包括:①华语文教科书;②华语文补充教材;③华语文教具;④华语文视听教材(含录音带、录影带、电脑辅助教学软体等)。申请补助教材的条件是:①能教导、习写注音符号或正体字者;②能帮助学习华语文,并提升中文能力者;③能传播中华文化、艺术和学术思想者。

为提倡华语文教学学术研究风气,提升该领域之教育研究成果,并促进研究成果交流推广,"台湾华语文教学学会"每年都会举办"台湾华语文教学研讨会暨年会",今年已是第七年。2008年"第七届台湾华语文教学研讨会暨年会"主题包括:以中文为第二语言之对外华语文教材教法、汉语语言分析与对比、多媒体运用、华语能力测验、师资培训班与语言中心营运发展等。

4.外语(英语)政策

马英九上任后,多次表示公务员考试应加考英文,他说:"我在台北市长任内请考试院办过基层公务员考试时,已加考英文,未来国家考试是否全面加考英文,考试院无法回避!"

根据马英九的要求,台"考选部"规划未来除身心障碍人员特考及铁路人员晋级特考外,其余全面加考英文。"考选部"计划的"公务人员考试全面加考英文可行性"专案报告中,包括税务人员特考、原住民族特考、交通人员特考、警察人员升官等考试、交通人员升等考试,以及台军上校以上人员转任公职考试等六种考试都全面加考英文。"考选部"将把专案报告提交"考试院",预计两年内实施。

5. 中文译音政策

2008年9月16日,台"行政院"通过"教育部"的提案,调整中文译音政策,改采汉语拼音。"政务委员"曾志朗主持"行政院国际生活环境推动小组"会议,"教育部"在会中指出,中文译音政策采用通用拼音,执行六年来,紊乱不一,"中央单位"及县市政府采用通用拼音的占68%,不少单位认为推动通用拼音有困难。"教育部"认为,现今联合国及全世界图书馆均采用汉语拼音,改采用汉语拼音,可与国际接轨,有利我们走入国际舞台,营造优质国际生活环境。会中有关"部会"都支持采用汉语拼音,曾志朗裁示通过提案,并要求"教育部"尽速修正"中文译音使用原则"由通用拼音改回使用汉语拼音,并速报"行政院"核签。

2008年10月7日,"教育部"邀集相关"部会"及地方政府会商,决定中文译音由"通用拼音"改为汉语拼音将分为三个阶段进行,第一阶段将先更改护照译名等相关信息软件软体;第二阶段更改古迹、风景区等观光游憩地的标示、简介;至于地名、街名等路标则因耗资颇巨,且社会观感不好,将暂不更动,配合使用年限到期更换。

中文译音改回汉语拼音,这是国民党重新执政后出台的一项重大语文政策。但是遭到民进党执政的南部七县市及绿色学者的反对,民进党"立委"还率众直闯"教育部"抗议。"教育部长"郑瑞城在"立法院"答询时指出,国际标准是以汉语拼音为准,政府在1999年也决定用汉语拼音,后来因为某些因素才转变为通用拼音。他认为用汉语拼音才能与国际接轨,现在坊间误传改用汉语拼音要花七八十亿元,这是绝对不可能。他强调,改汉语拼音最多花费十亿元,而且是要执行好几年,刚开始只要花六七百万元就可把第一阶段的事情做好。"行政院长"刘兆玄在答询时也表示,汉语拼音是给不熟悉华语的人使用的,要以外国人的方便为重要考量,联合国已采用汉语拼音,全世界假如只有台湾用通用拼音,会造成很大的障碍。

2008年12月23日,刘兆玄核定"中文译音使用原则",决定自2009年起三年内逐步采用汉语拼音。

6.文字政策

汉字的繁简问题在台湾是一个非常敏感的话题,一有风吹草动就引发争议。2008年,大陆推出新版《康熙字典》,附有简体字查询系统,就引爆繁简之争,文人学者热烈讨论繁简体字孰为正统,何者为优。台湾开放大陆游客赴台旅游,为了迎接陆客登台,台湾的产官(企业与政府)双方,都抢印大量的简体字文宣;而某些强调实用的学校,甚至在大学一年级国文课程,加入学习简体字的课程。这些情况,也引发争议。

对于印制简体字文宣的质询,台湾当局做了政策说明。"交通部长"毛治国在"立法院"答询时说,政府机关提供的标示,比如风景区部分,为了维持特色都是用正体字,在观光简介折页,也是正体字。但为方便认识,必要时会提供对照表。他呼吁,相关公益团体可以大量印制正体字与简体字对照表,让陆客当作赠品、带回去当纪念。"新闻局长"史亚平在"行政院"会议上强调,政府印制的宣传品都附有正体字与简体字对照表,但台湾的路标与招牌仍采用正体字;至于旅游景点与饭店所使用的宣传品如说明书、饭店简介等若用简体字,这属于业者的商业行为,"行政院"没有意见。

2008年6月18日,马英九与"立委"餐叙时表示,他已要求行政单位跟观光业者宣导,在台湾尽量使用正体字,"让大陆观光客去适应我们,不是我们去适应他"。他说,陆客来台,不应增加简体字标志,应以正体字作为标志,鼓励大陆同胞认识正体字之美,认识台湾保存中华文化的成果。7月5日,马英九在探访学者时说,现在使用简体字的有十三亿人,使用正体字的有五千万人,情势上我们输人家,但我们不会使用简体字,会用正、简对照,让大陆公民慢慢对照熟悉正体字,未来希望中国人都能使用正体字。

7. 促进两岸语言文字交流

增强两岸语言文字交流,是解决两岸语言文字使用差异的最重要的一条途径。国民党重新执政后在这方面主要做了两件事,一是两岸合编语文工具书,二是两岸共同举办"汉字艺术节"。

思考和练习

1. 简论台湾语言规划的特点与问题。
2. 台湾国语推行的过程有哪些经验值得思考?
3. 简述你对台湾语言规划发展前景的看法。

第五节 中国语言规划评价

一 历史回顾

中国的语言规划源远流长。远古的不说,从周秦开始,历朝历代都不同程度地重视语言文字的统一与规范,把统一语言文字工作作为安邦治国的要务,依靠行政力量和名家作用,在推广共同语、标准语和统一、规范文字等方面做了许多规定和具体工作,收到或多或少的实效,尤其是在书面语和汉字的规范方面,其成绩更大,例如西周周公制礼作乐,规定国家制度和道德法规,其中就有关于语言文字及其使用的规定,还在社会上推广雅言和规范字,促进西周社会语言文字的规范化标准化。又如秦始皇用小篆统一六国文字,实行书同文政策,对中国后来文字的统一与规范起了极大的作用。明清以后广泛推广官话、国语,提倡白话文,获得一定的成功,为后来的国语运动、大众语运动、白话文运动、语文改革运动等打下了重要基础。历史上的一些重要的字书、辞书、韵书,如《尔雅》《说文解字》《广雅》《字林》《经典释文》《切韵》《广韵》《颜氏字样》《干禄字书》《龙龛手鉴》《中原音韵》《洪武正韵》《字汇》《通雅》《康熙字典》等以及某些重要的童蒙识字课本,如《三字经》《千字文》等,对社会语言文字规范化标准化影响很大。中国历史上的语言规划,在语言本体规划方面,如书面语的读音、用词用语规范和文字规范等,做的工作较多,收效较大,基本上是成功的,对维护中国历史上的书面语和文字的统一与规范发挥了重要的作用。而对口语的规范与推广就不大重视,所做的工作较少,所以使得中国语言、方言的严重分歧长期没能改变,影响社会交际,影响国家发展与社会进步。在语言地位规划方面,主要是确定并维护文言文和汉字在社会语言生活中的地位,其他工作做得也较少,对少数民族语文长期没有予以足够的重视与保护。中国历史上语言规划的这种状况,是受中国社会历史、政治经济、文化教育等因素影响而形成的。

到了20世纪,中国社会进入现代期,随着政治和社会革新浪潮的兴起,由社会上一批有识之士和知名人士主导的语文革新运动也随之兴起,白话文运动、国语运动、大众语运动、汉字简化运动、注音字母运动、拉丁化运动等开展得轰轰烈烈,取得一定进展,比如白话文逐渐取代文言文,国语得到一定的推广,注音字母在教学等某些领域得到一定应用,汉字简化和拉丁化在社会上也打下一些基础,这对当时的社会革新与进步,提高文化教育水平等起到一定的促进作用。但由于连年战争和社会动乱,同时当时的政府处于弱势状况,在语文革新方面虽然做了一些工作,但作为不大,致使20世纪前半期的一些语文运动没能顺利进行,中国语言规划没有收到明显的实质性的效果,这是中国社会、历史的局限。

香港、澳门、台湾三地的语言规划,因为社会历史、政治体制、语文情况等与大陆内地存在一定差异,三地的语言实践及发展,有其一定特点,对此,本章第一节有所说明,本节只着重评述中国大陆、内地当代的语言规划,不再谈港、澳、台三地的语言规划。

二 当代中国语言规划简要评述

到了20世纪后半期,即中华人民共和国成立以后,中国社会进入当代期,中央政府强势主导、推动,中国的语言规划也开始了崭新时期,主要是继续开展并完成前半期的那些语文革新运动,并根据国家、社会发展的需要,开展新的语言规划活动,这一时期的中国语言规划,无论是语言地位规划还是语言本体规划,都取得很大的成功,收到显著的实效。白话文运动得到彻底完成,在社会语言生活中,白话文完全取代文言文;推广普通话取得很大进展,普通话成为全国通用的语言,在社会语言生活中发挥主导作用;汉字简化与规范收到较大的实效,简化汉字成为全国通用的文字;汉语拼音在国内外得到广泛应用,在语言生活中发挥积极作用;各民族语言平等政策得到认真贯彻,少数民族语言地位受到有力保障,民族语言文字在各领域自由使用;语言文字的规范化标准化得到切实加强,语言文字的规范程度更高;语言信息处理大大加强,在国家现代化建设中发挥更大作用。当代中国的语言规划是中国语言规划中最重要、最成功的一个历史阶段,也是世界语言规划中比较成功的范例之一,所以有必要着重对当代中国的语言规划进行具体的评价。

(一)当代中国语言规划的制定与实施

从总体上看,当代中国语言规划的制定与实施是成功、有效的。语言规划的制定是符合语言规划基本原则的,无论是语言地位规划或是语言本体规划,如实行语言平等,保障语言权利,协调语言关系,加强语言接触与语言交流,缓和语言矛盾与防止语言冲突,以及国家通用语言文字和区域通用语言文字的确定与推行,文字的改革与创制,语言文字的规范化标准化,语言信息处理用语言文字规范标准的制定与管理等,都坚持科学性、政策性、稳妥性和经济性等语言规划基本原则,没有出现违反语言规划基本原则的重大失误,所以当代中国语言规划总体上进行得比较顺利,取得很大的成功。

从语言规划实施的社会效果看,当代中国语言规划的社会效果是好的。由于实行语言平等,保障语言权利,处理好语言关系,正确选择并大力推行全民共同语和区域共同语,进行文字改革与文字创制,加强语言文字规范化标准化,加强社会语言及信息处理中语言文字问题的管理等,使当代中国的语言文字朝着健康的方向发展,语言生活呈现统一多样的特征。当代中国语言规划的实施,大大便利现代社会的交际,对促进国家强盛、民族兴旺、社会进步,经济、文化、教育、科技发展,扩大对外交流等,发挥了重要的作用,收到显著的效果,受到国内外普遍的肯定与赞誉。

(二)当代中国语言规划成功的基本经验

综观当代中国的语言规划,其成功的基本经验是:

1. 从当代中国的国情出发制定、实施语言规划

中国是一个统一的多民族国家,地域广阔,人口众多,语言方言纷繁复杂。旧中国经济、文化、教育、科技不发达,新中国成立后,需要尽快发展经济、文化事业,加速现代化建设,保持社会稳定与繁荣。当代中国的语言规划就是根据这些国情制定与实施的,在前一阶段确定进行文字改革、推广普通话和加强现代汉语规范化为主要任务,任务明确,目标实际,内容具体,要求循序渐进,措施积极稳妥,语言规划声望较高,这是最重要的基本经验。

2. 认真贯彻、体现国家正确有效的语言政策

当代中国语言政策的核心是:实行语言平等政策,保障公民语言权利,保护弱势语言和弱势群体语言,国家推广全国通用的普通话和规范汉字,民族自治区域实行双语政策等。这些政策是十分正确、有效的,对国家统一、民族团结和社会的稳定与发展起着重

要的作用。当代中国的语言规划,认真贯彻、体现了国家正确的语言政策,所以获得了成功。

3.语言规划成为政府行为,由政府主持制定与实施

清末以来,中国的语言规划,主要是由爱国志士、社会名人、知识分子倡导、参与的社会行为,部分由政府主持,政府行为不是主流,所以实施效果不太大。新中国成立后,政府充分发挥其行政权威作用,并建立、健全各级语言规划专门机构,主持制定与实施语言规划,调动、协调政府各相关部门,紧密配合语言规划工作,充分发挥专家学者的积极作用,使语言规划得以顺利进行。

4.加强语言立法,依法管理社会语言问题及语言文字使用

《中华人民共和国宪法》及有关法律,如《民族区域自治法》《教育法》等,都有关于语言文字问题及语言文字使用的规定。2000年10月31日第九届全国人民代表大会常务委员会第18次会议还通过《中华人民共和国国家通用语言文字法》,并于2001年1月1日起实施。这是中国有史以来制定、颁布的第一部关于语言文字问题的专项法律,以法律的形式明确了普通话和规范汉字作为国家通用语言文字的地位,对国家通用语言文字的使用做出了规定,其意义和作用是重大的。这些法律的制定与颁布,使语言规划工作有法可依,依法管理社会语言问题及语言文字使用,促使社会语言生活健康、有序地发展。

5.建立、完善语言规划管理体制与工作机制

建立"政府主导、语委统筹、部门支持、社会参与"的语言规划管理体制,完善"分工协作、齐抓共管、协调有效"的语言规划工作机制,确立语言规划工作重点领域,即行政公务、教育教学、新闻媒体、公共服务四大领域,明确面向社会、服务大众的工作方针。

6. 社会各界广泛参与,语言规划成为政府行为与社会行为相结合,并付诸社会行动

语言规划最终要落实到社会,必须得到社会各界的支持,为社会大众所接受,才能顺利完成。当代中国的语言规划在政府主持制定与实施过程中,社会团体如工会、共青团、妇联、民主党派、文联、作协等,学术机构如中国科学院、中国社会科学院、全国自然科学名词审定委员会等,学术团体如中国语言学会、中国民族语言学会、中国文字学会、中国语文现代化学会、中国辞书学会、中国地名学会、中国中文信息学会等,新闻出版单位如报纸杂志社、广播电台电视台、出版社等,各级各类学校,积极配合、广泛参与,在社会上形成良好的氛围,收到很好的社会效果。

7. 切实加强语言文字规范化标准化,制定和推行各项语言文字规范标准

据不完全统计,20世纪下半期以来制定、推行的国家语言文字规范标准有上百项之多,比较大的规范标准也有数十项,内容包括汉语言文字、少数民族语言文字及其使用、外国语言文字在中国的使用等各项规范标准,还包括信息处理用各项语言文字规范标准。地方性、行业性的语言文字及其使用的法规、标准更多。这些规范标准的制定与推行,大大加强了当代中国语言文字的规范化标准化,增强了语言交际功能和活力。

(三)当代中国语言规划存在的主要问题

语言规划是一项十分重要、复杂、艰巨的系统工程,其难度很大,所以制定、实施语言规划需要十分认真、谨慎。一般说,因受时代、认识、条件和水平等的局限以及受各种复杂因素的制约,语言规划难以做到完美无缺,所以语言规划需要随国情、语情和社会情

况需要等的变化而进行修订与完善。为进一步做好语言规划工作,我们在总结当代中国语言规划成功经验的同时,也要看到它所存在的主要问题。这些问题是:

1. 对语言规划的长期性、复杂性、艰巨性的认识有所不足,因此有时有急于求成的表现,有些语言规划工作不够谨慎、细致

如20世纪50—60年代,对汉字及其前途的认识不够全面,有些参与语言规划的人士设想较快完成文字改革,早日实现汉语拼音化,把推广、普及普通话和汉语规范化看得过于简单、容易,因此影响到有些语言规划目标提得过高,要求实现过急,有些语言规划工作有简单化倾向。又如1986年制定新时期语言文字工作方针任务时,提出到20世纪末普通话要成为教学语言、工作语言、宣传语言和交际语言,也就是要普及普通话,而采取的措施又不够有力,有些工作也不够细致,从时间和做法看,这个目标显然不易实现,所以1992年国家语委调整为2010以前在全国范围内初步普及普通话。

2. 科学研究不够充分、扎实,语言规划理论基础相对比较薄弱,有些语言规划活动和做法科学性有所不足

如1956年经国务院全体会议第23次会议讨论通过并公布的《汉字简化方案》,及1964年中国文字改革委员会在《汉字简化方案》基础上编辑出版的《简化字总表》,是简化汉字的规范标准。从总体上评价,这批简化汉字是科学、合理的,实行效果是好的,便利千千万万人对汉字的学习与使用,对普及教育、提高文化和发展科学技术等有重要的作用,因此受到社会各界的欢迎与肯定。但是这批简化汉字中的有些字,其简化的科学性有所不足,主要表现在

有些简化字与相近形体的字容易混淆,造成认读和识别的困难,如"儿—几,设—没,风—凤,沧—沧";有些简化字形体上与未简化的字相同,而音义有别,造成混乱,如"树叶(葉)"的"叶"与"叶韵"的"叶","姓肖"的"肖"与"肖像"的"肖","酒曲(麯)"的"曲"与"歌曲"的"曲";有些简化字失去汉字形体匀称的特点,字形欠佳,缺乏美感,如"厂、广、产、习、亏";有些简化字不合原汉字的体系,特别是一些用符号简化的字,与原字形体系离得更远,给学习汉字带来不便,如"对、邓、戏、欢、汉、仅、权"。造成这些问题的主要原因是,过多考虑精简笔画数和简化字数,对汉字简化的整体化、规范化注意不够,所以简化了一些不该简化的字,对同音代替、草书楷化、符号代替的简化方法的使用有的不当,还有增加了一些不必要的汉字部件等。其他语言文字规范标准中,有的也不大符合科学性,如有些字音的审定、有些词形的规范缺乏理据。推广普通话的有些做法不够科学,所以影响推普效果。

3. 有些语言规划工作受政治影响较大,造成一定的损失

语言规划离不开政治,总是一定政治的体现,但如果政治性过强,而政治有时又出现偏差,语言规划就会违反科学性、求实性,遭受必然的挫折。如1977年12月20日发表的《第二次汉字简化方案(草案)》,是在"文化大革命"中酝酿、制定的,因为受当时极左政治思潮的影响,简化的字数过多,有些字的简化不科学不合理,要求试用过急,试用效果不好,给社会用字造成混乱,国家语委经过认真、慎重的研究以后,不得不报请国务院批准于1986年6月24日正式废止。又如新疆维吾尔族长期使用阿拉伯字母为基础的察合台文,因为受政治的影响,1965年开始推行以拉丁字母为基础的维吾尔族新文字方案,1979年新疆维吾尔自治区人民代表大

会通过关于全面推行新文字、停止使用老文字的决议。新文字推行效果不好,给社会用字造成很多困难,所以1982年新疆人民代表大会又做出决议,决定恢复使用维吾尔老文字,新文字只作为拼音符号保留。

4. 所制定的语言文字规范标准,有的不够严谨、细致,影响语言规划实施效果

如《印刷通用汉字字形表》与《简化字总表》中的有些字有矛盾,《普通话异读词审音表》中对有些读音的审定不够恰当、可行,《第一批异形词整理表》中推荐的有些词形不尽合理等。这都需要很好地修订与完善。上述存在的这些问题,给语言规划工作造成一些损失,影响了语言规划的声望,值得认真总结与改进。

当代中国的语言规划还有许多事情要做,特别是在保障公民语言权力、防止语言冲突和国家语言安全,加强语言服务,加强社会语言生活监测与社会语言问题调查研究,加强语言文字规范化标准化,进一步增强语言活力,科学保护弱势、濒危语言与方言,保持语言生活的主体性和多样性,调协各种语言关系,特别是调协国家通用语言文字与少数民族语言文字,普通话与方言,母语与外国语的关系,增强国家语言实力和提升国民语言能力,保障语言安全,做好语言服务等方面,需要给予更多的关注与着力,借以促进我国的社会语言生活继续朝着丰富、健康、和谐、有序的方向发展。

思考和练习

1. 对中国历史上的语言规划如何评价?
2. 对当代中国语言规划如何评价?
3. 当代中国的语言规划有哪些成功经验?

4. 当代中国的语言规划存在哪些主要问题？

主要参考文献

《当代中国的广播电视》编辑部选编《中国的广播电视台》，北京广播学院出版社，1987。

《当代中国的民族工作》编辑部《当代中国民族工作大事记》(1949—1988)，民族出版社，1989。

《傅懋勣先生民族语文论集》，中国社会科学出版社，1995。

《胡乔木传》编写组编《胡乔木谈语言文字》，人民出版社，1999。

曹逢甫《族群语言政策：海峡两岸的比较》，文鹤出版有限公司，1997。

陈章太《当代中国的语言规划》，《语言文字应用》2005 年第 1 期。

陈章太、谢俊英《语言文字工作稳步发展的 60 年》，《语言文字应用》2009 年第 4 期。

程祥徽《中文变迁在澳门》，三联书店(香港)有限公司，2005。

戴红亮《台湾语言文字政策》，九州出版社，2012。

国家民委办公厅、政法司、政策研究室编《中华人民共和国民族政策法规选编》，中国民航出版社，1997。

国家语言文字工作委员会政策法规室编《国家语言文字政策法规汇编》(1949—1995)，语文出版社，1996。

郝文明主编《中国民族工作五十年》，民族出版社，1999。

黄光学主编《当代中国的民族工作》(下)，当代中国出版社，1993。

黄宣范《语言、社会与族群意识——台湾语言社会学的研究》，文鹤出版有限公司，1995。

黄翊《澳门语言研究》，商务印书馆，2007。

李维汉《统一战线问题与民族问题》，人民出版社，1982。

卢丹怀《香港双语现象探索》，香港联合出版公司，2005。

罗常培等《国内少数民族语言文字概况》，中华书局，1954。

石定栩《港式中文两面睇》，香港星岛出版社，2006 年

苏金智等《澳门普通话使用情况调查》，澳门理工学院，2014。

汤志祥《当代汉语词语的共时状况及其嬗变——90 年代中国大陆、香港、台湾汉语词语现状研究》，复旦大学出版社，2001。

王均主编《当代中国的文字改革》,当代中国出版社,1995。
吴大华《论我国诉讼制度中实行民族语言文字的原则》,《新疆社会科学》1985年第2期。
吴玉章《文字改革文集》,中国人民大学出版社,1978。
许长安《台湾语文政策概述》,商务印书馆,2011。
郑锦全、曾金金主编《二十一世纪初叶两岸四地汉语变异》,新学林出版有限公司,2011。
中华人民共和国国务院新闻办公室《中国的少数民族政策及其实践》,载《光明日报》1999年9月28日第5—6版。
周恩来《当前文字改革的任务》,载《周恩来选集》(下卷),人民出版社,1984。
周庆生《语言与人类:中华民族社会语言透视》,中央民族大学出版社,2000。
周庆生《中苏建国初期少数民族文字创制比较》,《民族语文》2002年第6期。
周庆生《少数民族语言在社会转型中的挑战与机遇》,《云南师范大学学报》2013年第2期。
周庆生《市场经济条件下少数民族文字图书出版状况报告》,《民族学刊》2010年第1期。
周庆生《中国"主体多样"语言政策的发展》,《新疆师范大学学报》2013年第2期。
周庆生主编《国家、民族与语言:语言政策国别研究》,语文出版社,2003。

推荐参考文献

江平主编《中国民族问题的理论与实践》,中共中央党校出版社,1994。
李晋有主编《中国少数民族现代化文集》,民族出版社,1999。
李荣《中国的语言和方言》,《方言》1989年第3期。
石定栩、邵敬敏《港式中文与标准中文的比较》,香港教育出版公司,2006。
苏培成《当代中国的语文改革和语文规范》,商务印书馆,2010。
吴仕民主编《民族问题概论》,四川人民出版社,1997。
杨侯第主编《中国少数民族人权述要》,北京大学出版社,1997。
邹嘉彦、游汝杰《汉语与华人社会》,香港城市大学出版社,2003。

第七章 国外语言规划

第一节 规划维度

在人类社会的历史长河中,语言规划作为一种社会现象,已经存在几千年了,但是作为一个独立的研究领域,不过是近50年来的事。学者们从不同的维度研究语言规划,其中最著名最有影响的是,语言本体规划和语言地位规划。率先提出并论证这两大语言规划的是,德裔加拿大语言学家克洛斯(H. Kloss)。他认为应该区分两种不同的语言,一种是作为自主的语言系统的语言,再就是作为社会制度的语言。以这两种不同的语言观为基础,他进一步划分出相应的两种不同的语言规划:(1)语言本体规划,即关注语言本身或语言内部结构的规划;(2)语言地位规划,系指某一特定社会中,为了改变一种语言或语言变体的使用和功能而付出的种种努力①。

一 地位规划

地位规划旨在为某种语言配置一些新的功能,通过实施规划,

---

① 通常情况下,"地位"这个词是指"等级地位""社会地位"甚至指"社会声望",但是,克洛斯所用的"地位"一词,往往可以看作"功能"或"领域"的同义词。

使该语言成为教学媒体用语或者成为官方语言等等,该规划影响到一种语言在社会中所起的作用。关于地位规划,惯常引用的一个例证是,从19世纪末开始,巴勒斯坦犹太人学校中的教学语言决定采用希伯来语。在做出这项决定之前,古希伯来语从来不在犹太人的日常交往中使用,而是用于祷告、宗教和学者们的书写。希伯来语进入学校之后,就为古希伯来语的复兴,为古希伯来语成为犹太人的日常交际用语,并进而成为犹太人的共同语创造了条件。

根据语言规划人员的划分,语言在社会中能够发挥的功能大概有十几种。具有一定社会功能的语言可以概括为:

(一)官方语言

在全国范围内使用,具有各种政治文化代表性的法定语言。许多国家的宪法或法规都明确规定了一种或多种语言的官方功能。例如,在爱尔兰,宪法规定爱尔兰语和英语共同享有官方的地位。

(二)省区语言

在某一省份或地区使用的官方语言。该语言的官方功能不是全国性的,而是区域性或地方性的。譬如,1974年以来,加拿大魁北克省的官方语言只是法语一种语言,而加拿大国家的官方语言则是英-法两种语言。

(三)通用语

亦称更广泛交际语言,是一个国家内部不同语言之间使用的交际媒体语言。譬如,非洲肯尼亚和坦桑尼亚的斯瓦希里语,印度的印地语和英语,中亚哈萨克斯坦和吉尔吉斯斯坦等国的俄语。

（四）国际语

在外交关系、外贸、旅游等领域的国际交往中使用的主要媒体语言。例如，中世纪的欧洲，国际交往使用的主要媒体是拉丁语，现今，则是英语。

（五）首都语言

国家首都附近使用的主要交际媒体，如果一个国家的政治权力、社会声望和经济活动都集中在首都，那么，首都语言的功能就特别重要。譬如，在比利时首都布鲁塞尔的周围，有些省份的官方语言是荷兰语，有些省份则是法语，但首都布鲁塞尔的官方语言则是荷兰语和法语这两种语言。

（六）群体语言

主要在某一群体，诸如某一部落、外国移民聚落群成员中，使用的规范的交际媒体。例如，在英国，非洲－加勒比移民中的牙买加混合语就是一种群体语言。

（七）教育媒体语言

某一国家或地区初等或中等教育中使用的媒体语言。譬如，挪威初等教育中广泛使用的诸多地方方言。

（八）学校课程语言

通常作为中等或高等教育中的一门课程来讲授的语言。例如，法语是德国高级中学中讲授的一门语言课程。

（九）文学语言

主要在文学作品或主要由学者使用。例如，拉丁语是18世纪之前欧洲文学，特别是科学写作的主要用语。

（十）宗教语言

特定宗教仪式使用的语言。譬如，伊斯兰教和犹太教等宗教要求在吟诵宗教经文和祷告时使用一种神圣的语言,分别为阿拉伯语和希伯来语。

（十一）大众媒体语言

新闻媒体、广播电视使用的语言。比如,以色列政府明确规定了希伯来语、阿拉伯语和外语的播音时数。

（十二）工厂语言

在工作场所交际媒体中使用的语言。譬如,德国工厂中的主要用语是德语,但是,在特定的生产线上,占优势的语言却是土耳其语、希腊语、意大利语及其他一些移民语言。

二 本体规划

典型的本体规划主要包括以下一些活动:为一种口语设计一种书写系统,着手进行拼写改革或文字改革,创造新词术语,出版语法书。本体规划的核心是建立统一的语言标准和规范,实现语言标准化。不同种类的语言标准化进程并不相同。语言标准化的不同类型或不同阶段大致分为以下五种:

（一）尚未实现标准化的口语

该语言尚未设计书写系统,只有口语,尚无文字。比如,埃塞俄比亚的盖拉语,莱索托的布蒂语。

（二）部分实现或尚未实现标准化的书面语

该类书面语主要在初等教育中使用。其特点是,语言形态系统和句法系统存在较大的变异。例如,大多数的美洲印第安语。

（三）新标准语

在教育和行政管理部门使用,但不适宜在科学技术等研究层面使用。譬如,乌干达的卢干达语,南非的科萨语,法国及西班牙的巴斯克语。

(四)古标准语

在工业时代之前广泛使用,但是缺少现代科学技术词汇和语域。例如,古希腊语、古希伯来语和拉丁语。

(五)完善的现代标准语

在现代各个交际领域使用,包括科学技术领域。譬如,英语、法语、德语、丹麦语、现代希伯来语等等。

地位规划和本体规划是语言规划人员划分出来的两种不同的概念,但是,二者之间也存在着紧密的关联。要为一种语言配置一种新的功能,这本属于地位规划,但是,该规划往往要求对该语言系统做出一定程度的改进,譬如,研发一种新的文体,创制并规范新词术语等等,这又属于本体规划。地位规划和本体规划互动的一个著名例证是,上述巴勒斯坦犹太人学校中的教学媒体使用希伯来语。由于古希伯来语的地位发生了变化,为了适应这种变化,就需要扩大古希伯来语的词汇,以便为现代学校中的化学、物理和生物等课程的教学,提供必要的术语。

三 声望规划和习得规划

除了本体规划和地位规划这两大传统维度之外,较近时期,又在语言规划领域划分出两种新维度,这就是声望规划和习得规划。声望规划刻意营造一种有利的心理环境,这种环境对于语言规划活动取得持久成功,具有至关重要的作用。传统犹太教使用的希伯来语在犹太语区享有盛名,因此,为希伯来语制定一项声望规划显然没有什么必要性。假如有一种语言必须得在社会上推广开来,可是,该语言只是在比较低俗的文化层面使用,而在比较高雅的层面没有什么地位,那么,为该语言制定一项声望规划就显得十分必要了。为了改变拟定推行的某一语言的地位,使得该语言能够得到全社会的认可,就需要增强该语言的社会声望。从这个意义上讲,声望规划通常是地位规划的一个先决条件或一种前提。

在习得规划方面,已经有许多致力于语言学习、语言推广和语言普及方面的实例。其中一个著名的例证是,一个国家的政府设立像"英国文化委员会"或德国"歌德学院"之类的文化机构,为这类机构提供一定的资助,以便推动本国语言的对外传播,换句话说,就是推动其他国家学习本国语,促进本国语作为其他国家第二语言的学习。

习得规划另一个有名的例子是,新西兰毛利语区推行土著语言毛利语,开展毛利语言习得的活动。20世纪80年代初期,大多数毛利儿童已经不懂得他们祖先的语言。语言学家认为,毛利语已经成为一种濒危语言。为了挽救这种局面,毛利社区建立了所谓的"语言巢"(kobunga reo)。社区中还能说毛利语的许多老人,志愿到学龄前儿童学校担任护理人,为这些学校中的毛利儿童讲授毛利语。

思考和练习

1. 语言本体规划的核心是什么?该规划包括哪些主要的活动?
2. 什么是地位规划?一种语言拥有哪些主要的社会功能?
3. 什么是声望规划?什么是习得规划?

第二节　规划过程

一般认为,典型的语言规划过程包括"选择""编典"(codification)、"实施"和"细化"(elaboration)这四大阶段。现实中的这些阶段可能是相继出现的,也可能是交错出现或按照其他顺序出现的。

在语言规划的初始阶段,总要在可供选择的诸语言中,做出一种可能的选择。从诸多语言形式或语言变体当中选出一种或几种,然后将选中的语言定为规范,予以推广,这是大多数语言规划活动的基础。顺着这个思路也可以认为,语言规划是对语言多样性做出的一种合乎规范的回应。

一　选择

"选择"这个术语指的是,挑选某种语言或语言变体,以便使其能在一定社会中,履行某些特定的功能,譬如,官方、教学、宗教等功能。一般说来,所挑选的都是最有声望的方言或语言。以现代法语为例,该语言的基础方言是,巴黎周边地区法兰西岛中所说的最有声望的方言。然而,语言规划人员有时候也谨慎地创造一种合成语,其中融入了多种不同的方言。譬如,巴斯克语是法国西南部和西班牙西北部使用的一种跨境语言,原有4种主要的方言,20世纪60年代后期,创造了一种统一的巴斯克标准语(Euskara batua),4种方言混为一体。

二 编典

"编典"是指为挑选出来的语码,创制一种语言标准或语言规范,通常分为三个步骤,第一,文字化,研发一种书写系统;第二,语法化,确定语法规则或语法规范;第三,词化,对词汇进行辨识。编典工作通常由语言学院或语言委员会负责组织管理,编典的成果通常由个人完成。

(一)文字化

为没有书面语只有口语的语言创制一种文字,通常面临着种种选择,采用哪种书写系统?是采用以词和词素为基础的词符文字,还是采用以音节为基础的音节文字,或者采用以单个元音和辅音为基础的拼音文字?是选用一种现成的书写系统,还是创制一种新的书写系统?

非洲西南部纳米比亚的纳马文,源自莱茵传教协会克努森(H. C. Knudsen,1816—1863)撰写的一本纳马语识字课本。该书采用拉丁字母拼写纳马语,通过增加一些记音符号来标记纳马语中的吸气音。

俄罗斯东正教教会的主教圣斯特凡采纳了不同的战略。早在14世纪他就倡导科米语的标准化。该语言属于芬兰乌戈尔语系,在卡马河与伏尔加河之间的地区使用。圣斯特凡主教精通希腊文和教会斯拉夫文,但是,他并没有采用这两种文字中的某一种来书写科米语,而是另外创造了一种 Abur 字母。该战略使得科米文成为一种独特的文字,从而增强了该民族中各个群体的民族认同感。

文字化还包括对现行文字的修改。譬如,20世纪30年代,苏联当局曾以俄罗斯语的西里尔字母(亦称基里尔字母、斯拉夫字母)为基础,为该国诸多非俄罗斯语言设计过书写系统。此举的目的是要在全国推行一种共同的书写系统,为非俄罗斯民族学习俄语提供方便。不过,自1990年苏联解体以来,许多东欧国家又将本国的西里尔字母改成了拉丁字母。

(二)语法化

为了减少一种语言在句法以及形态方面出现的变异,需要确定一种标准的语法形式,制定一套规范的语法规则,这是语言规划过程中的一个重要方面,豪根管这种过程叫"语法化"。英语动词第三人称单数的词尾-s,在不同的口语变体中会出现不同的形式变化,譬如,(1) She likes him. "她喜欢他。"和(2) She like him. "她喜欢他。"第一句动词 like 后加有词尾-s,这是标准英语的用法,第二句动词后没有添加词尾-s,所以不是标准英语。

(三)词化

为选定的语言或语言变体再筛选出一套适当的词汇,并付诸出版。词化工作旨在排除外来词,通常具有净化语言的倾向。以印度印地语的标准化为例,从波斯语、英语和其他语言借来的常用词,都被源自古梵语的借词及其他适当的词所取代了。

正词法、语法书和词典是编典过程中的三大典型成果。

三 实施

把在"选择"阶段和"编典"阶段做出的决定,变成社会政治现实,就是实施。实施包括使用新厘定的语言标准出版书籍、小册子、报纸和教科书,并将该标准语言引入新的语用领域,特别是引入教育体制领域。语言规划中的"选择"和"编典"过程,通常由受过语言学训练的人员来掌控,而"实施"过程,则典型地由国家来操办。

推行一种新标准变体或新标准语,还会涉及推行该语言时使用一种营销技术,该技术包括奖励作者使用新标准语出版他们的作品,向公务员发放新标准语使用津贴,甚至刊登广告。以以色列国推广希伯来语为例,20世纪初期以色列建国之前的很长时间,巴勒斯坦已经出现了使用希伯来语发布的告示"希伯来人说希伯来语"。后来希伯来语学院向各专门领域发送了该领域使用的术语表,并出版了各领域适用的术语。多年以来,以色列广播电台每日两次广播一分钟讽刺短文,两人使用日常话语进行对话。其中一位指出另一位谈话中的错误,给出书面语或在最正式场合惯常使用的规范语言,有时候,则引用该话语在《圣经》中的用法,做出正误选择判断。

"实施"还指从法律上强制执行某种语言政策。加拿大魁北克省的《法语宪章》(101法案)规定,该省各公共领域一律使用法语。另外,"实施"也指鼓励,而不是从法律上强迫。例如,在西班牙的加泰罗尼亚自治区,鼓励并支持大众使用加泰隆语,但没有从法律上强制推行。

四 细化

"细化"(elaboration)一称"精制",有时也称"现代化",是指一种语言经过编典之后,不断地研发新术语和新文体,以满足人们现代生活不断交往和科学技术不断进步的需求。创制并传播新词术语是语言细化的主要领域,丰富和发展一种语言的词汇通常采用多种不同的战略或手段。以西非的豪萨语为例,该语言的使用人口约为5000万,豪萨语用来丰富词汇的主要手段是:

(一) 从阿拉伯语或英语中借用

英　　语：　government "政府"　＞　豪萨语：gwamnatì

阿拉伯语：　al qali　　　"审判"　＞　豪萨语：àlkaalii

(二) 扩大本土语词的意义

"大使" jàkaadàa ＞ "重要地方的使者"

"发展" cîigàba ＞ "进步,继续"

(三) 创制新术语

"直升机" jirgin samà mài sàukař? ūngūlu "像兀鹫那样能升天和降落的点燃的工具"

"联合国" Màjàlisàř Dikìn Duuniyàa "世界上缝合起来的委员会"

术语的现代化如同上述"词化"那样,通常具有净化语言的特征。譬如,以色列的"希伯来学院"在创造希伯来语的新词术语时,新词的词根主要应从希伯来语和闪语中选取,不得从非闪语言中选用。

对任何一种语言来说,"细化"都是一个不断发展的过程,人类社会中新思想新概念新发现的产生是永无止境的,这就要求人们,不断创造出一些新词术语来交谈、写作和表达这些新事物。

思考和练习

1. 举例简述"编典"包括哪些步骤。
2. 简述"细化"的内容及其采用的手段,请举例。
3. 举例说明一个国家语言规划的实施过程或四个阶段。

第三节 规划类型

为了做好建设性语言规划,提高语言规划声望,增强语言社会功能,需要研究语言规划的类型。语言规划所涉及的因素较多,语言规划分类比较复杂和困难,学界至今没有对语言规划进行恰当完整的分类,这里只是做一些简单的探讨。

一 规划已有分类

这方面的主要成果,是加拿大克洛斯写的《语言规划的十种类型》[①],作者将建设性语言规划分为5类10种,即按"级别"划分的"国家级语言规划"和"非国家级语言规划";按"方法"划分的"创新语言规划"和"保守语言规划";按"终极目标"划分的"保持取向的语言规划"和"过渡取向的语言规划";按"特性"划分的"语言本体规划"和"语言地位规划";按"范围、目标"划分的"单一目标语的语言规划"和"一种目标语以上的语言规划"(或称"单目标语的语言规划"和"多目标语的语言规划")。

"国家级语言规划"包括中央政府或受其委托的某个政府机构及某个学术团体主持的语言规划。国家级语言规划的例证不胜枚举,非国家级语言规划较有影响的,如荷兰雷瓦等的"弗里西亚语言学会"为欧洲少数民族语言所做的语言规划工作;美国纽约的"依地语科学协会"为美国及全世界依地语群体服务的语言规划工作。传教士的语言规划活动最有名的,如美国加利福尼亚亨廷顿

---

① 见周庆生主编《国外语言政策与语言规划进程》,语文出版社,2001。

海滩的"世界少数民族语文研究院"(旧称"暑期语言学院")与"威克里夫圣经翻译家协会"所从事的世界性少数民族语言规划活动。

"创新语言规划"指的是带有改革性甚至革命性的语言规划。如土耳其社会革命胜利后,成功进行文字改革,短期内,用拉丁字母新文字取代了阿拉伯字母旧文字;日本明治维新后,用假名夹汉字代替了纯汉字。"保守语言规划"是指,为维护原有语言文字的声望、作用而进行的带有保守性的语言规划。如法国为维护法语权威而进行的语言规划,以色列复活并强化希伯来语的语言规划。

"保持取向的语言规划"是指,旨在保持、维护、推广本族语的语言规划。如瑞士推广德语的规划,加拿大推广法语的规划。"过渡取向的语言规划"旨在为不懂主体民族语言或官方语言的少数族裔架起一座桥梁,以便使其能够从本族语的学习和使用顺利过渡到官方语言的学习和使用。如美国西班牙语社区长期实行的过渡性双语教学。

关于"语言地位规划"和"语言本体规划",已在上节说明,此不赘述。

"单一目标语的语言规划"就是在一个国家或一个语言社区中推行一种语言的语言规划。如法国推行法语,美国推行美国英语,日本推行标准日语。"一种目标语以上的语言规划"是指一个国家或一个语言社区中推行一种以上(或多种)标准语或官方语言的语言规划。如新加坡同时推行国语马来语以及官方语言英语、华语、泰米尔语;瑞士同时推行德语、法语、意大利语。

克洛斯对语言规划的分类有其价值,但也有缺陷,比如,该类别没有区分国家和地区,还概括不了中国、西班牙和越南等国的语言规划。越南有56个民族,66种语言,26种文字,是一个多民族多语言的国家,实行"统一多样"的语言政策和规划。西班牙实行的也是"统一多样"的语言规划。西班牙语是全国通用的官方语言,巴斯克语、加泰罗尼亚语和加利西亚语是地方官方语言。

二 规划的其他分类

(一)性质分类

从性质方面,语言规划可以分为"积极的、建设性的语言规划"和"消极的、破坏性的语言规划"两大类。"积极的、建设性的语言规划"是指,为提高某种或某些语言的质量、地位,增强其社会功能和使用活力而进行的语言规划。这是学术界通常所说的语言规划。上述克洛斯的10种规划均属积极的建设性的语言规划。所谓"消极的、破坏性的语言规划",是指为削弱、瓦解、废除某种或某些语言而采取的语言规划。如旨在毁灭、消除某些少数民族语言的语言政策、语言立法或其他措施,均属此类语言规划,有人称之为"反语言规划"。世界上这方面的例子较少,主要是殖民主义时期,殖民政府对弱势濒危的一些少数民族语言,实行语言歧视和语言同化的政策。如澳大利亚在上世纪前70年,学校中强制推行英语教学,公开场合限制使用少数民族语言及移民语言,非英语广播时间不得超过2.5%等。南非在荷兰殖民主义统治时期,强制推行荷兰语和英语,打压科萨语、祖鲁语等当地非洲语言的使用。

(二)国家和地区分类

1.国家分类

从当代国家的发展情况来看,语言规划可以分为发达国家的语言规划、发展中国家的语言规划和欠发达国家的语言规划。发达国家一般经历了一二百年的建设和发展,标准语和官方语言比较成熟和普及,语言规划的主要任务是加强标准语的规范化和标准化,进一步提高标准语的精密度,增强其功能,以适应现代化、信息化的需要,加强外语教育,以适应现代化和国际化的需要。

发展中国家的语言规划一般也围绕这一背景进行,主要是推广并规范民族共同语和标准语,提高官方语言的地位和声望,扩大官方语言的作用,大力发展教育,增强国民语文素质,以适应国家建设和发展的需要。

欠发达国家的语言规划主要是维护民族共同语的声望和作用,处理好语言矛盾和冲突,发展文化教育,加强语文教学,扫除文盲等。

这三类国家的语言规划不是截然不同的,彼此之间常有交叉。

从国家政策特点和实际内容,国家语言规划还可以分为:

(1)统一国语类

国家的官方语言只有一种,属于这种语言规划的国家较多,如英国、法国、德国、意大利、俄罗斯、波兰、匈牙利、希腊、日本、马来西亚、印度尼西亚、韩国、朝鲜、泰国等。

(2)双语多语类

国家的官方语言有两种或多种,属于这类的国家有比利时、瑞士、荷兰、卢森堡、摩纳哥、加拿大、新加坡、南非等。

(3)原一种殖民语言作为官方语言类

属于这类的国家有墨西哥、玻利维亚、秘鲁、厄瓜多尔、智利、马里、加纳、乌干达等。

(4)原多种殖民语言作为官方语言类

属于这类的国家有莫桑比克、塞舌尔、洪都拉斯、哥斯达黎加等。

2.地区分类

大致可以分为传统型语言规划和非传统型语言规划两类。传统型语言规划主要表现在文字形式上,这些文字形式往往与宗教有关。如在信奉天主教和基督教的欧洲、美洲和亚洲地区,大多使用、推行和维护拉丁字母文字;在信奉东正教的地区,大多使用、推行和维护斯拉夫字母文字;在信奉伊斯兰教的地区,大多使用、推行和维护阿拉伯字母文字;尊崇儒教的东亚地区,过去大多使用、推行汉字或汉字形式的文字;信奉佛教的南亚地区,大多采用印度字母文字。

非洲以撒哈拉大沙漠为界,以北的阿拉伯国家,全部使用阿拉伯字母;南部除埃塞俄比亚使用传统民族文字外,其他国家都用拉丁字母文字。其中,索马里信奉伊斯兰教,但独立后创制了新文字,经过痛苦的抉择,最终还是采用拉丁字母。尼日尔和尼日利亚使用的豪萨语,16世纪采用阿拉伯字母,上世纪初改用拉丁字母。

(三)方式分类

从方式上,大致可分为:指令性语言规划与指导性语言规划两大类。

1.指令性语言规划

指由国家或社团主持制定并指令实行的语言规划。

2.指导性语言规划

指主要由社会团体或学术机构制定的语言规划,主要采用推荐、提倡、引导的方式实行,其中媒体和词典的作用很大,世界上许多国家的语言规划属于这一类。世界上多数国家的语言规划都是这一类,在指令性与指导性语言规划类别中,事实上许多是指令性与指导性并用的语言规划。

三 规划的总分类

语言规划涉及语言、社会、政治、经济、文化、教育、民族、宗教、科技等诸多因素,相当复杂,其分类常常不是截然不同的,而是有所交叉。总体来看,语言规划大致可做如下的分类:

(一)性质分类

积极的建设性的语言规划—消极的破坏性的语言规划。

(二)级别分类

国家级语言规划—非国家级语言规划。

(三)方法分类

创新型语言规划—守旧型语言规划。

(四)特性或内容分类

语言地位规划—语言本体规划。

(五)国家发展分类

发达国家的语言规划—发展中国家的语言规划—欠发达国家的语言规划。

(六)语区分类

单语社区的语言规划—双语或多语社区的语言规划。

(七)方式分类

指令性语言规划—指导性语言规划。

思考和练习

1. 什么是语言规划的性质分类?
2. 什么是语言规划的国家和地区分类?

3.什么是语言规划的总分类?

第四节 规划流派

如前所述,人类的语言规划活动已经延续几千年了,而"语言规划"这个术语,只是在20世纪50年代后期才正式开始使用并流行的。近一个多世纪以来,国外语言规划研究大致可以分为四大流派,它们是:(1)弹性规范学派;(2)理性选择学派;(3)适应学派;(4)语言治理学派。

一 弹性规范学派

弹性规范学派主要由欧洲斯堪的纳维亚和捷克的语言学家组成,其中比较有名的代表人物是瑞典的语言学家泰格奈尔(E. Tegnér),诺勒(A. Noreen),丹麦的叶斯泊森(O. Jespersen)以及捷克布拉格学派的语言学家马泰休斯(V. Maehesius)和哈弗拉内克(B. Havránek)。

泰格奈尔没有依附当时颇具浪漫主义特色的净化语言的大趋势,而是主张语言是一堆符号,只有"最易于传递、最易于理解"的符号才是最佳符号。诺勒认为,有三种规范理念可供选择,他本人倾向于所谓"合理正确的规范观"。叶斯泊森在描述可取的语言规范时写道,为了不中止语言规范的连续性,在充分保持旧有规范的同时,还应表现出"一定的弹性"。

经过宗教改革运动之后,瑞典人和丹麦人已经建立起较为完善的语言规范,可是,捷克的语言规范正处于草创之中,捷克布拉格学派马泰休斯对语言规范的见解跟丹麦叶氏的大致相同,他主张语言规范应该保持稳定,但也要有一定的弹性。哈弗拉内克则引入了功能变异的概念。布拉格学派的呼声引起了有关当局的关注。

二 理性选择学派

理性选择学派是国外语言规划领域中的主流学派,有时也被称为"标准学派"或"理想的语言规划学派"。该学派主要由北美语言学家组成,是第二次世界大战后,语言学家关注全球语言问题的产物。该学派中最有影响的人物是美国语言学家豪根,他以挪威的个案研究为基础,在1958年率先界定了"语言规划"这个术语,提出了一个有用的框架,用以描述语言规划过程。该学派中另一位特别有影响的人物是德裔加拿大学者克洛斯,他所做的语言本体规划和语言地位规划的划分,已被学术界普遍采用。

1959年美国语言学家弗格森创建的"华盛顿特区应用语言研究中心",凝聚了一支学者队伍。20世纪60年代,美国召开了几次有关"发展中国家语言问题"(1966)及"语言规划过程"(1969)的国际会议,推动语言规划成为当时新兴社会语言学浪潮中的一大关注热点。随后,海姆斯和费什曼分别创立了《社会中的语言》(1972—)和《国际语言社会学学报》(1974—)杂志,夏威夷"东西方中心"主办的《语言规划通讯》开始发行。

20世纪70年代出版了语言规划系列丛书,内容涉及语言规划问题、语言规划进展、语言规划文献、语言规划组织机构等等。另外,还召开过一次有关语言规划进展的研讨会,会后出版了一部重要论文集,论文集中设有决策、编典、实施、评估和北美洲语言规划等章节。该论文集的出版标志着"理性选择学派"的研究达到了一个新的高度。

理性选择学派认为,社会中使用的语言是可以进行理性、系统的规划的。语言规划的决策程序包括五个步骤:(1)辨识语言问题,开展语言调查;(2)制定规划目标;(3)提供多种可能的解决办法,理性选择其中一种;(4)实施这种办法;(5)评估,将预期目标跟实际结果进行比较。

关于语言调查,该派认为,理想的语言规划应该以一个国家深入全面的社会语言状况调查为基础。可是一般情况下,语言规划人员既没有时间也没有经费从事大规模的田野工作。他们进行实际语言规划决策时依据的,往往是官方人口普查提供的不完全的信息,或者是其他一些易于进行的较小范围的语言调查资料。

另外,采用问卷调查语言状况,也会遇到一些不易克服的问题,譬如,问卷的设计基本上锁定了答案的范围,答卷人一般只能从问卷所给的多种回答中选出一种,而且,对于同一个问题,在不同的社会文化社区中,会产生大相径庭的多种答案。

关于语言规划的定义,该派认为,政府及政府权力机构是开展语言规划活动的主要机构。可是,现实中的许多语言规划都不符合这种构想,也就是说,实际运作的一些语言规划并不是由政府管理的,而是由语言学院、教会、语言学会、压力集团①甚至个人出面操办的。以英语国家为例,许多学者指出,英语中表示男性的代词he"他"和men"男人们",可以用作通称,既可表示男性,也可表示女性;而表示女性的代词she"她"和women"女人们",却没有这种用法,等等。这些现象表明,英语中存在着性别歧视,因而掀起

---

① 系指为了影响政策或舆论而组织的集团。

一场旨在同语言上的性别歧视做斗争的争取女权的运动。该项运动具有分散杂乱的特点,不是一种政府行为,更不可能按照语言规划的"理性选择"模式展开,但是,却异乎寻常地取得了成功。

三　适应学派

语言规划中的适应学派主要来自发展中国家,特别是西非诸国,当然并不限于这些国家。其代表人物主要有班博塞(A. Bamgbose)和顺鲍(B. A. Chumbow)等。

该派认为,语言规划中的理性选择是一种欧洲中心主义或理想主义的路径,它跟非洲语言规划的实际经验格格不入。发达国家的语言规划通常是由政府组织实施的,而非洲大量的语言规划工作却是由非政府机构完成的,几乎没有哪个非洲国家政府制定过明确的语言政策。实际上,许多发展中国家的语言规划,都不是在国家层面,而是在社区层面或基层层面展开的。另外,从大多数的个案研究来看,语言规划的决策及其实施战略,并不是依据社会语言调查资料,而是依据特定的原则制定出来的。

因此,该学派提出了一种所谓"适应"路径,或称受环境制约的语言规划。该学派强调,语言规划必须能够使用切实可行的术语,来解释说明该规划的实践,必须能够兼顾不同类型、不同级别的政府或非政府组织的决策和实施,必须能够兼顾多种不同的规划机制。

四　语言治理学派

随着语言规划研究范围的扩大,20世纪70年代,一些学者尝试把语言规划放在一个普通社会规划的框架内进行探索。他们认为语言是一种"社会资源",语言规划是一种决策过程,旨在解决"语言问题"或者从社会政治的视角讲,旨在解决"交际问题"。因而采用一种"语言治理"的路径,并从社会经济的视野进行分析。

20世纪80年代末期以来,为了克服将主流语言规划同单一指令性经济挂钩的弊端,语言规划研究领域出现了一种新的转型,即从"规划型"向"治理型"转移。复兴的语言治理学派是"从学术上对人民权力做出的一种反应",它反对主流派的强制性举措,"承认众多不同的利益竞争"。在这方面,瑞典裔学者颜诺(B. Jernudd)和捷克裔学者内乌斯图普尼(J. V. Neustupný)较有名气。

该学派认为,语言治理是一种过程。在语言治理过程中,授予特定人员某种权限,以便他们能够发现其所在社区成员,潜在遇到或实际遇到的种种语言问题,并能提出系统严谨的解决办法。所以,语言治理就是要面向广大基层群众,聚焦大众的话语,解决大众语言运用中遇到或可能遇到的种种问题。大众的话语问题成为语言治理的中心问题。

思考和练习

1. 什么是语言规划中的"弹性规范学派"?
2. 简述"理性选择学派"。
3. 什么是"语言治理学派"?

第五节 规划思想

语言并不仅仅是一种交际工具,语言还在社会中发挥诸多重要的功能。许多研究个案表明,在制定语言规划的过程中,思想、政治、经济、社会、民族、文化等因素的重要性,往往超过语言本身。影响语言规划制定的重要思想主要是:语言同化、语言多元主义、国际化和本土化。

一 语言同化

语言同化思想认为,人人都应该会说会用在本国或本社区占优势的语言。这方面的例证不胜枚举,语言同化是语言规划中最常见的一种模式。研究表明,一个国家的多语制贫穷化与该国工业化程度低下之间,存在着一种相关关系。有时候,这种关系也被说成是一种产生诱因的关系。因此,人们相信,单语制是社会经济发展进程中具有成本效益的一条路线,语言变异、文化变异和民族变异会阻隔人们的彼此交往,引发社会政治冲突,这些冲突反过来又会阻碍经济的发展进程。

以法国为例,该国将北部使用的一种方言定位为"国语"以后,要求操其他方言或语言的人都要学用这种国语。另外,一个国家的移民往往都要学习掌握所在国家主流文化的语言,而他们的本族语只限于个人交往或在家庭成员内部使用。

二 语言多元主义

跟语言同化的思想相反,语言多元主义则强调,多种语言在社会中并存,包括不同语言群体的共存,以及不同语言群体在一种公平的基础上保持并培植他们自己的语言。譬如,在印度官方承认的 16 种语言当中,绝大多数都在地区使用,只有英语和印地语在全国使用。许多语言规划理论都认为,文化多元主义和多语现象是一种社会语言事实。人们应该把多种语言看成是一种资源,语言规划人员应该合理开发和利用这种资源,而不应该将其视为国家统一和社会经济发展道路上的一种障碍。语言多元主义实际上是可以促进经济的发展的。譬如,澳大利亚墨尔本有一家建筑公司,工人大多来自欧洲地中海沿岸国家,分别使用希腊语、意大利语、葡萄牙语和西班牙语,只有马耳他的劳工使用英语。可是,工厂的管理工作只用英语,大多数工人无法有效地理解安全规则,生产安全受到危害,事故冲突频频发生。为了扭转这种局面,该厂管理部门开始利用工人中自然存在的关系网群体,聘用一些懂得相关语言知识的管理人员,任命来自不同语言群体的人员担任工段长,为相关职业的人员开办车间英语学习班,结果收到良好的社会效益和经济效益。

如今,语言规划人员基本上都能正面看待多语现象,并能重视少数民族语言群体的权利和需求,但是,如何证明一个国家,特别是发展中国家实行多元主义政策的合理性,始终是困扰语言规划学者的一道难题。因为一个国家要实施多语政策,就要培养多语师资,培训多语笔译口译人员,编写多语教材,提供多语广播和多语服务等,这势必会加重国家预算中的负担。如果跟失业人口、住房困难、医疗保健、社会保障等社会问题相比,要证明增加对语言问题的投入比增加对其他社会问题的投入更具有紧迫性,的确不是一件轻而易举的事情。

三 国际化和本土化

本土化是指选择并恢复一种或多种土著语言作为主要的交际工具和官方语言。以大洋洲的巴布亚-新几内亚为例,该国的官方语言除英语外,还有两种以土著语言为基础的混杂语,一种是托克皮辛语,另一种是希里莫图语。

国际化思想是指选择一种本国以外的通用语言作为官方语言或教学媒体。国际化的思想基础是全盘西化的现代化范式。国际化跟语言同化战略是并行共进的,二者之间相像之处颇多。前殖民地国家特别是非洲诸国的通用语言,典型的都是前殖民地大国的通用语言。在非洲诸国中,欧洲语言的民族中立地位将有助于防止民族分离,有助于国家的一体化进程。然而,对全体公民来说,国家选择一种外语作为本国官方语言是不公平的,但若选择本国一种土著语言,又可能对能使用该语言的那个族群有利,对不能使用该语言的其他族群不利。

总之,从整体看来,非洲的国际化政策并不成功。因为根据保守的估计,非洲能够使用本国官方语言的只占20%以下。能够熟练使用外国语的通常是有教养的社会上层和中层。这又加大了社会的分化,使得掌握官方语言成为社会权力分配的一大基础。

纳米比亚采用英语作为本国唯一官方语言是国际化的一个新例证。该国使用的语言有20多种,但是,1990年的宪法只承认英语是官方语言。该项政策首先是在1981年由解放运动"西南非洲人民组织"与"联合国纳米比亚学院"共同起草的一份文件中明确规定的。该文件表明,选择一种国际语言的目的是要促进国家的统一和对国家的忠诚:"引入英语为的是引入一种官方语言,该语言能使人民摆脱跟部落的联系,在语言领域创造一个有助于国家统一的条件。"

纳米比亚宪法中有关"唯英语"的规定并不是没有问题的,一方面,该国人口中懂英语的还不到10%,外加缺少称职的英语教师和适用的教材,英语的普及受到极大阻碍。另一方面,该国南部阿非利坎语的使用人口固然很多,可是,没有被定为新独立的国家官方语言,主要是因为该语言跟南非的种族隔离政策有关联。

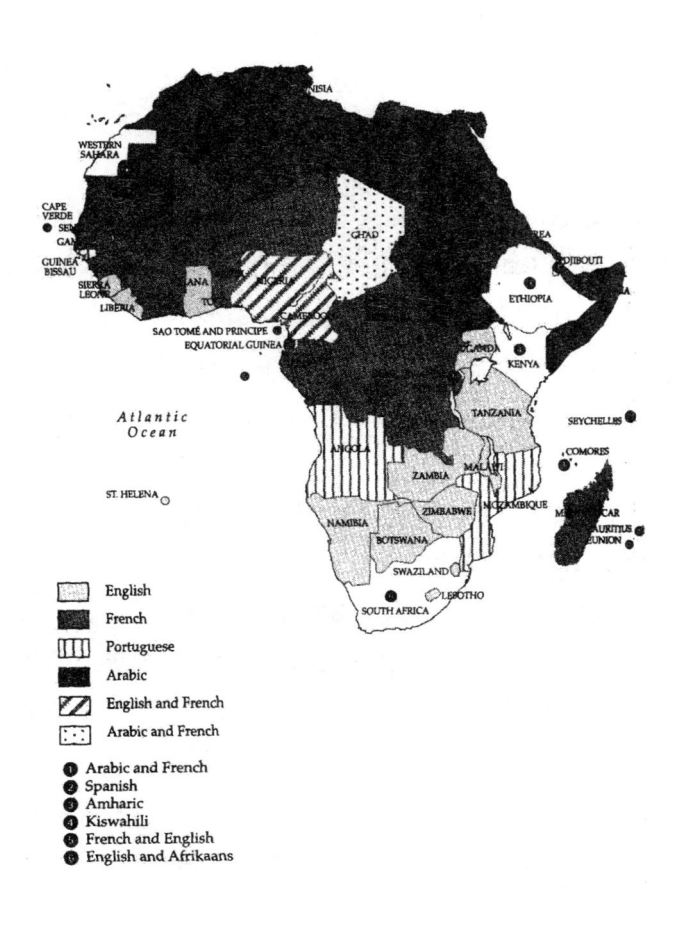

图 1　非洲诸国的官方语言:阿拉伯语和欧洲诸语
（基于 Hunter,1998）

思考和练习

1. 试评语言同化和语言多元主义思想。
2. 试论国际化思想在非洲语言规划中的得失。

第六节 小结

语言规划已经走过半个多世纪的路程,学者们对语言规划的认识和分类各不相同,不论是克洛斯的地位规划和本体规划的划分,还是豪根的语言规划过程,或者是颜诺的语言治理理论,用来从事语言规划的个案描写,都是非常有用的;换个角度来看,一个个具体的个案研究又是从事较大范围理论概括和创新的有力基础。

语言规划的真正目的是要改变人们的语言行为和语言态度。可是,在长期的规划过程中,未经引导的语言势力却支配了人们的语言行为历程。语言规划人员必须学会如何引导这些势力。无论如何,语言规划还有很长的路要走,现有的研究成果还不能对语言政策的发展提供有力的解释和指导。语言规划研究领域中的问题并不仅仅局限于语言,还涉及社会、政治、经济、民族和历史等诸多因素。语言规划的跨学科性质,决定了要研究一种综合的语言规划理论,还有种种复杂问题和重重困难需要解决。

主要参考文献

周庆生主编《国家、民族与语言:语言政策国别研究》,语文出版社,2003。
周庆生主编《国外语言政策与语言规划进程》,语文出版社,2001。

Bamgbose, A. (1991). Language and the Nation: The Language Question in Sub-Saharan Africa. Edinburgh: Edinburgh University Press for International African Institute.

Cobarrubias, J. and Fishman (eds) (1983). *Progress in Language Planning: International Perspectives*, pp. 309—326. Berlin: Mouton Publishers.

Cooper, R. L. (1989). *Language Planning and Social Change*. Cambridge: Cambridge University Press.

Coulmas, F. (ed.) (1992). *Language and Economy*. Oxford and Cambridge, MA: Blackwell.

Fishman, J. A. (ed.) (1974). Advances in Language Planning. The Hague.

Gavin, P. L. (1958). A Prague School Reader on Esthetics, Literary Structure and Style, Washington, DC.

Haugen, E. (1966). Language Conflict and Language Planning: The Case of Modern Norwegian, Cambridge Mass.

Hunter, B. (ed.) (1998). The Statesman's Yearbook (1997—1998). London and Basingstoke: Macmillan.

Jahr, E. H. (ed.) (1993). Language Conflict and Language Planning, pp. 133—142. Berlin: Mouton de Gruyter.

Jernudd, B. H. and J. V. Neustupný (1991). Multi-Disciplined Language Planning, in D. F. Marshall (ed.), *Language Planning: Festschrift in Honor of Joshua A. Fishman*, pp. 29—36. Amsterdam and Philadelphia: John Benjamins.

Jespersen, O. (1925). Mankind, Nation and Individual from a Linguistic Point of View. Oslo.

Kloss, Heinz (1967). "Abstand Languages" and "Ausbau Languages", Anthropological Linguistics 9 (7), pp. 29—41.

Kloss, Heinz (1969). Research Possibilities on Group Bilingualism: A Report. Quebec: International Center for Research on Bilingualism.

LoBianco, J. (1996). Language as an Economic Resource, Language Planning Report No. 5.1, Pretoria: Department of Arts, Culture, Science and Technology.

Rubin and Jernudd (eds) (1971). Can Language Be Planned? Sociolinguistic Theory and Practice for Developing Nations, pp. 195—215. Honolulu: University Press of Hawaii.

Rubin, J. B., H. Jernudd and J. D. Gupta (1978). Language Planning Processes. The Hague.

Rubin, J. & R. Shuy (eds) (1973). Language Planning: Current Issues and Research, Washington, DC: Georgetown University Press.

Stewart, W. (1968). A Sociolinguistic Typology for Describing National Multilingualism, in Fishman (ed.), Readings in the Sociology of Language, pp. 531—545. The Hague: Mouton.

Utta von Gleich and Wolff (eds) (1991). Standardization of National Languages, pp. 79—94. Symposium on Language Standardization, 2—3 February 1991. Hamburg: UNESCO Institute for Education.

Weinstein, B. (ed.) (1990). Language Policy and Political Development. Norwood, NJ: Ablex.

推荐参考文献

〔英〕丹尼斯·埃杰著,吴志杰译《语言规划与语言政策的驱动过程》,外语教学与研究出版社,2012。

〔美〕罗伯特·卡普兰,〔澳〕小理查德·巴尔道夫著,梁道华译《太平洋地区的语言规划和语言教育规划》,外语教学与研究出版社,2014。

〔英〕苏·赖特著,陈新仁译《语言政策与语言规划:从民族主义到全球化》,商务印书馆,2012。

周庆生《语言规划发展及微观语言规划》,《北华大学学报》2010 年第 6 期。

第八章 语言规划的发展与展望

第一节 概述

一 国情、语情与语言规划

"国情",指一个国家的政治、经济、文化以及历史传统、地理环境、社会发展、国际关系等各方面的基本情况,也特指一个国家某一时期的基本情况。具体分为七个方面:(1)政治状况:阶级和社会阶层的划分、政党和政治团体间的关系,政治体制、政治制度、民主与法制建设等。(2)经济发展状况:经济体制、生产关系、生产力布局、对外经济关系等。(3)文化传统:价值取向、价值道德观念、宗教信仰、艺术观念及民族传统和风俗习惯等。(4)科技教育状况:科技队伍、科研水平、体育、教育的规模、结构、体制等。(5)自然环境和自然资源:国土面积、地质、地貌、地形、气候、矿产、生物、水、光、热资源等。(6)社会状况:人口、民族、家庭、婚姻、社会犯罪及相应对策等。(7)国际环境和国际关系。一个国家的国情的综合表现基本反映了这个国家的社会发展阶段。(《应用汉语词典》,商务印书馆辞书研究中心编,商务印书馆,2000,第 467 页)

"语情",即语言文字及其使用情况,指一个国家或地区语言文字及其使用的整体情况。

关于语言规划的定义,不同的学者有不同的定义。本书"绪论"中对语言规划的定义是:"语言规划是有关机构、社会团体、学术部门等根据语言文字的特点和发展规律,对语言文字的形式和功能进行有目的、有计划的调整的一种有益的社会活动。"这种调整的活动必然是在一定的时空范围内进行的,因此,我们对语言规划的发展与展望的考察,也必然是在一定的时间和空间范围内实施的。无论是一个国家,还是一个地区,其间所进行的语言规划活动,必然是与该国家或地区中的国情(区情)和语情密切相关的。一个国家的政治状况、经济发展状况、文化传统、科技教育状况、自然环境和自然资源、社会状况、国际环境和国际关系以及其中的语言文字情况等,都与该国家的语言规划密切相关,是直接影响该国家语言规划的重要因素。一个国家的自然地理环境如果都是高山大川,则相对就会不利于人员的流动交往,就会影响到该国家语言文字的客观存在、使用及其规划;一个国家的政治制度是封建制度,是中央集权制度,还是资本主义制度或者是民主制度等,也与该国家的语言规划工作密切相联;一个国家的社会经济发展快慢,国民文化程度的高低,接受教育人数的多少,文盲的多寡,科技发展水平的先进还是落后等,都会直接影响到该国家的语言规划活动。

二　国情、语情的变化与语言规划的发展

前面说明了语言规划活动与国情、语情之间的密切关系。随着各国国情、语情的变化,各国家的语言规划活动也必然会出现变化,语言规划的发展,与国情和语情的发展变化应该是相关联的。

在一个国家发展的不同历史时期,语言规划的主要目标应该是不同的。例如我国的语言规划工作大体上就可以分成三个阶段,我国语言规划的目的,在第一阶段是为了政治的统一,第二阶段,则是为了工业建设和经济流通,在第三个阶段则是为了信息化。每个阶段的目的是不一样的,但是其间的关系是叠加的,而不是前后取代、非此即彼的。即当社会进入第二个阶段时,为工业建设和经济流通而进行语言规划的时候,为巩固国家政治统一的目的并没丢;现在我们为信息化而进行语言规划,前面两个目的也没有丢掉,这三个阶段里又有细致的划分。语言规划脱离不了国情和语情,语言规划也脱离不了经济、文化规划等其他社会规划。当然,语言规划的规划特性决定了语言规划工作必须是适度超前的,是引领语言文字发展方向的活动。因此,语言规划活动以国情、语情为基础,并在此基础上开展调整活动,以引领语言文字向着更加科学的方向发展。语言规划与国情、语情之间的关系,是适度超前的共变关系。这在各个国家的语言规划实践中都得到了很好的反映。不仅我国的语言规划情况如此,世界其他各国情况莫不如是。例如,希伯来语在以色列国家的建立过程中就发挥了重要的作用。20世纪60年代之后,非洲撒哈拉以南地区内相继独立的殖民地国家的语言规划活动,都与他们国家不同的国情和语情密切相关。有的国家独立之后选用的国语依然是宗主国的语言,这是基于国情和语情的现实和国家发展的需要;有的国家选择的国语则是本国内部语言当中的一种,这也是基于自身的国情和语情的需要。有的是国家尊严和民族自尊心理占主导地位,有的则是社会经济的发展需求占主导地位。有的国家语情相对单纯,语言种类少,而有的国家语言种类繁多,各自发展程度又参差不齐,再加上不同的社会心理的需求,往往在选择哪种语言作为国语的过程中,需要综合考虑国家和社会的诸多因素之后才能做出最后的决定。例如南非,可能是目前世界上独一无二的拥有三个首都的国家,其行政首都(即中央政府所在地)为比勒陀利亚,司法首都(即最高法院所在地)为布隆方丹,立法首都(即议会所在地)为开普敦。而南非的官方语言一共有11种。这与南非的发展历史和国情现状有关。再如新加坡,从其国家的发展历史来看,新加坡之所以选择马来语为国语,而英语、华语、泰米尔语和马来语四种语言作为官方语言,与新加坡本来是从马来亚独立出来的现实状况密切相关联的。但是,从现在新加坡的语言发展状况来看,随着社会的发展,新加坡的国情和语情都发生了很大的变化。英语在新加坡的地位越来越高。这不仅有新加坡国家自身发展的因素,更有整个国际大环境中英语客观上充当了国际通用语的角色和发挥了沟通各色人等重要作用的因素。

思考和练习

1. 什么是国情?什么是语情?
2. 语言规划与国情、语情之间有什么关系?

第二节 规划的发展

一 中国语言规划的发展

(一)中国的国情、语情与中国语言规划的发展

针对中国历史的研究,分期多是按照古代、近代、现代和当代

来划分的,一般分为四个历史时期。期间的年代起讫时间多为古代(1840年以前)、近代(1840—1919年)、现代(1919—1949年)、当代(1949年以后)。从语言规划角度来看,为了更鲜明地突出各期时代特点,突出各个不同历史时期语言规划的整体特征,我们拟将中国历史划分为传统(1840年以前)、近现代(1840—1949年)和当代(1949年以后)三个历史时期。一是由于近代和现代这两个历史时期相对比较短,二是这两个历史时期在社会特点方面比较接近和雷同,具有更多的共性。尤其是从语言规划角度来看,这两个历史时期归为一个阶段更容易将语言规划活动的发展脉络说得清晰准确,同时也能够较为顺畅地了解到一些语言规划活动的前后继承和传承关系,可以较为清晰地了解到很多语言规划活动的发展轨迹与走向。

将中国历史分成三个历史阶段来论述其与语言规划之间的关系,是因为这样划分各期的特点更加鲜明,更容易说明为什么在不同历史时期会有当时的语言规划活动及其所具有的时代特征。

(二)中国传统语言规划

1. 中国传统语言规划的特点

自我国奴隶社会的夏商周时期开始,已经初步形成天子为"共主"的统一多民族国家。至秦统一后,为巩固统治,建立了专制主义中央集权制度,颁秦律,统一度量衡、货币和文字,实行焚书坑儒以加强思想控制。这一时期的特点为:将专制主义决策方式和中央集权的政治制度有机结合,权力高度集中。这是秦朝政治统治的最基本的特征。到西汉时,改官制以加强皇权。这一时期的特点是:强化了皇权,重新加强了中央对地方的直接统治。将儒家思想改造为适应封建专制主义中央集权需要的指导思想。隋唐时期,实行三省六部制,使封建官僚机构形成完整严密的体系,进一步加强了皇权,加强了中央集权,调整和健全府兵制,更有利于加强中央集权。这一时期的特点是:用分权法加强皇权。及至宋元时期,通过集中军权、行政权、财权、司法权等措施,皇帝掌握了从中央到地方的军事、财政、行政和司法大权,铲除了封建藩镇割据的基础,加强了中央集权。元朝时,在中央健全了中央官制,在地方,实行行省制度。这一时期的特点是:在中央分权基础上实行地方分权,地方行政体系有了重大发展,建立了中央政府对边疆地区的直辖管理制度。明朝时期,在中央实行八股取士,加强思想控制。设立封建主义君主专制的产物——内阁。至清代,增设军机处,标志着我国封建君主专制主义中央集权制度发展到顶峰。这一时期的特点是:皇权空前强化,封建专制主义中央集权制度发展到顶峰。

总体而言,我国传统的封建社会,整个政治体制架构为封建皇帝制度,上面是独裁专权的皇帝,下面是一盘散沙的小农。而小农经济为封建专制提供了生存的经济基础与社会基础。小农经济下多顺民,所以皇帝要重农抑商,闭关锁国正是重农抑商的具体表现。

长期稳固的中央集权政治模式与社会长期稳定向前发展的大趋势,决定了封建社会的稳定发展,变化缓慢。这种强有力中央集权政权的时代背景与社会形态,决定了中国传统语言规划具有以下特点:

(1)统一文字,推广共同语

尽管我国早在夏商周三代已有文字和谱牒之类的典籍,但是到战国时期,因地域分隔,政教不同,从而造成语言文字领域的"言语异声,文字异形"局面。据扬雄《方言》记载,当时的语言情况有三种:一种是华夏族共同语,是各国沿袭周代雅言而发展起来的主体语言;一种是通用地域较广的一国或数国的地方话;一种是通行区域最小的各地方言。而汉字字体方面,周代正体字受到各国俗体和讹体的冲击而呈现面目全非的混乱局面。为此,秦始皇统一六国之后,实行书同文,在语言方面则形成了新的华夏民族共同的语言——通语。此后地域文化的封闭性,使语言文字的发展变得十分缓慢,呈相对稳定状态。后经汉代的童蒙识字教育、经学发展及汉字的隶变以及谶纬中的文字应用,出现了《说文解字》,在很大程度上确定了汉字的规范。此后经熹平石经的出现,书法的兴起,《广雅》《字林》以及之后南北朝时期的字书,到唐代的字样之学与楷体定位。印刷术出现之后,多种实用型字书、正音字书、通俗字书等的出现,都对汉字的统一发展发挥了重要的作用,使汉语书面语的推广收到了很大功效。共同语的推广与传播,在文人学士层面和官僚阶层,社会的参与度相对比较低,但是伴随着封建中央政权的稳定和权力影响的不断扩大,共同语也逐步扩大范围,影响到更大的区域,产生了更多的使用者。

(2)注重文字,强调书面语

无论是官学、私学的兴办,还是书法艺术的发展,无论是科举取士的制度,还是当时的书院教育,都更多强调书面语言,强调的是文字的书写、识读与讲解、注释。在书面语和口语脱节之后,这种情况更为严重。

(3)重书面语,轻鲜活口语

口语与书面语脱节之后,由于多年的习惯是注重书面语、强调文字,因此,对鲜活的实际应用中的口语关注较少,更缺乏有意识的规划行为。

(4)重汉语文,轻民族语文

在漫长的封建社会时期,汉族作为主体民族,更多的时候是把握着中央政权,即使在不同的历史时期,有少数民族入主中原、执掌政权和统一中国之后,但是,从维护政权稳固和巩固权力的角度着想,统治者也多会主张使用华夏主体民族的共同语和主流文字来统一国家的语言文字,以利交流沟通。例如,北魏孝文帝在迁都洛阳之后,禁止其国人着胡服讲胡语,否则将给予严厉的惩罚。清朝时期,推行满语推行不下去,不利于政令的通行和政权的巩固,所以后来满族也大多学习使用汉语了。

从整个历史来看,在语言规划领域关注更多的是华夏主体民族的语言文字,而甚少涉及少数民族语言文字。

(5)注重实践,轻理论总结

纵观中国的语言规划历史,发现一大特点是注重实践有余,而理论总结和提炼不够。具象研究多于理性研究,更多的是就一事说一事,做好了就完事大吉,而缺乏对实践的总结和理论的升华。没能用实践中总结出的理论规律指导更多的社会实践。

2.中国传统语言规划的成就

从中国传统语言规划的特点中可以看出,我国传统语言规划的成就主要有以下几点:

(1)统一的主流文字有助于统一政权的稳固

汉字自甲骨文、金文之后,经秦始皇统一文字之后,小篆成为当时的通用字体,经汉字隶变,唐代确定楷书规范,使楷书成为汉字书写的模范样板。正是这种相对稳定的统一的主流文字,在不同的历史阶段,对于巩固当时的封建中央集权制度发挥了重要的作用,使中央政权的命令即使在言语异声的社会环境中也能够保持政令通行,有利于稳固政权,维护国家的团结统一。

(2)民族共同语为通用语的形成奠定了基础

周代的官方语言是"雅言",周秦时期的雅言是在秦晋方言的基础上融汇河洛方言而形成的民族共同语言,在此基础上发展到汉代,形成了当时的官方语言"通语"。之后,在此基础上,随着不同历史时期的发展,"通语"逐步发展成为以北方话为基础的"官话""国语",直至形成新中国成立后出现的普通话——国家通用语言。

(3)字书辞书韵书等诸典籍传承了中华文化

无论是秦朝时期的《仓颉篇》《爰历篇》《博学篇》这样的小学教材,还是后来不同历史时期的《尔雅》《说文解字》《广雅》《字林》《经典释文》《切韵》《中原音韵》《通雅》《康熙字典》等各种不同的教材、字书、辞书、韵书等,它们与其他中华文化经典一起,在注解、传承语言文字的过程中,保留和传承了中华文化的经典与精华。

(4)不同韵书的规范帮助确立官话语音标准

在"雅言"向"通语"再向"官话""国语"直至"普通话"的发展演变过程中,不同历史时期的语音标准,除了依赖于人们一代一代之间的口耳相传之外,更多的是借助不同朝代的韵书而相继传承下来的。这不仅保留了帝都之音的纯正与权威,同时对于确立国家通用语言的语音标准,也发挥了重要的历史传承作用。为后世确立国家通用语言的标准语音奠定了深厚的现实与理论基础。

(5)字书辞书为后世工具书编纂奠定了基础

《尔雅》是现存最早的词汇总释,是我国第一部分类词典。《说文解字》作为中国历史上第一部文字学专著和初具规模的字典,则无论是从字形规范的角度还是从字书编纂的角度,从汉字部首归类的角度还是从汉语词汇规范的角度,均堪称字学之宗,为日月不刊之作。而《康熙字典》作为准确意义上的第一部官修字典,则不仅是古代字书的集大成者,还为现代字典开辟了新路,具有"垂示永久"的重要作用和伟大意义。这些都为近现代和当代字典词典等工具书的编纂打下了扎实而良好的基础。

3.中国传统语言规划的问题

从中国传统语言规划的特点中可以看出,这一时期的语言规划有成就,也有不足。主要的不足表现在以下三个方面:

(1)实践水平高能力强,理论水平不高,提炼不够

中国传统时期的语言规划实践,更多的是在关注具体问题,解决实际应用中的个案问题,为了方便读经而注释经文,为了方便识字而发展书法、字样之学等,都有着明确的直接的功利目的,而缺乏在每一次成功实践之后的理论总结与提炼升华。因此,中国传统的语法学起步很晚。这与我国传统的思维方式和哲学传统有密切的关系。这也是受传统影响而在语言规划方面表现出来的一个突出的弊端与不足。

(2)更多地强调书面语,对汉语口语规划重视不够

从这一时期语言规划的特点与成就中可以看出,历朝历代对书面语言的规划重视有余,而对口语的关注则不足。一是由于当时社会制度下的人员交往少,社会上的人流、物流和信息流量都比较小,因此,整个社会对口语的需求小。没有需求就没有关注,也就没有规划或者说规划相对比较少。这有其客观的时代原因,也是时代的局限所在。

(3)更多关注主体民族,少数民族语文未纳入视野

在我国传统历史时期,华夏民族是国家的主体民族,多数时期,汉族一族独大,不同的部落、国家和民族在与中原的汉族交往过程中多数都被同化。仅从语言文字角度来看,无论是传统的汉族统治时期,还是少数民族入主中原、执掌国家政权时期,在语言文字领域,民族共同语始终未脱离主流发展轨道,因此,即使是在少数民族掌权的年代,在语言规划视野内,依然是民族共同语占据主导地位,而对不同民族的语言文字除了关注较少之外,即使掌权的少数民族提倡学习本民族语言文字,但是随着历史的发展,多数民族会自主选择学习汉语言文字,从而形成了主流文字与民族通用语言的局面。现代意义上的民族区分是自"五四"运动之后才开始比较流行的,而新中国的民族识别工作,则是在新中国成立之后才开始的。

(三)中国近现代语言规划

1.中国近现代语言规划的特点

1840年鸦片战争开始之后到1919年五四运动之前,是旧民主主义革命阶段;1919年五四运动之后到1949年中华人民共和国成立之前,是新民主主义革命阶段。整个中国近现代史是中国沦为殖民地、半殖民地和半封建社会的历史。自1840年鸦片战争爆发至1949年南京国民党政权覆亡,期间历经清王朝晚期、中华民国临时政府时期、北洋军阀时期和国民政府时期,是中国半殖民地半封建社会逐渐形成到瓦解的历史。半殖民地是从国家的政治地位上看的,半封建是从社会经济结构上看的。半殖民地是促成半封建的原因,半封建又是半殖民地的基础。这一时期封建时代的自然经济被破坏,但封建剥削制度依然存在,并同买办资本

和高利贷资本的剥削结合起来,在中国社会经济生活中仍有显著优势。民族资本主义虽有发展,但未成为中国社会经济的主要形式,其大部分同帝国主义和封建主义多少有些联系。封建专制政权被推翻,代之而起的先是地主阶级的军阀官僚统治,接着是地主阶级和大资产阶级联盟的专政。封建势力是中国最反动最腐朽的势力,是帝国主义统治中国的主要工具和社会基础。帝国主义操纵了中国的财政和经济命脉以及政治和军事力量,是近代中国一切灾难的总根源,是中国社会发展的主要障碍。在帝国主义国家的统治和半统治之下,中国实际处于长期不统一状态,又因中国土地广大,中国经济、政治和文化的发展极端不平衡。因帝国主义和封建主义的双重压迫,中国人民贫困和不自由程度是世界上少有的。近现代中国社会的主要矛盾是外国资本主义和中华民族的矛盾,封建主义和人民大众的矛盾。而外国资本主义和中华民族的矛盾,是各种社会矛盾中最主要的矛盾。

与这一时期的政治制度和社会形态相适应,这一时期的语言规划呈现出以下一些特点:

(1)语言规划多由个人或群体推动

反思遭受侵略的原因,人们认为落后挨打的原因在于教育不先进,科技不发达。而造成这种情况的原因,又与多年使用的传统汉字有密切关系,是语言文字之过。于是,广大仁人志士图强求变,先从语言文字入手,开展了一系列规划活动。如切音字运动、白话文运动、文体革新运动、拉丁化新文字运动、大众语运动,开展民族语言文字调查等。

(2)政府提倡,推动语言规划措施

与仁人志士的积极行动一起,政府也在语言文字规划方面发声出力,组织专业人士,先后开展了国语运动、国语罗马字运动以及简化汉字工作等,同时政府积极开展外语教学,兴办外语院校,并不断扩大规模,以期通过大量外语人才的培养,能够"师夷之长技以制夷",改变落后挨打的局面,反抗外国的入侵。在整个新民主主义革命时期,学习和掌握外国语,既成为学习革命理论和革命经验的迫切需要,也成为反帝、反法西斯斗争的迫切需要。

(3)承上启下,在变革动荡中前进

在这一百多年的历史中,外国列强发动了多场对华侵略战争,晚清政府等不同时期的执政者,被迫与资本主义、帝国主义国家签订了一系列不平等条约,整个近现代史几乎是处于变革动荡的不稳定过程中。然而从历史发展的长河来看,在我国历史上,这一历史时期又是十分重要和关键的承上启下的历史阶段。我们无法绕开这段历史而孤立地发展,因此,这一时期的语言规划工作,也必然呈现出承上启下、在动荡中前进的特点。

(4)收效有限,但打下了良好基础

这一时期的语言规划活动尽管在社会上呈现出一派轰轰烈烈的热闹景象,但是,总体而言,由于政府的弱势,时局的动荡,许多语言规划活动都收效不太大,《统一国语办法案》颁布之后很快就随着政权的变更而失效。拉丁化新文字运动,对于汉语拼音方案的制定起到了促进作用,从当时规划者的根本目标来看,本是想用拼音文字来取代汉字的,但是,这个目标至今也未能实现。这是由于汉字作为书写汉语的符号系统,它千百年来与汉语配合使用得很协调,又非常适合社会、文化等的需要,因此,不是谁想取代它就能够轻易达到目的的。在其他语言规划方面,汉字简化、外语教学、民族语文调研等都取得了一定成效,为后来的语言规划活动奠定了扎实的基础。

(5) 影响面扩大到文学和政治领域

这一时期的语言规划活动,不仅在语言文字领域产生了一定的影响,而且还在文学领域、在社会思潮和政治思想与理论方面也都发挥了一定的作用。在"五四"新文化运动期间,在"提倡白话文,反对文言文;提倡新文学,反对旧文学"的"文学革命"口号影响下,学者们展开了汉字改革的讨论,提出了"汉字革命"的口号。白话文成为文学革命和新文化运动的最有力工具。在外语学习方面,专家们提出了"中学为体,西学为用"的主张。在拉丁化新文字运动中,语言规划活动甚至与某种政治诉求和政治力量直接挂上了钩,并且有效地推动了解放区的政治宣传工作。

2. 中国近现代语言规划的成就

(1) 为推广国家通用语言打下坚实的基础

由"官话"到"国语"再到"普通话"概念的提出,从《统一国语办法案》的颁布,到辛亥革命后发生的以变革政治、普及教育为宗旨,以统一全国语音为主要目的的国语运动,这些活动和工作无不为以后国家通用语言语音标准的确立、国家通用语言的推广与传播等做好了基本概念、学术理论以及社会心理的准备,从主观和客观两个方面为国家通用语言的推广打下了基础。

(2) 为制定和推行汉语拼音方案做好准备

切音字运动和注音字母的推广等,都为《汉语拼音方案》的制定和推行提供了充足的学术储备。其中,切音字运动前后延续了20年,为我国汉语拼音方案的设计打下了良好的社会与学术基础。国语运动历时约35年,其主要功绩在于统一读音,推行"注音字母"。这些不同历史时期的探讨,都为《汉语拼音方案》最终能够制定推行立下了汗马功劳。

(3)为简化汉字和整理汉字做好准备工作

国语罗马字运动、拉丁化新文字运动,以及在不同历史时期先后开展的汉字简化工作,都为今后减少学习汉字难度,降低文盲数量,进一步提高国民文化素质提供了学术准备。其实汉字的简化工作古已有之。历朝历代都有一些简体字在民间流行。上海"手头字"的出现,以及简化字作为"解放字"在广大军民中的应用与推广施行,都为汉字整理与简化工作做好了基本准备。

(4)为文体革新与汉字横排打下坚实基础

在文学领域积极倡导的"我手写我口"和改文言文为白话文的活动,与引进西方的标点符号和改传统的竖排由右向左行的文字排列方式,改成左起横排的行文方式。这在国人正确书写和阅读习惯的培养方面做出了重要贡献。

(5)为研究民族语文和外语创造有利条件

这一时期开展的大范围的民族语言文字调查工作,是我国为进一步实行科学、平等的民族语文政策所做的第一步工作。了解少数民族语言文字的使用现状,从国家语言规划角度来考虑如何为广大少数民族的语言文字工作提供服务。此外,先后开展并不断扩大规模的外语教育工作,除了培养出一批又一批的外语人才,可以更顺利地学习西方的先进文化科技等知识信息之外,还为外语的研究提供了有利条件。

3.中国近现代语言规划的问题

(1)时局动荡,规划活动收效受到严重影响

因当时的中央集权不稳固,中央政府属于弱势政府,当时的语言规划活动多是由社会上活跃的知识分子在推动,所以收效不太

大。此外,这与语言文字本身的特点也有关系。中国的汉字主体地位与作用,无法撼动。汉字历史悠久,与汉语配套使用配合得很好,功能齐全,所以,汉语拼音化始终未能实现,各种运动都收效不太理想。推广国语的成绩也是有限的,基本上语言生活还是双语制,各自说自己的语言,只有少数场合、少部分人讲通用语言。

(2)条件所限,向西方全方位学习不得要领

国家落后,贫穷挨打,所以要变法图强,全方位向西方学习。但是,中国因受传统的局限,在文化上、思想上以及语文方面的局限,注定只能学一些皮毛。且由于受政治、经济、文化的局限,语言规划的发展也不甚顺利,道路坎坷,充满曲折。这一时期的语言规划虽然形式上轰轰烈烈,从社会、民间来讲是如此,但是实际上因政府弱势,中央集权不稳固,社会整体变革乏力,只靠民间力量来推动语言规划,成就必然有限。

(3)语言规划与社会其他规划配合不够得力

资本主义萌芽带来了物流、人流的增大,对语音统一的需求激增。但是由于生产方式始终是小农耕作,因而语言的规范和统一不可能实现。从1911年开始,统一国语的工作正式启动。可是,推广起来极为艰难。这是因为当时的文体、政府的公文、民间书信,甚至文人聚会时所说的话,几乎都是文言文。语言文字的规范,必须有文化的基础;文化还是旧的,新的措施就推不动,人的观念、需求、基础都不具备。只有整个文化发生巨大变化的时候,文字作为文化的载体才能产生相应的变化,文化没变,文字变不了。从1840年到1949年,是社会精英感觉到社会发展的趋势,自觉为经济流通而努力做好规划的阶段。一个国家、一个社会当中除了语言文字之外,还有其他的国家规划和社会规划。如经济、政治、

文化等各个方面的规划。这些规划工作的进展情况,有的必须与语言文字的规划工作同步考虑或者协调安排、统一实施。与这些规划工作之间的关系都需要在语言规划工作决定开展之前通盘考虑,以保证这种考虑的思想成果在下一步语言规划方针、策略的制定过程中能够有所贯彻。与这一时期的语言规划相配套的其他社会规划不够有力,因此在一定程度上影响了语言规划活动的效果。

(四)中国当代语言规划

1.中国当代语言规划的特点

(1)新中国成立到"文革"开始前的语言规划(1949—1965年)

这个时期语言规划的特点表现为:筚路蓝缕,伟业初创,奠定基础,促进发展。

A.顺时,满足时代需求:因应建国之需,提高语文水平

新中国成立伊始,百废待兴,百业待举,为尽快扭转成立初期80%以上的国民都是文盲的局面,党和政府决定开展语文知识大普及运动,以进一步满足社会主义建设事业对国民基本语文素质的要求。

B.顺心,适应不同阶层:描绘规划蓝图,搭建科学架构

这一时期语言规划的实施呈现全方位的特点,关注到社会各阶层和各方面,较合理地搭建起新中国语文规划的科学架构,既有满足全国各族人民需要的工作,也有满足社会语文生活不同领域不同层面的工作。

C.顺势,符合发展规律:步骤合理有效,有序开展工作

为进一步有效推进新中国成立初期的语言规划事业,国家有关部门实施了科学合理的语文规划发展步骤,顺乎自然,因势利

导,积极促进;约定俗成,逐步推进;大力提倡,重点推行,逐步普及,从而保证了文字改革、简化汉字和推广普通话事业的有序开展。

D.顺利,取得较大成绩:规划成效显著,奠定发展基础

新中国成立初期的语言规划事业,在继承此前语言文字各项工作成果的基础上,在党和政府的领导下,顺应时代需求,科学规划,顺利发展,取得全方位的收获,为下一步新中国语文事业的持续发展奠定了良好的基础。

(2)"文革"开始到改革开放前的语言规划(1966—1979年)

这个时期语言规划的特点表现为:文化凋零,浴火重生,重拾希望,孕育发展。

A.关停并转,语文事业遭受重创

1966年5月至1976年10月的"文化大革命",使党、国家和人民遭到新中国成立以来最严重的挫折和损失。这一时期的语文工作,损失极为严重:机构关张,报刊停办,业务归并,职能转换;相关学术研究停止,导致语文工作几乎陷入全面停顿。

B.艰难前行,夹缝之中寻求生机

在绝大多数语文工作遭遇停滞的情况下,语言文字在计算机中的应用研究以及汉语拼音应用的研究尚存一线生机。1969年,我国第一台电子式中文电报快速收报机试制成功,揭开了用计算机技术处理汉字信息的序幕。

C.逐步复苏,星星之火可以燎原

"文革"后期,学术研究逐步回暖。经过严冬摧残之后的语言文字研究缓慢复苏。有关杂志复刊,汉语拼音和普通话的推广工作逐步恢复。1974年8月,在我国语言文字发展历史上具有重要

历史地位的著名的"748工程"①启动。

D.拨乱反正,蓄势待发迎接春天

"文革"后,我国实行拨乱反正,彻底扭转"文革"混乱局面,开展"后文革"时代的发展时期。1978年,《现代汉语词典》第1版正式出版。"汉字精密照排系统"的研制工作获得成功,实现了计算机与本国文字相结合的计算机技术本土化,实现了通信功能的汉字化,取得了历史性的突破。

(3)改革开放到20世纪末的语言规划(1980—2000年)

这个时期语言规划的特点表现为:解放思想,改革开放,与时俱进,科学发展。

A.转变思想,扩大语文工作视野

十一届三中全会之后,国家实行改革开放政策,社会交往更加广泛,迫切需要加强语言文字的规范化、标准化。新时期、新形势对语言文字工作提出了新要求,这是语言文字工作开拓新领域、深

---

① 1972年8月,周恩来总理在听取了有关部门关于发展计算机工业与技术的汇报后,立即做出了"要广泛发展计算机应用"的指示。计算机要在中国推广应用,必须要解决汉字的信息处理问题。时任第四机械工业部器件生产技术局副局长的郭平欣认为,要解决汉字与计算机的结合问题,只有自力更生来完成。经过长期调研,郭平欣得到领导同意,联合机械工业部(当时的一机部)、中国科学院、新华通讯社和国家新闻出版总署(当时的国家出版事业管理局),5个单位共同发文向国务院申报立项。国家于1974年8月正式批准汉字信息处理工程立项。"748"工程由此得名。在立项过程中,郭平欣还特别得到了中国文字改革委员会前后两任主任胡愈之先生和叶籁士先生的支持与指导。中国文字改革委员会将第一、二期发布的简化汉字作为中国汉字信息处理的标准依据,有规范的文字模本,这对"748"工程的顺利进行非常重要。国家计委颁布文件成立"748"工程办公室。郭平欣作为四机部代表参加了领导小组并兼任办公室主任,从此担负起了事实上的工程总指挥与总设计师的重任。他将"748"工程按各应用特点分为精密照相排版、汉字检索和计算机汉字通信三部分,并分别组织实施。计算机汉字激光照排系统获得了很大成功。完成了原定的目标,实现了中国印刷行业印刷汉字电子化的革命性技术进步,实现了计算机与本国文字相结合的计算机技术本土化,实现了通信功能的直接汉字化。在汉字信息处理研究上获得的成果,不但为中国文化的现代化做出重大贡献,而且影响深远。

入发展的大好时机。因此,语文工作的视野进一步扩大范围,以满足社会需求,适应时代发展需要。

B.成立机构,落实语言规划工作

1985年12月16日,国务院办公厅发出《国务院办公厅关于中国文字改革委员会改名为国家语言文字工作委员会的通知》,决定将原中国文字改革委员会改名为国家语言文字工作委员会,作为国务院直属机构,主要负责贯彻落实国家在通用语言文字方面的语言规划工作。

C.两次大会,成为新时期里程碑

1986年1月6—13日,全国语言文字工作会议召开。会上确定了新时期语言文字工作方针和主要任务,确定20世纪末普通话应成为工作语言、教学语言、宣传语言和交际语言,明确了语言文字工作与国家现代化建设的关系,要为国家发展服务,提出要加强语言信息处理管理和做好语言咨询服务工作。1997年12月23—26日,全国语言文字工作会议召开。大会确定了跨世纪语言文字工作的指导思想、奋斗目标和主要任务,提出了开展语文立法、语文国情调研和设立推广普通话宣传周等重要活动,并提出至2010年普通话在全国初步普及、2050年普及等的奋斗目标。

这两次重要的会议,成为我国当代语言规划历史上两个重要的里程碑,被学界称为语言规划的重要典范。

D.调研立法,语文工作科学发展

这一时期的语言规划发展,不仅体现出解放思想、改革开放的特点,更体现出与时俱进、科学发展的特点。1997年之后,开始实施中国有史以来最大规模的一次中国语言文字使用情况调查,同时语言文字立法工作加紧进行,并于2000年10月31日颁布了

《中华人民共和国国家通用语言文字法》。1998年开始确立每年9月份的第三周为全国推广普通话宣传周。这些都为促进语言文字工作科学发展奠定了重要基础。

(4)21世纪信息化时代的语言规划(2001—2014年)

这个时期语言规划的特点表现为:依法管理,科学规划,理论指导,健康发展。

A.法律体系日渐完善

在涉及语言文字及其使用的法律规章中,我国不仅有中华人民共和国《宪法》《民族区域自治法》《教育法》等法律,更有《国家通用语言文字法》这样的专项大法来规范、协调和引导语言文字的社会应用。不仅有法律,还有行政法规(包括国务院行政法规和地方性法规)和规章(包括国务院部门规章和地方政府规章),完整的法律体系层级分明,日渐完善,为在新世纪开展依法管理语言文字工作提供了最基本的科学依据和执法的根本保障。

B.人才培养受到重视

进入新世纪之后,有关语言规划的研究开始在中华大地上逐步升温,针对语言规划开设的博士、硕士乃至本科课程、有关教材的编写和重要学术专著的出版,最主要的还是学术论文的大量出现,都体现了我国对语言规划学科及专业人才培养的重视。

C.信息手段助力科研

21世纪是信息化时代。自20世纪70年代汉语和汉字的研究插上信息化翅膀之后,随着计算机和网络技术的飞速发展,信息化助力科学研究已成为社会共识。随着语言文字规范化、标准化、信息化、现代化和法制化的步伐不断加快,信息技术对语言规划科研的帮助越来越大,并取得了丰硕的成果。

D. 规划理论新见频现

随着语言规划研究的深入开展,学者们提出了各种各样的学术概念以表达自己的学术理念,如语言生活、语言资源、语言经济、语言产业、语言服务、语言权利、语言安全、语言战略等,还提出要提高国家语言实力和公民语言能力等。有关语言规划的理论新见和成果频频出现,呈现一派繁荣景象。

E. 制定纲要规划未来

国家制定《规划纲要》,于 2012 年底发布。《规划纲要》提出了近 10 年之内国家语言文字规划方面的总体目标和主要任务。

F. 汉推事业蓬勃发展

2005 年世界汉语大会在北京召开之后,汉语国际传播与推广事业不仅在思想观念上发生了根本性的转变,由单纯的对外汉语教学,扩大为"既请进来又走出去"的多元发展模式,汉语国际传播与推广事业得到进一步加强,孔子学院与孔子课堂建设突飞猛进、如火如荼。

2. 中国当代语言规划的成就

(1)新中国成立到"文革"开始前的语言规划(1949—1965 年)

A. 普及语文知识,提高全民语文素质

为彻底改变新中国成立初期的文盲众多,社会主义事业建设能力低下的状况,国家语言文字主管部门大力开展普及语文知识、加速提升国民语文素质、尽快提高国民语文应用能力的一系列活动。

B. 确定奋斗目标,制定语文发展计划

新中国成立初期,我国确定了语文工作三大任务,即汉字改革、推广普通话、汉语规范化,并在此基础上又确定了文字改革三大任务,即简化汉字、推广普通话、制定和推行《汉语拼音方案》。在《正确地使用祖国的语言,为语言的纯洁和健康而斗争!》的社论引领下,有关部门有计划地开展了语文事业建设和发展工作。

C.召开系列会议,规划语文科学发展

1955年是这一时期语言规划工作中最为重要的一年。在这一年内,国家先后召开了"全国文字改革会议"(1955年10月15—23日)、"现代汉语规范问题学术会议"(1955年10月25—31日)、"首届民族语文科学讨论会"(1955年12月6—13日)等重要会议,在外语方面,1951年9月25—28日,召开了第一次全国俄文教学工作会议。这些重要会议的召开,分别为我国各领域的语言文字规划做出了详细周密的部署,并陆续开始实施。

D.切实开展工作,收获语文规划成果

这一时期为中国当代语言规划的黄金开端时期,也是成效最为显著的时期。因为此前的基础相对差一些,很多工作需要在新的社会主义建设中有效开展起来。这一时期的成果主要有:简化汉字方面,提出了"约定俗成,稳步推进"的工作方针,并收获了《汉字简化方案》《印刷通用汉字字形表》;推广普通话方面,确定了普通话的定义,提出了"大力提倡,重点推行,逐步普及"的工作方针,并开展全国方言普查,编写各类学习普通话手册,开展普通话宣传培训工作,全面推广普通话;开始编写《现代汉语词典》,制定并推行《汉语拼音方案》,提出《暂拟汉语教学语法系统》等。

(2)"文革"开始后到改革开放前的语言规划(1966—1979年)

A.继续推广普通话与汉语拼音,出版《现代汉语词典》

举办普通话语音研究班、普通话教学成绩观摩会,建立传播机构和组织,继续推广普通话。推广汉语拼音的应用。正式出版《现代汉语词典》。

B.发布二简字,统一计量用字,开展汉字信息处理研究

《第二次汉字简化方案(草案)》发布,统一部分计量单位名称用字,开展汉字信息处理研究。"二简"方案研制过于粗糙,简化字数过多,发布过于匆促,方案不够成熟,先被停止试行,后于1986年6月由国家语委报请国务院批准废止。

C.加强少数民族语言文字研究,双语教育初步走向复兴

加强少数民族语文研究。双语教育复兴。1976年,"文化大革命"结束,我国民族教育进入了一个新的历史时期,我国的双语教育也走上了复兴之路。

D.复苏对外汉语教学以及外语教学事业,成立翻译机构

对外汉语蓬勃发展;复苏外语教育;成立翻译机构等。

(3)改革开放到20世纪末的语言规划(1980—2000年)

A.扩大工作视野,中国文字改革委员会更名为国家语言文字工作委员会

改革开放以后,新时期的语言文字工作范围已经扩大了,不仅限于文字改革,需要在原来文字改革工作基础上针对语言文字规范标准的制定、语言文字的信息处理、语言文字的社会咨询与服务等开展大量的现代汉语规范化工作,于是,为结合新时期的社会发展特点开展语言文字工作,为了进一步扩大语言文字工作范围与视野,国家决定将"中国文字改革委员会"更名为"国家语言文字工作委员会",以使语言文字在社会主义现代化建设中更好地发挥作用。

B.开展国情调研,奠定语言规划扎实基础

1997年,为了更加有效地开展中国当代语言规划实践,进一

步摸清我国语言文字的家底,国家开始在全国范围内实施中国语言文字使用情况调查研究。为制定适应社会发展和适应少数民族语文实际需要的新时期民族语文政策,了解我国少数民族语言文字的使用现状,中国社会科学院民族研究所连同其他单位先后进行了中国少数民族语言使用情况和文字问题调查研究、中国新发现语言调查研究、新创制文字试行工作成果调查研究等。

C.抓紧语言立法,完善国家语文法律规章

1997年,我国开始语言文字立法工作。2000年10月31日,颁布《中华人民共和国国家通用语言文字法》,这是我国历史上第一部语言文字的专项大法,除进一步充实和完善我国语言文字法律法规体系之外,它在规范、协调和引导语言文字应用和语言文字工作方面,发挥了更加重要的作用,同时也开启了各省、直辖市、自治区制定该法实施细则等完善法律体系的一系列工作。

D.确定奋斗目标,指引未来事业发展方向

改革开放之后,我国在语言文字领域取得了丰硕的成果。在这些成果基础上,1997年的全国语言文字工作会议确定了跨世纪的奋斗目标,为我国语言文字事业的发展指明了前进的方向。

(4)21世纪信息化时代的语言规划(2001—2014年)

A.借助法律体系,依法管理语文工作

在继承此前语言规划成就的基础上,利用日渐完善的有关语言文字的法律体系,坚持依法管理、规划、协调和引导语言文字工作和社会的语言文字应用,加大了语言文字监督、管理的科学性、合法性与可行性,保障了各民族使用自己语言文字的权利,从而使语言文字工作和语文应用为国家的政治、经济、文化、教育、科技等的发展提供有效的服务。

B.开设相关课程,培养人才收获成果

21世纪以来,语言规划理论研究经过近半个世纪的发展,随着语言规划实践的日益丰富发展而得到学术领域的广泛关注。于是多所高校陆续开设语言规划课程,相关研究文章、学术专著的撰写、出版与日俱增,客观上不仅能够以语言规划的理论研究成果指导我国的语言规划实践,而且在研究过程中还锻炼培养了人才,收获了更加丰硕的学术成果,为进一步完善语言规划理论体系,尽快建立语言规划学科做出了重要贡献。

C.适应时代需求,信息化工作成效大

信息化时代,语言文字作为信息的载体与重要的交际工具,语言文字领域的信息化理应走在社会其他领域信息化的前面。这一时期,无论是国家通用语言文字还是少数民族语言文字,信息化工作都取得了丰硕成果。不仅有一系列有关国家通用语言文字信息化的规范标准出台,而且有多种少数民族语言文字已经能够借助计算机和网络系统服务于各民族的社会语言生活。随着云计算、大数据等技术手段的应用,我国语言文字的信息化工作将会得到进一步加强。

D.研究力度加大,构建规划理论体系

我国语言规划实践丰富,随着对国外语言规划理论研究成果的了解和对国内外语言规划实践的关注,我国语言规划研究者不断总结实践经验,将不同历史时期语言规划的理论研究成果串联起来,试图构建中国的语言规划理论体系。相关理论研究成果如"顺其自然,因势利导,做促进工作""约定俗成,稳步前进""实事求是,分类指导,不一刀切""主体多样的语言政策,统一性与多样性辩证统一的基本原则"等,都是我国经典的语言规划理论结晶。

新世纪提出的众多新的语言规划概念和理念,如语言生活、语言资源、语言保护、语言经济、语言产业、语言权利、语言服务、语言援助、语言能力、语言安全、语言战略等,都将进一步促进我国语言规划理论体系的构建。

E.贯彻《纲要》精神,规范使用语言文字

《规划纲要》的颁布实施,不仅是对此前我国语言规划实践与理论成果的集中梳理与完美的呈现,也是我国语言规划者和理论研究者智慧的结晶,是贯彻落实党的十七届六中全会决议中关于语言文字工作指示的具体行为。"大力推广和规范使用国家通用语言文字,科学保护各民族语言文字"规定了《规划纲要》的基本架构,提出了我国语言规划工作的指导思想,指明今后我国语言规划基本实践的发展方向。这对于规范使用国家通用语言文字,科学保护各民族语言文字,切实保障各民族的语言权利,保持我国丰富的语言资源,构建和谐的语言生活等,都具有重要的意义。

F.汉语传播推广,弘扬中华优秀文化

在以往对外汉语教学事业发展的良好基础之上,我国进一步转变思想,开展汉语国际传播与推广业务,不仅将"国家对外汉语教学领导小组办公室"(简称"国家汉办")更名为"孔子学院总部",更加快速地实施"走出去"战略,在世界各地纷纷建立孔子学院和孔子课堂,通过汉语的教学,向全世界各国人民传播中华优秀文化。

3.中国当代语言规划的问题

(1)新中国成立到"文革"开始前的语言规划(1949—1965年)

A.认识具有时代局限

新中国成立初期,在此前语文运动成果的基础上,国家为了尽快提高国民的语文素质,开展了一系列语文工作。但受时代局限,在此前仁人志士思想的基础上开展的各项语文工作,其根本目标还是要改革或废除汉字,要走世界文字共同的拼音化方向的。因此,此期间进行了很多有关拼音文字的探讨。

B.科学研究有所不足

这一时期开展的语言规划活动,需要大量的科学研究为基础,既需要有关语言地位与功能的方针政策性的研究,也需要有关语言文字本身的规范与科学与否的本体性研究。在为广大少数民族创制和改进、改革文字过程中,由于有些相应的科学研究做得不够充分,以至于当时的有些工作现在看起来可能是无用的。在科学研究方面,由于时间紧任务重,来不及深入研究,因而,在某些细节上可能会出现这样那样的问题。

C.政治需要左右学术

新中国成立初期,国家急需在国际舞台上得到认可与支持。当时由于我国与苏联关系密切,因此,在很多方面都学习、依照苏联的做法。在这种思想的主导下,外语教学方面几乎是一边倒地学习俄语。1952年的院系调整,过多地缩减了西方语言的教学,对于发展我国同各国人民的交往、学习外国先进经验十分不利,加上"教育大革命"的冲击,严重影响了我国外语语种与人才规划的合理布局,直接影响到我国外语水平的提升和外语能力的增强。

(2)"文革"开始后到改革开放前的语言规划(1966—1979年)

A.缺乏利于学术研究的大环境

经"文革"重创的社会人文环境,可谓千疮百孔,满目疮痍。在这样的社会环境下,专业人员遭到歧视甚至下放农村,根本谈不上从事专业的学术研究。因此,整个社会缺乏利于学术研究的大环境,人文社会科学的研究大受影响。

B.有限规划行为科研支撑不足

这一时期内比较重要的一次语言规划行为就是《第二次汉字简化方案(草案)》的颁布与施行。然而由于受极"左"思潮的影响,缺乏强有力的科研支撑,盲目扩大简化汉字的数量与范围,脱离了汉字应用的社会心理基础与社会文化基础等,从而使《第二次汉字简化方案(草案)》在社会上推行一段之后就不得不草草收回,从此便销声匿迹,直到1986年被废止。

C.恢复中前进步伐欲速则不达

经过"文革"浩劫之后,渐渐恢复元气的文字改革事业需要进一步加强科学研究,并在此基础上,遵循第一次汉字简化工作的方针"约定俗成,稳步前进",但是,1977年推出的《第二次汉字简化方案(草案)》做得不充分,急于求成,结果由于脱离现实需求而遭遇滑铁卢,欲速则不达。

(3)改革开放到20世纪末的语言规划(1980—2000年)

A.反思不够,收回二简字未能及时总结教训

于1965年开始全面推行的以拉丁字母为基础的《维吾尔新文字方案(草案)》《哈萨克新文字方案(草案)》,由于没有考虑到新疆维吾尔族和哈萨克族的宗教信仰与民族文字体制选择之间的密切关系,最终没能获得成功。《第二次汉字简化方案(草案)》的发布与收回,也值得人们反思。然而,语言规划者们在这个方面的反思与经验教训的总结做得不够及时,因此,在其后的语言规划中,人们还会见到一些脱离实际、不够实事求是的做法。

B.分工不明,体制机制不健全造成职责不清

我国从事语言文字规划工作的机构相对而言比较分散,不够

集中。到目前为止,我国语言规划的体制与机制依然不健全,因而造成职责不太明确、分工不甚清楚的局面,从而导致有些工作管的人多,有的工作没有人管,要么造成人力资源的浪费,要么出现一些真空状态和空白地带而无人负责管理。

C.人才不足,持续发展的队伍建设有待加强

由于语言规划机构建设不够完整,体制机制不完善,因而在语言规划人才培养方面,工作相对薄弱一些。这一时期虽然开始有意识地培养语言规划专业方向的博士生、硕士生,这方面的研究成果也越来越多,但是,在系统建设人才队伍方面,还无法保证语言规划事业持续发展的需要。

D.影响不大,语文工作干预社会生活力度小

语言作为人类最重要的交流思想、表情达意、认知世界的工具,与每一个人都有密切的关系。为此,几乎人人都可对语言规划工作及其成果评头论足。语言文字的广泛性可能在一定程度上降低了其干预社会生活的重要性与特殊性。国务院各职能部门,在处理本部门中与语言文字相关的工作时,往往与语言规划部门之间沟通不够,有的干脆独自做主,提出本领域有关语言文字工作的具体要求。为改变这种现象,须进一步加大语言文字工作对社会生活的干预力度,充分发挥语言规划者在促进语言规划事业健康科学发展方面的积极作用。

(4)21世纪信息化时代的语言规划(2001—2014年)

A.新理论新概念不断提出,相应的系统研究有待加强

语言规划受到重视以后,随着学术交流的增加,研究不断深入,各种新的学术概念、理念纷纷推出,相关的理论新见和成果也陆续发表出版。但总的来看,伴随新概念、新理念的相关研究明显

不足,有的新概念、新理念提出之后,要么应者寥寥,要么几年之后才有相应的研究成果问世。

B.规划体制机制不够科学,仍有继续完善提升的空间

目前,我国语言文字管理工作是有分工的。这也就是说,我国还没有一个组织对于整个国家的语言规划工作进行全面的研究并制定相对较长时期的统一政策,以实施国家层面的语言文字整体规划,也没有制定国家语言战略。无论是语言规划的整个体制方面还是运行机制方面,都还有进一步提升和完善的空间。

C.规划政出多门力量分散,应强化集权形成整体合力

在我国很多部委的工作中都会涉及语言文字工作,即使在主要负责语言文字工作的诸多部门之间,也是各有分工、互有侧重的。在语言规划过程中,在相关方针政策制定过程中,就难免轻重程度不一甚至畸轻畸重的现象。语言规划政出多门,力量分散,缺乏系统的全局性的战略思考与长远打算,在很多方面会显得急功近利,这都有待整合和调协,如改进并加强领导体制和领导机构,强化中央集权模式,形成整体合力,这样不仅有利于语言规划的宏观调控与整体把握,也有利于语言规划实践的有效实施。

D.规划部门的权威性有限,与其他社会规划协调不够

从近些年的工作来看,语言文字规划的主要职能部门在整个社会架构中的重要性和权威性都是有限的,这除了语言规划与其他社会文化等相关规划之间的协调不够之外,更主要的是其他规划与语言文字规划之间不沟通,在涉及语言文字工作方面,有的社会规划可能在没有与语言规划部门沟通的情况下就出台相关政策,往往会带来被动局面。因此,采取有力措施,进一步加大语言规划部门的权威性,扩大语言规划对社会其他规划的影响,加大不

同社会规划相互之间的协调力度,从而确保国家语言规划能够科学有效,具有可操作性。

二 国外语言规划的发展

讨论语言规划问题,尤其是要更加客观、准确地认识中国语言规划的特点、成就与问题,需要改变研究方法,改变原来只从中国自身看待中国语言规划问题的方法,避免"不识庐山真面目,只缘身在此山中"的缺陷与不足。这就需要我们不仅要从中国看世界,更要从世界看中国。只有这样,才能更加清楚地认识自己的特点,更加准确地把握好我国语言规划发展的方向。前边我们简要地梳理了中国不同历史时期语言规划的特点成就与问题。下面我们跳出中国的疆域范围,来看看外边的世界,了解中国之外各个国家和地区不同历史时期语言规划的特点、成就与问题。因国外情况过于复杂,我们只能大致从世界现代史之后来考察世界层面语言规划的整体情况。

(一)国外的语情与语言规划

根据学界传统,世界现代史从1917年开始。这一时期正处于第一次世界大战期间,与我国的"五四"运动时期比较接近。在此之前,经过封建时期和资本主义发展阶段,世界上老牌资本主义国家如英国、法国、美国、德国、俄国、意大利、日本等国家,纷纷完成了工业革命。工业革命以机器生产代替手工劳动,极大地提高了生产力,巩固了各资本主义国家的统治基础。同时,各国的语言规划问题基本都已得到较好解决。

20世纪初,帝国主义国家开始疯狂进行殖民扩张,瓜分世界,最终形成资本主义世界殖民体系。第一次世界大战前,非洲大地上除埃塞俄比亚和利比里亚之外的所有国家均沦为西方殖民地。为抗击西方列强的殖民扩张,亚非拉人民开展了民族民主运动。

1945年第二次世界大战结束后,是世界当代史时期。40年代末,亚洲、欧洲出现了成片的社会主义国家,后形成社会主义阵营。第二次世界大战后,亚非拉民族解放运动普遍高涨,第三世界开始兴起,并在国际事务中发挥越来越大的作用。非洲各国人民反对殖民统治、争取民族独立的斗争蓬勃发展并取得重大胜利。20世纪60年代之后,非洲的独立运动如火如荼,各国民族解放运动团结合作,互相支持,使绝大多数非洲殖民地先后获得了独立,建立了一批新兴的独立国家。1990年,纳米比亚独立,所有非洲国家都摆脱了殖民主义统治。

国际层面的语言规划问题,也就是随着撒哈拉以南新兴独立国家语言问题的提出而引起学界广泛关注的。语言规划概念首现于20世纪50年代末,20世纪60年代末期则出现了语言规划研究的专著。

由于纷纷独立的国家面临国家标准语的选择问题,是选用原来殖民时期殖民者的语言,还是选择本地传统的语言作为国家的国语、官方语言、标准语言等,都面临很多现实而又实际的社会、政治、经济、文化、教育、科技、民族、宗教、心理等问题。

例如,荷兰、英国曾于17世纪相继入侵南非。20世纪初,南非又曾一度成为英国的自治领地。1961年5月31日,南非退出英联邦,成立南非共和国。现在南非的官方语言有11种,它们分别是:阿非利堪斯语(亦称南非荷兰语)、英语、祖鲁语、科萨语、斯威士语、恩德贝勒语、北索托语(又称佩迪语)、南索托语(又称塞索托语)、茨瓦纳语、聪加语(又称通加语)、文达语。这里我们不难看出南非11种官方语言中殖民者的影响与痕迹。1990年,纳米比亚独立之后,英语成为该国家的官方语言,而德语、南非荷兰语(亦译阿非利堪斯语)和纳米比亚本国的非洲语言出于教育和其他交际目的,也同样被确认为通用语言。从政治角度来看,一个独立的国家一定需要一种(或几种)语言以便交际,因此,一个国家为了官方的目的必须选择一种或几种语言。在选择何种语言的过程中,人们提出了各种各样的标准,包括政治中立、优势、声望、伟大的传统、具有真正的亲和力等等。一般来说,本地语言提供了建立共同传统、共同历史、利于整体统一的机会,而另一方面,外源语言通常能提供通向外部世界的通道。语言选择的理想结果就是引起社会结构混乱的可能性最小,同时这种决定还不能把国家与外部世界隔离开来。于是,语言规划问题在这些新独立的国家建设过程中就突显出来了,这为语言规划专家们提供了用武之地。

(二)国外语情的变化与国外语言规划

20世纪60年代之后,非洲撒哈拉沙漠以南大部分国家的纷纷独立,带来了国际层面范围广泛且较为迫切的语言规划问题,这里有语言的地位规划问题,也有语言的本体规划问题。由于这些新独立的国家多是老牌资本主义和帝国主义国家的殖民地,因此,在这些国家所选定的语言当中,有的就直接使用原殖民主义者的语言作为本国的国语、官方语言、标准语或通用语言等。由于作为殖民语言当初的使用范围有限,一旦选定作为新独立国家的通用语言,就需要对该语言进行本体方面的规划,这就有可能与原殖民主义者所使用的语言之间有某些出入。随着这些语言之间的交流接触,原殖民者语言会与非洲当地语言之间产生语音、词汇和语法方面的一些交流、借用等现象。这是国外语情变化所带来的较为常见的语言规划现象。

随着社会的发展,不同民族、国家之间在交往过程中,有时会因种种原因而爆发冲突甚至上升为战争等流血冲突。有的时候,语言有可能成为冲突的主要诱因。例如在苏联解体之后,独联体各联邦国家独立之后就面临着国家语言选择和与原来所用的俄语之间关系如何处理的问题。再比如,印地语与乌尔都语从语言学上来讲基本上是相同的语言,它们的区别主要体现在所用的书写系统与抽象词汇的来源不同,印地语用的是梵文,乌尔都语用的是阿拉伯文;但是这种语言的差别也反映在宗教的不同上,伊斯兰教徒讲乌尔都语,而印度教徒讲印地语。语言的不同与印度帝国最初的暴力瓦解并独立成巴基斯坦和印度有密切的关系。紧接着巴基斯坦东边的一部分分裂出去变成了孟加拉国。这很大程度上也是因为语言(乌尔都语和孟加拉语)与文化的差异造成的,尽管这两个国家都是伊斯兰国家。

思考和练习

1. 思考中国传统语言规划的特点、成就与问题的历史成因。
2. 中国近现代语言规划具有什么样的特点与成就?其社会基础是什么?
3. 中国当代语言规划最突出的特点、成就与问题是什么?尝试解释其问题的成因。
4. 中国当代语言规划可以分为几个时期?依据是什么?
5. 举例说明国外语言规划与国情、语情之间的关系。

第三节 规划的展望

要展望中国语言规划,应先了解展望的基础,即中国语言生活的基本情况。

一 中国语言规划的展望

(一)中国语言生活的特点

1.总的来说,我国当前的语言生活是在一系列国家语言文字方针政策法律规章的指导下,尤其是在《宪法》和《国家通用语言文字法》的指导下,在党的十七届六中全会决议(大力推广和规范使用国家通用语言文字,科学保护各民族语言文字)和党的十八大报告有关语言文字工作的指示精神(推广和规范使用国家通用语言文字)的指引下,在《规划纲要》的指导下,正在健康、有序、和谐稳步地向前发展,这是主流。同时也要看到新的语言问题正在显现,例如语言关系需要进一步调协,弱势语言、方言和弱势群体语言保护,语言规范化、标准化、信息化亟待加强,国家语言实力和国民语言能力有待提高与加强,语言安全与国家语言战略亟待制定等问题。

2.《标点符号用法》(GB/T15834—2011)、《出版物上数字用法》(GB/T15835—2011)、《汉语拼音正词法基本规则》(GB/T16159—2012)、《中国人名汉语拼音字母拼写规则》(GB/T28039—2011)四个国家标准的颁布和国务院颁布《通用规范汉字表》,使国家通用语言文字的使用有了重要依据和新的规范标准,这对提高国民国家通用语言文字使用的整体水平将会发挥更大更重要的作用。

3.国家广播电视"村村通"工程和"西新工程"的逐步落实,使全国几乎各个角落都能够收听收看到广播电视,能够听到来自党中央和政府的声音。电信网、广播电视网、互联网"三网融合"计划的实施并成为现实,新媒体技术的发展,云计算、大数据等技术的应用,信息技术产品的不断更新换代,网络电视、平板电脑、手持终端等在很大程度上改变了人们的阅读和生活方式,大大方便了人们的生活,提高了人们的生活质量,从而促进了语言与高科技紧密结合和语言信息化的发展,同时也对语言规划提出更高的要求。

4.依法管理与评估城市的语言文字工作正在蓬勃地开展,普通话推广工作在全国范围内取得了较大的成绩。但是普通话的推广形势依然不容乐观。部分媒体上方言节目抬头的趋势影响和干扰了推广普通话的进程。在广大农村和边远地区,推广普通话的形势依然相当严峻。

5.在各民族语言文字竞相发展的今天,有些学者从国际语言文字生活的现状与特点来反观我们的语言文字生活,由于各个民族语言文字的活力大小不一,发展前景的广阔程度也有所差异,于是有人发出了对濒危语言、濒危方言加强研究、抢记、抢救的呼声。随着各种新的思潮的影响,人们对语言文字的认识也在不断发生变化。语言文字作为资源近些年得到政府部门和学界的高度重视。国家投入大量人力物力和财力,开展国家语言资源有声数据库建设,旨在保护我国各种语言资源。这也成了近年来的一个学术热点。

6.随着我国全方位的发展,汉语热在国际上逐步升温。近几年国外学习汉语者激增,对外汉语教学对教师的需求量大大增加。

汉语国际传播推广事业以及孔子学院、孔子课堂建设事业如火如荼,发展迅猛。这是中国国际地位不断升高、影响逐步增大的一个具体、可见的标志。

7.由于社会处于大发展时期,语言文字系统本身也处于一种比较活跃的时期。语言变异情况大量出现,新的语言文字现象不断产生,如新词语、外来词、字母词、新的语法现象、网络语词等,带来了一系列新的研究课题。

8.国家推广国家通用语言普通话的政策与平等科学的民族语言文字政策的有力实施,促成了我国当前语言文字生活的统一性与多样化并存的局面,双语与多语教育在少数民族地区得到了蓬勃的发展。同时,语言权利的提出,在贯彻《国家通用语言文字法》的过程中不断得到进一步深化与加强。人们的语言文字规范化、标准化、信息化的意识也逐渐得到增强。这为进一步提高公民语言文字应用能力提供了良好的条件。

(二)中国语言规划的展望

根据中国社会的发展和国情、语情的发展变化,展望中国的语言规划情况。

1.在《国家通用语言文字法》和《规划纲要》的具体指导下,在党的十七届六中全会决议精神和党的十八大报告精神指引下,继续加大新时期国家通用语言文字的宣传推广力度,积极维护国家通用语言文字在全国范围内的主导地位,保证主流语言应用的规范与标准,力争尽快实现国家通用语言文字推广的新目标。

2.国家系列语言文字规范标准的颁布,为大力推广和规范使用国家通用语言文字提供了基本保障。但是如何让这些规范标准真正发挥作用,让国民切实提高国家通用语言文字能力和应用水平,使社会语言生活能够健康、和谐地发展,则必须在进一步宣传贯彻落实国家语言文字规范标准方面下功夫。因此,应进一步加大语言文字规范化、标准化、信息化和法制化建设力度,切实提高语言文字工作服务于国家建设的能力与水平。

3.科学调谐国内各种语言文字之间的关系,包括国家通用语言文字与各民族语言文字、母语与外语、各民族语言文字、普通话与汉语方言等之间的关系,实事求是,分类指导,积极发挥各民族语言文字在社会语言生活中的重要作用。与我国周边外交政策的实施相配合,积极开展周边语言和跨境语言文字研究,同时结合语言资源建设和濒危语言保护工作,统一协调各方面研究力量,为构建国家和谐语言生活服务。

4.加强汉语对外传播与推广。做好全球范围内华人之间的语言文字交流,这是当前学术界的一个热点问题。随着汉语国际地位的升高,汉语的国际传播不仅仅限于在华人的范围内进行,更重要的是,还要在更广大的国际范围内,在不同国家、不同地区、不同文化背景的人群中传播,这是传播中华文化的重要内容和途径。

5.随着语言生态的不断变化和社会语言生活的发展,人们关于语言文字的各种新的思想不断产生,语言资源、语言产业、语言服务、领域语言等观念的提出,不仅在学术研究层面提出了很好的研究课题,同时也为我国语言规划工作的进一步深入开展提供了很好的切入点。

6.采取有力措施,进一步增强国家语言实力,提高国民语言能力。国家对社会语言文字生活的监测和提供咨询力度将进一步加大。监测和提供咨询的目的是为了让语言文字更好地为国家的政治、经济、文化等服务。同时也是为了构建良好的语言生态伦理和语言生态环境,构建和谐美好的语言文字生活,从语言文字角度提高国民的生活质量与水平,提高人们生活的幸福指数。

7.国家语言规划的体制与机制将会进一步完善,语言文字工作机构之间的关系进一步理顺,同时会进一步加强语言规划研究,做好顶层设计,科学决策,以保证我国的语言规划工作不出现方向性错误,保证语言规划工作能够切实为国家建设服务。

8.语言规划力度会越来越大,语言规划实践将会越来越丰富,社会对语言规划也会越来越重视。但是还要估计到会受到各方面变化的影响。应该对语言规划的长期性、复杂性、艰巨性有充分的认识,短期内不会有太大的发展。总体上是前进的。社会上对语言文字的需求会进一步加大。语言文字规划与现代化、工业化、城镇化、信息化的关系将会越来越密切,结合越来越紧密,同时将会不断出现新的社会语言问题,如现代化、城镇化过程中的语言文字问题等。

二　国外语言规划的展望

(一)国外语言生活的特点

从目前掌握的材料来看,已知有160部国家或地区的宪法中都对本国家或地区的国语、官方语言或司法、教育等事务用语做了明确的规定。从这160部宪法的规定中,我们可以大致了解到国外语言生活正在逐步走上有序发展的道路。从这160部宪法的制定与修订的时间来看,最早的在19世纪初期,至今已200多年。各个国家或地区的语言文字在发展的过程中,肯定都会或多或少地产生一些新的问题,宪法中关于语言条款的存在,表明这些国家或地区对语言的最基本的地位和功能都有了明确的规定。这是以语言文字的科学研究,以语言文字的形式规划的成果为基础的。如果没有一种相对完善的语言文字系统可供使用,或者说从民族感情出发新独立的国家不愿意接受殖民者的语言文字系统,那么他们就会想方设法寻求一种自己感情上能够接受的语言文字来为本国或地区的人民的交流服务。

各国语言规划的基础性工作已经进行得差不多了,现在面对的主要是语言文字在发展过程中的新问题。如,在国际交往中,语言接触、语言融合、语言影响、语言情感等问题怎样对待,如何处理各种语言的复杂关系,如何处理强势语言与弱势语言的关系,如何处理国际舞台上的声音等问题。

新世纪国际社会发展步伐明显加快,经济全球化、区域性国际联盟的不断增加,使国际范围内的交流增多增快,这就促使产生了一些国际范围内的新的语言规划课题。快速发展的国际语言文字生活产生了大量的新问题,语言规划者们敏锐的学术嗅觉与高度的责任感,也促使他们对国际语言生活的未来进行未雨绸缪的预测并寻求解决问题的良策。当前,在国际范围内引起高度关注的濒危语言与濒危方言问题、语言平等与语言权利问题、语言的多样化与语言的统一性问题、国家安全与语言保障问题、语言服务与语言发展问题等,都成为国际语言规划关注的热点。从客观的交际需求来看,任何一个国家的任何一个人走上国际舞台或较为广大的空间里,都希望自己能用一种毫无障碍的交际工具与任何人进行交流。但是客观的现实却残酷地打破了每个人的这种美好的梦幻泡影。这种交流工具统一性的需要,在一个地区、一个国家乃至全世界都是合理的需求与希望,但是人们出于母语情结,出于民族自豪感,出于要求语言平等、语言多样化的目的,却无法达到这个统一的目的。于是这种语言多样化与语言统一性的矛盾就变成了一个二律背反、一个难以解决的命题。

英语作为客观上或者说事实上的国际通用语言,在各大洲的应用都呈现为一种自觉的状态。不同民族、不同宗教、不同政治制度的国家,在国际层面的交往中,都会自觉地选用英语作为沟通媒介。尽管出于民族感情的考虑,人们多会坚持说自己的国语、母语,但是,一旦交流发生障碍,当人们都坚持说自己的母语而不能正常沟通时,英语就自然地充当起了媒介与桥梁的作用。以至于不少国家都把英语作为本国最主要的外语来学习,甚至有的国家主张将英语作为自己国家的第二国语。这样做会减少本国国民走向国际舞台的阻力,缩短他们走向国际层面生活的时间。

随着英语在国际上大行其道,我们也看到各个国家为了推广本国语言而建立了各种各样的机构,开展各种宣传与推广活动。因此,未来面临的最主要的问题就是英语与本国语言之间的关系。

(二)国外语言规划的展望

根据国外社会的发展和国情、语情的发展变化,展望国外的语言规划情况。

1.各国或地区语言规划更加科学完善,具有可操作性。更加符合本国家或本地区语言文字发展的实际情况,切合语言文字生活的需要。

2.各国或地区语言规划的重点放在协调国内或地区内各民族语言文字的关系上。在保证统一的交流需要的语言文字的前提下,更加注重维护民族语言文字多样化,从而维护民族文化的多样性。

3.从国际交流角度看,各国或地区的语言规划需要考虑在维护本民族语言文字尊严与合法化的地位和权益、大力推广本民族语言文字的同时,也必须认真考虑对英语的学习与使用的问题。这是客观的现实需要,是走上国际舞台的敲门砖。

4.在国际层面上,各国和地区语言规划发展程度不一,结合各国家和地区的语言规划实践,语言规划领域先后提出了"语言复兴""语言同化""语言选择的国际化与本土化""语言认同""语言传播""语言保护""语言和谐""语言权利""语言意识""语言意识形态""语言管理""语言多样性""语言多元主义"等各种语言规划理念,其中语言权利、语言多样化、语言意识形态、语言管理成为近几年国际语言规划领域的学术热点。

5.随着国际层面上语言规划研究的更加科学理性,语言规划理论成果的更加完善,语言规划研究的视野将进一步扩大,对各国或地区语言规划的实践将具有更加现实的实际指导意义,密切关注各国或地区新产生的语言规划问题,采取积极、科学的应对之策,以逐步丰富、发展和完善语言规划理论与实践。

思考和练习

1.举例说明中国语言生活有什么样的特点。
2.举例说明某一国家语言生活的特点。
3.展望中国语言规划的现实与理论基础是什么?
4.举例说明展望某一个国家语言规划的现实基础特征。

第四节　小结

总之,无论是国内还是国外,语言生活都将会越来越丰富越规范。各个国家的社会都将会越来越发展,工业化、城镇化、信息化发展会越来越快速。语言文字交流影响会越来越充分,语言文字的关系会越来越和谐,语言生活总体上会朝着规范化、多样化、本土化、健康和谐的方向发展。但是,语言规划的长期性、复杂性、艰巨性仍然会存在,新的语言变异现象和社会语言问题会不断涌现。面对这样的情况,应该开展更多语言规划实践活动,进一步加强语言规划的理论研究与学科建设。

主要参考文献

〔以〕博纳德·斯波斯基著,张治国译《语言政策:社会语言学中的重要论题》,商务印书馆,2011。

陈章太《语言规划研究》,商务印书馆,2005。

陈章太《当代中国的语言规划》,《语言文字应用》2005年第1期。

陈章太、谢俊英《语言文字工作稳步发展的60年》,《语言文字应用》2009年第4期。

郭龙生《中国当代语言规划的理论与实践》,广东教育出版社,2008。

黄行《中国少数民族语言活力研究》,中央民族大学出版社,2000。

教育部语言文字应用管理司编《国家中长期语言文字事业改革和发展规划纲要(2012—2020年)》,语文出版社,2013。

金星华主编《中国的民族语文工作》,民族出版社,2005。

李建国《汉语规范史略》,语文出版社,2000。

李宇明《中国语言规划论》,商务印书馆,2010。

李宇明《中国语言规划续论》,商务印书馆,2010。

全国语言文字工作会议秘书处编《新时期的语言文字工作——全国语言文字工作会议文件汇编》,语文出版社,1987。

〔英〕苏·赖特著,陈新仁译《语言政策与语言规划:从民族主义到全球化》,商务印书馆,2012。

王均主编《当代中国的文字改革》,当代中国出版社,1995。

现代汉语规范问题学术秘书处编《现代汉语规范问题学术会议文件汇

编》,科学出版社,1956。

许嘉璐《语言文字学及其应用研究》,广东教育出版社,1999。

许嘉璐《未成集——论新时期语言文字工作》,语文出版社,2000。

于根元主编《中国现代应用语言学史纲》,中国经济出版社,2005。

中国社会科学院民族研究所"少数民族语言政策比较研究"课题组、国家语言文字工作委员会政策法规室编《国外语言政策与语言规划进程》,语文出版社,2001。

中国社会科学院民族研究所"少数民族语言政策比较研究"课题组、国家语言文字工作委员会政策法规室编《国家、民族与语言——语言政策国别研究》,语文出版社,2001。

推荐参考文献

薄守生、赖慧玲《当代中国语言规划研究:侧重于区域学的视角》,中国社会科学出版社,2009。

陈章太《说语言立法》,《语言文字应用》2002年第4期。

陈章太《论语言资源》,《语言文字应用》2008年第1期。

陈章太《〈国家中长期语言文字事业改革和发展规划纲要〉与国家语言生活》,《语言文字应用》2013年第1期。

戴曼纯、刘润清等《国外语言规划的理论与实践研究》,外语教学与研究出版社,2012年。

戴庆厦主编《社会语言学概论》,商务印书馆,2004。

〔英〕丹尼斯·埃杰(Dennis Ager)著,吴志杰译《语言规划与语言政策的驱动过程》,外语教学与研究出版社,2012。

费锦昌主编《中国语文现代化百年记事(1892—1995)》,语文出版社,1997。

郭龙生《略论国家通用语言文字的传播战略》,《语言文字应用》2005年第1期。

教育部语言文字应用管理司、中国语文现代化学会组编《新时期语言文字工作记事(1978—2003)》,语文出版社,2005。

教育部语用所社会语言学与媒体语言研究室编《语言规划的理论与实践》,语文出版社,2006。

李宇明《语言资源观及中国语言普查》,《郑州大学学报(哲学社会科学版)》2008年第1期。

苏培成主编《当代中国的语文改革和语文规范》,商务印书馆,2010。

孙宏开、胡增益、黄行《中国的语言》,商务印书馆,2007。

徐世璇《濒危语言研究》,中央民族大学出版社,2001。

姚亚平《中国语言规划研究》,商务印书馆,2006。

张西平、柳若梅《世界主要国家语言推广政策概览》,外语教学与研究出版社,2008。

周恩来《当前文字改革的任务》,人民出版社,1958。

周晓梅《欧盟语言政策研究(1958—2008)》,云南大学出版社,2012。

周玉忠、王辉主编《语言规划与语言政策:理论与国别研究》,中国社会科学出版社,2004。

资中勇《语言规划》,上海大学出版社,2008。

Robert B. Kaplan, Richard B. Baldauf Jr. *Language Planning From Practice to Theory*, Multilingual Matters Ltd. 1997.

术 语 表

本体规划　corpus planning
本土化　localization
本土语言　native language
边界语言　border language
编典　codification
变语配对法　the match-guise technique
标点符号用法　general rules of punctuation
标准化　standardization
标准学派　standard school of language planning
标准音　standard pronunciation
标准语　standard language
标准语基础方言　basic dialect of standard language
濒危语言　endangered languages
濒危语言抢救和保护　rescue and protection of endangered languages
创新型语言规划　innovative language planning
创造新词　create new words
创制和改革文字　creation and reform of a writing system
词典编纂　lexicography

词汇规范化　vocabulary standardization
词汇现代化　vocabulary modernization
词频测定　word frequency measurement
从俗从众　conform to conventions; follow traditions
单一语言制　monolingualism
地方普通话　local Mandarin
第二官方语言　the second official language
第二语言　second language
第二语言教学　second language teaching
定量　to determine the quantity of Chinese character; quantitative
定形　to determine the shape of Chinese character
定序　to determine the order of Chinese characters; sequencing
定音　to determine the pronunciation of a Chinese character
多媒体语言地图　multimedia language map
多语　multilingualism
多语地区　multilingual area
多语服务　multilingual service
多语问题　multilingual problem
多语现象　multilingualism
多语政策　multilingual policy
多族一语　multiple ethnic to use the same language
法典化　codification
法定语言　statutory language
繁化现象　complicated phenomenon

繁体字　an origin complex form of a simplified Chinese character
方言隔阂　dialect barriers
方言区　dialect area
非国家级语言规划　other-than-national language planning; non-state-level language planning
个体语言权　individual language rights
工作语言　working language
公民语言权　language rights of citizens
功能规划　functional planning
共同语　common language
古标准语　ancient standard language
官方语言　official language
官话　official language
归附动机　allegiance motivation
规定语言学　prescriptive linguistics
规范　norm
规范语言学　prescriptive linguistics
国际通用语言　international language
国际语　interlingua
国家级语言规划　national language planning; state-level language planning
国家通用语言文字　national common language(and text)
国家语言安全　security of national language
国家语言经济战略　national economic strategy of language
国家语言生活　national language life

国家语言实力　national language strength
国家语言推广战略　national language promotion strategy
国家语言应急服务　national language emergency services
国家语言援助　national language assistance
国家语言政策　national language policy
国民语言能力　state language competence；national language skills
国语　national language；Mandarin
汉语国际传播　Chinese international spread；international spread of Chinese
汉语拼音　Chinese phonetic alphabets；Chinese Pinyin
汉字本体规划　corpus planning of Chinese characters
汉字编码　Chinese characters encoding
汉字改革　reform of Chinese characters
汉字革命　revolution of Chinese characters
汉字规范化　standardization of Chinese characters；Chinese character normalization
汉字简化　simplification of Chinese characters
汉字输入法　input method of Chinese characters
和谐语言生活　harmonious language life
宏观语言学　macro-linguistics
混合语　creole；mixed language
基础方言　basic dialect
简化字　simplified Chinese characters
旧词新用　neology

科技术语 scientific and technological terminology
科学名词审定 validation of scientific terms
跨境语言 cross-border languages; border language; languages acress borders
拉丁化 Latinalization
拉丁字母 Latin alphabet
理性选择学派 rational choice school of language planning
量化评估 quantitative assessment
民族共同语 national common language
民族通用语言 the nation's common language
民族语文 minority languages
母语教育 mothertongue education; native language education
母语情感 native language emotion; mothertongue emotion
目标管理 management by objectives
培育 cultivation
拼写法 orthography
普通话 Mandarin; Putonghua
普通话水平测试 Putonghua proficiency test
强势语言 strong languages
区域性通行语言 regional common language
群体语言 group languages
群体语言权 group languages rights; group rights to language
弱势群体语言 weak group languages
弱势语言 weak languages; disadvantageous language
扫盲识字 literacy

少数民族语言　minority languages
社会语言生活　social language life
社会语言生活监测　monitoring of social language life
适应学派　adaptability school of language planning
守旧型语言规划　conservative language planning
书面语言　written language
术语标准化　terminology standardization; terminological standardization
术语规范　term norms; terminological standard; terminological norms
双语　bilingual
双语教育　bilingual education
双语制　bilingualism
弹性规范学派　flexible specification school of language planning
通用语言　common language
通语　common language
推广普通话　promotion of Putonghua
外来词　loanwords
外来语　loan word
外语教育　foreign language education
外语教育规划　foreign language education plan
完善功能　improve the function
微观语言规划　micro-language planning
文体革新　stylistic reform
文字创制　creation of a writing system

文字改革	reform of a writing system
文字改进	improve of a writing system
细化	elaboration
现代汉语规范	specification of Modern Chinese
新词新语	neologism; new words
行政干预	administrative intervention
行政语言	administrative language
选择	selection; choice
选择规范	norm selection
雅言	Yayan; masakoto
言语社团	speech community
一族多语	one nation use more than one language; one nation with multilingual
异体字	variant of a normative character
语法规范	syntax specification; grammatical specification
语际关系	inter-lingual relations
语码	language code
语情	language situation
语体	style
语文改革	language reform
语文建设	language construction
语文现代化	language modernization
语言安全	language security
语言保持	language maintenance
语言保护	language protection

语言保留　language reservation
语言本体规划　language corpus planning
语言变化　language change
语言变量　linguistic variable; language variable
语言变体　language variants
语言变异　language variation
语言标准化　language standardization
语言产业　language industry
语言巢　language nests
语言冲突　language conflict
语言处理　language treatment
语言传播　language spread
语言创新　language innovation
语言纯洁化　language purification
语言地位　language status
语言地位规划　language status planning
语言调查　language survey
语言调控　language regulation
语言动态性　dynamic property of language
语言多样性　language diversity
语言发展　language development
语言发展模式　language development model; language development mode
语言发展战略　language development strategy
语言法　languages act

语言法制化　language legalization
语言服务　language service
语言复兴　language revitalization
语言感情　language feelings
语言工程　language engineering
语言功能　language function
语言关系　language relationship
语言观　view of language; language views
语言管理　language management
语言规范化　language normalization; language standardization
语言规划　language planning
语言国情　language conditions
语言和谐　language harmony
语言活力　language vitality
语言集团　language group
语言技术　language technique
语言交际　language communication
语言教育　language education
语言接触　language contact
语言结构　language structure
语言进化　language evolution
语言经济价值　economic value of language
语言旧质　the old quality of language
语言开放性　openness of language
语言可塑性　plasticity of language

语言立法	language legislation
语言矛盾	language contradiction
语言内部	intra-language; language inner
语言内部的	endoglossic
语言培育	language cultivation
语言平等	linguistic equality; language equality
语言普查	language census
语言歧视	language discrimination
语言权	language rights
语言权利	linguistic right; language right
语言群体	linguistic groups
语言人文性	language humanities
语言认同	linguistic identity; language identity
语言融合	language integration
语言社会性	language sociality
语言社区	language community; speech community
语言社团	language community
语言生活	language life
语言生态	language ecology
语言生态伦理	language ecological ethics
语言生态平衡	language ecological balance
语言声望	language prestige
语言声望规划	language prestige planning
语言实践	language practice
语言使用	language use

语言数据库	language database; language databank
语言态度	language attitude
语言同化	language assimilation; linguistic assimilation
语言外部	extra-language; language outer
语言外部的	exoglossic
语言完善	language improvement
语言文化价值	cultural value of language
语言文明	language civilization
语言文字复兴	language revival; language revitalization
语言文字工作	language work
语言文字规范标准	language specification and standard
语言文字事业	language cause
语言问题	language problem
语言习得	language acquisition
语言习得规划	language acquisition planning
语言细化	language elaboration
语言新质	the new quality of language
语言信息处理	language information processing
语言行为	language behavior
语言意识	language awareness
语言意识形态	language ideology
语言影响	language influence
语言障碍	language barriers
语言政策	language policy
语言治理	language governance

语言治理学派　governance school of language planning
语言忠诚　language loyalty
语言转移　language shift
语言状况　language status; language situation
语言资源　language resources
语言自律性　self-discipline of language
约定俗成　accepted through common practice; established by popular usage
正词法　orthography
指导性语言规划　guide language planning
指令性语言规划　mandatory language planning
主体多样　subjectivity with diversity
注音符号　Mandarin phonetic symbols; Zhuyin Fuhao
字量　amount of Chinese characters; Chinese character quantity
字频测定　characters frequency measurement
字形　shape of a Chinese character; font
字序　word order; order of Chinese characters
字音　word pronunciation; pronunciation of a Chinese character
自然语言　natural language

附　录

国家语委"十五"科研规划项目"语言规划基本理论研究"课题暨《语言规划概论》书稿

鉴定意见

2014年3月31日,国家语委科研规划办公室组织召开"十五"科研规划项目"语言规划基本理论研究"课题结题鉴定会。由五位专家组成的课题鉴定组,对课题研究成果、特别是核心研究成果《语言规划概论》进行了认真的审阅与鉴定。鉴定意见如下:

一、系统性、创新性强

成果系统介绍并深入论述了语言规划的基本范畴、理论、方法等,梳理了国内外语言规划的主要实践,分析研究了国内外语言规划的重要成就、主要特点及问题,并对语言规划的一些问题进行了理论总结,体现出较强的系统性和创新性。

二、体系完整,重点突出

该研究吸收了国内外语言规划研究理论与实践的新成果,论述了中国语言规划的理论与实践,构建了具有中国特点的语言规划理论体系。

三、联系实际,内容扎实

研究工作紧密结合社会语言生活实际,成果资料丰富,内容充实,论述深刻,具有理论高度与深度。

四、结构合理,写作规范

书稿结构完整,逻辑层次分明,脉络清晰,后附"思考和练习"和"主要参考文献",还有"推荐参考文献"。书稿语言简明流畅,史论结合,可读性强,体现出"全""实""新"的特点。

综上,专家组认为,该研究是中国当代语言规划的最新成果,已经完成预定任务,同意结项。建议课题组对研究成果《语言规划概论》进一步完善后,作为语言规划课程重点教材和语言规划工作参考书,尽快出版。

组长:李守明

2014 年 3 月 31 日

后　　记

　　语言规划活动早已有之,它伴随着语言社会使用而无时无处不在,但语言规划作为一门独立的学科进行研究与教学,还是近半个多世纪以来的事,我国开展语言规划理论研究与教学则更晚一些,所以一直没有一本语言规划基本理论和系统知识的专业教材。

　　2002年下半年,我们申报国家语言文字应用"十五"科研项目,名称为"语言规划基本理论研究",经国家语委科研规划领导小组办公室审核批准立项,随后又被商务印书馆列入"应用语言学系列教材"丛书出版计划,书名为《语言规划概论》。本书即是"语言规划基本理论研究"项目的核心成果,主要内容是紧密联系国内外社会语言生活实际和语言规划实践及典型案例,比较全面、系统、深入地梳理、研究和论述语言规划基本理论和主要知识,及其变化发展的基本状况和规律。

　　项目立项后即成立研究写作课题组,由陈章太、冯学锋、郭龙生、苏金智、周庆生组成,陈章太为组长和书稿主编,负责拟订研究计划和写作纲要、理论体系及全书框架,通改书稿并定稿。各成员分工负责研究写作任务。苏金智负责第一章、第三章和第六章第一、二、三、四节的研究与写作,陈章太负责第二章和第六章第五节的研究与写作,冯学锋负责第四章的研究与写作,周庆生负责第五章、第七章的研究与写作,郭龙生负责第八章的研究与写作和术语表的制作,并承担课题组的大部分事务。王铁琨同志参加过第四章第二次修改稿的审改。

　　本书从研究、写作到定稿,历时11年,经过多次讨论,反复修改和补充,数易其稿。书稿的几次修改,主要是适当调整结构,充实、完善内容,更新、补充资料、数据,吸收国内外新理论新成果,阐述我们的观点和见解等。经过大家的努力,最终较好地完成了预定任务,达到原定目标,使本书成为目前国内第一部系统论述语言规划基本理论和主要知识的概论性著作,填补了国内这方面研究、出版的空白。这是集体智慧的结晶和辛勤劳作的成果,值得我们欣慰!

　　作为主编,我首先要感谢编写组成员的同心协力,努力完成本书的写作任务。我还要代表编写组衷心感谢周有光老先生在110岁高龄时为本书题签,这是对我们后学的爱护与鼓励!感谢国内外同行前辈为我们奠定了厚实的基础,创造了良好的条件。真诚感谢国家语委科研办和商务印书馆的大力支持与帮助,特别要感谢本书稿审定专家李宇明教授、于根元教授、郭熙教授、黄行教授、周洪波编审的关爱与帮助,他们在"鉴定意见"中肯定了本书的特点与价值,指出本书"构建了具有中国特点的语言规划理论体系,……体现出'全''实''新'特点,……是中国当代语言规划的最新成果",并对本书稿的修改提出宝贵意见,建议"进一步完善后,作为语言规划课程重点教材和语言规划工作参考书"出版,以飨社会。我们还要感谢直接或间接支持、帮助过我们的其他朋友!本书责编李青梅编审为本书的出版付出许多辛劳,提出很好的意见,我们深表感谢!

陈章太

2014年6月1日

图书在版编目(CIP)数据

语言规划概论/陈章太主编.—北京:商务印书馆,2015

(应用语言学系列教材)
ISBN 978-7-100-11105-8

Ⅰ.①语… Ⅱ.①陈… Ⅲ.①语言规划—教材 Ⅳ.①H002

中国版本图书馆 CIP 数据核字(2015)第 047016 号

所有权利保留。
未经许可,不得以任何方式使用。

YǓYÁN GUĪHUÀ GÀILÙN
语 言 规 划 概 论
主编 陈章太

商 务 印 书 馆 出 版
(北京王府井大街 36 号 邮政编码 100710)
商 务 印 书 馆 发 行
北京市松源印刷有限公司印刷
ISBN 978-7-100-11105-8

2015 年 5 月第 1 版　　开本 850×1168　1/32
2015 年 5 月北京第 1 次印刷　印张 15 1/8
定价:39.00 元